Por seu fôlego em termos de assuntos tratados, profundidade de aprendizagem, clareza de análise e raciocínio, além de firmeza de opinião, esta é uma obra sólida e lúcida que traz um olhar pastoral sobre os temas que discute. Não conheço outra igual. Os evangélicos que pesquisam, debatem, ensinam e aconselham pessoas nas áreas relacionadas a sexo, casamento e família encontrarão nela uma valiosa ferramenta. O admirável domínio com que os autores abrem caminho em meio a debates que vêm se arrastando por quarenta e tantos anos confere a esta obra um significado histórico. Recomendo enfaticamente esta obra.

J. I. PACKER
Professor de Teologia, Regent College

Há alguns anos o livro mais importante que existia para mim a obra de Geoffrey Bromiley, *God and Marriage*. Era incomparável na forma como fazia uma exposição bíblica sobre o casamento partindo da relação de cada membro da Trindade. Nada de histórias, só mesmo o que interessava. Eu adorava aquele livro! Hoje estou casado há mais de 35 anos e tenho filhos que estão quase na mesma fase do casamento em que eu estava naquela época. Acredito que a obra *Deus, Casamento e Família*, de Andreas Köstenberger, fará por essa geração de hoje o que a obra de Bromiley fez pela minha. Diferentemente de Bromiley, Köstenberger trata abertamente dos desafios do presente. Isso é algo mais necessário hoje do que era há 25 anos. Mais o aspecto mais valioso desta obra encontra-se em sua exposição abrangente das Escrituras. Sem isso ficamos à deriva num mar de especulações. Sou profundamente grato por este livro e planejo dá-lo de presente aos meus filhos casados.

JOHN PIPER
Pastor da Bethlehem Baptist Church, Minneapolis

Este é um livro soberbo — obra de um talentoso exegeta cujos pés estão firmemente plantados no solo deste mundo. *Deus, Casamento e Família* trata de questões relacionadas a casamento, divórcio, novo casamento, sexualidade, filhos, contracepção, aborto, solteirismo, o papel de cada sexo e liderança do lar com uma fidelidade bíblica e uma praticidade radicais. São questões que estão tirando o sono de muitos cristãos nos dias de hoje. Se você quer saber o que a Bíblia diz sobre essas questões este é o livro! Como pastor, recomendo esta obra aos membros da minha igreja. O guia de estudo facilita a aprendizagem e é ideal para pequenos grupos. Que presente maravilhoso para a igreja de hoje!

R. KENT HUGHES
Pastor da College Church em Wheaton.

Caracterizada por uma análise exegética exemplar, o livro de Köstenberger é uma contribuição revigorante e muito bem-vinda ao atual debate sobre casamento e família. Esta obra incomparável ajudará acadêmicos, pastores, conselheiros e a todos que buscam verdadeiramente entender o plano de Deus para o casamento e a família a partir de uma perspectiva bíblica.

MARY A. KASSIAN
Autora, Edmonton, Canadá.

Tudo que Andreas Köstenberger publica é digno de atenção. Um professor de Novo Testamento com interesses voltados tanto para a área da sistemática quanto para a área pastoral é algo tão raro quanto alguém como Warfield ou Carson. Köstenberger é assim. Sua educação e vivência internacional, sua carreira como professor e seu caráter cristão fazem dele um autor para ser lido com atenção e grande expectativa. Este livro, fruto de sua experiência como professor, autor e de coisas que aprendeu em sua própria vida, é um acréscimo indispensável à biblioteca de qualquer cristão. Se tiver dúvida quanto a isso, pare por um minuto e leia o prefácio. Você terá uma boa ideia do que ele trata na obra.

Os cristãos em geral (e os pastores em especial) precisam refletir sobre os assuntos que ele trata com mais atenção. O livro nos ajuda muito nesse aspecto. Podemos até não concordar com todas as suas conclusões, mas certamente, depois de lê-lo, estaremos mais bem preparados para viver e ensinar sobre Deus, casamento e família. Muito útil para estudiosos e pastores, pode ser usado tanto para estudo pessoal quanto em grupo.

Köstenberger diz que adota uma abordagem integradora. Eu a chamo de bíblica e prática. Sensível, equilibrada e bíblica, esta obra é uma síntese consistente e bastante oportuna dos ensinamentos bíblicos acerca dos tópicos mais básicos e ao mesmo tempo mais controversos dos nossos dias. Eu certamente a recomendo!

MARK DEVER
Pastor Senior, Capitol Hill Baptist Church, Washington.

Se você quiser ler apenas mais uma porção de clichês açucarados sobre famílias cristãs felizes, é melhor não comprar este livro. Nele um renomado estudioso da Bíblia, conhecido internacionalmente, une-se a um eticista jovem e brilhante para nos dar uma visão de onde a família se encaixa nos propósitos cósmicos de Deus. Com clareza, convicção e sem meias-palavras, este livro evita generalidades batidas e aborda temas de grande interesse que vão desde solteirismo a fertilização in vitro e disciplina de filhos. Numa época em que muitos cristãos dão mais ouvidos a terapeutas de programas televisivos do que à Bíblia no que diz respeito à família, este livro pode ser um dos livros mais importantes que você já leu.

RUSSELL D. MOORE
Deão da Escola de Teologia e Vice-presidente senior de Administração Acadêmica
The Southern Baptist Theological Seminary

Nunca houve uma necessidade tão grande de uma análise abrangente, bem pesquisada e inteiramente bíblica de tópicos como casamento, família, sexualidade e de sua inter-relação. Embora nem todos concordem com suas conclusões, Köstenberger prestou uma grande serviço à igreja ao publicar essa obra de leitura acessível e tão útil, que inclui um exame cuidadoso de uma ampla variedade de temas relacionados, como solteirismo, esterilidade, homossexualidade e divórcio.

GORDON P. HUGENBERGER
Pator Senior, Park Street Church, Boston e professor-adjunto
de Antigo Testamento do Gordon-Conwell Theological Seminary

É animador encontrar um livro sobre casamento e família que seja: 1) prático e fácil de entender; 2) baseado nos ensinamentos de centenas de textos extraídos da Bíblia e 3) escrito por um brilhante estudioso do Novo Testamento com a ajuda de um professor de ética amplamente respeitado. É uma obra de grande alcance que reflete um apurado senso de maturidade na interpretação que faz das Escrituras e na sua aplicação à vida. O autor não evita os tópicos polêmicos (como divórcio, homossexualidade, contracepção, infertilidade, disciplina física dos filhos, a liderança masculina no lar entre outros), mas em cada caso ele faz uma abordagem honesta e traz uma ampla explicação das visões alternativas. Este é um excelente livro que merece ser lido por muitos.

WAYNE GRUDEM
Professor de Bíblia e Teologia do Phoenix Seminary

Há muitos livros que tratam da perspectiva bíblica sobre casamento e família à disposição daqueles que se interessam pelo assunto. Contudo, poucos possuem a clareza de expressão, o tom gracioso, os conselhos práticos e o respeito pelas bases bíblicas que encontramos nesta obra. Ela merece estar não apenas na estante de todo pastor, mas também na bibliografia obrigatória de todos os cursos sobre casamento e família ministrados em seminários e igrejas. A cuidadosa defesa que o autor faz dos valores bíblicos tradicionais relacionados à vida familiar exige uma leitura séria, especialmente por parte dos que discordam dele.

DANIEL I. BLOCK
Professor de Antigo Testamento do The Southern Baptist
Theological Seminary e Presidente do Institute of Biblical Research

Esta é mais uma obra muito bem-vinda da autoria do estudioso do Novo Testamento, Andreas Köstenberger que, com a contribuição dada pelos eticistas David W. Jones e Mark Liederbach, produziu a mais completa obra cristã sobre família. Movido por uma verdadeira paixão pelas Escrituras e por um senso de urgência causado pela crise cultural, que busca ocultar e até mesmo destruir os padrões bíblicos, o autor aborda temas de destaque que interessam a todos os que veem a família como uma célula básica na revelação que Deus faz de si mesmo. Ele não deixa de lado questões polêmicas como adultério, homossexualidade ou métodos artificiais de reprodução humana, entre outras. Apreciamos especialmente o tratamento completo e a cuidadosa pesquisa sobre divórcio e novo casamento e seu impacto sobre a vida dos que estão envolvidos no ministério, embora neste ponto discordemos da conclusão do autor. No entanto, recomendamos enfaticamente, a homens e mulheres — solteiros e casados — esta obra de valor incalculável que ainda vem enriquecida por extensas porções de exegese e por um guia muito útil de perguntas para estudo pessoal ou em grupo (devidamente acompanhado das respostas).

PAIGE PATTERSON, Presidente
DOROTHY KELLEY PATTERSON, Professora de Teologia
em Estudos sobre a Mulher do Southwestern Baptist Theological Seminary

Diante das atuais estatísticas que evidenciam a erosão dos alicerces da família, tanto entre cristãos quanto entre a população em geral, e diante do maciço ataque da cultura sobre o casamento, existe uma imensa necessidade de sólido e claro ensino bíblico nessa área nas igrejas. Mas essas questões são complexas e não devem ser tratadas com timidez. Nesse contexto desafiador, Köstenberger nos fornece uma soberba exposição da Palavra de Deus sobre esses temas. O cristão que estiver procurando uma obra que dê a esses assuntos um tratamento sólido, inteligível, franco, inteligente e fiel às Escrituras não precisa procurar mais. Esta é uma obra para o nosso tempo, bem fundamentada, equilibrada e repleta de sabedoria pastoral. Com certeza vai instruir e encorajar o coração dos pastores e desafiar e ajudar o rebanho nesses tempos tão difíceis. O guia com perguntas para estudo pessoal ou em grupo é um recurso adicional muito útil que tornará esta obra ainda mais acessível para professores, pastores e membros de igreja que desejam ensinar e discipular pessoas acerca desses temas.

J. LIGON DUNCAN III
Pastor Senior, Primeira Igreja Presbiteriana, Jackson, Mississippi
Moderador, Assembleia Geral da Igreja Presbiteriana na América

Embora o leitor encontre hoje muitos livros sobre casamento e família, são poucos os que exploram com cuidado e precisão o que a Bíblia ensina sobre esses temas. A partir de sua grande experiência na interpretação do Novo Testamento, Köstenberger acaba de presentear a igreja com uma obra essencial. E o momento não poderia ser mais propício! Temos uma dívida eterna com o professor Köstenberger por essa preciosa contribuição.

BRUCE A. WARE
Professor de Teologia Cristã
Deão Associado Senior, Escola de Teologia
The Southern Baptist Theological Seminary

Diante do atual ataque contra o casamento e a família, a obra do professor Köstenberger é vital e deveria estar nas mãos de todos os evangélicos. Sua abordagem é ancorada em um sólido tratamento das Escrituras aliado a um desejo apaixonado de ver sua cultura resgatar suas bases judaico-cristãs. Essa será uma obra muito citada e comentada e todos que estão preocupados com os debates atuais em torno do casamento e da família deveriam tê-la em sua biblioteca.

TOM ELLIFF
Pastor, First Southern Baptist Church, Del City, Oklahoma
Presidente, Conselho da Southern Baptist sobre Vida em Família

Esta obra é um tesouro de sabedoria bíblica em questões relacionadas a casamento, criação de filhos, solteirismo e sexualidade em geral. É fácil de ser entendida mas ao mesmo tempo repleta de informações que são fruto de profundo conhecimento. Embora certamente não faltarão leitores ávidos por utilizá-la em seu estudo pessoal, também é apropriada para ser usada em classes de escola dominical ou mesmo em pequenos grupos. Os leitores que estão em busca do conselho do Senhor sobre esses assuntos encontrarão nessa obra um grande auxílio.

ROBERT W. YARBROUGH
Professor de Novo Testamento e Presidente do departamento
de Novo Testamento do Trinity Evangelical Divinity School

É muito comum ver pessoas, até mesmo entre os evangélicos, participarem de discussões sobre família, casamento, divórcio ou homossexualidade sem saber bem o que as Escrituras ensinam a esse respeito. Por isso temos uma grande dívida com os autores desta obra, por nos proporcionarem uma discussão biblicamente informada sobre todos esses temas e muitos outros. Apesar de trazer um estudo profundo dos temas, este é um livro que trata os assuntos de forma clara e compreensível. As conclusões a que os autores chegam são consistentemente sólidas e biblicamente fiéis.

THOMAS R. SCHREINER
Professor de Novo Testamento
The Southern Baptist Theological Seminary

Nestes tempos tão complicados em que vivemos, é importante nos lembrarmos de que Deus tem algo a dizer sobre casamento e família. Diante da tantas vozes dissonantes que insistem em pregar novas definições e padrões contrários à Bíblia, os autores presentearam a comunidade cristã com esta obra maravilhosa. Ela se destaca por sua fidelidade bíblica, profunda pesquisa, leitura agradável, organização didática e por cobrir todos os temas de interesse nessa área, desde o relacionamento conjugal até as questões éticas. É perfeita para todos que queiram viver de acordo com o que ensina a Palavra de Deus. Certamente eu a recomendo!

RANDY STINSON
Diretor Executivo
Conselho sobre Feminilidade e Masculinidade Bíblicas

Numa época em que tantos procuram redefinir os padrões e valores do casamento e da família, Köstenberger nos traz de volta às bases bíblicas. Embora ele tenha feito um trabalho excelente ao explicar as diferentes visões seculares de casamento e família, também mostrou porque o caminho apontado por Deus continua a ser o melhor. A visão de casamento e família apresentada neste livro pode não ser a mais popular, mas certamente é a visão bíblica.

BOB BAKER
Pastor responsável pelo Cuidado Pastoral
Saddleback Church, Lake Forest, California

A contribuição singular desta obra encontra-se na abordagem adotada pelo autor: ele cuidadosamente traça o plano de Deus para o casamento e a família desde a criação até o fim. Essa abordagem holística não somente traz à tona temas intrigantes, geralmente não tratados em obras sobre casamento, mas, o que é mais importante, ela nos oferece uma teologia bíblica da família e do casamento que é ao mesmo tempo rica e integrada. Embora trate de temas difíceis e alguns possam discordar de certos pontos que ele coloca, não há dúvida sobre a sua abordagem bíblica. A verdadeira beleza do casamento e da família brilha ainda mais quando olhamos esses temas à luz da história de Deus contada na Bíblia.

RICHARD W. HOVE
Campus Crusade for Christ
Duke University, Durham, North Carolina

DEUS
CASAMENTO E FAMÍLIA

Dados Internacionais de Catalogação na Publicação (CIP)
Angélica Ilacqua CRB-8/7057

Köstenberger, Andreas J.
　　Deus, casamento e família: reconstruindo o fundamento bíblico / Andreas J. Köstenberger, David W. Jones; tradução de Susana Klassen. - 2. ed. - São Paulo : Vida Nova, 2015.
　　352 p.
Bibliografia
ISBN 978-85-275-0612-0
Título original: *God, marriage, and family: rebuilding the biblical foundation.*

　　1. Casamento - Aspectos religiosos - Cristianismo 2. Família - Aspectos religiosos - Cristianismo 3. Igreja I. Título II. Jones, David W. III. Klassen, Susana

15-0341   CDD 261.83581

Índices para catálogo sistemático:
1. Casamento - Aspectos religiosos - Cristianismo

DEUS
CASAMENTO E FAMÍLIA

RECONSTRUINDO O
FUNDAMENTO BÍBLICO

SEGUNDA EDIÇÃO AMPLIADA

TRADUÇÃO
SUSANA KLASSEN

ANDREAS J. KÖSTENBERGER
COM DAVID W. JONES

VIDA NOVA

©2004, 2010, de Andreas J. Köstenberger and David W. Jones
Título do original: *God, marriage and family: rebuilding the biblical foundation*,
primeira e segunda edições publicadas pela CROSSWAY (Wheaton, Illinois, EUA).

Todos os direitos em língua portuguesa reservados por
SOCIEDADE RELIGIOSA EDIÇÕES VIDA NOVA
Rua Antônio Carlos Tacconi, 63, São Paulo, SP, 04810-020
vidanova.com.br | vidanova@vidanova.com.br

1.ª edição: 2004
Reimpressão: 2012
2.ª edição ampliada: 2015 (com acréscimo do cap. 13 da 2.ª ed. do original)
Reimpressões: 2018, 2021

Proibida a reprodução por quaisquer meios,
salvo em citações breves, com indicação da fonte.

Impresso no Brasil / *Printed in Brazil*

Todas as citações bíblicas foram extraídas da *Almeida Século 21* (A21),
salvo indicação em contrário.

GERÊNCIA EDITORIAL
Fabiano Silveira Medeiros

EDIÇÃO DE TEXTO
Marisa K. A. de Siqueira Lopes
Ubevaldo G. Sampaio (guia de estudo do cap. 13)

REVISÃO DE PROVAS
Mauro Nogueira
Ubevaldo G. Sampaio

COORDENAÇÃO DE PRODUÇÃO
Sérgio Siqueira Moura

DIAGRAMAÇÃO
Kelly Christine Maynarte

CAPA
Souto Crescimento de Marca

Para minha querida esposa Margaret e meus filhos
Lauren, Tahlia, David e Timothy.

Por essa razão, dobro meus joelhos perante o Pai,
de quem toda família nos céus e na terra recebe o
nome, para que, segundo as riquezas da sua glória,
vos conceda que sejais interiormente fortalecidos
com poder pelo seu Espírito.
E que Cristo habite pela fé em vosso coração, a fim de
que, arraigados e fundamentados em amor, vos seja
possível compreender, juntamente com todos os santos,
a largura, o comprimento, a altura e a profundidade
desse amor, e assim conhecer esse amor de Cristo, que
excede todo o entendimento, para que sejais
preenchidos até a plenitude de Deus (Ef 3.14-19).

Andreas J. Köstenberger

Para Dawn, Jonathan e Laura.
Mas eu e minha casa cultuaremos o SENHOR.
(Js 24.15).

David W. Jones

Sumário

Quadros e listas 13
Prefácio de Daniel L. Akin 15
Introdução 17

1   A presente crise cultural: reconstruindo a base 21
2   Deixar e unir-se: o casamento no Antigo Testamento 27
3   Não são mais dois, mas uma só carne: o casamento
     no Novo Testamento 59
4   A natureza do casamento: sacramento, contrato ou aliança? 79
5   Os laços que unem: a família no Antigo Testamento 91
6   A família cristã: a família no Novo Testamento 107
7   Ter ou não ter filhos: questões excepcionais relacionadas
     à família (Parte 1) 127
8   Necessidade da sabedoria de Salomão: questões excepcionais
     relacionadas à família (Parte 2) 151
9   Em plena consagração ao Senhor: a dádiva divina do solteirismo 173
10 Abandono das relações naturais: o veredicto bíblico sobre
     a homossexualidade 203
11 A separação daquilo que Deus uniu: divórcio e novo casamento 233
12 Maridos fiéis: qualificações para a liderança da igreja 271
13 Deus, casamento, família e a igreja: aprendendo a ser família de Deus ... 283
14 Unir todas as coisas em si: síntese final 303

Guia de estudo pessoal e em grupo 309
Respostas das perguntas para discussão 331
Índice geral 349

Quadros e listas

Quadros

Desvios do ideal de Deus para o casamento (expressado em Gênesis 2.24) observados na história de Israel	36
Os três usos do AT para o termo hebraico "desejo" (*tᵉšûqâ*)	46
Princípios para o casamento com base na epístola de Paulo aos efésios	69
Três modelos da natureza do casamento	85
Papéis e responsabilidades familiares segundo as Escrituras	118
Formas aceitáveis e inaceitáveis de controle de natalidade	137
Reprodução medicamente assistida (RMA) e possíveis problemas	142
Vantagens e desvantagens de uma abordagem "metodológica" à educação dos filhos	153
Batalha espiritual, casamento e família	165
O solteirismo no Antigo e no Novo Testamento	178
Uma teologia bíblica do solteirismo: da criação ao estado final	194
Listas de vícios que se referem à homossexualidade em 1Coríntios e 1Timóteo	213
Interpretações pró-homossexuais de passagens bíblicas sobre a homossexualidade e seus pontos fracos	222
Diferentes pontos de vista entre as escolas de Shammai e Hillel e o posicionamento de Jesus com referência ao divórcio	240
Diferenças entre o posicionamento "divórcio decorrente de adultério ou imoralidade sexual" e o posicionamento "divórcio e novo casamento proibidos"	250
Os posicionamentos "novo casamento" e "nada de novo casamento" em 1Coríntios 7	256
Quatro posicionamentos principais acerca de divórcio e novo casamento	257

Interpretações da expressão *Mias Gynaikas Andra* em
   1Timóteo 3.2,12; Tito 1.6 274

Listas

Características da mulher descrita em Provérbios 31 44
Principais responsabilidades do pai no antigo Israel 92
Responsabilidades do pai para com os filhos 93
Responsabilidades do pai para com as filhas 93
Evidências da dignidade e influência das mães no antigo Israel 95
Responsabilidades dos filhos no antigo Israel 96
Características dos jovens de acordo com Provérbios 100
A "armadura completa de Deus" para casais e famílias 163

Prefácio

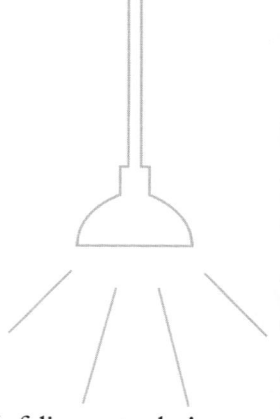

Casamento e família são dádivas de um Deus magnífico. Infelizmente, hoje em dia não é raro o Manual do Mestre ser desconsiderado ou mesmo rejeitado. No tocante ao plano de Deus para a instituição sagrada do lar, não faltam ignorância, apatia e hostilidade em nossa cultura. É a partir desse contexto e dessa crise que tenho grande prazer em recomendar esta obra extraordinária que, sem dúvida, se tornará um texto de referência para sua área por muitos anos.

Nela, Andreas Köstenberger (com a colaboração de David Jones) fornece uma análise bíblica abrangente e completa das questões relacionadas a casamento e família. A pesquisa é impecável, só a bibliografia já é suficiente para justificar sua aquisição. A obra é uma rica fonte de informações, pois os autores examinam todas as Escrituras Sagradas em busca dos ensinamentos sobre questões cruciais relacionadas à vida conjugal e familiar e ao lar. A meu ver, todos os assuntos são tratados de forma justa, equilibrada e criteriosa. Nas poucas ocasiões em que pode haver discordância entre os cristãos bíblicos, os autores apresentam os dois lados da questão de forma detalhada e indicam o posicionamento que eles próprios favorecem. Por meio de estudo meticuloso e argumentação fundamentada, oferecem um modelo de imparcialidade ao tratar de temas bastante controversos.

É raro encontrar um livro que consiga entrelaçar, em tão graciosa tapeçaria, aspectos teológicos e práticos, mas a presente obra realiza essa tarefa com excelência. É teocêntrica do começo ao fim. Ao mesmo tempo, contudo, traz observações práticas e conselhos espirituais entremeados em cada capítulo. Talvez mais estudiosos da Bíblia devessem escrever livros em colaboração com éticos cristãos que tenham interesse específico e amor pelo casamento e a família.[1]

Em 2004, quando assumi a presidência do Southeastern Baptist Theological Seminary em Wake Forest, Carolina do Norte, algo que me impressionou de imediato foi a espiritualidade e erudição de seu corpo docente. Andreas Köstenberger e David Jones (bem como Mark Liederbach que contribuiu para duas seções sobre ética médica) fazem parte desse tesouro. Tenho grande afeição por eles e me alegro com este presente maravilhoso que ofereceram à igreja do Senhor Jesus Cristo. Peço a Deus que conceda à presente obra um público amplo e corações receptivos, pois ela nos convida a buscar um padrão mais elevado, o padrão divino, para nossos conceitos de casamento e família.

Daniel L. Akin
Presidente
Southeastern Baptist Theological Seminary
Wake Forest, Carolina do Norte

NOTA

[1] Os últimos anos testemunharam o crescimento de um movimento relacionado ao casamento e à família, conhecido por muitos como "abordagem de integração da família na igreja". Esse movimento precisa ser avaliado a partir de uma perspectiva bíblica e teológica. Reconhecemos que julgar os pontos fortes e fracos de qualquer movimento desse tipo não é tarefa fácil: primeiro, porque o movimento é tudo, menos uniforme; segundo, porque a análise requer a aplicação de princípios bíblicos e uma avaliação criteriosa de aspectos hermenêuticos, teológicos e culturais. Apesar disso, os autores viram a necessidade de fazer essa avaliação, ainda que introdutória, com o objetivo de fornecer alguma orientação sobre algo que é tão fundamental e eminentemente vital para a vida da igreja.

Essa análise é apresentada no novo capítulo 13 desta edição (o capítulo 13 da edição anterior passa a ser, portanto, o capítulo 14 desta). (N. dos E.)

Introdução

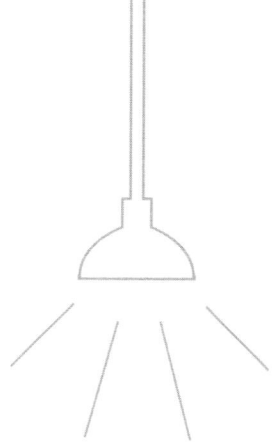

A visão para a presente obra nasceu quando eu (Andreas) fui convidado a escrever um ensaio sobre casamento e família no Novo Testamento para um livro recente.[1] Enquanto trabalhava nesse projeto, percebi que, apesar de as questões de casamento e família serem integradas nas Escrituras, ainda não existia uma obra completa que apresentasse os ensinamentos bíblicos a respeito desses assuntos de forma integrada. Em nosso contexto, no Southeastern Seminary, uma nova matéria chamada "Casamento e família: fundamentos" havia sido acrescentada ao currículo há pouco tempo e incluída na lista de matérias obrigatórias para todos os alunos, fato que salientou ainda mais a necessidade de um estudo como este.

Além da motivação que nasce de nossa paixão pela Palavra de Deus e pelo ensino daquilo que a Bíblia diz a respeito de casamento e família, mudanças atuais na cultura geral têm alimentado nossa sensação de urgência e preocupação. Algumas denominações julgaram necessário acrescentar à sua base doutrinária oficial uma declaração que define casamento como a união entre um homem e uma mulher. Pela primeira vez na história, os episcopais nomearam um indivíduo declaradamente homossexual para o cargo de bispo. Os tribunais e autoridades públicas têm decidido, decretado e se pronunciado em favor de casamentos do mesmo sexo. A mídia também mostra uma tendência simpatizante com a causa gay. Outros membros do governo atual declararam oficialmente que favorecem uma emenda constitucional que defina casamento como a união entre um homem e uma mulher.

Com base em nossa convicção de que a presente crise cultural com respeito ao casamento e à família tem suas raízes em uma crise espiritual, cremos firmemente que a única solução consiste em resgatar e reconstruir os fundamentos bíblicos dessas instituições. Quando Deus é tirado da posição de iniciador da instituição do casamento e da família, abre-se a porta para inúmeras interpretações humanas desses termos e conceitos e, segundo o espírito do pós-modernismo, nenhuma definição tem o direito de reivindicar mais legitimidade do que outras. O único mecanismo usado para decidir entre definições concorrentes, portanto, não é o da moralidade, mas o da opinião pública e do voto da maioria.

Prosseguir nesse caminho de declínio e corrupção moral afetaria, inevitavelmente, a estabilidade de nossa civilização. Uma vez removidas as bases judaico-cristãs, nossa sociedade se fundamentaria em uma ética cujos valores mais elevados não passariam da realização própria, do prazer pessoal e do dinheiro (conforme Francis Schaeffer advertiu algumas décadas atrás). É ilusão esperar que o processo político ou a discussão humana racional resolva o atual dilema de procurar definir ou redefinir o casamento e a família. Escrevemos este livro com a convicção de que a única maneira de *avançar* é *retornar* às Escrituras e colocar Deus de volta no centro do casamento e da família.

No primeiro capítulo, "A presente crise cultural: reconstruindo a base", procuramos argumentar em favor da necessidade de uma abordagem bíblica e integrativa de casamento e família, apresentando duas razões pelas quais essa abordagem é de importância vital. Os dois capítulos seguintes, "Deixar e unir-se: o casamento no Antigo Testamento" e "Não são mais dois, mas uma só carne: o casamento no Novo Testamento", apresentam a instituição divina do casamento nos primeiros capítulos de Gênesis, tratam das violações do plano de Deus para o casamento na história de Israel no Antigo Testamento, identificam vislumbres do ideal na literatura sapiencial veterotestamentária e formulam uma teologia cristã do casamento com foco específico nos ensinamentos de Jesus e Paulo. O capítulo 4, "A natureza do casamento: sacramento, contrato ou aliança?", é dedicado à discussão dos principais pontos de vista acerca da natureza do casamento e da maneira mais adequada de considerá-lo (como sacramento, contrato ou aliança) e inclui comentários sobre as implicações do ponto de vista adotado pela presente obra.

Os capítulos 5 e 6, "Os laços que unem: a família no Antigo Testamento" e "A família cristã: a família no Novo Testamento", apresentam um panorama dos ensinamentos bíblicos acerca da família e tratam de assuntos como o conceito de família no antigo Israel, a importância de ensinar os filhos a respeito de Deus e a necessidade de incutir valores bíblicos nos jovens. Também investigam os encontros de Jesus com crianças, suas declarações a respeito delas e tratam também dos ensinamentos de Paulo sobre o papel do pai no lar e na instrução e disciplina dos filhos. Outros assuntos importantes são a maternidade, o modo como a obediência dos filhos deve constituir parte essencial de seu discipulado cristão e exemplos bíblicos positivos e negativos de educação dos filhos.

Os capítulos 7 e 8, "Ter ou não ter filhos: questões excepcionais relacionadas à família (Parte 1)" e "Necessidade da sabedoria de Salomão: questões excepcionais relacionadas à família (Parte 2)", tratam de várias questões relacionadas ao casamento e à família. O capítulo 7 fala de infertilidade e ética médica, aborto, contracepção, tecnologias de reprodução medicamente assistida (RMA) e adoção. (As seções sobre contracepção e RMA são uma contribuição de nosso colega Mark Liederbach.) O capítulo 8 é dedicado a questões específicas sobre educação de filhos nos dias de hoje, como pais sozinhos e disciplina física. O capítulo termina com uma discussão sobre a batalha espiritual no casamento e na família. O capítulo 9, "Em plena consagração ao Senhor: a dádiva divina do solteirismo", traz um estudo sobre solteirismo nos tempos do Antigo e Novo Testamentos (inclusive declarações importantes de Jesus e Paulo a esse respeito), bem como na época da igreja primitiva. Também trata das questões de coabitação, sexo antes do casamento e namoro.

Os dois capítulos seguintes discutem as maiores ameaças ao casamento e à família que seguem os moldes bíblicos. O capítulo 10, "Abandono das relações naturais: o veredicto bíblico sobre a homossexualidade", traz um estudo das principais passagens sobre homossexualidade (e lesbianismo) nas Escrituras (inclusive as que tratam de Sodoma e Gomorra, do código de santidade levítico e os principais pronunciamentos do apóstolo Paulo sobre o assunto). Depois de uma investigação minuciosa das tentativas feitas por defensores da homossexualidade para provar que as Escrituras só proíbem certas formas aberrantes de homossexualidade, mas não as uniões monógamas e fiéis entre duas pessoas do mesmo sexo, chegamos a uma conclusão clara e inequívoca a respeito do veredicto bíblico acerca da homossexualidade.

O capítulo 11, "A separação daquilo que Deus uniu: divórcio e novo casamento", trata da segunda grande ameaça ao casamento e à família que seguem os moldes bíblicos. Uma vez que o número de divórcios alcançou um patamar sem precedentes, tanto na sociedade em geral como entre os cristãos, há uma necessidade urgente de compreender plenamente os ensinamentos bíblicos sobre divórcio e novo casamento. Infelizmente, trata-se de uma área na qual não há consenso nem mesmo entre cristãos tradicionais. A fim de tratar de forma justa dos diferentes pontos de vista, a complexidade das questões envolvidas exige um estudo que talvez seja um pouco mais técnico do que o conteúdo apresentado em outros capítulos. Esperamos que a investigação dos ensinamentos das Escrituras acerca da homossexualidade e divórcio contribua para intensificar nosso apreço pelos casamentos e famílias segundo os moldes bíblicos e nosso compromisso de edificá-los.

Os requisitos familiares para os líderes da igreja constituem o último tópico do livro. O capítulo 12, "Maridos fiéis: qualificações para a liderança da igreja", inclui discussões sobre: o significado da expressão "marido de uma só mulher" nas Epístolas Pastorais de Paulo; os oficiais da igreja e a questão do divórcio; requisitos referentes aos filhos dos líderes da igreja; e solteirismo e liderança eclesiástica. O capítulo 13, "Unir todas as coisas em si: síntese final", apresenta um breve sumário das principais constatações. A seção final, "Recursos adicionais para estudo", sugere textos para aqueles que desejem se aprofundar no estudo e pesquisa dos temas desta obra.

Talvez seja apropriado tecermos ainda um comentário acerca do título da obra em inglês, *God, Marriage and Family* [Deus, casamento e família]. Apesar da semelhança com o título da obra de Geoffrey Bromiley, *God and Marriage* [Deus e casamento] ser puramente incidental, é provável que não seja coincidência o texto de Bromiley constituir um dos poucos estudos bíblicos e teológicos mais satisfatórios e completos sobre o assunto. Escrito em 1980 (e publicado pela Editora Eerdmans) e reimpresso em 2003 (pela Editora Wipf & Stock), a obra continua a ser proveitosa como estudo das principais passagens bíblicas sobre casamento e suas implicações teológicas. Embora Bromiley proponha certa dicotomia entre as Escrituras e Deus (e opte por este último), desejamos afirmar que essa dicotomia não existe. É justamente *por meio do estudo das Escrituras* que podemos conhecer a vontade de Deus para o casamento e a família e reconstruir os fundamentos bíblicos. Não obstante, sentimo-nos honrados com a oportunidade de desenvolver vários aspectos da obra de Bromiley e esperamos expandir sua abrangência por meio de uma discussão mais detalhada dos textos bíblicos relevantes e uma exploração mais minuciosa das questões relacionadas. Temos consciência de que cada capítulo da presente obra poderia, por sua vez, ser expandido em um estudo ainda mais completo, e até em uma monografia inteira.

Esperamos que esta abordagem integrativa e bíblica das questões relacionadas a casamento e família seja proveitosa não apenas para alunos de seminários e pastores de igrejas locais, mas para uma variedade mais ampla de líderes. Para professores de escola dominical, coordenadores de estudos bíblicos nos lares, grupos de discipulado e outros, o presente texto pode ser uma ferramenta útil para explorar e entender o que a Bíblia ensina a respeito desses temas de suma importância. Para esse fim, fornecemos no final do livro um guia de estudo com perguntas para discussão (e respostas). Não cristãos talvez se interessem em folhear esta obra para ver o que a Bíblia ensina sobre casamento e família, quer concordem ou não com as conclusões.

Esclarecemos que David Jones escreveu os rascunhos iniciais dos capítulos 2, 4, 9 e 10, bem como a introdução e conclusão (capítulos 1 e 13). Andreas Köstenberger escreveu o restante do livro, fez a revisão completa e acrescentou conteúdo aos esboços fornecidos por David Jones. Mark Liederbach escreveu as seções sobre contracepção e reprodução medicamente assistida no capítulo 7. Alan Bandy contribuiu com a discussão sobre disciplina física no capítulo 8 e forneceu material sobre pais sozinhos. Corin Mihaila auxiliou no preparo dos quadros e do guia de estudo pessoal e em grupo. Agradecemos em especial a Margaret Köstenberger que editou uma versão preliminar do texto, antes de a apresentarmos para publicação. Dawn Jones leu o manuscrito completo várias vezes e fez diversas sugestões para aprimorá-lo. David e Ann Croteau e Alan Bandy também leram algumas partes ou todo o esboço inicial desta obra (David leu duas vezes) e ofereceram *feedbacks* oportunos.

Por fim, mas não menos importante, gostaríamos de expressar gratidão a nossas esposas e filhos que nos ensinaram e continuam a ensinar tanta coisa a respeito do verdadeiro significado de família e casamento e que têm nos dado várias oportunidades de praticar aquilo que pregamos! Não há lugar mais difícil de colocar o discurso em prática do que em nossos próprios lares, onde os entes queridos conhecem nossos pontos fracos, bem como (esperamos) nossos pontos fortes. Acima de tudo, somos extremamente gratos porque, por meio de nosso Senhor Jesus Cristo, fomos colocados em um relacionamento vital com Deus, nosso Pai celestial, cujo cuidado terno e fidelidade experimentamos a cada dia e sem o qual jamais teríamos sido capazes de escrever este livro. A Deus, somente, seja toda a glória.

NOTA

[1] *Marriage and Family in the Biblical World*. Downers Grove: InterVarsity, 2003.

A presente crise cultural: reconstruindo a base

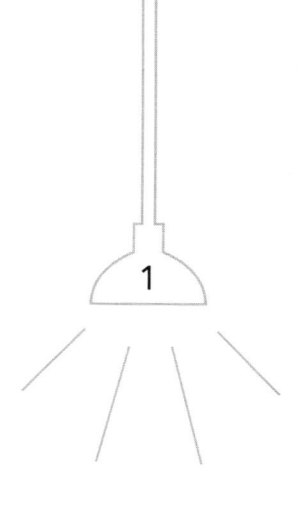

1

Pela primeira vez na história, a civilização ocidental é confrontada com a necessidade de *definir* o significado dos termos "casamento" e "família".

Nos últimos anos, a estrutura que até pouco tempo atrás fora considerada uma família "normal", constituída de pai, mãe e filhos, tem sido vista cada vez mais como uma dentre várias opções, a ponto de não poder mais afirmar ser a única ou mais elevada forma de organização dos relacionamentos humanos. A visão judaico-cristã de casamento e família, cujas raízes encontram-se nas Escrituras hebraicas, foi substituída, em grande medida, por um conjunto de valores que prezam por direitos humanos, realização pessoal e utilidade pragmática em nível individual e social. Podemos dizer que casamento e família são instituições sitiadas no mundo de hoje e que, no tocante a essas questões, a própria civilização atual se encontra em crise.

A crise cultural de nossos dias, porém, é apenas sintomática de uma crise *espiritual* profunda que continua a corroer os fundamentos de valores sociais outrora considerados comuns. Se Deus, o Criador, instituiu de fato casamento e família, conforme a Bíblia ensina, e se há um ser maligno chamado Satanás que guerreia contra os propósitos criadores de Deus neste mundo, não deve causar espanto que os alicerces divinos dessas instituições estejam sob ataque cerrado nos últimos anos. Quer percebamos ou não, nós, seres humanos, estamos envolvidos em um conflito espiritual cósmico entre Deus e Satanás, no qual casamento e família são áreas de suma importância dentro das quais são travadas batalhas espirituais e culturais. Se, portanto, a crise *cultural* é sintomática de uma crise *espiritual* subjacente, a solução também deve ser espiritual, e não apenas cultural.

Nesta obra, esperamos apontar o caminho para essa solução espiritual: uma reconstrução e volta aos fundamentos bíblicos de casamento e família. A palavra de Deus não depende da aprovação humana e as Escrituras não permanecem caladas no tocante às questões vitais que homens, mulheres e famílias enfrentam hoje em dia. Em cada uma das áreas importantes relacionadas a casamento e família, a Bíblia oferece instruções satisfatórias e soluções salutares para os males que afligem nossa cultura. As Escrituras registram a *instituição divina* do casamento e apresentam uma *teologia cristã* de casamento e educação dos filhos. Fornecem diretrizes para decisões relacionadas a questões como aborto, contracepção, infertilidade e adoção. Oferecem orientações úteis para aqueles que não são casados e tratam das principais ameaças ao casamento: homossexualidade e divórcio.

A CONFUSÃO ATUAL SOBRE CASAMENTO E FAMÍLIA

Quando confrontada com os ensinamentos bíblicos sobre casamento e família, a cultura ocidental mostra-se em estado inegável de declínio. Na verdade, as últimas décadas testemunharam uma mudança importante de paradigmas com respeito a casamento e família. A herança e os fundamentos judaico-cristãos do Ocidente foram, em sua maior parte, suplantados por uma *ideologia libertária* que exalta a liberdade humana e a autodeterminação como princípios supremos para os relacionamentos humanos. Confusos, muitos veem com satisfação o declínio do modelo bíblico e tradicional de casamento e família e sua substituição por novas moralidades concorrentes como sinais de grande progresso. A lista subsequente de resultados sociais adversos, gerados pelos conceitos não bíblicos de casamento e família, mostra, porém, que a substituição do modelo bíblico e tradicional de casamento e família por modelos mais "progressistas" é prejudicial até para quem não reconhece a autoridade da Bíblia.

Uma das consequências negativas da corrosão do modelo bíblico e tradicional é o número extremamente elevado de *divórcios*. Seu alto preço incide não apenas sobre as partes envolvidas, especialmente os filhos, mas sobre a sociedade como um todo. Ainda que os filhos não demonstrem os efeitos negativos do trauma da separação a curto prazo, há registros inequívocos de consequências negativas a longo prazo. Uma vez que não ocorre no contexto seguro de um compromisso exclusivo e vitalício, o *sexo fora do casamento* também cobra um alto preço daqueles que se envolvem em adultério ou outras formas de relacionamento sexual ilícito. Gravidez na adolescência e aborto são os exemplos mais óbvios. Embora seja prazeroso de imediato, o sexo fora do casamento exerce forte impacto físico e espiritual e contribui para a insegurança geral e estresse que têm causado a desestabilização de nossos alicerces culturais. A *homossexualidade* priva os filhos que vivem em lares com parceiros do mesmo sexo dos principais modelos de ambos os sexos e é incapaz de cumprir os propósitos criadores de Deus para a união conjugal. A *confusão de papéis* dos sexos também tem se tornado uma questão cada vez mais séria. Muitos homens e mulheres não têm mais conceitos de masculinidade e feminilidade e, como resultado, perderam completamente a identidade de seres humanos conforme Deus nos criou, isto é, homem e mulher. O sexo não determina apenas o formato de nossos órgãos sexuais; antes, faz parte de todo nosso ser.

Esses poucos exemplos ilustram um fato perturbador: o preço que o mundo cobra pelo abandono dos fundamentos bíblicos de casamento e família é, de fato, exorbitante. É essencial termos uma abordagem bíblica integrativa para esclarecer a confusão moral e firmar convicções que, ao serem colocadas em prática, têm o potencial de conduzir a igreja e a cultura de volta aos propósitos de Deus para casamentos e famílias.

A FALTA DE LITERATURA CRISTÃ BÍBLICA E INTEGRATIVA SOBRE CASAMENTO E FAMÍLIA

Não é apenas o mundo que está sofrendo as consequências de desconsiderar os propósitos do Criador para o casamento e a família. A igreja também se rebaixou ao padrão do mundo em vários sentidos, tornou-se parte do problema e deixou de oferecer as soluções de que o mundo precisa. Não se trata de os cristãos não terem consciência da necessidade de serem instruídos acerca do plano de Deus para casamento e família. Há inúmeros recursos e atividades disponíveis esse respeito: organizações paraeclesiásticas e ministérios especializados; seminários e retiros sobre casamento; livros sobre casamento e família, bem como revistas, vídeos, estudos bíblicos e declarações oficiais sobre o assunto. Apesar de tudo que a igreja tem feito nessa área, porém, o fato é que, no final, a diferença entre o mundo e a igreja é assustadoramente pequena. Por quê? Cremos que todos os esforços mencionados acima, no sentido de se construir casamentos e famílias cristãos fortes, são ineficazes devido, ao menos em parte, à *falta de compromisso sério em estudar a Bíblia como um todo*. Como resultado, uma porção considerável dos livros disponíveis sobre o assunto apresenta desequilíbrios graves.

Quem entra em uma livraria, seja ela cristã ou não, encontra uma infinidade de livros a respeito de tópicos individuais como casamento, vida de solteiro, divórcio, novo casamento e homossexualidade, mas *pouquíssimo material* que explore em nível mais profundo e detalhado todo o conjunto dos propósitos de Deus para os relacionamentos humanos. Livros sobre determinado tópico que visam atender a certas necessidades específicas têm seu lugar. Porém, só teremos clareza e forças para nos elevar acima de nossas limitações naturais e seguir em toda sua plenitude o plano de Deus para os relacionamentos humanos, quando percebermos como os ensinamentos bíblicos acerca dos relacionamentos humanos *são interligados* e têm como fonte comum o Criador e seus propósitos, sábios e benéficos, para homens e mulheres.

Quando um casal tem dificuldades no casamento, muitas vezes prefere concentrar-se em soluções mais superficiais, como aprimorar a comunicação, desenvolver a vida sexual, aprender maneiras mais eficazes de suprir as necessidades um do outro ou técnicas do gênero. Não raro, porém, a verdadeira causa dos problemas conjugais é mais profunda. O que significa o homem deixar pai e mãe e se unir à sua esposa? O que significa marido e mulher se tornarem "uma só carne"? Como podem estar nus e não se envergonharem? Como é possível que, depois de casados, marido e mulher não sejam mais dois, mas um só como Jesus ensinou, pois foram unidos por Deus? De que maneira o pecado altera e distorce os papéis de marido e mulher, pais e filhos? Só estaremos devidamente preparados para lidar de forma adequada com os desafios específicos que enfrentamos em nossos relacionamentos uns com os outros quando buscarmos respostas para algumas dessas questões subjacentes mais profundas.

A verdade, porém, é que a maioria, senão todos os muitos livros de mais sucesso escritos sobre casamento e família são teologicamente fracos e apenas parcialmente satisfatórios em sua aplicação dos princípios corretos de interpretação bíblica. Muitos desses autores têm doutorado em aconselhamento ou psicologia, mas falta-lhes treinamento formal no estudo das Escrituras. A inexperiência teológica e hermenêutica gera diagnósticos superficiais que, por sua vez, dão origem a soluções superficiais. Ao que parece, falta em nossos dias uma compreensão correta do pecado e de seus efeitos. Como resultado, muitos livros cristãos de autoajuda devem mais à cultura secular do que a uma cosmovisão absolutamente cristã. Para conselheiros cristãos e bíblicos que levam as Escrituras a sério e acreditam que diagnósticos e soluções devem se basear em uma visão teológica e hermeneuticamente precisa dos ensinamentos bíblicos acerca de casamento e família, esse tipo de literatura é de pouca utilidade e até mesmo enganosa.

Por esse motivo, ainda há necessidade de uma obra que não trate as questões de casamento e família de forma isolada uma das outras, mas mostre como a satisfação humana nesses relacionamentos está arraigada na revelação divina que encontramos exclusiva e suficientemente nas Escrituras.

A CONTRIBUIÇÃO DESTE LIVRO: BÍBLICO E INTEGRATIVO

Para os autores da presente obra, a abordagem bíblica e integrativa é a que representa de modo mais adequado os ensinamentos bíblicos a respeito de casamento e família. Dentro do escopo delimitado neste livro, procuraremos esboçar os contornos de uma "*teologia bíblica* de casamento e família", ou seja, uma apresentação daquilo que a Bíblia *em si* tem a dizer a respeito desses temas fundamentais. Por certo, não afirmamos ter dado a palavra final sobre todas as questões nem nos consideramos intérpretes infalíveis da Palavra sagrada. Buscamos, porém, *não* as *nossas* convicções a respeito do que casamento e família devem ser, com base em nossas ideias preconcebidas, preferências ou valores tradicionais, mas aquilo que, a nosso ver, *as próprias Escrituras* dizem sobre essas instituições. Essa abordagem exige, evidentemente, uma atitude humilde e submissa em relação às Escrituras, e não uma postura que declare sua independência da vontade do Criador e insista em inventar suas próprias regras de conduta.

É com esse espírito, colocando-nos conscientemente *debaixo*, e não *acima*, da autoridade das Escrituras, que procuraremos, nos capítulos a seguir, identificar o que a Bíblia ensina sobre os diversos componentes dos relacionamentos humanos de maneira *integrativa*: a natureza e as questões específicas relacionadas a casamento e família, educação de filhos e solteirismo, bem como homossexualidade, divórcio e novo casamento. Uma vez que a Bíblia é a Palavra de Deus, poderosa e capaz de transformar vidas, sabemos que todos aqueles que estiverem dispostos a interagir seriamente com as Escrituras compreenderão, cada vez melhor, a vontade de Deus para o casamento e a família. E também serão capazes de se apropriar do poder de Deus para construir famílias e lares cristãos fortes. Isso, por sua vez, contribuirá para exaltar a honra e o nome de Deus no mundo que ele criou e fornecerá o sal e a luz dos quais o mundo tanto precisa nesta época de inquietação e crise cultural no que diz respeito ao casamento e à família.

Deixar e unir-se: o casamento no Antigo Testamento

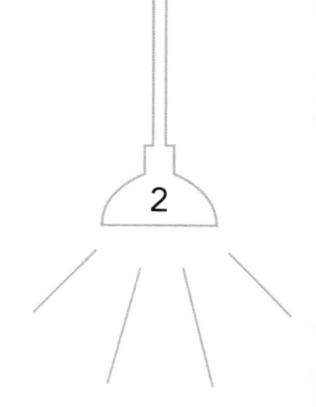

Qual é o plano de Deus para o casamento? Como vimos no capítulo anterior, há confusão considerável a esse respeito na cultura contemporânea. A fim de tratar da crise cultural que vivemos e fortalecer as convicções cristãs sobre esse assunto, devemos nos empenhar em reconstruir os fundamentos bíblicos do mais íntimo de todos os relacionamentos humanos.[1] No presente capítulo, ao estudarmos o casamento no Antigo Testamento, seguiremos as linhas da cronologia e da história da salvação. Nosso estudo sobre o casamento e o ensino do Antigo Testamento acerca desse tema começa pela narrativa fundamental de Gênesis 1—3 que situa a instituição do casamento como algo firmemente arraigado na vontade do Criador e descreve as consequências da queda da humanidade sobre o casal. Em seguida faz um levantamento dos papéis de marido e mulher um para com o outro na história subsequente de Israel e identifica várias maneiras pelas quais o povo comprometeu o ideal para o casamento estabelecido por Deus na criação. O último conjunto de textos a ser considerado é a literatura sapiencial do Antigo Testamento que apresenta o ideal divino de casamento, no retrato da mulher virtuosa em Provérbios 31, e antevê a restauração do relacionamento original entre marido e mulher em Cântico dos Cânticos de Salomão.

Ao embarcarmos na investigação dos ensinamentos bíblicos sobre o casamento, é importante nos lembrarmos de que, apesar de se tratar de um *tema importante* nas Escrituras, não é o *enfoque principal* da revelação divina. A prioridade dos dois Testamentos é mostrar como Deus trouxe a salvação em Jesus Cristo e por meio dele. O Antigo Testamento faz isso de modo *prospectivo*, valendo-se de promessas e modelos prenunciativos que apontam para a vinda do Messias, enquanto o Novo Testamento o faz de modo *retrospectivo*, mostrando como a provisão divina de salvação e perdão se cumpriu e se concretizou em Jesus Cristo. Para esse fim, o Antigo Testamento acompanha as promessas de Deus a Abraão, a entrega da lei por intermédio de Moisés e a linhagem davídica.

À medida que a história de Israel se desdobra, contudo, observamos diversos exemplos de casamentos piedosos e ímpios, bem como a legislação mosaica acerca de vários aspectos e distorções dos parâmetros definidos por Deus para os relacionamentos humanos. Apesar de o enfoque central da revelação divina ser a história da salvação, e não o matrimônio, a Bíblia foi escrita "como advertência para nós" (1Co 10.11; cf. 2Tm 3.16) e, portanto, fornece material profícuo para estudo.

Arraigado na criação (Gênesis 1—3)

Ao investigarmos os ensinamentos bíblicos sobre casamento, não há paradigma mais importante do que o modelo que Deus estabeleceu para o matrimônio em Gênesis 1—3.[2] Apesar de Gênesis ter sido escrito, originalmente, para a geração de israelitas que estava no deserto, preparando-se para entrar na terra prometida, os primeiros capítulos do livro fornecem os parâmetros do plano divino para o casamento em todas as eras. Esse fato se reflete nos ensinamentos de Jesus e Paulo e também se aplica aos nossos dias.[3] Quem era o Deus que havia salvado Israel da escravidão no Egito e dado a lei à nação no Sinai? Quais são suas instruções fundamentais sobre família, estruturas sociais e pecado?

Os três primeiros capítulos de Gênesis fornecem respostas para essas perguntas, inicialmente, do ponto de vista do antigo Israel, mas, em última análise, para pessoas de todas as épocas.[4] Em Gênesis 1—3, o Deus que Israel veio a conhecer como redentor e legislador é revelado como o Criador do universo, o Deus eterno Todo-poderoso e onisciente que, com sua palavra, fez todas as coisas existirem. O primeiro livro da Bíblia apresenta o casamento como algo cujas raízes se encontram no ato divino de criação da humanidade à sua imagem, como homem e mulher. Retrata o pecado como resultado da rebeldia da humanidade contra o Criador, mediante a instigação de Satanás, ele próprio uma criatura caída, e como algo que se tornou de tal modo parte da condição humana que todas as pessoas, desde a queda, são por natureza rebeldes contra o Criador e o plano dele para sua vida.

O retrato da criação original de homem e mulher e a queda subsequente da humanidade em Gênesis 1—3 gira em torno de pelo menos três conjuntos importantes de princípios que discutiremos a seguir,[5] a saber: (1) o homem e a mulher foram criados à imagem de Deus *para governar a terra para Deus*; (2) o homem foi criado primeiro e incumbido da *responsabilidade final pelo relacionamento conjugal*, enquanto a mulher é colocada junto ao homem para ser sua "ajudadora adequada"; e (3) a queda da humanidade no pecado implica *consequências negativas* tanto para o homem quanto para a mulher. Trataremos de cada um desses tópicos separadamente.

Criados à imagem de Deus para governar a terra de Deus

O fato de homens e mulheres terem sido *criados à imagem e semelhança de seu Criador* lhes confere valor, dignidade e importância inestimáveis. Muitas ideias que temos hoje do que significa ser criado à imagem de Deus foram indevidamente influenciadas pelos conceitos gregos de personalidade.⁶ Logo, a imagem de Deus no homem e na mulher é identificada, com frequência, com o fato de terem inteligência, vontade ou emoções.⁷ Ainda que isso seja pressuposto ou fique implícito, em certa medida, em Gênesis 1.27,⁸ o contexto imediato desenvolve o conceito da imagem divina no homem e na mulher em termos de *governo representativo* (cf. Sl 8.6-8).

Tendo em vista o texto ser proveniente de um ambiente semítico antigo, pode ser relevante o fato de que a prática de levantar a estátua ou imagem de um soberano em determinado local corresponda a firmar naquele local seu direito de exercer autoridade e governo. Veja o que diz a esse respeito este autor:

> É justamente em sua função como governante que ele [o homem] é a imagem de Deus. No contexto do antigo Oriente, levantar a estátua de um rei equivalia a proclamar seu domínio sobre o âmbito no qual a estátua era erigida (cf. Dn 3.1,5s). No século XII a.C., quando o faraó Ramsés II ordenou que sua imagem fosse esculpida em pedra na embocadura do *nahr el-kelb*, no Mediterrâneo, ao norte de Beirute, a imagem significava que ele era governante daquela região. Semelhantemente, o homem é colocado no meio da criação como estátua de Deus.⁹

Ao esculpir sua imagem no homem e na mulher e colocá-los em determinado ambiente, portanto, Deus os nomeia para exercer *governo representativo*. Esse governo é função conjunta do homem e da mulher (observe os pronomes plurais em Gn 1.28: "Deus *os* abençoou e *lhes* disse"), embora caiba ao homem a *responsabilidade final* diante de Deus como cabeça da mulher.¹⁰ Ainda que não se possa excluir a presença de elementos *substantivos* da imagem divina no homem (i.e., uma analogia entre a natureza de Deus e características dos seres humanos), essa visão *funcional* (ou seja, de seres humanos exercendo a função de governar a terra para Deus) parece refletir de modo mais preciso a ênfase do registro bíblico.¹¹ Tudo indica que essa é a implicação do contexto imediato de Gênesis 1.27, no qual a criação é definida em termos de ser fértil, multiplicar-se e sujeitar a terra (v. 28). Logo, o primeiro homem e a primeira mulher foram encarregados de exercer governo representativo, em parte, por meio da *procriação*.

Nesse sentido, portanto, os seres humanos são "semelhantes a Deus". Assim como Deus governa sobre um vasto reino (todo o universo), a humanidade é encarregada de cuidar de toda a terra para Deus. Esse fato também estabelece o princípio de mordomia: em última análise, a terra criada não pertence ao homem e à mulher, mas a Deus; o homem e a mulher são apenas mordomos nomeados por Deus. Ademais, a mordomia é *conjunta*. Homem e mulher devem exercê-la *juntos*, de acordo com a vontade de Deus e para a glória dele. *Juntos* devem se multiplicar e cuidar dos filhos que Deus lhes der. E *juntos* devem sujeitar a terra por meio da divisão de tarefas que atribui ao homem a responsabilidade principal de prover para sua esposa e filhos e incumbe a mulher de cuidar da família. A discussão a seguir continuará a esclarecer o plano divino da perfeita complementaridade.

A responsabilidade final do homem pelo casamento e o papel da mulher como sua "ajudadora adequada"

Os comentários de Paulo sobre Gênesis 1—3 fundamentam repetidamente a responsabilidade central do homem dentro da família (e também da igreja) no fato de ele ter sido *criado primeiro*. Além de chamar a atenção para o fato de o homem ter sido criado primeiro, Paulo observa que *o homem* não foi criado *por causa da mulher*, mas, sim, *a mulher por causa do homem* (1Co 11.9; cf. Gn 2.18,20) e *a partir do homem* (1Co 11.8,12; cf. Gn 2.22). Além disso, foi o homem quem recebeu a injunção divina (Gn 2.16-17), foi presenteado com a mulher (2.22) e deu à mulher um nome derivado do seu próprio nome (2.23; cf. 3.20), o que também implica sua autoridade.[12] Esses fatos podem ser concluídos inequivocamente com base na leitura da narrativa da criação em Gênesis.

Enquanto Gênesis 1 se atém à criação dos seres humanos como homem e mulher à imagem de Deus, Gênesis 2 apresenta mais detalhes sobre a ordem exata e disposição da criação do homem e da mulher. Como os comentários de Paulo deixam claro, ele considerava o relato de Gênesis histórico (e não mítico ou fictício):[13] no princípio da história humana, Deus criou o primeiro homem, lhe deu vida e o colocou em um jardim (Gn 2.7-8,15). Ademais, Deus proferiu determinadas ordens morais para o homem (2.16-17). Antes da criação da mulher, o homem já havia começado a exercer a incumbência divina de sujeitar a terra ao dar nome aos animais (2.19-20). Para suprir sua necessidade de companhia, Deus criou a mulher para ser esposa de Adão.

A criação de Eva mostra o plano divino para o casamento de Adão, bem como para os casamentos subsequentes e aponta para um relacionamento *monogâmico* e *heterossexual*. Deus criou apenas *uma* "ajudadora adequada" para Adão e ela era *mulher*. Além do mais, foi *Deus* quem percebeu a solidão do homem e, por isso, criou a mulher. O texto bíblico não dá nenhuma indicação de que o próprio Adão tivesse consciência de sua solidão ou estivesse descontente com o fato de ser solteiro.[14] Antes, mostra que Deus tomou a iniciativa de criar uma companheira humana compatível para o homem. Por esse motivo, podemos afirmar que o casamento foi ideia *de Deus* e que foi *Deus* quem criou a mulher, segundo sua vontade soberana, como "ajudadora adequada" para o homem (Gn 2.18,20).

Qual é, porém, a essência da expressão "ajudadora adequada"? Uma leitura contextual da expressão em seu ambiente original sugere que a mulher é *adequada* ao homem de uma forma que nenhum dos animais é (Gn 2.19-20; ela é "osso dos [seus] ossos e carne da [sua] carne"; 2.23). Em contrapartida, ela é colocada junto ao homem como sua *companheira* ou *ajudadora*. Em termos pessoais, ela suprirá a necessidade masculina de *companhia* (2.18). Em relação à ordem de Deus para que a humanidade frutifique e se multiplique, encha a terra e a sujeite (1.28), a mulher é uma parceira adequada tanto na *procriação* (ao tornar-se "uma só carne" com ele [2.24]) como na *sujeição* da terra (1.28; "Então Deus *os* abençoou e *lhes* disse [...]"). Seu papel é *distinto* do papel do homem e, no entanto, é *singular* e extremamente *relevante*. Ao mesmo tempo em que foi designada "ajudadora" do homem e, portanto, colocada sob sua responsabilidade geral, a mulher é sua parceira na tarefa de dominar a terra para Deus.

Quem nega o embasamento da subordinação feminina na ordem criada, argumenta que, no Antigo Testamento, o termo "ajudador" (heb. *ezer*) é usado para o próprio Deus (Êx 18.4; Sl 20.2; 33.20; 70.5; 115.9-11; 121.1-2; 146.5). Os defensores dessa linha perguntam: se o termo "ajudador" é usado para Deus, alguém que claramente não é subordinado a ninguém, como é possível afirmar que esse termo, por si só, sujeita a mulher ao homem?[15] De fato, se fosse uma questão de subordinação *essencial* ou *ontológica*, que dissesse respeito a uma diferença na natureza da humanidade da mulher, poderíamos ter a impressão de que essa subordinação parece ser excluída.

Se, contudo, tratar-se de uma questão de subordinação *funcional*, em termos de *distinção de papéis*, a simples aplicação do termo "ajudador" para Deus no Antigo Testamento não impede a subordinação da mulher ao homem como sua "ajudadora".[16] Antes, esses exemplos provam apenas que, como "ajudador" da humanidade Deus pode, por vezes, escolher sujeitar a si mesmo e a seus próprios interesses aos dos seres humanos ao cuidar deles, prover para eles e assim por diante. Isso não afeta, porém, sua divindade, assim como a divindade de Jesus não foi depreciada por sua encarnação.[17] Da mesma forma, a divindade do Espírito Santo não fica comprometida pelo fato de ele servir e habitar em seres humanos presos à carne.

Além do mais, no caso da mulher, Gênesis 2 não ensina que ela pode simplesmente *atuar* como "ajudadora" do homem *quando assim o desejar*, mas sim, que a função de servir como "ajudadora" do homem *resume o motivo de sua existência* em relação ao homem. Ser "ajudadora" do homem é o propósito para o qual a mulher foi criada no que diz respeito à sua condição de esposa. (Obviamente, como ser humano que, como o homem, compartilha a imagem de Deus, a mulher foi criada para glorificar e servir a Deus, mas, no que diz respeito ao casamento, deve fazê-lo dentro dos parâmetros estabelecidos por Deus para o relacionamento entre marido e mulher). Por mais contracultural que pareça, essa é a mensagem de Gênesis 2, confirmada pela interpretação apostólica no Novo Testamento.[18] Ademais, a mulher é descrita como ajudadora "adequada". No contexto, isso a distingue de todas as outras criaturas às quais o homem deu nome e que foram consideradas inadequadas para complementá-lo. Ao contrário delas, a mulher é a da mesma espécie que o homem, é um ser humano semelhante a ele (cf. Gl 3.28; 1Pe 3.7); ao mesmo tempo, também é diferente dele e é sua "ajudadora" (cf. Ef 5.22).

O caráter não intercambiável dessa designação é indicado pelo fato de, em nenhum momento, o *homem* ser chamado "ajudador" da *mulher*. Logo, igualdade e distinção, complementaridade e submissão/autoridade precisam ser mantidos em equilíbrio delicado. Juntos, homem e mulher são encarregados de governar a terra para Deus de forma representativa e, no entanto, não devem fazê-lo de forma andrógena, ou como criaturas de mesmo sexo, mas sim, cada qual cumprindo um papel específico para seu sexo, conforme a determinação divina. De fato, uma vez que essas diferenças funcionais fazem parte do plano do Criador, somente quando homens e mulheres aceitam os papéis que Deus lhes ordenou encontram satisfação plena e a sabedoria de Deus na criação é inteiramente revelada e exaltada.[19]

A queda da humanidade e suas consequências

Com a queda, observa-se uma *inversão completa dos papéis* designados por Deus para o homem e a mulher. Em vez de *Deus* estar no controle e o *homem*, auxiliado pela *mulher*, governar a criação para ele, ocorre uma inversão total: *Satanás*, na forma de serpente, aborda a *mulher* que, ao se rebelar contra o *Criador*, leva consigo o *homem*. Esse fato não sugere necessariamente que a mulher seja, de algum modo, mais suscetível à tentação do que o homem.[20] Indica, porém, que no plano de Deus para o homem e a mulher, o homem, e não a mulher, deve assumir a *responsabilidade final* pelo casal e oferecer liderança e proteção à sua companheira. Logo, por sua ausência, ou, no mínimo, aquiescência (Gn 3.6: "que também comeu"; cf. 3.17), o homem tem parte na culpabilidade da mulher; e ela, ao deixar de consultar o protetor e provedor que Deus lhe dera, desrespeita o padrão estabelecido por Deus para o casamento. No final, o *homem*, e não a mulher, é considerado o principal responsável pelo ato de rebeldia (Gn 3.9; cf. 3.17; Rm 5.12-14), apesar de as consequências da queda se estenderem, igualmente, ao homem e à mulher e afetarem suas respectivas esferas de atuação.[21]

No caso da *mulher*, as recriminações são associadas ao parto e ao relacionamento com o marido. Quanto ao parto, a mulher passa a ter dor física. No tocante ao relacionamento com o marido, a harmonia amorosa é substituída por um padrão de conflito no qual a mulher procura exercer controle sobre o marido. Ele reage afirmando sua autoridade, muitas vezes de forma que contraria a orientação de Deus, ao forçá-la passivamente a agir ou ao ativamente dominá-la (Gn 3.16; cf. 4.7).[22] Da queda em diante, o *homem*, por sua vez, passa a ter dificuldade em cumprir a ordem de Deus para sujeitar a terra (cf. Gn 1.28). Deve extrair o fruto da terra repleta de espinhos e ervas daninhas e obter o pão pelo suor de seu rosto (Gn 3.17-19). No final, tanto o homem como a mulher morrerão (v. 19,22).

Nos últimos versículos do terceiro capítulo de Gênesis, Deus continua a prover para o casal humano ao vesti-lo (Gn 3.21) e, o que é ainda mais importante, ao predizer o tempo em que a descendência da mulher, o Messias prometido, ferirá a cabeça da descendência da serpente (Gn 3.15; o chamado *protoevangelho*, ou seja, a semente das boas novas sobre a vinda de um descendente da mulher que venceria o poder de Satanás sobre a humanidade). Enquanto isso não acontece, porém, o casal é expulso do jardim (3.24) como sinal de que sua rebelião contra o Criador resultou em sanções severas que, daquele momento em diante, lançariam uma sombra sinistra sobre seu casamento durante a breve jornada aqui na terra.

Resumo

No panorama de Gênesis 1—3 apresentado acima, vimos que a humanidade foi criada à imagem de Deus para governar a terra como representante dele (Gn 1.27-28). Observamos, também, que Deus atribuiu ao homem a responsabilidade final pelo casamento (fato que fica evidente em várias referências em Gênesis 2 e 3) e deu a mulher ao homem para ser sua "ajudadora adequada" (Gn 2.18,20). Por fim, observamos que a queda implicou uma inversão completa do padrão de relacionamento definido por Deus, com consequências desastrosas e permanentes revertidas apenas pela vinda e morte salvífica do Messias.

Conforme a investigação a seguir mostrará, embora a queda tenha alterado o relacionamento conjugal para sempre, o ideal de Deus para o casamento, articulado em Gênesis 1—2, continuou a definir o padrão para as responsabilidades de maridos e mulheres uns para com os outros na história subsequente da humanidade. Apesar de as Escrituras darem testemunho de um número considerável de relacionamentos entre homens e mulheres caracterizados pelo amor e pela honra a Deus, veremos que, por causa do pecado, o ideal divino de casamento foi corrompido pela poligamia, divórcio, adultério, homossexualidade, esterilidade e falta de diferenciação dos papéis de cada um.

Desdobramentos na história de Israel
(Pentateuco, livros históricos e proféticos)

No estudo a seguir, focalizaremos primeiramente os papéis e responsabilidades mútuas de marido e mulher a partir do ponto de vista do Israel do Antigo Testamento, depois da queda. A importância da narrativa da criação na vida do antigo Israel fica evidente pelo modo como continua a definir o padrão ideal no *restante do Pentateuco e nos livros históricos e proféticos do Antigo Testamento*. Em seguida, trataremos das diversas maneiras pelas quais o Israel do Antigo Testamento corrompeu o ideal de Deus para o casamento: poligamia, divórcio, adultério, homossexualidade, esterilidade e deterioração das distinções entre os sexos. Em função disso, as condições do casamento e da família em grande parte do Israel do Antigo Testamento mostram uma grande necessidade de serem redimidas e restauradas pelo Messias, algo de que trataremos no capítulo seguinte.

Os papéis conjugais no antigo Israel

Mesmo depois da queda, o plano que Deus definira para o casamento na criação continuou a servir como norma e padrão das expectativas de Deus para os relacionamentos entre homem e mulher. Com base no tratamento dispensado a Gênesis 1 e 2, passagem tida como um alicerce, os capítulos subsequentes das Escrituras hebraicas fornecem informações sobre os papéis e responsabilidades mútuas de maridos e mulheres. Ainda que, como veremos mais adiante, a realidade muitas vezes tenha ficado aquém do ideal, isso não altera o fato de que os padrões existentes para os casais e para o povo de Deus no Antigo Testamento se baseavam no ideal anterior à queda.

O papel e as responsabilidades dos maridos para com as mulheres

O Antigo Testamento não apresenta uma "descrição de função" explícita para os maridos. Não obstante, é possível inferir a partir de vários trechos das Escrituras hebraicas algumas das principais responsabilidades dos maridos em relação às mulheres. Dentre elas, temos: (1) amar e cuidar da mulher e tratá-la com respeito e dignidade; (2) ser o principal responsável na união conjugal e exercer autoridade suprema sobre a família; (3) prover alimento, vestimentas e outras necessidades para sua esposa. Na discussão a seguir, trataremos rapidamente de cada uma dessas áreas de responsabilidade.

Primeiro, portanto, o homem deve *amar e cuidar de sua esposa e tratá-la com respeito e dignidade*. Gênesis 1 e 2 (texto do qual já tratamos em certo detalhe) deixam claro que, como o homem, a mulher é criada à imagem de Deus e, junto com o homem, é incumbida de sujeitar a terra (Gn 1.27-28). Como sua "ajudadora adequada" e parceira na tarefa de encher a terra e sujeitá-la, e como seu complemento oferecido por Deus, merece todo respeito e dignidade e deve ser devidamente tratada como sua companheira e amiga fiel. Conforme a narrativa fundacional da criação estipula, para se unir à sua mulher, o marido deve deixar pai e mãe e formar uma nova unidade familiar (Gn 2.24). Parte de sua união conjugal consistirá na geração de descendentes (Gn 1.28).[23]

Segundo, com base na criação do homem antes da mulher, escritores bíblicos posteriores (como Paulo, cf. 1Co 11.8-9) inferem corretamente que ele deve *ser o principal responsável pela união conjugal e exercer autoridade suprema sobre a família*, inclusive sobre a esposa. Esse papel é apoiado, ainda, por vários outros indicadores nos capítulos iniciais de Gênesis: o envolvimento imediato do homem com o trabalho de subjugar a terra ao dar nome aos animais antes da criação da mulher (Gn 2.19-20); o fato de ter sido ele que recebeu a ordem de Deus para cuidar do jardim do Éden e não comer da árvore do conhecimento do bem e do mal (2.15-17); e por ele ter dado nome à mulher (2.23). Também pode ser inferido pelo fato de

Deus ter chamado o homem, e não a mulher, para prestar contas do pecado da humanidade, apesar de a mulher ter pecado primeiro (3.9). Embora a queda tenha distorcido a maneira como os homens exerceram sua liderança nas gerações subsequentes (3.16*b*), eles não deviam se eximir da incumbência que Deus lhes dera de serem responsáveis pelo casamento e a família e todas as respectivas implicações. O papel do homem como principal responsável e autoridade suprema pode ser observado repetidamente no padrão veterotestamentário segundo o qual os homens eram os chefes de família, um sistema que costuma ser chamado de "patriarcado", apesar de um termo mais apropriado ser "patricentrismo".[24]

Terceiro, o marido devia prover alimento, vestimenta e outras necessidades da esposa. Apesar de o contexto indicar as responsabilidades do homem em relação a concubinas ou escravas, a discussão mais paradigmática dos deveres do marido nesse sentido encontra-se em Êxodo 21.10, texto que foi tema de extensas discussões e interpretações rabínicas.[25] Essa passagem estipula: "Se [o homem] tomar outra mulher, não poderá diminuir *os mantimentos, as roupas* nem *os direitos conjugais* da primeira".[26] De acordo com essa passagem, as obrigações do marido em relação à esposa (e concubinas ou escravas) envolvem a provisão de alimento, vestimentas e direitos conjugais, respectivamente.[27] Define-se como responsabilidade do marido, portanto, prover à esposa paz, permanência e segurança (Rt 1.9 fala de "descanso" [ARC]).[28]

O papel e as responsabilidades das mulheres para com os maridos

No *antigo Israel*, considerava-se que as esposas tinham, essencialmente, três papéis e responsabilidades em relação aos maridos: (1) gerar filhos para o marido (especialmente filhos do sexo masculino); (2) cuidar dos assuntos da casa; e (3) fazer companhia ao marido.

Com respeito ao primeiro dever da esposa, o de *gerar filhos para o marido* (especialmente do sexo masculino), as pessoas na antiguidade se casavam para ter filhos. Em consonância com a crença de que a vida do pai tinha continuidade no filho, a geração de filhos era tida como um ato realizado pela mulher[29] em favor do marido. Gerar um filho do sexo masculino era a contribuição mais nobre que a mulher podia dar ao marido e à família. Não fazê-lo, em contrapartida, era considerado uma desgraça. Daí vermos em Gênesis o desespero de Raquel por não ter gerado nenhum filho para Jacó. Quando, posteriormente, Deus permitiu que Raquel concebesse, ela interpretou esse acontecimento como a remoção de sua humilhação (Gn 30.1,23).[30]

Quanto ao segundo dever, as mulheres deviam *cuidar dos assuntos da casa* em cumprimento à ordem divina anterior à queda de cuidar do jardim do Éden (Gn 1.28; cf. 2.15). As responsabilidades das mulheres no antigo Israel nesse sentido incluíam cozinhar, vestir a família, cuidar do jardim e participar da colheita de cereais (*m.Ketub.* 5.5).³¹ Apesar de haver uma divisão geral de trabalho dentro dessa linha, a delimitação não era rígida e algumas dessas atividades não eram restritas exclusivamente às mulheres. Consequentemente, no Antigo Testamento, vemos Abraão (Gn 18.1-8), Ló (19.3) e Esaú (27.30-31) envolvidos no preparo de refeições. As mulheres também deviam supervisionar os servos que realizavam as tarefas domésticas. Mais adiante, trataremos em detalhes do exemplo da mulher em Provérbios 31, que retrata vários desses papéis e responsabilidades.

Quanto ao terceiro dever da esposa, de acordo com o propósito original de Deus ao criar a mulher (cf. Gn 2.18), ela devia *fazer companhia* ao marido. Apesar de ser subordinada a ele em termos legais, idealmente, a mulher era a confidente e amiga fiel de seu marido (cf. Ml 2.14). A confiança mútua e intimidade características do casamento ideal são celebradas em Cântico dos Cânticos (p. ex., 2.16; 6.3; 7.10), sobre o qual falaremos mais adiante.

Desvios do ideal de Deus para o casamento,
descritos em Gênesis 2.24

TERMINOLOGIA BÍBLICA	IDEAL DA CRIAÇÃO	HISTÓRIA DE ISRAEL
"o homem [...] sua mulher"	Monogamia	Poligamia
"se unirá"	Durabilidade Fidelidade	Divórcio Adultério
"o homem [...] sua mulher [...] serão uma só carne"	Heterossexualidade Fertilidade Complementaridade	Homossexualidade Esterilidade Deterioração das diferenças entre os sexos

Violações no antigo Israel de diversos elementos do ideal divino para o casamento

Voltemos a atenção agora para as várias maneiras pelas quais o ideal de Deus para o casamento, articulado em Gênesis 1 e 2, foi corrompido na história de Israel. Trataremos, especificamente, de seis violações do ideal divino para o casamento, nas quais um padrão pecaminoso corrompeu um elemento essencial do paradigma da criação: (1) a poligamia (ou, mais precisamente, poliginia) violava a norma divina de monogamia conjugal; (2) o divórcio rompia a durabilidade e permanência do casamento; (3) o adultério violava o vínculo sagrado entre um homem e uma mulher que haviam assumido um compromisso de fidelidade; (4) a homossexualidade desenvolvia um comportamento anômalo contrário à norma divina de casamento heterossexual; (5) a esterilidade se tornava um problema que destituía o casamento da fertilidade característica do plano original de Deus; e (6) a deterioração das diferenças entre os sexos violava a complementaridade entre eles, um aspecto essencial e fundamental do plano de Deus. Trataremos separadamente de cada uma dessas violações do ideal divino para o casamento na história de Israel.

Poligamia

Não obstante a monogamia ensinada em Gênesis 1—3 ser parte fundamental do plano de Deus para o casamento, a história de Israel testemunhou inúmeros casos de poligamia.[32] Ainda que, sem dúvida, o Criador tivesse o direito e o poder para criar mais de uma mulher para o homem, Deus intencionalmente fez apenas Eva e revelou seu plano a Adão com as palavras: "Portanto, o homem deixará seu pai e sua mãe e se unirá à sua mulher, e eles serão uma só carne" (Gn 2.24).[33]

Na verdade, seria possível argumentar em termos práticos que, especialmente por Deus saber de antemão da queda da humanidade e da morte universal que resultaria, ele *deveria* ter provido duas ou mais mulheres para o homem. Afinal, o que teria acontecido se Eva tivesse morrido antes de gerar filhos ou durante o parto? A raça humana teria perecido? Se Deus desejava que a terra fosse povoada (Gn 1.28), pela lógica, essa tarefa não poderia ser realizada mais rapidamente se Adão recebesse mais de uma, ou mesmo várias mulheres? E, no entanto, apesar dos argumentos práticos acima em favor da poligamia, o plano do Criador é simples e claro: uma mulher para um homem. Essa é a lei do casamento estabelecida na criação.

Como era de se esperar, porém, depois da queda da humanidade, o ideal divino monogâmico nem sempre foi preservado.[34] Passadas seis gerações, quando Adão mal havia falecido, a Bíblia registra que "Lameque tomou para si duas mulheres" (Gn 4.19), talvez procurando, em sua presunção, obter a bênção primeva de Deus (cf. Gn 1.28) por meio de seus próprios artifícios, ou seja, tomando para si mais de uma esposa. Apesar de a poligamia *nunca ter sido a norma* entre os seguidores do Deus de Israel, as Escrituras revelam sua recorrência.[35] Na verdade, o Antigo Testamento registra que um número considerável de indivíduos na história de Israel, inclusive muitos patriarcas e reis, praticou a poligamia (ou, mais especificamente, a poliginia, o casamento com várias mulheres),[36] embora não haja nenhum caso de poliandria (uma mulher com mais de um marido). Além de Lameque, exemplos de polígamos incluem figuras proeminentes como Abraão (Gn 16.3), Esaú (Gn 26.34; 28.9), Jacó (Gn 29.30), Gideão (Jz 8.30), Elcana (1Sm 1.1-2), Davi (2Sm 3.2-5; 5.13), Salomão (1Rs 11.3), Acabe (2Rs 10.1), Joaquim (2Rs 24.15), Assur (1Cr 4.5), Roboão (2Cr 11.21), Abias (2Cr 13.21), Jeorão (2Cr 21.14) e Joás (2Cr 24.1-3).

Apesar de ser evidente, portanto, que expoentes na história de Israel, (alguns considerados piedosos e outros, ímpios) foram polígamos, o Antigo Testamento comunica inequivocamente que a prática de ter várias mulheres era um desvio do plano de Deus para o casamento. Esse fato é expresso não apenas em versículos bíblicos que proíbem a poligamia de forma inequívoca (cf. Dt 17.17; Lc 18.18),[37] mas também em função do pecado e da desordem em geral produzidos na vida das pessoas envolvidas nessa prática. O Antigo Testamento registra, por exemplo, os conflitos resultantes do favoritismo nos casamentos polígamos de Jacó (Gn 29.30), Elcana (1Sm 1.4-5) e Roboão (2Cr 11.21), e o fato de que o ciúme era um problema constante entre as esposas de Abraão (Gn 21.9-10), Jacó (Gn 30.14-16) e Elcana (1Sm 1.6) que concorriam entre si. As Escrituras relatam, ainda, que as mulheres estrangeiras de Salomão "desviaram seu coração para seguir outros deuses" (1Rs 11.4), uma transgressão do primeiro mandamento, e os vários casamentos de Davi resultaram em incesto e homicídio entre sua prole.

Em resumo, a Bíblia deixa claro que os indivíduos da história de Israel que se desviaram do plano monogâmico de Deus e praticaram a poligamia o fizeram contra a vontade do Criador e, em última análise, em prejuízo próprio. O pecado e a desordem causados pela poligamia reafirmam, portanto, a excelência do plano monogâmico de Deus para o casamento revelado primeiramente a Adão e Eva no jardim do Éden. Além de nenhuma passagem do Antigo Testamento aprovar a poligamia (cf., porém, Êx 21.10-11; Dt 21.15-17), várias passagens defendem a monogamia como o ideal perene (p. ex., Pv 12.4; 18.22; 19.14; 31.10-31; Sl 128.3; Ez 16.8).[38]

Divórcio

Outro componente do plano de Deus para o casamento, e do qual vemos o Israel do Antigo Testamento se desviar com frequência, é a *durabilidade* da união. Apesar de tratarmos da questão do divórcio em mais detalhes em um capítulo posterior deste livro, convém fazermos algumas observações breves aqui. Os primeiros capítulos de Gênesis deixam claro que Deus criou o casamento para ser *permanente*. Esse fato fica claro na descrição paradigmática do casamento em Gênesis 2.24: "Portanto, o homem deixará seu pai e sua mãe e *se unirá* à sua mulher, e *eles serão uma só carne*". Embora haja certa controvérsia entre os estudiosos acerca da complexidade do significado de "se unir" e "ser uma só carne", não há dúvidas de que Deus criou o casamento para ser permanente.[39]

Como no caso de outros elementos do plano divino para o casamento, porém, o Antigo Testamento indica que muitos desconsideraram a durabilidade como parte desse plano. Na verdade, o divórcio era um problema sério no início da história de Israel. De acordo com o código mosaico, o sacerdote não podia se casar com uma mulher divorciada (mesmo que ela não fosse a parte culpada; Lc 21.7: "Não se casarão com [...] mulher repudiada por seu marido, pois o sacerdote é consagrado ao seu Deus"; cf. Lv 21.14). Numa tentativa de refrear os pecados resultantes do divórcio, a legislação mosaica proibia o homem de se casar novamente com uma mulher da qual ele se divorciara e que, em seguida, se casara com outro homem (mesmo que o segundo marido tivesse falecido; Dt 24.1-4). A proibição é justificada pela declaração de que a mulher se torna "contaminada" (v. 4), talvez indicando que o novo casamento ilegítimo após o divórcio equivalesse a adultério. Ademais, o Antigo Testamento registra vários exemplos de divórcio e atesta a prática geral do divórcio no meio dos hebreus (cf. Ed 9—10; Ne 13.23-31; Ml 2.14-16).

Apesar da presença do divórcio na história de Israel, porém, o Antigo Testamento confirma que a durabilidade continuou a ser um componente do plano de Deus para o casamento. Pode-se observar isso no fato de a legislação mosaica parecer *proibir* especificamente o divórcio se a esposa era virgem quando o casamento foi consumado (cf. Dt 22.19,29). Fica evidente, também, que Deus não aprova o divórcio, pois em várias ocasiões o Antigo Testamento usa a analogia do divórcio para descrever a apostasia espiritual de Israel (cf. Is 50.1; Jr 3.8) e o profeta deixa claro que Deus não aprova o divórcio motivado pelo ódio (Ml 2.16).[40]

Adultério

Outra maneira pela qual Israel corrompeu o ideal de Deus para o casamento foi o adultério. Apesar de ser possível argumentar que a fidelidade era a única opção de Adão, sua falta de oportunidade de cometer adultério não altera o fato de a fidelidade ser parte inerente do padrão de Deus para o casamento: "Portanto, o homem deixará seu pai e sua mãe e se unirá à sua mulher, e eles serão uma só carne" (Gn 2.24). Como no princípio da monogamia, algo de que tratamos acima, o Antigo Testamento relata que, depois da queda, muitos indivíduos tiveram dificuldade em se manter fiéis aos seus cônjuges.[41]

Talvez o episódio de infidelidade mais conhecido do Antigo Testamento seja o adultério de Davi com Bate-Seba que resultou no assassinato de Urias, marido de Bate-Seba (2Sm 11). Mas não faltam outros exemplos de infidelidade conjugal na história de Israel. Além dos casamentos polígamos dos quais tratamos acima (que, com efeito, implicavam adultério contra a primeira esposa), temos o adultério de Rúbens com Bila (Gn 35.22; cf. 49.3-4), da concubina do levita (Jz 19.1-2), de Gômer, esposa de Oseias (Os 3.1) e de inúmeros outros israelitas cujos nomes não são citados, mas cuja infidelidade desagradou a Deus (Jr 3.2; 5.7-8; 7.9-10; 23.10; Ez 22.11; 33.26; Os 4.2; 7.4). O Antigo Testamento também fala de vários casos de indivíduos que cometeram pecados sexuais que provavelmente envolveram adultério, como Gileade, pai de Jefté (Jz 11.1) ou Hofni e Fineias, os filhos de Eli (1Sm 2.22).

Ademais, o livro de Gênesis registra diversos episódios que beiraram o adultério e teriam chegado às vias de fato se Deus não houvesse intervindo, como Abimeleque e Sara (Gn 20.2-18) e José e a esposa de Potifar (Gn 39.7-12). Como todos esses relatos mostram, nem sempre o ideal divino de fidelidade no casamento foi mantido no tempo do Antigo Testamento.

Apesar desses casos de adultério ou de quase adultério na história de Israel, porém, o Antigo Testamento reitera em várias passagens que o ideal de Deus para o casamento é a *fidelidade*. O sétimo mandamento, por exemplo, orientava o povo de Deus de forma inequívoca: "Não adulterarás" (Êx 20.14; Dt 5.18). No Código de Santidade, uma das leis a respeito de sexo declarava: "Não te deitarás com a mulher de teu próximo, contaminando-te com ela" (Lv 18.20) e estipulavam a morte como pena pelo adultério (Lv 20.10; cf. Nm 5.11-31; Dt 22.22).[42] Ademais, o livro de Provérbios descreve o adultério repetidamente como um ato insensato e perigoso (Pv 2.16-19; 5.3-22; 6.32-33; 7.5-23; 9.13-18; 22.14; 23.27-28; 30.20).

Além disso, em várias ocasiões Deus usa a analogia do adultério físico para retratar seu desprazer com o adultério espiritual de Israel, quando o povo se afastava dele, seu primeiro amor, para buscar outros deuses (Jr 3.8-9; Ez 16.32,38; Os 1.1—3.5). Em resumo, portanto, apesar de muitos na história de Israel terem se desviado do plano divino de fidelidade no casamento, o Antigo Testamento deixa claro que o padrão do Senhor não mudou. Deus esperava que seu povo fosse fiel, tanto aos cônjuges quanto a ele, e deixava claro o seu desprazer quando isso não acontecia.[43]

Homossexualidade

A *heterossexualidade* é um componente inequívoco do plano do Criador para o casamento. E, no entanto, o Antigo Testamento indica que, depois da queda, o princípio da heterossexualidade era violado com frequência por meio de relações entre pessoas do mesmo sexo. Dentre os exemplos, podemos citar muitos dos habitantes de Sodoma e Gomorra, as cidades da planície (Gn 19.1-29), os gibeonitas no tempo dos juízes (Jz 19.1—21.25), bem como vários outros transgressores da lei ao longo da história de Israel (1Rs 14.24; 15.12; 22.46; 2Rs 23.7; Jó 36.14). Apesar dessas violações, porém, o Antigo Testamento deixa claro que o princípio da heterossexualidade, estabelecido na criação, continua a ser parte integrante do plano de Deus para o casamento. Esse fato é corroborado pela severidade do castigo prescrito no caso de homossexualidade (a pena de morte; Lv 20.13), pela apresentação da heterossexualidade como norma (Pv 5.18-19; Ec 9;9; Ct 1—8) e pelo destino de indivíduos na história de Israel que se entregaram a práticas homossexuais.

Uma vez que trataremos da homossexualidade em um capítulo posterior deste livro, não há necessidade de realizarmos uma análise completa do tópico aqui. Convém, no entanto, fazermos alguns comentários breves. A ideia do casamento homossexual é contrária não apenas a injunções bíblicas específicas a respeito de relações entre pessoas do mesmo sexo (cf. Lv 18.22; 20.13; Dt 23.17), mas também ao plano do Criador para o casamento. Quando Deus define a lei para o casamento, fica evidente que tem em mente a heterossexualidade, e não a homossexualidade: "Portanto, o *homem* [pessoa do sexo masculino] deixará seu pai e sua mãe e se unirá à sua *mulher* [pessoa do sexo feminino], e eles serão uma só carne" (Gn 2.24). Além do mais, esse é o único arranjo possível para o casamento, uma vez que o Criador ordenou e esperava que os casais frutificassem, se multiplicassem e enchessem a terra (cf. Gn 1.28).

Por envolver relações entre pessoas do mesmo sexo que não têm como resultar em procriação, a homossexualidade é contrária à natureza e não pode implicar logicamente a possibilidade de casamento. Na verdade, o autor de Gênesis observa em diversos momentos que, mesmo entre os animais, Deus fez em cada variedade macho e fêmea "segundo suas espécies" (Gn 1.21,24-25). Além disso, uma vez que um dos aspectos do domínio e governo representativo exercido pela humanidade sobre a terra de Deus é a procriação (Gn 1.27-28), e uma vez que a procriação é impossível entre dois homens ou duas mulheres, a homossexualidade milita não apenas contra o plano de Deus para o casamento, mas também contra sua ordem criada.

Esterilidade

Outra parte essencial do plano de Deus para o casamento, em relação à qual alguns indivíduos ficaram aquém do ideal no tempo do Antigo Testamento, foi a *fertilidade*. É possível que esteja implícita na descrição que Deus faz do casamento como relacionamento de "uma só carne" (Gn 2.24), caso se entenda que essa terminologia apresenta implicações sexuais. Sem dúvida, a fertilidade fica subentendida na ordem de Deus a Adão e Eva (aliás, a primeira ordem dada por Deus aos seres humanos) para que frutificassem e se multiplicassem (Gn 1.28). De fato, na Bíblia, a fertilidade no casamento é descrita repetidamente como uma virtude a ser buscada e, uma vez obtida, é considerada uma bênção (cf. Êx 23.26; Dt 7.14; Sl 113.9; 127.4-5; 128.3-4).[44] Ademais, certos elementos da lei veterotestamentária parecem visar promover a fertilidade no casamento. Dentre vários exemplos, temos o ano de licença que o soldado recém-casado recebia "para se alegrar com a mulher com a qual se casou" (Dt 24.5) e a instituição do casamento de levirato, cujo propósito era gerar descendentes para um parente falecido (Dt 25.5-10). Em contrapartida, o Antigo Testamento considera a esterilidade uma humilhação (cf. Gn 30.1,22-23; Is 4.1; 47.9; 49.21).

Apesar da importância atribuída à fertilidade nas Escrituras hebraicas, é fato que inúmeros casais na história de Israel tiveram dificuldade em conceber filhos. Uma diferença importante entre a falta de fertilidade e a negligência em colocar em prática outros componentes do plano de Deus para o casamento encontra-se no fato de que, em geral, a esterilidade não é uma escolha consciente. Não obstante, por vezes, o Antigo Testamento apresenta a esterilidade como maldição resultante de pecado pessoal, como no caso das mulheres de Abimeleque (Gn 20.17-18) e de Mical, primeira esposa de Davi (2Sm 6.16-23). Em outras ocasiões, a esterilidade é retratada como uma simples realidade da natureza, como no caso das três mães do povo hebreu: Sara (Gn 11.30); Rebeca (Gn 25.21) e Raquel (Gn 30.1), bem como da esposa de Manoá (Jz 13.2), Ana (1Sm 1.2) e a sunamita que ajudou Eliseu (2Rs 4.14). Apesar de a Bíblia não fornecer nenhuma prescrição explícita sobre como superar o problema da esterilidade, a oração é um denominador comum em diversos relatos bíblicos de pessoas que eram estéreis, mas se tornaram férteis. Deus respondeu, por exemplo, às orações de Abraão (Gn 15.2-5; 20.17), Isaque (Gn 25.21), Lia (Gn 30.17), Raquel (Gn 30.22) e Ana (1Sm 1.9-20). Essas orações respondidas, bem como a multiplicação geral concedida por Deus ao seu povo, em cumprimento da aliança abraâmica, corroboram que a fertilidade é um componente essencial do plano de Deus para o casamento e é possível para aqueles que buscam a Deus a esse respeito.[45]

Deterioração das diferenças entre os sexos

A *complementaridade*, que traz em si a ideia de igual valor, mas diferentes papéis para os sexos, também é um elemento essencial e fundamental do plano de Deus para o casamento.[46] As distorções conjugais mencionadas acima, porém, deixam claro que, em vários casos, o princípio da complementaridade não foi observado na história de Israel. Aliás, pode-se dizer que indivíduos que se entregaram a práticas homossexuais ou evitaram de forma deliberada a procriação (p. ex., Onã; Gn 38.8-10) não se comportaram de maneira inteiramente coerente com o padrão de complementaridade estabelecido por Deus.

Além disso, o Antigo Testamento mostra vários indivíduos que abandonaram de modo claro e específico os papéis estabelecidos por Deus para cada sexo, ainda que não tenham participado de nenhuma outra distorção do papel conjugal. Podemos citar Adão, Eli, Davi e Acaz como exemplos de homens que, pelo menos em uma ocasião, falharam no papel de líderes do lar, e Eva, Bate-Seba, Jezabel e Atalia, entre outras, como exemplos de mulheres que, pelo menos em alguns momentos, não foram "ajudadoras adequadas" em suas famílias.[47]

Apesar desses exemplos de distorção dos papéis definidos pelo Criador para cada um dos sexos, mesmo depois da queda, o Antigo Testamento confirma repetidamente que a complementaridade faz parte do plano de Deus para o casamento. O valor igual de maridos e mulheres pode ser visto em vários âmbitos diferentes: na paridade legal com respeito à obediência devida pelos filhos (Êx 20.12; 21.15,17; Lv 20.9; Dt 5.16); nos privilégios econômicos que permitiam a filhas e esposas herdar propriedades (Nm 27.1-11; 36.1-9; cf. Pv 31.13-18,24); e na liberdade de ambos os sexos de ter encontros espirituais (Jz 13.2-25), receberem respostas de orações (1Sm 1.9-20), participarem do culto público (Ne 8.2) e, possivelmente, exercerem o ofício profético (Êx 15.20; Jz 4.4; 2Rs 22.14; Ne 6.14).[48]

Ao mesmo tempo, o plano divino para o casamento no Antigo Testamento também inclui diferenças funcionais importantes entre os sexos. Além da confirmação específica pelo Senhor da liderança de Adão depois da queda (Gn 3.16), a complementaridade dos papéis de cada sexo, conforme definidos na criação, fica evidente nas narrativas veterotestamentárias dos casamentos dos patriarcas (p. ex., Gn 18.12; onde Sara chama Abraão de "meu senhor"; cf. 1Pe 3.5-6) e de reis israelitas tementes a Deus (p. ex., Davi: 1Sm 25.4-42; 1Rs 1.16,31). A descrição apresentada pelo rei Lemuel da mulher virtuosa como uma dona de casa diligente, sob a autoridade de seu marido (Pv 31.10-31) também reflete o padrão de complementaridade instituído em Gênesis 2.[49] Como no caso dos outros componentes do plano de Deus para o casamento, portanto, fica evidente que a história de Israel não alterou o plano de Deus para essas instituições.

Resumo dos desdobramentos na história de Israel

Vimos que a história de Israel documenta vários padrões negativos que ficaram aquém do ideal de Deus para o casamento, articulado nos primeiros capítulos de Gênesis, sendo os principais desvios a poligamia, o divórcio, o adultério, a homossexualidade, a esterilidade e a diluição dos papéis dos sexos. Cada padrão negativo constitui uma distorção da instituição divina do casamento. Enquanto Deus criou o casamento como ligação entre um homem e uma mulher, a poligamia implica a união conjugal com mais de uma mulher. O divórcio rompe o vínculo sagrado entre marido e mulher. Em contraste com a intenção divina de que o casamento fosse uma união fiel, como uma só carne, o adultério implica relações sexuais com outra pessoa além do cônjuge. A homossexualidade contraria o princípio de "um homem, uma mulher" implícito no casamento bíblico. A esterilidade fica aquém da fertilidade requerida na ordem de Deus para que o casal humano frutificasse e se multiplicasse. A deterioração dos papéis de cada sexo se opõe à criação divina da humanidade como homem *e* mulher. Em todos esses quesitos, Israel ficou aquém do ideal estabelecido por Deus para o casamento na criação.

Além de ser possível provar historicamente a existência dessas violações do ideal divino para o casamento na história de Israel, elas também têm implicações importantes para os homens e mulheres de hoje.

Vislumbres do ideal (literatura sapiencial)

Enquanto os livro históricos do Antigo Testamento dão testemunho da deterioração crescente da observância do plano de Deus para o casamento, o ideal divino é preservado na *literatura sapiencial do Antigo Testamento*. Os dois principais exemplos são o poema de louvor à mulher virtuosa, no último capítulo de Provérbios, e a celebração do amor no casamento em Cântico dos Cânticos. Essas passagens oferecem um contraponto animador para o padrão geral de corrupção do ideal divino para o casamento, apresentado nos livros históricos e proféticos do Antigo Testamento.

A mulher virtuosa (Provérbios 31)

Provérbios termina com um poema acróstico que exalta as virtudes da mulher virtuosa, cujo valor para seu marido é muito maior que o de grande riqueza material. Há quem comente que essa mulher devia ser fenomenal, uma vez que ela levanta-se de madrugada (Pv 31.15) e de noite sua lâmpada não se apaga (31.18)! Quando ela dormia, afinal?[50] De fato, a mulher virtuosa de Provérbios 31 demonstra muitas virtudes que continuam a ser relevantes para mulheres que almejam ser esposas piedosas nos dias de hoje.

A mulher em Provérbios 31:

- é um bem valioso para seu marido (v.10-11);
- é uma companheira fiel (v. 11);
- é a favor de seu marido, e não contra ele; preocupa-se com o bem-estar dele e zela por seus interesses (v. 12);
- é diligente e esforçada (v.13,27);
- obtém e prepara os alimentos para toda a família (v.14-15);
- acorda cedo (v. 15);
- encontra e compra propriedades (v. 16);
- reaplica a renda dos seus negócios domésticos (v. 16);
- é vigorosa e ativa (v. 17,25);
- produz roupas para a família e para vender (v.13,18-19,21-22,24);
- trata os pobres com bondade e demonstra misericórdia pelos necessitados (v. 20);
- providencia roupas adequadas e de boa qualidade para si mesma e para os filhos (v. 21-22);
- contribui para o respeito que outros têm por seu marido e administra a casa de modo que ele possa se dedicar inteiramente a uma função de liderança na comunidade (v. 23,27);
- está preparada para o futuro e para eventualidades (v.21,25);
- demonstra sabedoria no modo de falar e no ensino da benevolência (v. 26);
- é louvada pelo marido e filhos (v. 28-29,31);
- teme a Deus em vez de fiar-se na própria beleza física (v. 30).

Ainda que, na opinião de alguns, esse ideal seja inalcançável, é um alvo digno de ser aspirado pelas mulheres de hoje. Sem dúvida, esse tipo de mulher não se encaixa no estereotipo da esposa "confinada ao lar" ou que não tem personalidade própria.[51] É uma mulher de grande desenvoltura, fonte de força e bênção inestimável para seu marido e filhos. Quem não gostaria de ter uma esposa e mãe que ambiciona seguir esse exemplo? Felizmente, muitos de nós (inclusive os autores deste livro) temos, pela graça de Deus, uma esposa como essa.

A beleza do sexo no casamento (Cântico dos Cânticos de Salomão)

Em meio à deterioração evidente ao longo da história de Israel, encontramos um raio de luz no cânon hebreu: Cântico dos Cânticos de Salomão. Com base no conceito de que Deus instituiu o casamento, inclusive a união física de marido e mulher (Gn 2.18-25, esp. v. 24-25: "uma só carne [...] os dois estavam nus [...] e não se envergonharam"), Cântico dos Cânticos celebra a beleza do amor conjugal também em sua íntima expressão sexual.[52]

Provérbios também traz uma seção que exalta o sexo dentro do relacionamento conjugal de fidelidade e compromisso e adverte acerca do adultério:

> Bebe a água da tua própria cisterna,
>   das correntes do teu poço.
> Por que permitir que tuas fontes e
>   teus ribeiros de águas se derramem pelas ruas?
> Sejam somente para ti,
>   e não divididos com estranhos.
> Que teu manancial seja bendito.
> Alegra-te com a esposa que tens desde a mocidade.
> Como corça amorosa e gazela graciosa,
>   que os seios de tua esposa sempre te saciem
>   e que te sintas sempre embriagado pelo seu amor.
> Por que, meu filho, andarias atraído pela mulher imoral
>   e abraçarias o seio da adúltera? (Pv 5.15-20)

Junto com a injunção repetida em Provérbios, para que as pessoas guardem o coração (p. ex. Pv 4.23) e para que os homens se mantenham afastados das mulheres adúlteras (Pv 2.16-19; 5; 6.20-35; 7; 22.14; 23.26-28; 31.3), a passagem acima é uma ordem enérgica para que os cônjuges construam cercas espirituais fortes ao redor do relacionamento e alimentem o compromisso matrimonial com diligência e devoção.[53]

Cântico dos Cânticos, por sua vez, não apenas contribui para o cânon hebraico (e cristão) com uma coletânea de poemas de amor que celebram a força e a paixão do amor conjugal (inclusive do sexo), mas também antevê a restauração do relacionamento entre Adão e Eva, o primeiro homem e a primeira mulher, rompido pela queda. Depois da queda, o julgamento pronunciado sobre a mulher inclui a declaração de que seu desejo (*tešûqâ*) seria para o seu marido (Gn 3.16) o que, provavelmente, expressa o desejo pecaminoso da mulher de manipular e controlar o marido em vez de sujeitar-se a ele em amor. Essa ideia é sugerida pelo paralelo próximo no capítulo seguinte, onde algumas versões dizem que o desejo do pecado será *para* Caim, com o sentido claro de um desejo de controle ou domínio (Gn 4.7; ARC).[54]

Em Cânticos 7.10, a terceira e última ocorrência do termo traduzido como "desejo" nessas passagens, a mulher exclama: "Eu sou do meu amado, e o desejo dele é por mim". Em vez do desejo ilegítimo da mulher de controlar seu marido, antevê-se a restauração do estado original, no qual o desejo do marido será por sua esposa.[55] Mais uma vez, a mulher descansa tranquilamente na certeza de que ela é do seu marido, e o marido não domina sobre a mulher, mas a deseja. Daí, "o amor ser experimentado como um retorno ao paraíso".[56] Como no jardim original, o homem e a mulher poderão estar nus e não se envergonhar (cf. Gn 2.25). É importante observar, porém, que essa restauração do amor humano é baseada na vinda do rei messiânico, o filho de Davi e Salomão que é maior do que eles (cf. p. ex., Mt 1.1; 12.42).[57] Os paralelos em simbolismo entre Cântico dos Cânticos e Gênesis 1—3, a tipologia que envolve o amor entre homem e mulher e o tema messiânico que se estende de Gênesis 3.15 até a figura de Salomão, filho de Davi, em Cântico dos Cânticos e além, e o retrato idealizado nesse livro favorecem esse enfoque messiânico e escatológico de Cântico dos Cânticos.

Os três usos para o termo hebraico "desejo" ($t^e\check{s}\hat{u}q\hat{a}$) no AT

REFERÊNCIAS BÍBLICAS	TRADUÇÃO	COMENTÁRIO
Gn 3.16	"o teu desejo será para o teu marido, e ele te dominará"	Referência ao desejo pecaminoso da mulher de manipular e controlar o marido.
Gn 4.7	"o pecado jaz à porta, e o desejo dele será contra ti; mas tu deves dominá-lo".	Referência ao desejo do pecado de subjugar, exortação para que Caim domine esse desejo.
Cânticos 7.10 (Hb 7.11)	"Eu sou do meu amado, e o desejo dele é por mim".	Certeza tranquila da mulher de que o desejo de seu marido é para ela.

Ao contrário do conceito do mundo de que o amor verdadeiramente emocionante se encontra fora dos limites do casamento, as Escrituras deixam claro que a segurança fornecida por um relacionamento conjugal exclusivo e vitalício é justamente o que permite a satisfação e realização sexual tanto do homem quanto da mulher. Libertos do egocentrismo do pecado e do desejo de manipular o cônjuge para ver as próprias necessidades supridas, marido e mulher têm liberdade de amar o cônjuge com uma atitude de total desprendimento e, portanto, podem desfrutar um ao outro sem medo de rejeição, abuso ou dominação. O amor conjugal revela-se, desse modo, como realização do sonho de todo homem e mulher, mas não passa de ilusão para aqueles que não foram renovados e transformados pelo Espírito Santo mediante o arrependimento e fé em Cristo.

Lições de casamentos no Antigo Testamento

Depois de examinar o tema do casamento e os ensinamentos sobre o matrimônio no Antigo Testamento, pode ser um exercício interessante esquadrinhar as páginas do Antigo Testamento a fim de colher lições de casamentos veterotestamentários específicos.

Adão e Eva

O primeiro casamento da história bíblica, do qual tratamos acima do ponto de vista de importantes padrões e princípios perenes, foi a união de *Adão e Eva*, realizada por Deus (Gn 2.23-24). Ele lhes deu custódia conjunta sobre a terra (Gn 1.28), uma responsabilidade acompanhada da ordem para se multiplicarem.[58] Podemos supor que, antes da queda, os dois desfrutaram um período de felicidade conjugal nunca mais experimentada na história humana (Gn 2.25: "E os dois estavam nus, o homem e sua mulher, e não se envergonhavam"). As Escrituras não fornecem um registro da vida conjugal de Adão e Eva, além da indicação de que cabia a Adão a responsabilidade final pela união diante de Deus e de que Eva devia ser a "ajudadora adequada" de Adão (Gn 2.18,20).

Fica evidente que o padrão planejado por Deus foi arruinado na queda da humanidade (Gênesis 3), quando Eva extrapolou seu papel de "ajudadora adequada" de Adão e agiu de forma independente do marido, ao ceder à tentação de Satanás. O fato de Adão ter comido do fruto imediatamente depois do ato proibido de Eva (Gn 3.6) pode indicar que ele estava com ela e que falhou em sua responsabilidade de exercer liderança no relacionamento (cf. tb. Gn 3.17: "Porque deste ouvidos à voz da tua mulher [...]"). De qualquer modo, a vida nunca mais foi a mesma depois da queda. O parto da mulher agora é marcado por dor intensa e, devido à sua natureza pecaminosa, ela não aceita mais o seu papel de "ajudadora adequada" (Gn 3.16) junto ao homem. O homem, por sua vez, experimenta dor na luta para subjugar a terra (v. 17-19) e, no final, homem e mulher morrem (v. 19).

Abraão e Sara

As Escrituras registram vários episódios interessantes do relacionamento de *Abraão e Sara*. Quando foram ao Egito, Abraão elaborou um plano para apresentar a esposa como irmã dele. Por causa da beleza física de Sara, Abraão temia que os egípcios o matassem a fim de tomar Sara para si (Gn 12.10-20; um incidente repetido posteriormente com Abimelque; Gn 20). Ao que parece, Sara se sujeitou ao plano de

Abraão e, antes da trama ser descoberta, o faraó a toma como uma de suas esposas. Sara sofreu as consequências da covardia e desonestidade do marido nesse caso (ainda que, em várias outras situações, Abraão tenha se mostrado um homem de grande integridade e coragem).[59] Essa experiência de Sara ensina às mulheres que elas não têm nenhuma obrigação de acompanhar o marido no pecado; antes, devem se esforçar ao máximo para resistir ao mal.

Posteriormente, Sara, que até então não havia gerado nenhum filho para Abraão, procurou remediar a situação ao incentivar Abraão a garantir a descendência por meio de sua serva, Agar. Quando Agar concebeu e começou a desprezar sua senhora, Sara se queixou a Abraão e maltratou Agar (Gn 16.1-6). Sara regozijou-se quando deu à luz Isaque, mas, depois, disse a Abraão para mandar embora "essa serva e o seu filho" (Gn 21.10). De acordo com a palavra de Deus (v. 12), Abraão concordou e mandou Agar e Ismael embora.[60] Essa série de acontecimentos mostra que um casal não deve procurar resolver situações com base na incredulidade, pois as consequências do pecado trarão complicações adicionais.

Isaque e Rebeca, Jacó e Raquel

Tanto Isaque, filho de Abraão, quanto Jacó, neto de Abraão, são exemplos bíblicos de grande amor pelas respectivas esposas. Quando *Rebeca* foi obtida como esposa para *Isaque*, o registro bíblico comenta por ocasião de seu casamento: "Ela se tornou sua mulher; e ele a amou" (Gn 24.67). *Jacó*, filho de Isaque e Rebeca, se apaixonou por *Raquel* que era "bonita de porte e de rosto" (Gn 29.17) e trabalhou quatorze anos para recebê-la como esposa, evidência de seu grande amor por ela.

Apesar do grande amor de Jacó por Raquel, surgiram tensões no casamento quando Raquel não conseguiu conceber. Ela exigiu que Jacó que lhe desse filhos, ao que ele respondeu: "Por acaso estou no lugar de Deus, que impediu que o teu ventre desse fruto?" (Gn 30.1-2). Posteriormente, em sua graça, Deus permitiu que Raquel concebesse (Gn 30.22-24), o que, sem dúvida, reduziu a tensão que havia se formado entre os cônjuges.[61] Seu exemplo pode nos ensinar que os cônjuges devem enfrentar as dificuldades (como a esterilidade da esposa) juntos, com devota confiança em Deus, e não dar espaço para discussões e discórdia na relação.

Sansão e Dalila

Outra história de amor do Antigo Testamento, ainda que de natureza e consequências menos positivas, é a de *Sansão e Dalila*. Infelizmente, Sansão exemplifica alguém que não guardou devidamente o coração e foi seduzido por uma mulher que o privou de sua força e, por fim, de sua vida. Esse relato serve de advertência, pois mostra que mesmo um homem forte, competente e poderoso como Sansão não é imune aos atrativos de uma mulher sedutora e pode ser destruído por seus ardis.

Rute e Boaz

Encontramos um exemplo muito mais positivo de amor piedoso no relacionamento de *Rute e Boaz*, relatado no livro de Rute. A jovem viúva moabita que seguiu sua sogra, Noemi, de volta a Judá depois da morte do marido, atraiu a atenção de Boaz que usou de bondade para com ela e não descansou enquanto não obteve sua mão em casamento. A história de Rute (que também possui relevância na história da salvação, uma vez que ela foi bisavó do rei Davi; Rt 4.22) é um exemplo maravilhoso de uma viúva que confiou em Deus em meio a circunstâncias adversas.

Ana e Elcana

O primeiro livro de Samuel começa com um relato do relacionamento entre um homem chamado *Elcana* e sua mulher, *Ana*, mãe do profeta Samuel. A dinâmica entre Ana e sua rival, Penina, e o marido, reflete a história mencionada acima de Raquel, Lia e Jacó. Apesar dos esforços do marido para consolá-la: "Não sou melhor para ti do que dez filhos?" (1Sm 1.8), em desespero, Ana suplica ao Senhor por um filho.

Em sua piedade e oração persistente, Ana é exemplo para gerações futuras de gestantes e mulheres que desejam ser mães. Também é exemplar a sua iniciativa de consagrar o filho ao Senhor. Fica evidente que o marido confiava nela, pois quando ela contou para Elcana seus planos com respeito a Samuel, ele respondeu: "Faze o que bem te parecer" (1Sm 1.23). As orações subsequentes de Ana revelam sua devoção profunda a Deus (1Sm 2; cf. Maria em Lc 1.46-55).

Davi e suas esposas

Encontramos diversas lições a respeito do casamento na vida de *Davi*. Convém observarmos de imediato que o fato de Davi ter tomado várias esposas para si foi algo indesculpável e violou o padrão de monogamia instituído por Deus na criação. Não obstante, podemos extrair algumas lições do relacionamento de Davi com suas esposas. Sua primeira mulher foi *Mical*, filha de Saul. Ela se apaixonou por Davi e foi entregue a ele em casamento (1Sm 18.20,27-28). Quando Saul tentou matar Davi, Mical o avisou e o ajudou a fugir por uma janela (1Sm 19.11-12). Em seguida, disse aos servos de Saul, enviados para capturar Davi, que ele estava doente (1Sm 19.14). Nesses atos, Mical exemplifica a lealdade e solidariedade da mulher para com o marido (apesar de ter usado meios reprováveis, como a mentira), ainda que isso tenha provocado uma ruptura com seu pai, Saul (v. 17).[62]

Posteriormente, Davi casou-se com *Abigail*, uma mulher bela e perspicaz que aplacou sua ira depois que o marido dela, Nabal, se recusou rudemente a demonstrar hospitalidade a Davi (1Sm 25.3,14-42).[63] Abigail exemplifica o caráter da esposa de um grande homem e líder que trata o marido com sensibilidade e respeito e, em troca, é amada por ele. Sua sabedoria e humildade fazem dela um excelente modelo das virtudes exaltadas nas mulheres do Antigo Testamento (cf. Pv 31.10-31).

O adultério de Davi com *Bate-Seba* é uma história conhecida (2Sm 11) e deve servir de advertência para os homens casados não abrirem mão da devoção à esposa e para as mulheres casadas (como Bate-Seba) serem discretas e recatadas nos trajes e na conduta. A importância dessa questão aos olhos de Deus é ressaltada pelo fato de dois dos Dez Mandamentos tratarem dela: "Não adulterarás" (Êx 20.14) e "não cobiçarás a mulher do teu próximo" (Êx 20.17).

As esposas estrangeiras de Salomão

Apesar de sua sabedoria, *Salomão* "amou muitas mulheres estrangeiras" que provocaram sua derrocada. O rei "se apegou a elas apaixonadamente" e, apesar da ordem de Deus para não se casar com elas, "suas mulheres desviaram o seu coração". Salomão edificou altares para as esposas estrangeiras e participou com elas de cultos a falsos deuses (1Rs 11.1-8). Essa situação serve de advertência enérgica para os homens não se envolverem com mulheres incrédulas. É uma ilusão imaginar que não seremos afetados pelo "jugo desigual" com um cônjuge não cristão.[64]

Acabe e Jezabel

O casamento do rei *Acabe* com *Jezabel* pode ser considerado um dos piores exemplos da história de Israel. A certa altura, Jezabel ajudou o marido a tomar a vinha de Nabote. Para isso, obteve falsas testemunhas contra Nabote e mandou executá-lo (1Rs 21). Ao longo de toda a narrativa, Jezabel controla e tiraniza Acabe e lhe diz o que fazer. Acabe se sujeita e, desse modo, ilustra perfeitamente o veredicto pronunciado por Deus sobre Adão e Eva depois da queda (Gn 3.16).

Ester e Assuero

A *rainha Ester* conquistou o afeto de seu marido, o *rei Assuero* de tal modo que ele a amou mais do que a todas as outras mulheres e lhe concedeu graça e favor (Et 2.17; cf. 5.2). Em sua providência, Deus usou o relacionamento de confiança entre Ester e o rei para salvar o povo judeu da trama sinistra de Hamã. Como Rute, Abigail e outras mulheres do Antigo Testamento, Ester exemplifica a esposa sábia e sensível para com o marido que o torna receptivo a ela e aos seus pedidos.

Resumo

Apesar de haver algumas referências ao casamento dignas de investigação na literatura sapiencial e profética do Antigo Testamento, o panorama acima é suficiente para ilustrar a ampla variedade de uniões conjugais relevantes na história da salvação no antigo Israel. Embora a queda tenha afetado o casamento de forma definitiva, ao introduzir o pecado no relacionamento entre os cônjuges, ainda restam muitos exemplos belos de amor e devoção, como Isaque e Rebeca, Jacó e Raquel ou Rute e Boaz. Também vimos mulheres que se tornaram fonte de tentação e provocaram a queda de homens como Sansão, Davi e Salomão. No capítulo seguinte, prosseguiremos com nosso estudo do casamento, focalizando o matrimônio no Novo Testamento.

Conclusão

Começamos nosso estudo dos ensinamentos veterotestamentários sobre o casamento com uma investigação da narrativa da criação em Gênesis que fundamenta a instituição do matrimônio na vontade de Deus, o Criador. Também exploramos as consequências da queda sobre o mais íntimo dos relacionamentos humanos. Em seguida, apresentamos um panorama da história de Israel, conforme os livros históricos e proféticos do Antigo Testamento. Vimos que essa história testemunhou várias formas de corrupção do ideal de casamento estabelecido por Deus na criação, entre elas, poligamia, divórcio, adultério, homossexualidade, esterilidade e deterioração das diferenças entre os sexos. Consideramos, por fim, os textos sapienciais do Antigo Testamento que oferecem um contraponto animador para esse quadro geral de declínio. Provérbios exalta a mulher virtuosa dedicada ao marido e à família e Cântico dos Cânticos antevê um relacionamento de amor, entre homem e mulher, restaurado no Messias e por meio dele. No capítulo seguinte, procuraremos complementar essas considerações com um estudo dos ensinamentos sobre o matrimônio no Novo Testamento.

Notas

[1] Como é o caso com muitos outros tópicos dos quais as Escrituras tratam, não há consenso entre os cristãos quanto a essa questão. Evangélicos que escrevem sobre questões relacionadas a casamento e família podem ser divididos, em termos gerais, em dois grupos amplos: os complementaristas (segundo os quais as Escrituras definem papéis distintos para homens e mulheres) e os igualitários (para os quais não há diferenças de papéis entre homens e mulheres nas Escrituras). Na linha dos complementaristas, temos John Piper e Wayne Grudem, eds. *Recovering Biblical Manhood and Womanhood: A Response to Evangelical Feminism*. Wheaton: Crossway, 1991; Andreas J. Köstenberger, Thomas R. Scheiner e Henry S. Baldwin, eds., *Women in Church: A Fresh Analysis of 1 Timothy 2.9-15*. Grand Rapids: Baker, 1995; Andreas J. Köstenberger, "Women in the Pauline Mission", em Peter Bolt e Mark Thompson, eds., *The Gospel to the Nations: Perspectives on Paul's Mission*. Downers Grove: InterVarsity Press, 2000, p. 236-237 (reimp. em Andreas J. Köstenberger, *Studies on John and Gender: A Decade of Scholarship*. Nova York: Peter Lang, 2001, p. 348-350; Robert L. Saucy e Judith K. Tenelshof, eds., *Women and Men in Ministry: A Complementary Perspective*. Chicago: Moody, 2001; e Wayne Grudem, *Evangelical Feminism and Biblical Truth: An Analysis of 118 Disputed Questions*. Sisters: Multnomah, 2004. Dentro da linha igualitária, temos Stanley J. Grenz e Denise Muir Kjesbo, *Women in Church: A Biblical Theology of Women and Ministry*. Downers Grove: InterVarsity Press, 1995 (publicado em

português sob o título *Mulheres na igreja: uma teologia bíblica das mulheres no ministério*. São Paulo: Candeia, 1998); Alvera Mickelsen, ed., *Women, Authority, and the Bible*. Downers Grove: InterVarsity Press, 1986; Ruth TUCKER e Walter LIEFIELD, *Daughters of the Church: Women and Ministry from the New Testament Times to the Present*. Grand Rapids: Zondervan, 1987. Para uma comparação entre os pontos de vista, cf. James R. Beck e Craig L. Blomberg, eds., *Two Views on Women in Ministry*. Grand Rapids: Zondervan, 2001. Para um esboço de uma teologia bíblica da sexualidade humana, inclusive do casamento e da família, cf. Charles H. H. SCOBIE, *The Ways of Our God: An Approach to Biblical Theology*. Grand Rapids/Cambridge: Eerdmans, 2003, p. 802-827, 835-842, 859, 864-869.

[2] Em oposição a William J. WEBB, *Slaves, Women, and Homosexuals: Exploring the Hermeneutics of Cultural Analysis*. Downers Grove: InterVarsity Press, 2001, p. 142-143, segundo o qual os "rumores de patriarcado no jardim podem ter sido colocados lá a fim de antever a maldição". Webb também afirma que Gênesis 2—3 representa "uma forma de descrever o passado por meio de conceitos presentes. A história da criação talvez empregue conceitos sociais com os quais o público de Moisés estaria familiarizado". Cf., contudo, a refutação competente da interpretação de Webb de Gênesis 2—3 (de modo específico) e de sua "hermenêutica do movimento redentor" (de modo geral) apresentada por Wayne GRUDEM em *Journal of the Evangelical Theological Society* 47, nº. 2, junho de 2004, p. 299-347.

[3] Cf. Mateus 19.5-6; Marcos 10.9; 1Coríntios 6.16; Efésios 5.31; cf. Malaquias 2.10-16; esp. v. 10.

[4] Cf. Raymond C. ORTLUND, JR., "Male-Female Equality and Male Headship", *Recovering Biblical Manhood and Womanhood*, p. 95-112.

[5] Além disso, vários estudiosos identificam em Gênesis 1 e 2 o uso de linguagem associada à aliança. Uma vez que o termo "aliança" não aparece nesses capítulos e, levando em conta que a discussão completa do modelo de "casamento como aliança" envolve vários outros textos do Antigo Testamento e do Novo Testamento, trataremos dessa questão em um capítulo separado (capítulo 4).

[6] Os termos hebraicos (aproximadamente sinônimos) usados em Gênesis 1.26-27 são *tselem* para "imagem" (com o sentido de "réplica"; cf. Nm 33.42; 1Sm 6.5,11 2Rs 11.18; Ez 7.27; 16.17; 23.14) e *demût* para "semelhança" (com o sentido de "parecença"; cf. 2Rs 16.10; 2Cr 4.3-4; Sl 58.4; Ez 23.15).

[7] Cf. Millard J. ERICKSON, *Christian Theology*, 2ª. ed. Grand Rapids: Baker, 1998, p. 532-534; cf., também, o estudo nas p. 520-529 dos três principais pontos de vista sobre a imagem de Deus no homem: (1) substantivo – Lutero, Calvino e, mais recentemente, Wayne GRUDEM, *Systematic Theology*. Grand Rapids: Zondervan, 1994, p. 445-449 (publicado em português sob o título *Teologia sistemática*. São Paulo: Vida Nova, 2003); (2) relacional – Barth, Brunner; e (3) funcional – vários estudiosos reformados. Anthony HOEKEMA, *Created in God's Image*. Grand Rapids: Eerdmans, 1986, esp. p. 72-73 favorecem uma combinação de (2) e (3), sendo (3) o principal. Para o contexto antigo, cf. esp. Hans Walter WOLFF, *Anthropology of the Old Testament*. Filadélfia: Fortress, 1973, p. 160 (publicado em português sob o título *Antropologia do Antigo Testamento*. São Paulo: Hagnos, 2007), seguido por William DYRNESS, *Themes in the Old Testament Theology*. Downers Grove: InterVarsity Press, 1979, p. 83, e outros. Cf. também G. C. BERKOUWER, *Man: The Image of God*. Grand Rapids: Eerdmans, 1962, p. 70.

[8] Observe o conceito de "semelhança" (cf. Gn 5.3). Cf. tb. a reiteração em Gênesis 9.6 e a declaração em Tiago 3.9.

[9] WOLFF, *Anthropology of the Old Testament*, p. 160 (publicado em português sob o título *Antropologia do Antigo Testamento*. São Paulo: Hagnos, 2007).

[10] Todas as citações bíblicas desta obra são da versão Almeida Século 21, salvo indicação contrária.

[11] Cf. especialmente HOEKEMA, *Created in God's Image*, p. 73: "Ver o homem como imagem de Deus é ver tanto a tarefa quanto os dons. A tarefa, porém, é o principal; os dons são secundários. Os dons são os meios de cumprir a tarefa".

[12] Cf. James B. HURLEY, *Man and Woman in Biblical Perspective*. Grand Rapids: Zondervan, 1981, p. 210-212. Uma vez que o ato de dar nome costuma passar a ideia de autoridade, talvez seja relevante observar que Adão deu nome à sua esposa duas vezes, uma antes da queda ("mulher", Gn 2.23) e outra depois da queda ("Eva", Gn 3.20). Daí a autoridade do marido não ser apenas resultado da queda.

[13] Cf. Larry J. KREITZER, "Adam and Christ". In Gerald F. Hawthorne, Ralph P. Martin e Daniel G. Reid, eds., *Dictionary of Paul and His Letters*. Leicester/Downers Grove: InterVarsity Press, 1993, p. 10 (publicado em português sob o título *Dicionário de Paulo e suas Cartas*, São Paulo: Loyola, 2008): "A historicidade de Adão como primeira pessoa criada parece ser pressuposta pelo apóstolo Paulo".

[14] Cf. capítulo 9 para um estudo sobre o solteirismo.

[15] Cf. R. David FREEDMAN, "Woman, a Power Equal to Man", *Biblical Archeological Review* 9, nº. 1, 1983, p. 56-58; Joy L. E. FLEMMING, *A Rhetorical Analysis of Genesis 2—3 with Implications for a Theology of Man and Woman*. Dissertação de Ph.D.; Universidade de Strasburg, 1987, e vários autores igualitários.

[16] Com referência à distinção entre "natureza" e "função", cf. Jelmut THIELICKE, *Theological Ethics, Volume 3: Sex*. Trad. John W. Doberstein. Grand Rapids: Eerdmans, 1979 [1964], p. 20-26.

[17] Cf. Stephen D. KOVACH e Peter R. SCHEMM, JR., "A Defense of the Doctrine of the Eternal Subordination of the Son", *Journal of the Evangelical Theological Society* 42, 1999, p. 461-476.

[18] Cf. esp. 1Coríntios 11.9. Cf. as observações criteriosas sobre 1Coríntios 11.7 em THIELICKE, *Theological Ethics*, p. 281.

[19] Cf. Andreas J. KÖSTENBERGER, "Ascertaining Women's God-Ordained Roles: An Interpretation of 1 Timothy 2.15", *Bulletin of Biblical Research* 7, 1997, p. 107-144.

[20] Thomas R. SCHREINER argumentou em favor dessa posição na primeira edição de *Women in the Church*, mas de lá para cá mudou seu ponto de vista (cf. a segunda edição de seu livro, a ser publicada em breve).

[21] Na maldição de Deus a Adão e Eva, ele permitiu que colhessem o fruto das sementes que lançaram. Em outras palavras, o Senhor havia traçado um plano para o casamento e a família que incluía a harmonia perfeita e ordem com base na liderança masculina e submissão feminina. Adão e Eva, porém, escolheram abandonar os papéis definidos por Deus para cada sexo, o que resultou na queda. Na maldição sobre o primeiro casal, Deus os sentenciou (por meio da nova natureza pecaminosa de ambos) a cumprir os papéis que escolheram quando optaram por abandonar o plano divino estabelecido na criação. Sob essa óptica, o julgamento inerente à maldição de Deus sobre Adão e Eva consistiu, essencialmente, em Deus permitir que experimentassem os resultados de suas próprias escolhas pecaminosas. Outro exemplo de um ato de julgamento de Deus que permitiu às pessoas experimentarem os resultados de suas ações pecaminosas é a declaração que aparece três vezes em Romanos 1: "Deus os entregou" (*paredōken*; v. 24,26,28). Os seguidores de Cristo são julgados de maneira semelhante nos dias de hoje (cf. Gl 6.7-9).

[22] Cf. Susan Tr. FOH, "What Is the Woman's Desire (Gn 3.16; 4.7)", *Westminster Theological Journal* 37, 1975, p. 376-383.

[23] Com respeito às discussões rabínicas sobre quanto tempo um homem podia se abster de relações sexuais com sua esposa, cf. David INSTONE-BREWER, *Divorce and Remarriage in the Bible: The Social and Literary Context*. Grand Rapids: Eerdmans, 2002, p. 106 (citando *m. Ketub*, 5.6-7).

[24] Cf. Daniel I. BLOCK, "Marriage and Family in Ancient Israel", Ken M. Campbell, ed., *Marriage and Family in the Biblical World*. Downers Grove: InterVarsity Press, 2003, p. 40-48 e as considerações no capítulo 5, mais adiante.

[25] Cf. INSTONE-BREWER, *Divorce and Remarriage in the Bible*, p. 99-110, que também documenta a influência dessa passagem sobre as leis judaicas que estipulavam a permissão do divórcio por

negligência material ("os mantimentos, as roupas"; p. 103-105) e por negligência emocional ("os direitos conjugais"; p. 106-110). Instone-Brewer prossegue argumentando que o silêncio de Jesus acerca do divórcio com base em Êxodo 21.10-11 deve ser interpretado como concordância com o consenso judaico nessa questão (p. 166, 181-182, 185) e que a alusão de Paulo a essa passagem em 1Coríntios 7 deve ser considerada uma indicação de que Paulo também consentia com o divórcio em função de negligência material (p. 193-194, 212). A nosso ver, a argumentação de Instone-Brewer com base no silêncio é precária. No caso de Jesus, seria de se esperar que ele acrescentasse à negligência conjugal a *porneia*, como segunda exceção, caso ele aprovasse a negligência como base legítima para o divórcio. No caso de Paulo, uma coisa é dizer que ele faz alusão a Êxodo 21.10-11 e outra bem diferente é afirmar que isso indica que ele aprovava o divórcio no caso de negligência conjugal. Tendo em vista especialmente as implicações importantes dessa ideia (a saber, de que legitimaria o divórcio por negligência conjugal nos dias de hoje), parece razoável exigirmos provas bíblicas mais explícitas do que a dupla argumentação com base no silêncio, apresentada por Instone-Brewer.

[26] Ou, possivelmente, seu *unguento/óleo*. Cf. BLOCK, "Marriage and Family in Ancient Israel", p. 48. Block ressalta que, apesar de o ponto imediato de referência (pelo menos a seu ver), não ser a esposa, mas sim a concubina que geraria filhos para ele, de acordo com o princípio rabínico de *ql-wa-homer* (aquilo que se aplica à questão menor se aplicará ainda mais à maior), parece razoável supor que esse cuidado básico aplicado à concubina devia ser ainda mais intenso no tocante ao modo como o marido tratava sua esposa. Como Block (ibid., p. 48, n. 67) observa, o Antigo Testamento não tem uma designação específica para "esposa" além de *iššâ*, "mulher".

[27] O Tanakh interpreta o termo final (que ocorre somente neste versículo do Antigo Testamento) como uma referência aos "direitos conjugais" da esposa. INSTONE-BREWER, *Divorce and Remarriage in the Bible*, p. 100, afirma que havia praticamente unanimidade com referência à tradução "direitos conjugais" entre os intérpretes judeus mais antigos e posteriores. Cf., porém, o argumento em favor de "unguento/óleo" em Shalom M. PAUL, "Exodus 21.10: A Threefold Maintenance Clause", *Journal of Near Eastern Studies* 28, '969, p. 48-51; idem, *Studies in the Book of the Covenant in the Light of Cuneiform and Biblical Law*, Vetus Testamentum Supplement 18. Leiden: Brill, 1970, p. 56-61, citado por BLOCK, "Marriage and Family in Ancient Israel", p. 48, n. 69. INSTONE-BREWER, *Divorce and Remarriage in the Bible*, p. 9, 45, n. 37, 100, conclui que a expressão se referia inicialmente a óleo, mas mudou para direitos conjugais (ele glosa a expressão como "amor").

[28] Outra incumbência comum dos maridos para com as esposas era prover-lhes um sepultamento adequado por ocasião de seu falecimento (p. ex., Gn 23.16; 36.19-20).

[29] Cf. Gênesis 16.1; 17.17,19,21; 21.2-3,5,7.9; 22.20,23; 24.15,24,47; 25.2,12.

[30] Cf. exemplos adicionais citados em BLOCK, "Marriage and Family in Ancient Israel", p. 72-73, n. 185.

[31] A passagem rabínica é citada por INSTONE-BREWER, *Divorce and Remarriage in the Bible*, p. 103. Ele a data de antes de 70 d.C. O mesmo autor também apresenta como prova Êxodo 21.10-11 que indica, supostamente, que o homem deve prover alimento e tecido (ou dinheiro para adquiri-los), enquanto a mulher deve preparar as refeições e confeccionar as roupas.

[32] Cf. estudo em INSTONE-BREWER, *Divorce and Remarriage in the Bible*, p. 59-61.

[33] Cf., porém, INSTONE-BREWER, *Divorce and Remarriage in the Bible*, p. 21, segundo o qual "é improvável que [Gn 2.24] fosse interpretado dessa maneira [ou seja, como indicação de que a monogamia era o ideal de casamento no Pentateuco] até pouco antes do período do Novo Testamento". De qualquer forma, é praticamente certo que Jesus interpretou Gn 2.24 desse modo (Mt 9.4-6, par. Mc 10.6-9), como o próprio Instone-Brewer reconhece (p. 136-141).

[34] Para um estudo sucinto, cf. SCOBIE, *Ways of Our God*, p. 807, segundo o qual o ideal de casamento monogâmico é definido em Gênesis 2.24, pressuposto na lei (Dt 28.54,56) e nos profetas (Jr 5.8; 6.11; Ml 2.14) e defendido na literatura sapiencial (Pv 5.18; 31.10-31; Ec 9.9).

³⁵ Observar, porém, INSTONE-BREWER, *Divorce and Remarriage in the Bible*, p. 59-60. O autor ressalta que não há nenhuma evidência de que a poligamia era amplamente difundida em Israel, exceto, talvez, depois que guerras dizimavam a população masculina (cf. Is 3.25; 4.1); que a poligamia era, com frequência (Instone-Brewer diz "quase sempre") relacionada à esterilidade (p. ex., Gn 16.1-4; 1Sm 1) e que sua presença entre líderes e reis como Gideão, Sansão, Davi e Salomão provavelmente foi em imitação a líderes de outras nações (cf. 1Sm 8.5,19-20; criticada em Dt 17.17).

³⁶ Cf. David W. CHAPMAN, "Marriage and Family in Second Temple Judaism", *Marriage and Family in the Biblical World*, p. 217. "Poliginia" é o termo mais apropriado, uma vez que, tecnicamente, "poligamia" se refere a vários cônjuges de qualquer um dos sexos.

³⁷ Cf. Gordon P. HUGENBERGER, *Marriage as a Covenant: Biblical Law and Ethics as Developed from Malachi*. Grand Rapids: Baker, 1998, p. 112, 115-118.

³⁸ Cf. INSTONE-BREWER, *Divorce and Remarriage in the Bible*, p. 59, com referência a Louis EPSTEIN, *Marriage Laws in the Bible and Talmud*, Harvard Semitic Series 12. Cambridge: Harvard University Press, 1942, p. 4.

³⁹ Cf. especialmente a citação e interpretação fornecida por Jesus de Gênesis 2.24 em Mateus 19.4-6, par. Marcos 10.6-9.

⁴⁰ Com referência às várias abordagens à tradução de Malaquias 2.16, cf. capítulo 11, mais adiante.

⁴¹ Em oposição a INSTONE-BREWER, *Divorce and Remarriage in the Bible*, p. 98, citando Louis M. EPSTEIN, *The Jewish Marriage Contract: A Study in the Status of the Woman in Jewish Law*. Nova York: Johnson Reprint Corp., 1968 (1942), segundo o qual "a lei que permitia a poligamia tornava tecnicamente impossível o homem ser sexualmente infiel à sua esposa".

⁴² É interessante observar que, embora a pena por adultério fosse a morte, não há nenhum relato da aplicação dessa pena no Antigo Testamento. Os exemplos mais próximos são a ameaça divina de executar Abimeleque caso ele fizesse Sara tornar-se adúltera (Gn 20.7), a ameaça de Abimeleque de executar qualquer um que fizesse Rebeca tornar-se adúltera (Gn 26.11) e o plano interrompido de Judá de queimar Tamar (Gn 38.24). Observe que todos esses acontecimentos ocorreram em Gênesis, *antes* da entrega da lei. Também é interessante observar que o Antigo Testamento não especifica o método de execução do indivíduo culpado de adultério. Embora Judá planejasse queimar Tamar, a tradição rabínica especificava o estrangulamento como método de execução e, ao que parece, no período do Novo Testamento, o método era o apedrejamento (cf. Jo 8.5).

⁴³ Para um estudo da condenação bíblica das relações sexuais fora do casamento, cf. SCOBIE, *Ways of Our God*, p. 804-806, que trata de adultério (Êx 20.14; Dt 5.18; cf. Lv 18.20; 20.10), prostituição (Lv 19.29; Dt 23.17; cf. Pv 2.18-29), bestialidade (Êx 22.19; Lv 18.23; Dt 27.21) e homossexualidade (Lv 18.22; 20.13, et. al., apesar de haver alguns problemas com o modo como Scobie trata desse ponto).

⁴⁴ INSTONE-BREWER, *Divorce and Remarriage in the Bible*, p. 92, observa que rabinos judeus posteriores ensinavam que, se o casal estava casado há mais de dez anos e não tinha filhos, esperava-se que se divorciasse e cada cônjuge se casasse novamente de modo a gerar filhos (não havia, no entanto, consenso a esse respeito).

⁴⁵ Trataremos de questões relacionadas, como a esterilidade e as implicações do controle de natalidade, no capítulo 7, mais adiante.

⁴⁶ Cf. os comentários acima sobre Gênesis 1—3.

⁴⁷ Ao contrário do que alguns afirmam, a prática veterotestamentária de pagar um dote por uma esposa (cf. Gn 29.18; 34.12; Êx 22.16-17; 1Sm 18.25) não deve ser considerada uma violação do princípio da complementaridade, com base na ideia de que reflete uma visão da mulher como propriedade do pai e, portanto, como alguém de menor valor e inferior ao homem. De acordo com as

evidências mais precisas que se encontram à nossa disposição, a função principal do dote era econômica e servia para fortalecer a posição da mulher, e não sugerir um status inferior. Cf. as discussões sobre dotes em *Marriage and Family in the Biblical World*, p. 13-14, 54 e 193-198. Cf. tb. INSTONE-BREWER, *Divorce and Remarriage in the Bible*, p. 5, segundo o qual a função do dote no Antigo Oriente Próximo era prover uma parcela de segurança pessoal para a noiva e servir de selo legal da aliança de casamento.

[48] Em Levítico 12, a legislação civil mosaica prescrevia um período de impureza para a mulher que havia acabado de dar à luz: sete dias se o bebê fosse menino (12.2) e quatorze dias se fosse menina (12.5). Na opinião de alguns, essa diferença sugere uma tendenciosidade masculina inerente ou desigualdade de valor entre os sexos embutida na lei mosaica; no entanto, essa prescrição civil não deve ser considerada indicação de valor inferior das mulheres, mas sim, um estigma sobre as mulheres pela participação de Eva na queda da humanidade (cf. 1Tm 2.14-15).

[49] O apóstolo Pedro resume o padrão veterotestamentário da seguinte forma: "Pois, no passado, as santas mulheres que esperavam em Deus também se enfeitavam assim e estavam submissas ao marido. Era dessa forma que Sara obedecia a Abraão, chamando-lhe senhor" (1Pe 3.5-6).

[50] Cf. John MACARTHUR, JR., *Different By Design: Discovering God's Will for Today's Man and Woman*. Wheaton: Victor, 1994, p. 77. Cf. a discussão proveitosa sobre a mulher de Provérbios 31 nas p. 75-82 que tratam de seis aspectos: seu caráter como esposa, sua devoção como dona de casa, sua generosidade para com parte da comunidade, sua influência como mestra, sua eficácia como mãe e sua excelência como pessoa.

[51] Cf. tb. a seção sobre mães e maternidade nos textos do apóstolo Paulo, no capítulo 6.

[52] Para um estudo bíblico proveitoso, cf. Daniel AKIN, *God on Sex: The Creator's Ideas About Love, Intimacy, and Marriage*. Nashville: Broadman & Holman, 2003. Cf. tb. Duane A. GARRET, *Proverbs, Ecclesiastes, Song of Songs*, New American Commentary. Nashville: Broadman & Holman, 1993; Othmar KEEL, *The Song of Songs: A Continental Commentary*, trad. Frederick J. Gaiser. Minneapolis: Fortress, 1994; e o estudo de SCOBIE, *Ways of Our God*, p. 803-804. Para uma discussão sucinta sobre o sexo do ponto de vista cristão, cf. Allan N. MOSELEY, *Thinking Against the Grain*. Grand Rapids: Kregel, 2003, p. 170-183 que apresenta os sete pontos a seguir: (1) Deus criou o sexo (Gn 1.27-28; 2.24-25); (2) o propósito original de Deus para o sexo era promover a união e a procriação (Gn 2.24); (3) era intenção de Deus que o sexo fosse prazeroso para marido e mulher (Cântico dos Cânticos; Pv 5.18-20; 1Co 7.3-5); (4) a intimidade sexual entre pessoas não casadas é errada (1Ts 4.3-5; Hb 13.4); (5) o sexo ilícito é prejudicial (Pv 5.10-11; 6.28-29,32-33); (6) os cristãos podem e devem resistir à tentação sexual (Rm 16.19) e (7) o sexo é apenas um elemento da vida e do amor (Cl 3.4; 1Co 13.1-13).

[53] Cf. p. ex. Jerry B. JENKINS, *Hedges: Loving Your Marriage Enought to Protect It*. Dallas: Word, 1990 (publicado em português sob o título *O segredo dos casais inteligentes: descubra os limites de um casamento bem-sucedido*. São Paulo: Hagnos, 2006).

[54] Cf. especialmente FOH, "What Is the Woman's Desire?".

[55] Em apoio à interpretação escatológica defendida aqui, cf., p. ex., Francis LANDY em Robert Alter e Frank Kermode, eds., *The Literary Guide to the Bible*. Cambridge: Belknap Press of Harvard University Press, 1987, p. 318 (publicado em português sob o título *Guia literário da Bíblia*. São Paulo: UNESP, 1997): "Por meio dele [Cântico dos Cânticos], vislumbramos, tardiamente, pela graça da poesia, a possibilidade do paraíso"; e Raymond B. DILLARD e Tremper LONGMAN III, *An Introduction to the Old Testament*, Grand Rapids: Zondervan, 1994, p. 265 (publicado em português sob o título *Introdução ao Antigo Testamento*. São Paulo: Vida Nova, 2005): "O livro retrata a restauração do amor humano ao seu êxtase anterior à queda".

[56] KEEL, *Song of Songs*, p. 252. Devemos essa referência. ao nosso colega Bob Cole.

⁵⁷ Em um texto não publicado, "Song of Songs/Canticles", Bob Cole desenvolve as ligações intercanônicas entre Cântico dos Cânticos e várias outras passagens, inclusive (mas não apenas) a Gênesis 2—3; 49.9; Êxodo 30.23,25; Números 24.7-9; Salmos 45; Provérbios 5.15-20; Isaías 5.1; 35.1-2 e Oseias 14.6-7. Essas ligações deixam claro que Cântico dos Cânticos não é uma coletânea isolada de poemas de amor, mas sim, parte integrante do tema histórico-salvífico das Escrituras.

⁵⁸ No relato subsequente de Gênesis, observamos uma ênfase repetida sobre o fato de as mulheres darem à luz filhos para os maridos (Gn 4.1-2,17,25; 5.3; etc.).

⁵⁹ É espantoso que Isaque, filho de Abraão, tenha repetido posteriormente o pecado do pai ao apresentar sua bela esposa como sua irmã e tenha sido confrontado por Abimeleque (filho ou neto do rei no tempo de Abraão) por sua falsidade (Gn 26.7-11).

⁶⁰ Para informações úteis sobre o contexto de Abraão, Sara e Agar, bem como de Jacó, Raquel e Lia (a respeito dos quais veja mais adiante), cf. Joe M. SPRINKLE, "Law and Narrative in Exodus 19—24", *Journal of the Evangelical Theological Society* 47, 2004, p. 248-249.

⁶¹ As tensões entre Lia e Raquel, as duas esposas de Jacó, comprovam de forma indireta que o plano de Deus é a monogamia, e não a poligamia.

⁶² Lemos mais adiante, porém, que Davi também se casou como *Aionã* de Jezreel e que Saul entregou Mical a outro homem, Paltiel, filho de Laís (1Sm 25.43-44), o que pode indicar negligência da parte de Davi (cf. Êx 21.10-11) ou, o que talvez seja mais provável, sugerir certa vingança da parte de Saul. Posteriormente, Davi exigiu que sua esposa Mical lhe fosse devolvida, o que causou grande aflição ao segundo marido de Mical (2Sm 3.13-14; cf. 1Sm 25.43-44). Quando Davi pulou e dançou de alegria por ocasião da chegada da arca em Jerusalém, Mical olhou pela janela e desprezou Davi em seu coração (2Sm 6.16; 1Cr 15.29) e quando Davi voltou para abençoar sua casa, Mical o repreendeu por ele se descobrir e se rebaixar diante das servas de seus servos (2Sm 6.20). Depois disso, Mical não gerou mais filhos para Davi. É possível que esse episódio seja uma lição para as esposas não repreenderem os maridos por zelo no serviço ao Senhor que lhes pareça excessivo.

⁶³ Posteriormente, Abigail e Aionã, outra esposa de Davi, foram capturadas pelos amalequitas e Davi as salvou corajosamente (1Sm 30.5,18). Nesse sentido, Davi é um exemplo positivo de coragem e iniciativa no casamento.

⁶⁴ Apesar de as Escrituras proibirem o casamento de pessoas de fés diferentes (p. ex., Dt 7.1-5), não pronuncia nenhum veredicto negativo quanto à união de pessoas de raças diferentes. Para textos sobre esse assunto, cf. J. Daniel HAYS, *From Every People and Nation: A Biblical Theology of Race.* Downers Grove, Il.: InterVarsity Press, 2003; e George A. YANCEY e Sherelyn Whittum YANCEY, *Just Don't Marry One: Interracial Dating, Marriage, and Parenting.* Valley Forge: Judson Press, 2002.

Não são mais dois, mas uma só carne: o casamento no Novo Testamento

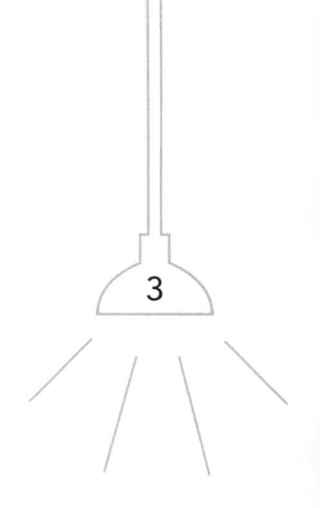

Vimos que o casamento foi divinamente instituído pelo Criador. Depois da queda, o pecado provocou distorções nessa instituição divina. O casamento se transformou em uma luta por controle, na qual maridos muitas vezes tiranizavam as mulheres enquanto as mulheres procuravam manipular os maridos. O divórcio rompia casamentos até pelos motivos mais triviais. Praticava-se a poligamia (ainda que não amplamente) e as relações extraconjugais violavam o compromisso sagrado de fidelidade conjugal. Diante disso, apesar de o ideal divino ser apresentado de forma clara e permanente no relato da criação, havia, nos dias de Jesus e da igreja primitiva, uma necessidade intensa de restauração e renovação.

Neste capítulo dedicado ao estudo dos ensinamentos do Novo Testamento sobre o assunto, procuraremos extrair dos preceitos de ambos os Testamentos (o Antigo Testamento esclarecido agora pelo Novo Testamento) uma teologia distintamente cristã do casamento.[1] Depois de tratarmos de como Jesus via o casamento, estudaremos a mensagem de Pedro para maridos e mulheres, bem como os pronunciamentos de Paulo a esse respeito, focalizando especialmente 1Coríntios, 1Timóteo e sua Epístola aos Efésios. Encerraremos o capítulo com um breve panorama de casamentos no Novo Testamento.

NÃO SÃO MAIS DOIS, MAS UMA SÓ CARNE: A ALTA CONSIDERAÇÃO DE JESUS PELO CASAMENTO

Os ensinamentos de Jesus sobre os requisitos do discipulado costumam subordinar os laços de família às obrigações do reino.[2] Apesar de nosso Senhor ter insistido na necessidade de priorizar seu chamado para o discipulado acima de todas as coisas, em termos comparativos, forneceu poucas instruções sobre o casamento. Sem dúvida, isso se deve principalmente ao fato de Jesus, como seus contemporâneos, tomar como certa a validade do padrão divino para o casamento apresentado nos primeiros capítulos de Gênesis.³ Por esse motivo, seria um equívoco supor que, devido à sua ênfase sobre o chamado espiritual supremo e sobre os requisitos do discipulado cristão, Jesus dava pouco valor ao casamento ou considerava essa instituição divina dispensável ou suplantada por uma vocação mais sublime e nobre que talvez envolvesse viver solteiro, tendo em vista a iminência do fim dos tempos.⁴

Muito pelo contrário. Ao ser questionado sobre o divórcio, Jesus reafirmou de forma inequívoca o caráter permanente do casamento. Valendo-se dos dois textos básicos do Antigo Testamento, Gênesis 1.27 e 2.24, declarou: "Assim, [marido e mulher] não são mais dois, mas uma só carne. Portanto, o que Deus uniu o homem não separe" (Mt 19.6).⁵ Fica evidente, portanto, que Jesus considerava o casamento *uma união sagrada entre um homem e uma mulher, estabelecida por Deus e firmada diante dele*. Como John Stott observa com muita propriedade: "O compromisso do casamento *não é apenas um contrato humano*: é um jugo divino. Deus não coloca esse jugo sobre o par casado por meio da criação de uma espécie de união mística, mas sim, pela declaração de seu propósito em sua Palavra".⁶

Embora Jesus tivesse o casamento em altíssima consideração, porém, conforme mencionamos acima e discutiremos em mais detalhes no capítulo seguinte, seus ensinamentos sobre o vínculo familiar natural fornecem parâmetros importantes para sua relevância geral e o situam no contexto mais amplo do reino de Deus.⁷ O ápice dessa progressão será alcançado no estado eterno, quando as pessoas não mais se casarão, mas serão como os anjos (Mt 22.30, par.). Jesus lança, portanto, os alicerces para o ensinamento apresentado por Paulo: "De agora em diante, aqueles que têm esposa, vivam como se não tivessem [...] porque a forma presente deste mundo está passando" (1Co 7.29,31; NVI). Embora *continue a ser a instituição divina fundamental* para a humanidade, algo a ser cultivado, conservado e protegido, o casamento não deve ser considerado um fim em si mesmo; antes, deve estar *subordinado aos propósitos divinos salvíficos mais amplos*.⁸ Trataremos dessa questão em mais detalhes em nosso estudo dos ensinamentos de Paulo sobre a natureza do casamento na Epístola aos Efésios.

Submissão e sensibilidade: a mensagem de Pedro para maridos e mulheres (1Pe 3.1-7)

Pedro teceu seus comentários sobre o relacionamento conjugal em um contexto de sofrimento dos cristãos nas mãos dos incrédulos, e mais especificamente, de esposas cristãs chamadas a viver com maridos incrédulos. Pedro apresenta a submissão como regra geral de conduta: "Sujeitai-vos a toda autoridade humana por causa do Senhor" (1Pe 2.13). Isso inclui o governo (v. 13-17), as autoridades no trabalho (v. 18) e no lar (3.1). No caso dos relacionamentos de trabalho, o apóstolo insta os cristãos a se submeterem "não somente aos bons e gentis, mas também aos maus" (2.18). "Do mesmo modo", as mulheres devem ser submissas aos maridos incrédulos (3.1).[9]

Em tudo, Cristo deu o exemplo (1Pe 2.21), até à cruz (2.24). O casamento, bem como outros relacionamentos humanos, é situado, portanto, no contexto mais amplo do testemunho do cristão no mundo incrédulo que o rodeia. Apesar de não haver nenhuma garantia (cf. 1Co 7.16), as esposas cristãs devem se esforçar e orar para que seus maridos "também [...] sejam ganhos sem palavra alguma pela conduta de sua mulher, ao observarem vossa conduta pura em temor" (1Pe 3.1-2; cf. 1Co 7.12-14). Devem cultivar a beleza espiritual interior (que, de acordo com Pedro em 1Pe 3.4, adorna "o íntimo do coração, com um espírito gentil e tranquilo, que não perece e tem muito valor diante de Deus"), ser submissas aos maridos como Sara foi submissa a Abraão, mesmo quando as instruções deles não forem norteadas por uma mente e um coração regenerado, desde que isso não envolva nenhum pecado (1Pe 3.3-6, cf., p. ex., Gênesis 20).[10]

Logo, de acordo com o princípio geral derivado do conselho de Pedro, conduzir incrédulos a Cristo é uma causa mais importante do que insistir na justiça nos relacionamentos humanos. Os cristãos devem adiar seu anseio por justiça para o dia final e confiar em Deus como Jesus fez (1Pe 2.23). Embora Paulo, em suas Epístolas aos Efésios e Colossenses, inste as mulheres cristãs a serem submissas aos maridos cristãos, Pedro vai ainda mais longe. A submissão da mulher ao marido incrédulo e qualquer sofrimento que porventura resulte dessa situação, são belos aos olhos de Deus quando suportados reverentemente e com esperança no Senhor.[11]

No contexto do terceiro capítulo de 1Pedro, parece ocorrer uma mudança quase imperceptível de foco, que vai do casamento entre um cristão e um incrédulo para a união entre dois cristãos. Os versículos 1-4 parecem aplicar-se principalmente ao primeiro tipo de casamento, enquanto os versículos 5-6 lembram as "santas mulheres" do passado, inclusive Sara, cujo marido Abraão, apesar de ter pecado ocasionalmente contra ela, com certeza não é o protótipo de marido incrédulo. Como Paulo, portanto, Pedro visualiza relacionamentos conjugais entre cristãos caracterizados pela submissão da mulher ("mulheres, do mesmo modo, cada uma de vós seja submissa ao marido"; 1Pe 3.1) e consideração dos maridos na forma de tratá-las ("maridos, vivei com elas a vida do lar, com entendimento, dando honra à mulher como parte mais frágil e herdeira convosco da graça da vida"; 3.7).

No único versículo que dirige aos maridos, Pedro equilibra de forma admirável o reconhecimento das distinções entre os cônjuges e o conceito de igualdade em Cristo. Ao mesmo tempo em que descreve a mulher como "parte mais frágil", com a qual os maridos devem viver com entendimento,[12] também a considera "herdeira convosco", ou seja, com o marido, do dom gracioso da vida (1Pe 3.7). A referência para que seja removido qualquer obstáculo à oração conjunta do casal pressupõe que o foco inicial sobre o casamento entre um cristão e um incrédulo dá lugar, agora, à união entre dois cristãos.

Todas as coisas sob um só cabeça: a visão de Paulo do casamento

De todos os escritores do Novo Testamento, Paulo é o que trata do casamento em mais detalhes. Observaremos, primeiro, seus ensinamentos em 1Coríntios 7 e 1Timóteo antes de focalizar a discussão mais extensa do apóstolo sobre esse assunto na Epístola aos Efésios.[13]

O cumprimento das obrigações conjugais (1Co 7.2-5)

Os pronunciamentos de Paulo sobre o casamento em 1Coríntios fazem parte de sua resposta a uma carta que os coríntios haviam lhe enviado, na qual pediam que o apóstolo desse seu parecer sobre várias questões controversas (1Co 16.17; cf. 1Co 7.1: "Agora, quanto às coisas sobre as quais escrevestes"). Primeiro, Paulo assume uma postura firme contra o falso *ascetismo* que valoriza o solteirismo como estado mais espiritual do que o casamento (7.1). Os proponentes desse ensinamento reprimiam as funções físicas em prol do avanço espiritual e instruíam os casados a se absterem de relações sexuais com o cônjuge ou até mesmo a se divorciarem dele, a fim de buscar uma espiritualidade assexuada supostamente mais elevada.

Embora 1Coríntios 7 seja comentado, com frequência, no contexto da alta estima de Paulo pelo estado solteiro, convém observar que o mesmo capítulo também traz uma afirmação enérgica em favor do casamento. O apóstolo diz:

> [...] cada homem tenha sua mulher, e cada mulher, seu marido. O marido cumpra a sua responsabilidade conjugal para com sua mulher, e do mesmo modo a mulher para com o marido. A mulher não tem autoridade sobre o próprio corpo, mas sim o marido. Também, da mesma forma, o marido não tem autoridade sobre o próprio corpo, mas sim a mulher. Não vos negueis um ao outro, a não ser de comum acordo por algum tempo, a fim de vos consagrardes à oração. Depois, uni-vos de novo, para que Satanás não vos tente por causa da vossa falta de controle (1Co 7.2-5).

A preocupação de Paulo nessa passagem é que marido e mulher não se abstenham das relações sexuais normais no casamento, mas que cumpram suas obrigações sexuais para com o cônjuge.[14] Isso revela o respeito e alta estima de Paulo pelo casamento e se opõe à espiritualidade equivocada promovida por alguns no contexto original de Corinto e, posteriormente, ao ascetismo e à ênfase desproporcional sobre a virgindade no período patrístico.

O casamento é um estado honroso (1Tm 2.15; 4.1-4)

À semelhança de 1Coríntios, 1Timóteo traz uma reafirmação veemente da centralidade do casamento na era de Cristo. Como em Corinto, alguns no contexto de Éfeso (ao qual a epístola de 1Timóteo se dirige) ensinavam que os cristãos deviam se abster do casamento. Paulo usa linguagem extremamente forte para refutar esse ensinamento e afirma que aqueles que "proíbem o casamento" (1Tm 4.3) dão ouvidos "a espíritos enganadores e a doutrinas de demônios" (4.1). O apóstolo declara, em contraste, que "todas as coisas criadas por Deus [inclusive o casamento] são boas, nada deve ser rejeitado se for recebido com ações de graças" (4.4).

Em um trecho anterior da carta, Paulo afirma que "[dar] à luz filhos" (ou seja, a devoção da mulher aos seus deveres domésticos e familiares, inclusive dar à luz filhos) é parte essencial da vida de fé das mulheres (1Tm 2.15) e insta os candidatos às funções de presbítero e diácono a serem fiéis à esposa (1Tm 3.2,12; Tt 1.6), a administrarem bem o lar e manterem os filhos submissos (1Tm 3.4; cf. Tt 1.6). Na passagem anterior, Paulo refere-se às narrativas da criação e da queda em Gênesis (cf. 1Tm 2.13-14), indicando que considera o casamento como criação e instituição divina afetada pela queda mas, em nenhum sentido, superada na era de Cristo.

Os papéis do marido e da mulher (Ef 5.21-33)

Os comentários mais detalhados de Paulo sobre o casamento encontram-se em sua Epístola aos Efésios.[15] É importante estudar a passagem sobre casamento (Ef 5.21-23) *no contexto da carta como um todo*. Veremos que o casamento é situado no contexto mais amplo da restauração de todas as coisas sob a liderança de Cristo, algo que Deus realizará no fim dos tempos. Parte dessa restauração será a reunião de todas as coisas, inclusive de cristãos judeus e gentios, no corpo de Cristo, a igreja. A relação de Cristo com a igreja, por sua vez, serve de padrão para o casamento cristão, no qual o marido é designado cabeça (como Cristo é o cabeça da igreja) e a esposa é instruída a se sujeitar ao marido (como a igreja a Cristo). Trataremos dessa questão em mais pormenores abaixo, no estudo de Efésios 5.21-23.

Logo no início, Paulo declara o propósito abrangente de Deus para a humanidade (inclusive para os casais) na era cristã: "fazer convergir em Cristo todas as coisas, tanto as que estão no céu como as que estão na terra" (Ef 1.10). O foco dos desígnios de Deus para o fim dos tempos é, portanto, *Cristo* e, mais especificamente, Cristo como *cabeça* (Ef 1.22) não apenas da igreja (v. 22), mas de todas as outras autoridades da era presente e da vindoura (v. 21). Evidentemente, a identidade de Cristo como cabeça transmite, aqui, o conceito de autoridade suprema, e não apenas de fonte de provisão ou sustento, como às vezes se alega.[16] Como Senhor exaltado, Cristo é o cabeça (*Kephalē*) e todas as coisas estão sujeitas a ele (*hypotassō*; cf. Fp 2.9-11).

Eis a primeira lição importante que podemos extrair dos ensinamentos de Paulo em Efésios: *o relacionamento conjugal deve ser considerado dentro do âmbito mais amplo dos desígnios histórico-salvíficos e escatológicos de Deus, ou seja, da convergência em Cristo de "todas as coisas, tanto as que estão no céu como as que estão na terra"* (Ef

1.10). Isso inclui todas as potestades espirituais que serão inteiramente sujeitadas a Cristo (1.21); a reunião de judeus e gentios em uma única entidade histórico-salvífica e escatológica, a igreja (2.11-22; 3.6-13); a restauração da criação (cf. Rm 8.18-25) que, no presente, os homens, como portadores da imagem divina, se esforçam para sujeitar (Gn 1.28); e, o que é mais importante para nossos propósitos aqui, *a restauração do relacionamento conjugal entre homem e mulher, efetuada por cristãos comprometidos e cheios do Espírito que, no poder de Cristo, superam a luta por domínio e manipulação inerente à maldição (cf. Gn 3.16)*[17] *e se relacionam uns com os outros com a devida submissão e amor semelhante ao de Cristo*. Embora os propósitos de Deus sejam, portanto, maiores do que o casamento ou os papéis de homens e mulheres, incluem esse relacionamento de forma significativa (cf. 1Pe 3.1-7).

Paulo continua a desenvolver essas verdades importantes nos capítulos seguintes de sua epístola. Em Efésios 2, afirma que os cristãos (e, portanto, todos os maridos e esposas crentes) outrora faziam parte do reino de Satanás, mas agora receberam vida em Cristo pela graça (Ef 2.5). Foram ressurretos e exaltados *com ele* e participam de sua vitória sobre Satanás (2.6). A manifestação mais clara do plano escatológico de Deus de reunir todas as coisas em Cristo e sob sua autoridade é a inclusão dos gentios na comunidade dos cristãos junto com os cristãos judeus (2.11-22; 3.6).[18] Paulo chama isso de "mistério" histórico-salvífico, oculto no passado nos desígnios de Deus, mas agora revelado pelo próprio apóstolo.[19]

No final de sua discussão sobre as bênçãos espirituais dos salvos em Cristo, Paulo ora por todos os cristãos, para que Cristo habite em seu coração e para que, arraigados e fundamentados em amor, conheçam o amor de Cristo na vida deles (Ef 3.17,19). O fato de Paulo começar a oração com uma referência a Deus como "Pai, de quem toda família nos céus e na terra recebe o nome" (3.14-15) destaca a relevância dessa oração não apenas para os cristãos de modo geral, mas, especificamente, *para os casais e famílias*. Quando chama Deus de Pai de quem toda família *na terra* recebe o nome, Paulo identifica o Criador como aquele que instituiu o casamento e tem jurisdição legítima sobre ele. Ao associar o governo de Deus sobre famílias *nos céus e na terra*, Paulo mostra que os propósitos escatológicos divinos de unir todas as coisas sob Cristo como cabeça abrangem não apenas as realidades celestiais, mas também as famílias terrenas. E, uma vez que Cristo é apresentado como aquele que tem autoridade suprema sobre todas as coisas sobrenaturais e terrenas, a identidade do marido como cabeça (afirmada em Ef 5.23, abaixo) tem, por analogia, a conotação de exercício de autoridade também sobre a esposa.

A segunda metade da carta é dedicada a uma exposição da nova vida em Cristo a ser desfrutada pelos cristãos na unidade do "corpo de Cristo", a igreja. Devem andar de modo digno de seu chamado, suportando uns aos outros em amor e mantendo a unidade do Espírito no vínculo da paz (Ef 4.1-3; cf. 4.4-6). Deus concedeu dons espirituais e instituiu diversos ministérios na igreja com o propósito de capacitar os cristãos para seus próprios ministérios. O objetivo disso tudo é chegar ao "varão perfeito" (*andra teleion*; Ef 4.13, RC) que segue a verdade em amor e, em tudo, cresce em Cristo que é o cabeça (4.13-16). Em seguida, Paulo contrasta o velho homem, caracterizado por independência, insubmissão à autoridade, rebeldia e escravidão a paixões e concupiscências, com o novo homem, caracterizado pelo amor e pela devida submissão e atitude de respeito para com as autoridades. Tornar-se cristão é como despir-se de roupas velhas e vestir roupas novas (Ef 4.22,24; cf. Cl 3.9-10): deve haver uma mudança clara e observável de espírito e comportamento, inclusive no âmbito do casamento e da família.

No contexto imediatamente anterior aos ensinamentos de Paulo sobre os papéis dos cônjuges, ele exorta os cristãos a andarem em amor assim como Cristo se sacrificou por eles (Ef 5.1-2; cf. 5.25). Em contrapartida, devem abster-se da imoralidade sexual (*porneia*; 5.3; cf. 1Co 6.15-16). Como comunidade escatológica de Deus, a igreja (e, portanto, cada um dos cristãos) deve ser cheia do Espírito (5.18), da mesma forma como Deus enchia o santuário do Antigo Testamento com sua presença espiritual.[20] A princípio, essa vida cheia do Espírito se refere ao culto congregacional (logo, é de natureza comunitária, e não meramente individualista; 5.19-20).[21] Continuando a mesma frase no original em grego, Paulo relaciona a vida cheia do Espírito com o casamento (5.21-24). *Ser devidamente submisso* (*hypotassō*, 5.21-22) é, portanto, um sinal da vida cheia do Espírito, que contrasta com o modo de viver anterior dos cristãos, caracterizado por rebeldia contra autoridade.

Eis a segunda lição importante para os casais: as instruções para mulheres e maridos (e, posteriormente, para pais e filhos, escravos e senhores) são *dirigidas a cristãos cheios do Espírito e não àqueles que não estão em Cristo*. Não deve surpreender ninguém, portanto, que as palavras de Paulo sejam tolice para aqueles que não seguem o caminho do discipulado cristão. Isso não significa, porém, que Efésios 5.21-23 contenha instruções apenas para cristãos sobre os relacionamentos entre homens e mulheres. Antes, esses preceitos apresentam o ideal e vontade perene do Criador para *todos* os homens e mulheres casados, e não apenas para aqueles que creem em Jesus Cristo.

Nos versículos seguintes, Paulo usa o formato dos antigos códigos domésticos e cita modelos a serem imitados tanto pelas mulheres quanto pelos maridos: para as mulheres ele cita a igreja em sua submissão a Cristo (Ef 5.24); para os maridos ele cita o amor sacrificial de Cristo pela igreja que resultou em sua limpeza, santificação e purificação (5.25-28). Posteriormente, Paulo acrescentará uma segunda analogia de ordem prática que diz respeito à natureza das coisas e apela para o interesse próprio: todos amam o próprio corpo; tendo em vista a união em uma só carne entre marido e mulher, portanto, o amor do marido pela mulher corresponde ao amor do marido por si mesmo (5.29-30).

Com base em Efésios 5.21 ("sujeitando-vos *uns aos outros* no temor de Cristo"), há quem argumente que Paulo não ensina *apenas* a submissão das mulheres aos maridos, mas *também* a dos maridos às mulheres em "submissão mútua".[22] É verdade que, considerado de forma isolada, Efésios 5.21 pode sugerir essa ideia. Em vez de interromper a leitura em 5.21, porém, devemos continuar a extrair dos versículos seguintes a definição paulina de "sujeitando-vos uns aos outros". A resposta clara (que também é nosso terceiro princípio importante para o casamento, com base na Epístola de Paulo aos Efésios) é que *as mulheres devem se submeter aos maridos* que são chamados de "cabeça" das mulheres como Cristo é o cabeça da igreja (Ef 5.22-24), enquanto *os maridos devem amar as mulheres com o amor sacrificial de Cristo* (v. 25-30). Trata-se de um conceito contrário ao de "submissão mútua" no contexto dos papéis de homens e mulheres.[23] Conforme um comentarista eminente observou: "a submissão mútua coexiste com uma hierarquia de papéis dentro do lar [cristão] [...] em um sentido geral, os maridos devem ser submissos às mulheres, colocando os interesses dela antes dos seus. Isso não elimina, porém, o [sentido] mais específico no qual as mulheres devem ser submissas aos maridos".[24]

Uma comparação entre Efésios 1.22 e 4.15 corrobora o quarto princípio, a saber, que *a identidade de "cabeça" implica não apenas provisão* (apesar de incluir esse conceito; cf. Ef 5.29), *mas também autoridade ativa*. Essa posição de autoridade do homem é uma função decorrente não de mérito ou valor intrínseco de sua parte, mas da vontade soberana de Deus na criação (e, talvez, um reflexo da autoridade de Deus à luz de sua revelação de si mesmo como Pai). Logo, a liderança do marido, bem como a submissão da mulher, devem ocorrer na esfera da graça, e não do legalismo ou coerção. Convém observar, ainda, que o paralelo abreviado em Colossenses, "Mulheres, cada uma de vós seja submissa ao próprio marido, como convém no Senhor" (Cl 3.18) resume todo o conselho de Paulo às mulheres cristãs no tocante à sua atitude no casamento (não se faz nenhuma menção à "submissão mútua" nessa passagem).[25]

A instrução para reconhecer e respeitar a devida autoridade à qual se está sujeito não é voltada exclusivamente para as mulheres. Os homens também devem se sujeitar a Cristo, à liderança e disciplina da igreja local, às autoridades civis e aos seus empregadores. Não obstante, como já foi mencionado, isso não altera o fato de que, em determinado sentido, as mulheres são chamadas a se sujeitar aos maridos de uma forma *que não é recíproca* (cf. 1Pe 3.1-6 no contexto de 2.13,18). O exercício de autoridade pelos maridos, por sua vez, não deve ser arbitrário nem abusivo, mas sim, motivado pelo amor.[26] Também nesse caso, o ensino de Pedro está em acordo com o de Paulo: "Da mesma forma, maridos, vivei com elas a vida do lar, com entendimento, dando honra à mulher como parte mais frágil e herdeira convosco da graça da vida" (1Pe 3.7).

Devemos destacar como quinto princípio, portanto, que, sem sombra de dúvida, é *falsa* a ideia de que a submissão da mulher *é apenas resultado da queda*, como há quem afirme equivocadamente.[27] Pelo contrário, como vimos no capítulo 2, acima,

Gênesis contém várias indicações de que autoridade e submissão faziam parte da criação original de Deus: Deus criou o homem primeiro (Gn 2.7; fato observado por Paulo em 1Co 11.8 e 1Tm 2.13) e o incumbiu de responsabilidades específicas (Gn 2.15-17); e Deus criou a mulher a partir do homem e para o homem (Gn 2.21; cf. 1Co 11.8-9) para ser sua ajudadora adequada (Gn 2.18,20). O julgamento divino depois da queda em Gênesis 3.16 não altera o fato de que a liderança masculina fazia parte do plano de Deus para o relacionamento entre marido e mulher antes da queda, apenas trata das consequências negativas do pecado sobre o modo como marido e mulher se relacionam um com o outro agora.[28] O fato de a submissão da mulher não ser meramente resultado da queda é corroborado pela passagem que estamos estudando, na qual mulheres *cristãs*, isto é, redimidas e regeneradas em Cristo, são, ainda assim, instruídas a se submeter aos maridos (Ef 5.22). Como mencionamos anteriormente, essa ideia está de acordo com a mensagem de Paulo em outras passagens, nas quais ele enfatiza, em referência a Gênesis 2.18,20, que o homem não foi criado para a mulher, mas sim, a mulher para o homem (1Co 11.9), de modo que "Cristo é o cabeça de todo homem; o homem, o cabeça da mulher" (1Co 11.3).

Por esse motivo, devemos concluir que não tem origem no Novo Testamento, mas sim em alguma outra parte, a ideia de que o padrão restaurado de casamento em Cristo *transcende* os padrões de submissão e autoridade. Paulo em particular refuta como heresia a ideia (defendida por alguns na época) de que "a ressurreição já aconteceu" (2Tm 2.18), ou seja, de que o futuro invadiu o presente de tal modo que a vida presente dos cristãos não precisa mais obedecer aos princípios estabelecidos na criação pelo Criador. Em oposição a esses falsos mestres, a ordem criada continua a fornecer a estrutura para as relações humanas (cf. 1Tm 4.3). Embora tenha sido subvertida na queda, essa ordem não deve ser desprezada pelos cristãos. Antes, faz parte do propósito redentor de Deus em Cristo neutralizar os efeitos do pecado nos relacionamentos humanos (e em outras esferas) por meio da nova vida dos cristãos no Espírito. Somente no céu as pessoas deixarão de se casar e serão como anjos (Mt 22.30 e par.). No presente, ainda se casam, têm filhos e devem cumprir o mandado cultural de sujeitar e cultivar a terra, de acordo com os papéis definidos para homens e mulheres na criação.

Paulo completa a discussão com uma alusão conhecida às Escrituras: "[...] e os dois serão uma só carne" (Ef 5.31. cf. Gn 2.24, "eles"). Na opinião de alguns, essa referência à narrativa da criação liga a união do casamento à relação entre Cristo e a igreja por meio de uma tipologia, ou seja, por uma correspondência de "tipos" em termos da história da salvação, na qual Adão prefigura Cristo, Eva representa a igreja e o relacionamento de Adão e Eva tipifica a união entre Cristo e a igreja.[29] Apesar de ser uma possibilidade, é importante observar que, nesse caso, Paulo focaliza a união de Cristo com a igreja (cf. Ef 5.30-32), e não mais o casamento (tema predominante da discussão em Ef 5.21-29).[30] O uso de Gênesis 2.24 pelo apóstolo talvez seja mais bem descrito, portanto, como uma analogia ou ilustração (na qual a união conjugal em "uma só carne" ilustra a união entre Cristo e a igreja), e não uma tipologia.

De qualquer modo, o argumento central de Paulo parece ser de que o casamento tem a honra de corporificar o princípio de "uma só carne", que por sua vez, em um momento posterior da história da salvação, se tornou espiritualmente aplicável também à união do Cristo exaltado com a igreja, união descrita agora pelo apóstolo com os termos "cabeça", "membros" e "corpo". Como a inclusão dos gentios no plano de salvação de Deus, também isso é um *mystērion*: oculto na sabedoria divina em eras passadas, mas agora confiado a Paulo para ser revelado. O casamento é mostrado, portanto, como parte do abrangente propósito divino da história da salvação, o propósito de "fazer convergir em Cristo todas as coisas, tanto as que estão no céu como as que estão na terra" (Ef 1.10). Podemos extrair como lição, portanto, que, de acordo com o ensino cristão, o casamento não é um fim em si mesmo; antes, deve ser sujeitado à autoridade de Cristo. Assim como Cristo governa todas as potestades celestiais (Ef 1.21-22) e a igreja (4.15), também deve governar o relacionamento conjugal (5.21-33), a família (6.1-4) e o local de trabalho (6.5-9). O casal faz parte da igreja (considerada como família de famílias; cf. 1Tm 3.15) e também participa da luta espiritual, resistindo firmemente ao mal (Ef 6.10-14) e se esforçando para promover os desígnios de Deus neste mundo (acima de tudo, a pregação do evangelho; Ef 6.15; 19-20).[31] O relacionamento conjugal também deve ser considerado, portanto, dentro do contexto do testemunho cristão para o mundo incrédulo, tanto de forma direta, por meio da prática, pelo marido e pela mulher, dos propósitos de Deus para o casal cristão, quanto de forma indireta, pela participação deles na igreja bíblica que propaga ativamente a mensagem do evangelho.

Por fim, o casamento faz parte não apenas *dos propósitos escatológicos de Deus em Cristo* (Ef 1.10) e da *operação do Espírito* (5.18), mas também de uma realidade importante mais ampla que, muitas vezes, é negligenciada, a saber, a da *guerra espiritual* (6.10-18).[32] Isso significa que o casamento não deve ser considerado apenas no plano horizontal e humano, mas também deve ser visto como alvo de ataques espirituais, motivo pelo qual maridos e mulheres precisam revestir-se de "toda a armadura de Deus" a fim de resistir a esses ataques. Uma vez que a guerra espiritual diz respeito não apenas ao relacionamento conjugal, mas à vida como um todo (cf. 6.1-4), voltaremos a tratar desse assunto em mais detalhes, na seção "Casamento, família e guerra espiritual", no capítulo 8, onde discutiremos várias questões importantes relacionadas ao casamento e à família

Princípios para o casamento com base na epístola paulina aos efésios

PRINCÍPIOS PARA O CASAMENTO	REFERÊNCIAS BÍBLICAS
O casamento faz parte dos propósitos mais amplos de Deus.	Ef 1.10
As instruções de Paulo são dirigidas a cristãos cheios do Espírito.	Ef 5.18
As esposas são instruídas a se submeter e os maridos, a amá-las (e não "submissão mútua").	Ef 5.21-33
A posição de cabeça implica autoridade (e não apenas cuidado).	Ef 5.23-24 (cf. Ef 1.22; 4.15)
A submissão continua a ser um requisito para as mulheres cristãs (e não apenas resultado da queda).	Ef 5.22; Cl 3.18 (cf. Gn 2.18,20; 1Co 11.3,9)
Ensinar que o casamento cristão não implica mais submissão corresponde a exagerar a abrangência redentora da obra de Cristo nesta vida.	Ef 5.22 (cf. Mt 22.30 par.; 1Tm 1.3; 2Tm 2.18)
O casamento envolve guerra espiritual, daí maridos e mulheres terem de revestir-se com "toda a armadura de Deus".	Ef 6.10-18

Resumo e aplicação

Encerramos nosso estudo dos ensinamentos de Paulo sobre o casamento em Efésios com vários pontos de aplicação. Primeiro, ainda que alguns considerem a submissão à autoridade do marido algo negativo, um modo mais preciso de ver os papéis dentro do casamento é entender que as mulheres são chamadas a *seguir a liderança exercida em amor pelos maridos* no casamento. Essa liderança e submissão devem ocorrer no contexto de parceria verdadeira, na qual o marido valoriza, genuinamente, a companhia e o conselho da mulher e a mulher valoriza, sinceramente, a liderança do marido. Um dos legados infelizes do feminismo é a tendência de muitos de considerar o relacionamento entre homens e mulheres de forma antagônica. Trata-se de uma visão contrária ao desejo e desígnio de Deus e à mensagem bíblica.

Segundo, existe uma *diferença entre o casamento tradicional e o casamento bíblico*. Podemos entender o casamento tradicional como o tipo de divisão de trabalho no qual as mulheres são responsáveis por cozinhar, limpar, lavar, etc., enquanto os homens trabalham para obter a renda da família. Embora as Escrituras especifiquem o trabalho fora do lar como o âmbito principal de atuação dos homens e o lar como o centro da atividade das mulheres (p. ex., Gn 3.16-19; Pv 31.10-31 [apesar de o alcance da mulher não ser *limitado* ao lar]; 1Tm 2.15; 5.10,14), a Bíblia não é um livro de leis e não tem o intuito de legislar a divisão exata de trabalho a ser observada por maridos e mulheres.[33] Dentro dos parâmetros bíblicos descritos acima, portanto, há espaço para cada casal se organizar de forma distinta e específica, que varia de um casal para outro e deve ser considerada parte da liberdade cristã. Algumas mulheres, por exemplo, podem ter mais facilidade para lidar com finanças do que os maridos. Em determinadas famílias, pode ser mais vantajoso a mulher cuidar das finanças desde que os dois cônjuges estejam de acordo e o marido mantenha a responsabilidade final por essa área. Em contrapartida, alguns maridos talvez cozinhem melhor que as mulheres. Também nesse caso, em determinadas famílias, não parece haver nenhum motivo válido para os maridos não contribuírem nessa área, desde que os dois cônjuges estejam de acordo. Os problemas só surgem quando a inversão de papéis é tanta que o marido se concentra prioritária ou exclusivamente no âmbito doméstico enquanto a esposa faz parte do mercado de trabalho. Nem esse arranjo, porém, precisa ser problemático, caso se restrinja a um período *limitado* durante o qual, por exemplo, o marido estuda para obter um grau acadêmico e os dois cônjuges estão de acordo.[34] Também há casos excepcionais em que a mulher assume a função de principal provedora em caráter *permanente* (como, por exemplo, quando o marido sofre de algum problema físico que o impede de manter uma atividade remunerada). Não obstante, esses casais também devem se esforçar seriamente para imitar o padrão bíblico de liderança e submissão dentro do possível. Mesmo essas circunstâncias incomuns não alteram o padrão das Escrituras para maridos e mulheres em geral.

Terceiro e último, *caricaturas inapropriadas* do ensino bíblico de submissão da mulher à liderança exercida pelo marido em amor (que inclui o exercício apropriado de autoridade) devem ser *rejeitadas* e consideradas tentativas, deliberadas ou involuntárias, de desacreditar esse modelo como algo aquém da dignidade humana da mulher ou de nossos tempos modernos e "esclarecidos". O tipo de submissão à qual as Escrituras se referem não é relacionado à *escravidão* de uma pessoa à outra. Não é *subserviência*, na qual uma pessoa faz as vontades da outra sem interagir ou oferecer qualquer contribuição inteligente. Não é nem sequer verdadeiramente *hierárquica*, uma vez que esse termo traz à mente conceitos de estilo militar, de uma cadeia de comando na qual o soldado deve obedecer sem questionar às ordens de seus superiores. Nenhum desses rótulos descreve adequadamente o que as Escrituras dizem a respeito dos papéis de homens e mulheres nem representam de forma justa o conceito de papéis de ambos os sexos apresentado nas páginas deste livro.

Antes, o modelo bíblico para o casamento é de complementaridade caracterizada pelo amor, na qual marido e mulher são parceiros que valorizam e respeitam um ao outro e na qual a esposa responde de forma inteligente à liderança exercida em amor pelo marido. Se Cristo escolhe submeter-se a Deus, o Pai, embora seja igual a ele em valor e pessoalidade, não parece haver nenhum motivo válido pelo qual Deus não poderia ter definido o relacionamento entre marido e mulher de forma que a mulher seja chamada a se submeter ao marido embora seja igual a ele em valor e pessoalidade. Como Paulo escreve aos coríntios: "Todavia, quero que saibais que Cristo é o cabeça de todo homem; o homem, o cabeça da mulher; e Deus, o cabeça de Cristo" (1Co 11.3).

Como no capítulo anterior, antes de concluirmos nossas considerações sobre o casamento no Novo Testamento, procurarem extrair algumas lições de várias exemplos específicos de casamentos.

Lições de casamentos do Novo Testamento

Comparado com o Antigo Testamento, o Novo Testamento fornece menos exemplos de casamentos.

Os Evangelhos

Encontramos poucas informações sobre o casamento de Maria, mãe de Jesus, e José (os relatos da concepção virginal são anteriores à união conjugal). Os Evangelhos focalizam, em sua maior parte, o chamado de Jesus para o discipulado e contêm poucos exemplos de relacionamentos conjugais de casais específicos. Muitos dos seguidores de Jesus são apresentados como indivíduos que se beneficiaram de seu ministério e foram chamados por ele para assumir um compromisso espiritual. Ao que parece, alguns de seus seguidores mais devotos, como Maria de Betânia, não eram casados. Quando eram casados, os evangelistas fornecem pouca ou nenhuma informação a respeito de seu relacionamento conjugal.

Atos

O Novo Testamento fornece um pouco mais de informação a respeito de casamentos na igreja primitiva. À semelhança do que vemos nos Evangelhos, alguns seguidores de Cristo em Atos não eram casados (como Lídia; At 16.11-15) ou o texto não fornece detalhes sobre seu relacionamento conjugal (como o carcereiro filipense que, com toda sua casa, creu na mensagem do evangelho; 16.25-34). Além desses dois casos, Atos apresenta alguns exemplos positivos e negativos de casamentos. Trataremos sucintamente de um exemplo negativo e outro positivo.

Ananias e Safira

Encontramos um exemplo negativo em Ananias e Safira que conspiraram para mentir aos apóstolos acerca de uma oferta e foram julgados severamente por sua desonestidade (At 5.1-11). Esse episódio ensina que, mesmo se um dos cônjuges escolher pecar, o outro deve tomar uma decisão pessoal e fazer o que é certo, a despeito das consequências. Deus não espera que um cônjuge siga o outro por um caminho de pecado.[35]

Áquila e Priscila

Um exemplo extremamente positivo de casamento comprometido com o ministério cristão e até com o serviço missionário é apresentado no relato sobre Áquila e Priscila. Paulo conheceu o casal em Corinto e trabalhou com eles fazendo tendas (At 18.2-3). Posteriormente, os dois se encontraram com Paulo em Éfeso (18.18-19), onde o apóstolo os deixou enquanto prosseguia com suas viagens. Algum tempo depois, ouviram Apolo, um pregador talentoso, falar na sinagoga e, ao observarem que ele necessitava de mais instrução, "levaram-no consigo e lhe expuseram com mais precisão o caminho de Deus" (18.26). Os dois voltam a ser mencionados em Romanos 16.3, onde ambos são chamados "cooperadores [de Paulo] em Cristo Jesus" que arriscaram a vida por ele. Ao que parece, a essa altura, Priscila e Áquila haviam retornado a Roma (cf. At 18.2 que se refere à expulsão dos judeus de Roma por Cláudio). A última referência ao casal encontra-se em 2Timóteo 4.19, onde Paulo lhes envia saudações (talvez tenham voltado a Éfeso) da prisão em Roma.[36] Esse casal missionário conhecido integrou o grupo de aliados mais estratégicos de Paulo em sua missão aos gentios (cf. Rm 16.4) e desempenhou funções importantes em grandes centros como Éfeso, Corinto e Roma. Juntos, receberam igrejas em seu lar por onde foram, instruíram outros como Apolo e até "arriscaram o pescoço" por Paulo.

Um aspecto delicado da forma como o Novo Testamento retrata esse casal é o fato de Priscila parecer ter um papel de liderança no relacionamento. Essa impressão é confirmada pelo fato de seu nome aparecer antes do nome do marido em quatro das seis menções feitas ao casal no Novo Testamento (At 18.18-19,26; Rm 16.3; 2Tm 4.19; Áquila é mencionado primeiro em At 18.2 e 1Co 16.19). De acordo com as especulações de alguns estudiosos, isso se deve ao fato de Priscila ter sido convertida antes do marido e, talvez, tê-lo conduzido a Cristo ou, ainda, de ter exercido um papel mais proeminente na vida e trabalho da igreja do que seu marido.[37] De acordo com outra conjectura, "Prisca [a forma abreviada de seu nome] era a mais dominante dos dois ou de posição social mais elevada e pode ter provido os recursos financeiros para o negócio ou sido o cérebro por trás deles".[38] Não obstante os motivos (nenhum dos quais é indicado especificamente nos textos bíblicos), talvez tenhamos aqui um dos exemplos mais extraordinários de dois cônjuges inteiramente dedicados a servir a Cristo juntos na obra missionária cristã.

O restante do Novo Testamento e conclusão

Os gêneros epistolar e apocalíptico não se prestam facilmente a um retrato mais detalhado dos relacionamentos conjugais, de modo que as cartas do Novo Testamento e o livro de Apocalipse não fornecem conteúdo significativo a esse respeito. No entanto, ao somarmos o estudo anterior dos casamentos no Antigo Testamento com nossa discussão de exemplos de paternidade e maternidade mais adiante e com os casos mencionados acima, extraídos de Atos (sem falar no material didático sobre casamento e família nas Escrituras), temos como resultado um recurso importante para o estudo e aplicação da vontade de Deus nessas áreas.

Conclusão

O estudo acima dos ensinamentos do Novo Testamento acerca do casamento mostra que o casamento é confirmado, invariavelmente, como a instituição fundamental estabelecida por Deus para a humanidade na era cristã.

Os pronunciamentos mais importantes de Jesus a respeito desse assunto foram feitos quando alguns fariseus lhe perguntaram sua opinião sobre o divórcio (Mt 19.3). Esse questionamento tornou-se uma ocasião para o Senhor reafirmar o ideal divino de *casamento monogâmico, vitalício e heterossexual* em referência a dois textos básicos pertinentes do Antigo Testamento (Mt 19.4-6; cf. Gn 1.27; 2.24). Jesus declarou: "O que Deus uniu, o homem não separe" (Mt 19.6; par. Mc 10.9). Fica evidente que Jesus não considerava o casamento uma simples instituição ou convenção social. Antes, de acordo com Jesus, o casamento é o compromisso sagrado entre um homem e uma mulher instituído por Deus e firmado diante dele.

Além desse pronunciamento de confirmação do casamento, várias declarações de Jesus tratam da importância crítica de segui-lo em *discipulado*. Embora. em seus ensinamentos, Jesus não *faça um contraste* entre discipulado e valorização do casamento, o discipulado é apresentado como *requisito indispensável* para qualquer seguidor verdadeiro e devoto de Cristo, um requisito que abrange e transcende até mesmo as obrigações familiares. O fato de Jesus considerar o solteirismo um dom do reino para uns poucos escolhidos (Mt 19.11-12) deixa claro que ele pressupunha que o casamento era a norma nesta vida (mas não no porvir; Mt 22.30).

Entre os escritos do Novo Testamento, Pedro ensina, em sua primeira carta, a submissão das mulheres até mesmo a maridos incrédulos (1Pe 3.1-7). Apresenta como modelos as "santas mulheres" do passado, como Sara, que tratava seu marido, Abraão, com respeito (apesar de ele nem sempre ter sido um marido perfeito, conforme Gênesis atesta).

Apesar dos comentários positivos de Paulo sobre o solteirismo, ele também defendeu os casamentos e procurou fortalecê-los. Ao escrever para Corinto, defendeu a união conjugal daqueles que consideravam o solteirismo um estado superior que permitia maior espiritualidade (1Co 7.2-5). Semelhantemente, ao escrever para

Timóteo em Éfeso, defendeu o casamento das tentativas de alguns de proibi-lo (1Tm 4.3) e condenou esses ensinamentos, chamando-os de "doutrinas de demônios" (4.1). Para as mulheres, Paulo reafirmou o papel central de dar à luz filhos, ou seja, de seus deveres domésticos e familiares (2.15) e exigiu dos futuros líderes da igreja que fossem fiéis à esposa e disciplinassem os filhos.

Os ensinamentos de Paulo sobre o casamento são expressos de modo mais completo na Epístola aos Efésios. Logo no início, o apóstolo insere o casamento no plano divino mais amplo de "fazer convergir em Cristo todas as coisas, tanto as que estão no céu como as que estão na terra" (Ef 1.10). Assim como Cristo foi colocado como cabeça sobre todos os seres humanos e autoridades celestiais (1.21), também o marido foi colocado como líder de sua mulher (5.22-24). Esse arranjo foi uma decisão do "Pai, de quem toda família nos céus e na terra recebe o nome" (3.14-15). De acordo com Paulo, a *posição de cabeça* implica *a submissão da mulher à autoridade do marido* e *a devoção amorosa e sacrificial do marido por sua mulher*. Paulo também ensina que é requisito indispensável para o casamento cristão ambos os cônjuges serem *cristãos* e serem *cheios do Espírito* de modo a cumprirem seus papéis e obrigações conjugais.

Vemos, portanto, que o Novo Testamento se baseia nos ensinamentos do Antigo Testamento sobre o matrimônio e, ao mesmo tempo, os desenvolve em mais detalhes, sempre em concordância com ideal divino de casamento apresentado em Gênesis.

NOTAS

[1] Para um estudo sucinto, cf. Charles H. H. SCOBIE, *The Ways of Our God: An Approach to Biblical Theology*. Grand Rapids/Cambridge: Eerdmans, 2003, p. 835-840. Os editores e vários outros colaboradores do projeto *Does Christianity Teach Male Headship? The Equal-Regard Marriage and Its Critics*. Grand Rapids: Eerdmans, 2004, argumentam que o ensino do Novo Testamento a respeito do casamento e da família é, essencialmente, aristotélico e "se infiltrou em textos do cristianismo primitivo", como Efésios 5.21-33, Colossenses 3.18-25 e 1Pedro 3.1-7; p. 4; cf. tb. p. 94-95, 133. Afirmam que os casamentos e famílias cristãos devem substituir o modelo de liderança e submissão por uma abordagem de "igualdade de respeito" e amor ao próximo, na qual "a mulher pode ser Cristo para o marido, da mesma forma que o marido pode mediar o amor de Cristo para a mulher" (p. 138). Ainda que uma crítica completa desse posicionamento esteja fora do escopo da presente obra, é difícil entender como ele poderia conferir autoridade final ao ensino do Novo Testamento sobre liderança masculina e submissão da mulher e, desse modo, se basear em verdadeira reverência pelas Escrituras.

[2] Cf. o capítulo seguinte.

[3] Cf. o capítulo anterior.

[4] Em uma obra que foi desenvolvida a partir de uma conferência sobre casamento e família em 1987, Diana S. Richmond Garland e Diane L. Pancoast, eds, *The Church's Ministry with Families: A Practical Guide*. Dallas: Word, 1990, defendem uma definição mais ampla e "ecológica" da família que transcende o conceito de casamento como "pais e seus filhos" ou "pessoas aparentadas por sangue ou matrimônio", segundo o qual a família nuclear, entendida como um casal e seus filhos, é considerada

a norma. Seguem A. HARTMAN e J. LAIRD, *Family-Centered Social Work Practice*. Nova York: Free Press, 1983, e definem casamento como "relacionamentos por meio dos quais as pessoas suprem suas necessidades de intimidade, compartilhamento de recursos, ajuda tangível e intangível, compromisso, responsabilidade e relevância em diferentes épocas e contextos" (p. 11) e incluem nessa categoria amizades, pessoas que compartilham a mesma moradia, "famílias" no local de trabalho e grupos comunitários. O texto de David Garland em *The Church's Ministry with Families* conclui que "as características determinantes da família não podem mais ser consideradas o casamento legal e a criação de filhos biológicos; antes, são resumidas em compromisso *mútuo*" (p. 33). Com base nessas premissas, o ministério familiar consiste, então, em "fortalecer os relacionamentos entre os membros da família ecológica" (p. 14), uma abordagem que apresenta vários problemas.

Primeiro, a definição de família é ampla demais para ser significativa. Segundo, a definição não é devidamente arraigada na moralidade bíblica que condena as uniões homossexuais que parecem estar incluídas (sem dúvida, de modo não intencional) nessa definição ampla. Terceiro, a definição é, acima de tudo, de ordem sociológica, e não de natureza teológica e bíblica, pois não reconhece as Escrituras como autoridade suprema no âmbito dos relacionamentos sociais. Quarto, não reconhece adequadamente que, embora Jesus tenha atribuído valor altíssimo ao discipulado que transcende os laços de sangue, também tinha o casamento em alta estima e reafirmou o propósito original de Deus para essa união (Mt 19.4-6; cf. Gn 2.24) de modo que uma coisa (o discipulado) não deve ser colocada em oposição à outra (o casamento). A mudança de uma definição mais tradicional de casamento e família (que passa pelos ensinamentos de Jesus sobre o discipulado) para uma definição sociológica mais ampla (que enfatiza as redes familiares formadas por compromissos compartilhados e marcada pela coesão) é, portanto, ilegítima.

[5] Observe que, a Septuaginta (em grego), traz a palavra "dois", que não aparece no texto massorético hebraico. Trataremos em mais detalhes de Mateus 19 no capítulo sobre divórcio (capítulo 10).

[6] John R. W. STOTT, "Marriage and Divorce", *Involvement: Social and Sexual Relationships in the Modern World*, vol. 2. Old Tappan: Revell, 984, p. 167. Cf. a discussão sobre a natureza do casamento no final deste capítulo. Com referência ao matrimônio e às antigas cerimônias judaicas de casamento, cf. Craig KEENER, "Marriage", Craig A. Evans e Stanley E. Porter, eds., *Dictionary of New Testament Background*. Downers Grove: InterVarsity Press, 2000, p. 684-686.

[7] Embora Cynthia Long WESTFALL, "Family in the Gospels and Acts", Richard S. Hess e M. Daniel Caroll R., eds., *Family in the Bible*. Grand Rapids: Baker, 2003, p. 146, crie, talvez, uma dicotomia pronunciada demais ao escrever: "No entanto, não era intenção de Jesus que a família fosse a instituição mais importante na terra nem a unidade central de propósito e identidade do cristão".

[8] Para um estudo sucinto do ensino do Novo Testamento sobre relações sexuais fora do casamento, no qual se vê a coerência entre Jesus, Paulo e outros autores do Novo Testamento, cf. SCOBIE, *Ways of Our God*, p. 837-838, que trata de adultério (Mt 5.27-28; 19.18; pars.; Rm 13.9; Tg 2.11), fornicação (Lc 7.48; 1Co 6.15-16; Hb 13.4) e homossexualidade (Rm 1.18-32 et al.).

[9] Isso não corresponde, de maneira nenhuma, a permissão para os maridos abusarem das mulheres fisicamente ou de qualquer outra maneira, nem significa que mulheres não precisarão se separar de seus maridos abusivos para evitar danos sérios. As implicações pastorais delicadas dessas situações exigem sabedoria considerável em cada caso. Para um relato esclarecedor sobre um casamento entre uma esposa cristã e um marido incrédulo e conselhos úteis sobre como lidar com essa questão, cf. Lee e Leslie STROBEL, *Surviving a Spiritual Mismatch in Marriage*. Grand Rapids: Zondervan, 2002 (publicado em português sob o título *Jugo desigual*. São Paulo: Vida, 2003).

[10] Pedro diz até que "Era dessa forma que Sara obedecia a Abraão, chamando-lhe senhor" (1Pe 3.6; cf. Gn 18.12).

[11] Cf., porém, a ressalva na nota 9, acima.

[12] Wayne GRUDEM, *1 Peter*, Tyndale New Testament Commentaries. Grand Rapids: Eerdmans, 1988, p. 144, observa que se pode ter em vista "qualquer tipo de fraqueza" da mulher, inclusive fraqueza física, fraqueza em termos de falta de autoridade e de maior sensibilidade emocional. Thomas R. SCHREINER, *1, 2 Peter, Jude*, New American Commentary. Nashville: Broadman & Holman, 2003, p. 160 (citando Kelly, Cranfield, Michaels, Davids, Hillyer, e outros), rejeita a ideia de que as mulheres são mais fracas em termos intelectuais, emocionais ou espirituais e acredita que o texto se refere "puramente à força [física]".

[13] Cf. especialmente Efésios 5.21-33 par. Colossenses 3.18-19. Para uma discussão de 1Tessalonicenses 4.3-8 e 1Coríntios 7 sobre o ensino neotestamentário acerca do casamento, com referências bibliográficas até 1985, cf. O. Larry YARBROUGH, *Not Like the Gentiles: Marriage Rules in the Letters of Paul*, SBL Dissertation Series 80. Atlanta: Scholars Press, 1985, esp. p. 62-125.

[14] Cf. David INSTONE-BREWER, *Divorce and Remarriage in the Bible: The Social and Literary Context*. Grand Rapids: Eerdmans, 2002, p. 193-194 (com mais referência bibliográficas na p. 194, n. 7). Instone-Brewer argumenta persuasivamente que, neste caso, Paulo faz alusão a Êxodo 21.10-11. Cf. mais detalhes no capítulo 2 e no capítulo 10.

[15] Cf. tb., a discussão recente e interessante de Efésios 5 por Francis WATSON, *Agape, Eros, Gender: Towards a Pauline Sexual Ethics*. Cambridge: Cambridge University Press, 2000, p. 183-259. Watson observa com perspicácia que tanto considerar Efésios 5 "uma legitimação do casamento patriarcal" quanto "afirmar que transforma o casamento patriarcal ao sujeitá-lo ao critério do amor" são posturas que simplificam a passagem ao ignorar seus aspectos complexos (p. 229, n. 6), referindo-se a Ben WITHERINGTON, *Women and the Genesis of Christianity*. Cambridge: Cambridge University Press, 1990, p. 156; e Sarah J. TANZER, "Ephesians", em Elisabeth Schüssler Fiorenza, ed., *Searching the Scriptures*, vol. 2, *A Feminist Commentary*. Nova York: Crossroads, 1994, p. 325-348, esp. 341.

[16] Pois Cristo não é *fonte* de demônios, mas seu *cabeça*. Em oposição a Catherine Clark KROEGER, "Head", Gerald F. Hawthorne, Ralph P. Martin e Daniel G. Reid, eds., *Dictionary of Paul and His Letters*. Leicester/Downers Grove.: InterVarsity Press, 1993, p. 375-377, cf. a crítica de Wayne GRUDEM, "The Meaning of κεφαλή ('Head'): An Evaluation of New Evidence, Real and Alleged", *Journal of The Evangelical Theological Society* 44, 2001, p. 25-65, reimp. em Wayne Grudem, ed., *Bibilical Foundations for Manhood and Womanhood*. Wheaton: Crossway, 2002.

[17] Com referência a Gn 3.16, cf. especialmente Susan T. FOH, "What Is the Woman's Desire (Gen 3.16, 4.7)", *Westminster Theological Journal* 37, 1975, p. 376-383 que interpreta corretamente Gênesis 3.16 à luz de Gênesis 4.7, onde "desejo" transmite o sentido de tentativa de domínio ou controle. Cf. tb. o episódio da queda (Gn 3), citado por Paulo em 1Timóteo 2.14-15 como um dos motivos para ele proibir as mulheres de ensinar ou exercer autoridade sobre os homens na igreja (cf. 1Tm 2.12).

[18] Observe que os gentios constituem a maioria entre os leitores de Paulo.

[19] Cf. abaixo mais detalhes sobre Efésios 5.32. Essa expressão costuma ser traduzida para nossa língua como "mistério", termo um tanto enganoso, uma vez que "mistério" é, na melhor das hipóteses, um cognato parcial do termo grego *mystērion*. Na verdade, parte importante do significado de *mystērion* transmite um sentido exatamente oposto de "mistério", pois, enquanto em nossa língua o termo significa "algo secreto ou não revelado", ou mesmo "algo intrinsecamente incognoscível", a expressão grega se refere a uma verdade encoberta, mas agora revelada (cf. Andreas J. KÖSTENBERGER, "The Mystery of Christ and the Church: Head and Body 'One Flesh'", *Trinity Journal* 12, 1991, p. 80-83. Outros *mystērion* das Escrituras incluem o próprio Cristo (Cl 2.2; 4.3), a santificação dos crentes (1Tm 3.16), a transformação (arrebatamento?) dos crentes (1Co 15.51), a presente cegueira de Israel (Rm 11.25) e a impiedade geral (2Ts 2.7).

[20] Cf. Andreas J. KÖSTENBERGER, "What Does It Mean to Be Filled with the Spirit? A Biblical Investigation", *Journal for the Evangelical Theological Society* 40, 1997, p. 229-240 para uma discussão detalhada de Efésios 5.18 e passagens relacionadas.

²¹ Cf. Timothy G. COMBIS, "Being the Fullness of God in Christ by the Spirit: Ephesians 5:18 in Its Epistolary Setting", *Tyndale Bulletin* 53, no 2, 2002, p. 262-264. citando Thomas R. SCHREINER, *Paul, Apostle of God's Glory in Christ: A Pauline Theology*. Downers Grove: InterVarsity Press, 2001, p. 338; KÖSTENBERGER, "What Does It Mean to Be Filled with the Spirit?, p. 233; e Gordon D. FEE, *Paul, the Spirit, and the People of God*. Peabody: Hendrickson, 1996, p. 63-73 (publicado em português sob o título *Paulo, o Espírito e o povo de Deus*. Campinas: United Press, 1997).

²² Cf. p. ex., capítulo 8 em INSTONE-BREWER, *Divorce and Remarriage in the Bible*, especialmente p. 236-237, onde se argumenta que "não há mais necessidade de ensinar a submissão [...] No período do NT, causaria escândalo omitir a submissão das mulheres da instrução moral, mas agora, é provável que cause o mesmo escândalo incluí-la. O ensinamento triplo de submissão não era de origem cristã e o número de ressalvas e explicações acrescentadas a esse ensinamento pelos autores do NT sugere que não se sentiam inteiramente à vontade com ele. Procuraram cristianizá-lo ao acrescentar que o cabeça da casa devia demonstrar respeito por aqueles que se submetiam a ele e, talvez, reciprocamente, sujeitar-se a eles". Por esse motivo, Instone-Brewer afirma que nenhuma noiva deve ser "obrigada" a prometer submissão ao marido, mas se ela optar por fazer esse voto, o marido também deve prometer sujeitar-se à mulher. De nossa parte, não encontramos evidência textual clara de que os autores do NT "sentiam-se pouco à vontade" em ensinar a submissão das mulheres. Por certo, não defendemos que as mulheres devem ser "obrigadas" a prometer submissão aos maridos. É claramente enganoso, porém, dizer que pelo fato de o ensinamento cristão da submissão ter origens não cristãs (supondo-se, para fins de argumentação, que seja esse mesmo o caso), segue-se que esse ensinamento das Escrituras não é investido de autoridade. Semelhantemente, não parece possível separar a moralidade sexual bíblica do princípio de submissão. A analogia entre a liderança de Cristo sobre a igreja e a liderança do marido sobre a mulher, em Efésios 5.23-25, também milita contra a proposta de descartar a liderança do marido e a submissão da mulher como conceitos irrelevantes e inaplicáveis nos dias de hoje. Por esses e outros motivos, devemos considerar que o raciocínio e as conclusões de Instone-Brewer não conferem com a mensagem das Escrituras sobre esse assunto.

²³ Cf. Wayne GRUDEM, "The Myth of Mutual Submission as an Interpretation of Ephesians 5:21", Wayne Grudem, ed., *Biblical Foundations for Manhood and Womanhood*. Wheaton: Crossway, 2002, p. 221-231. Grudem sugere que a essência do termo grego *allēlois* é "alguns a outros" (em oposição a Roger R. NICOLE, "The Wisdom of Marriage", J. I Packer e Sven K. Soderlund, eds., *The Way of Wisdom: Essays in Honor of Bruce K. Waltke*. Grand Rapids: Zondervan, 200, p. 290; SCOBIE, *The Ways of Our God*, p. 839 et al. Em vez de falar em "submissão mútua", pode ser mais apropriado falar de "humildade mútua" (observe a mudança de submissão para humildade em 1Pe 5.5-6). Cf. tb. Daniel DORIANI, "The Historical Novelty of Egalitarian Interpretations of Ephesians 5.21-22", *Biblical Foundations for Manhood and Womanhood*, p. 203-219; e Wayne WALDEN, "Ephesians 5.21: A Translation Note", *Restorarion Quarterly* 45, no 4, 2003, p. 254. Walden destaca que o pronome *allēlōn* denota mais "uma atividade aleatória ou distributiva dentro do grupo" do que algo recíproco ou mútuo (Walden fornece exemplos nos quais as pessoas se atropelam [Lc 12.1]; invejam umas às outras [Gl 5.26] e matam umas às outras [Ap 6.4], situações em que não há como entender o termo com sentido mútuo). Diante disso, Efésios 5.21 não pede "submissão mútua" entre marido e mulher, mas sim, que as mulheres se submetam aos maridos e os maridos amem as mulheres.

²⁴ Andrew T. LINCOLN, *Ephesians*, Word Biblical Commentary. Dallas: Word, 1990, p. 366, citado em Gerald F. HAWTHORNE, "Marriage and Divorce", *Dictionary of Paul and His Letters*, p. 596 (publicado em português sob o título *Dicionário de Paulo e suas cartas*. São Paulo: Loyola, 2008). Cf. tb. a discussão em WATSON, *Agape, Eros, Gender*, p. 219-259.

²⁵ Nesse contexto, o amor é definido, ainda, como não tratar a esposa com aspereza (cf. 1Pe 3.7).

²⁶ Cf. HAWTHORNE, "Marriage and Divorce", p. 596.

²⁷ Cf, p. ex., Stanley J. GRENZ, *Sexual Ethics: A Biblical Perspective*. Dallas: Word, 1990, p. 28. "Men, Women, and Biblical Equality", declaração das crenças evangélicas igualitárias preparada por

Christians for Biblical Equality, afirma: "A Bíblia ensina que mulher e homem foram criados para parceria igual e plena [...] A liderança de Adão sobre Eva resultou da queda e, portanto, não fazia parte da ordem criada original" (parágrafos 2 e 5).

[28] Cf. especialmente Raymond C. ORTLUND, Jr., "Male-Female Equality and Male Headship", John Piper e Wayne Grudem, eds., *Redescovering Biblical Manhood and Womanhood: A Response to Evangelical Feminism*. Wheaton: Crossway, 1991, p. 95-112, especialmente p. 106-111.

[29] Cf. Peter T. O'BRIEN, *The Letter to the Ephesians*, Pillar New Testament Commentary. Grand Rapids: Eerdmans, 1999, p. 429-435.

[30] Cf. KÖSTENBERGER, "Mystery of Christ and the Church", p. 79-94.

[31] Sobre a guerra espiritual em relação ao casamento e à família, ver a discussão mais detalhada no capítulo 7.

[32] Para um estudo completo de extensão monográfica sobre o tema da guerra espiritual no contexto de Efésios como um todo, cf. Timothy GOMBIS, "The Triumph of God in Christ: Divine Warfare in the Argument of Ephesians" (dissertação de Ph.D., University of St. Andrews, 2005). Cf. tb. texto do mesmo autor a ser publicado em breve, "A Radically New Humanity: The Function of *Haustafel* in Ephesians", *Journal of the Evangelical Theological Society*. Para um estudo interessante de Efésios 6.10-18 no contexto de toda a epístola de Efésios, cf. Donna R. HAWK-REINHARD, "Ephesians 6:10-18: A Call to Personal Piety or Another Way of Describing Union with Christ?". Texto apresentado no evento Midwest Meeting of the Evangelical Theological Society, 2004.

[33] Quando falamos de um "âmbito principal" determinado por Deus e de um "centro" das atividades de homens e mulheres, não defendemos nem justificamos o marido que negligencia sua mulher e família nem procuramos confinar a mulher ao lar, como pode ser o caso em arranjos domésticos tradicionais. Também não procuramos remover a responsabilidade conjunta de homem e mulher de sujeitar a terra para Deus. Nossos comentários refletem apenas o ensino bíblico de passagens como Gênesis 3.16-19, que parecem fazer distinção entre os âmbitos principais de atividade do homem e da mulher e indicar papéis diferentes, porém complementares. Em vez de ser considerado oposto à devoção ao casamento e à família, o trabalho do marido fora do lar deve ser visto dentro do contexto mais amplo de cumprimento de sua responsabilidade de prover para a família. Quanto à mulher, seu papel de dar à luz filhos já indica que, biologicamente, sua função gira em torno dos filhos e da família de forma distinta e singular.

[34] Há quem se oponha à ideia de suspender ostensivamente as funções de cada sexo "por um período limitado", como no exemplo aqui descrito. Convém ressaltar, porém, que esse arranjo não implica, necessariamente, a suspensão dos devidos papéis definidos pela Bíblia. Antes, no exemplo acima (e em outros exemplos que poderiam ser citados), o fato de o marido desejar obter um grau acadêmico pode, na verdade, ser uma manifestação de sua liderança e provisão para a família. O ajuste temporário de papéis pode constituir apenas um meio para esse fim. A liderança do marido sobre a família implica buscar com seriedade soluções para circunstâncias ou crises peculiares à sua família. Como descrevemos neste capítulo, liderança e submissão são princípios bíblicos perenes e o padrão normativo com o qual somos chamados constantemente a nos alinhar. Ao mesmo tempo, a aplicação específica desses princípios fixos deve permanecer flexível e pode ser modificada temporariamente de acordo com as circunstâncias, sem afetar a validade dos princípios bíblicos em si.

[35] Cf. nossos comentários a respeito de Abraão e Sara na seção correspondente no final do capítulo 3.

[36] Para mais informações sobre Priscila e Áquila no contexto da missão paulina, cf. Andreas J. KÖSTENBERGER, "Women in the Pauline Mission", Peter Bold e Mark Thompson, eds., *The Gospel to the Nations: Perspective on Paul's Mission*. Downers Grove: InterVarsity Press, 2000, p. 227-228.

[37] C. E. B. CRANFIELD, *The Epistle to the Romans*, International Critical Commentary. Edimburgo: T&T Clark, 1979, p. 2.784.

[38] James D. G. DUNN, *Romans 9—16*. Word Biblical Commentary. Dallas: Word, 1988, p. 892.

A natureza do casamento: sacramento, contrato ou aliança?

Agora que concluímos nosso estudo dos ensinamentos bíblicos sobre o casamento, podemos avaliar os três conceitos mais comuns acerca de sua natureza: (1) casamento como sacramento; (2) casamento como contrato; (3) casamento como aliança. Trataremos separadamente de cada uma dessas definições.[1]

Casamento como sacramento

Apesar de remontar às Escrituras, o conceito de casamento como sacramento é, em sua maior parte, fruto da tradição da igreja. Jerônimo usou o termo em latim *sacramentum* na Vulgata (século IV) para traduzir a expressão grega *mystērion* ("mistério") que descreve a analogia entre o casamento e a união de Cristo com a igreja em Efésios 5.32.[2] O *modelo sacramental* de casamento se originou nos escritos de Agostinho. Em seu texto *De bono conjugali* ("Sobre o bem do casamento"), bem como em escritos posteriores, o influente pai da igreja observou três benefícios importantes do casamento: filhos, fidelidade e o vínculo sacramental.[3] Um levantamento de sua obra revela que, ao usar a expressão "vínculo sacramental" (*sacramentum*), a intenção de Agostinho era mostrar que o casamento cria, entre o homem e a mulher, um vínculo sagrado e permanente que retrata a união de Cristo com a igreja.

No entanto, quando a Igreja Católica (que fundamentou parte considerável de sua teologia nos escritos de Agostinho) desenvolveu sua teologia sacramental completa, com os sete sacramentos ministrados pela igreja (Batismo, Primeira Comunhão, Crisma (Confirmação), Eucaristia, Casamento, Ordem e Unção dos Enfermos), o conceito de Agostinho foi *remodelado*. Em sua expressão reformulada, codificada oficialmente no Concílio de Trento (1545-1563) a Igreja Católica definiu casamento (usando a terminologia agostiniana) como *sacramento*.[4]

De acordo com o modelo sacramental de casamento, é por meio da participação nesse rito eclesiástico que o casal obtém graça com base na suposição de que Deus a concede por meio da igreja e da participação em seus sacramentos. Além de serem "sinais que apontam para a presença de Deus no meio de seu povo", os sacramentos também são "sinais *eficazes*, ou seja, *que realizam ou efetuam aquilo que significam*. Os católicos acreditam que Deus se fará presente e *conferirá sua graça* sobre nós de determinada maneira *sempre que um sacramento for ministrado de forma apropriada dentro da Igreja*".[5] Para esse fim, as pessoas devem vir ao sacramento com reverência e fé.[6]

Apesar de esse conceito de casamento mostrar-se atraente para alguns,[7] é, por vários motivos, biblicamente deficiente. Primeiro e mais importante, não há nada na instituição do casamento em si que confira graça divina "de modo místico".[8] Não sucede, como a Igreja Católica afirma, que, quando se entra no casamento sob os auspícios da Igreja, a união se torna, por si só, uma instituição na qual Cristo está "pessoalmente presente" de modo místico. Os votos de casamento em si não têm nenhum poder intrínseco. O pré-requisito para o casamento cristão não é a "bênção sacramental" da Igreja institucionalizada, mas sim, tornar-se "novas criaturas" em Cristo (cf. 2Co 5.17; Ef 4.23-24) ao ser regenerados, "nascidos de novo" nele (cf. Tt 3.5).

Segundo, essa abordagem ao casamento não confere com o cerne do ensinamento bíblico acerca do casamento como um todo, de acordo com o qual o Criador planejou o casamento como veículo para *criar nova vida física*, e não como *mecanismo para obter vida espiritual*. Em outras palavras, a vida concedida por intermédio do casamento opera pela procriação e se estende aos filhos do casal (cf. Gn 1.27-28; 2.23-24) em vez de ser canalizada para o casal, em virtude da participação em um rito eclesiástico sacramental ou "místico" no qual a graça é concedida pela simples atuação da instituição em si (*ex opere operato*).[9]

Um terceiro problema com esse modelo de casamento é o fato de sujeitar o relacionamento entre marido e mulher ao controle da Igreja. Não há nenhuma injunção bíblica que apoie essa ideia. A Bíblia afirma que o próprio Cristo é o cabeça da Igreja e Senhor e Salvador do marido e da mulher (Ef 5.23-27; cf. 1Co 11.3). Por esses e outros motivos,[10] concluímos que o modelo sacramental não é corroborado pelos ensinamentos bíblicos; antes, consiste, em grande parte, em um produto do pensamento místico patrístico e medieval que extrapola e, de fato, contraria o conceito bíblico de casamento. Entendido corretamente, o casamento pode ser descrito como uma união "sacramental" no sentido agostiniano de que constitui um vínculo sagrado e permanente entre homem e mulher, mas não como um "sacramento" da forma como é definido pela teologia católica.

Casamento como contrato

Outro modelo de casamento é o de *contrato*. O modelo contratual é o conceito secular predominante de casamento na cultura ocidental.[11] Embora no tempo do Antigo Testamento não houvesse nenhuma distinção importante discernível entre contratos e alianças,¹² uma vez que, ao entrarem em acordos mútuos, as pessoas costumavam invocar Deus como testemunha, há uma separação nítida entre contratos (seculares) e alianças (sagradas) na sociedade secular moderna.

Em contraste com o modelo sacramental (que, pelo menos tem as Escrituras como ponto de partida) e com o conceito pactual (que alicerça o casamento no ensinamento bíblico sobre o assunto), a abordagem contratual não recorre necessariamente (ou tipicamente) às Escrituras como fonte ou base de autoridade. Antes, proponentes dessa abordagem consideram o casamento um contrato bilateral formado, mantido e dissolvido de forma voluntária por dois indivíduos. Gary Chapman relaciona cinco características gerais de contratos:

(1) são, tipicamente, feitos por um período limitado;
(2) tratam, em sua maior parte, de ações específicas;
(3) são condicionais, baseados na continuidade do desempenho das obrigações contratuais pela outra parte;
(4) são firmados visando o benefício próprio;
(5) e são, por vezes, tácitos e implícitos.¹³

O modelo contratual, que remonta aos tribunais eclesiásticos medievais e aos escritos dos pensadores da era do Iluminismo,¹⁴ alicerça o casamento na lei civil. De acordo com esse conceito, o Estado é encarregado de supervisionar a instituição do casamento e tem autoridade para fornecer licenças de casamento e certificados de divórcio. Os cristãos que adotam esse modelo talvez o "cristianizem" ao injetar terminologia cristã nos votos e iniciar a união formalmente em uma igreja. Essa cristianização, no entanto, não passa de uma camada fina de verniz, pois nesses casos, em última análise, o ministro que oficia a cerimônia só tem poder de unir o casal pela autoridade que lhe é investida pelo Estado.

Apesar de ser o modelo predominante de casamento na cultura ocidental (inclusive no cristianismo ocidental), podemos identificar várias limitações. Primeiro, essa descrição do casamento é reducionista e não aparece em nenhuma parte das Escrituras. O acordo feito entre um homem e uma mulher constituiu um aspecto do casamento, mas não abrange tudo que o casamento é.¹⁵ Na verdade, o modelo contratual só passou a existir como modelo desenvolvido de casamento no século XVII ou depois. Conforme Paul Palmer observa, o termo em latim do qual a palavra "contrato" é derivada (*contractus*) "não era usado no latim clássico, *nem mesmo para casamentos pagãos*, e [...] até o período da alta escolástica (c. 1250-1350), o termo preferido para o casamento cristão era *foedus* ou aliança".¹⁶ Parece improvável que a igreja levasse mais de um milênio para descobrir a verdadeira natureza do casamento.

A segunda objeção a esse conceito é o fato de ser incoerente com o lugar central ocupado pelo casamento na ordem criada por Deus. É deficiente no sentido de que fornece uma base fraca demais para a permanência do casamento. Em essência, o modelo contratual de casamento baseia a segurança e estabilidade da união na capacidade das pessoas de não pecar. Se uma das partes cometer um pecado sério o suficiente a ponto de justificar o rompimento do contrato, a outra parte tem liberdade de dissolver a união. Tendo em vista a condição pecadora da humanidade (inclusive dos cristãos), esse conceito torna o casamento uma instituição extremamente precária e instável. Essa situação não está de acordo, portanto, com a ênfase observada ao longo de todas as Escrituras sobre a permanência e a natureza sagrada do casamento diante de Deus (Mt 19.4-6, esp. v.6 e par.; Gn 2.24).

Por fim, esse modelo de casamento é inadequado pois, ao fundamentar a união na lei civil, abre a porta (pelo menos em termos de princípio) para vários arranjos conjugais claramente proibidos pelas Escrituras. Dentre os exemplos mais notórios, podemos citar a necessidade de simplesmente emendar a lei civil a fim de permitir o casamento "legal" entre pessoas do mesmo sexo, a poligamia, o casamento incestuoso, ou a bestialidade, e a assim por diante. Conforme mostraremos abaixo, porém, as Escrituras desautorizam, de forma invariável e inequívoca, esses tipos de união (p. ex., Gn 1.27-28; 2.23-24; Lv 18; 20.10-21). Por esse motivo, qualquer modelo de casamento em que a lei humana seja colocada no lugar da revelação divina, como base para o entendimento da natureza desse relacionamento vital, fica aquém do ensinamento bíblico acerca do casamento e deve, portanto, ser considerado inadequado e inaceitável para os cristãos sérios que creem na Bíblia.

Não queremos dizer, com isso, que os casamentos realizados diante de um oficial público, mas não em uma cerimônia na igreja, não sejam válidos, ou que esses casais não são casados de fato. A união deles é legítima. Desejamos mostrar apenas que quem adere ao modelo contratual de casamento, apesar de ser verdadeiramente casado, fica aquém daquilo que as Escrituras dizem sobre a natureza do vínculo conjugal. Se esse casal se converter a Cristo, portanto, é evidente que não há necessidade de se casar novamente, mas apenas de o casal se comprometer com o conceito mais pleno e adequado do que significa ser casado de acordo com as Escrituras, um conceito descrito de modo mais apropriado como aliança ou instituição estabelecida na criação com características pactuais, como a seção seguinte buscará mostrar.

Casamento como aliança

A terceira abordagem à natureza do casamento é o modelo *pactual*.[17] Essa posição define o casamento como *um vínculo sagrado entre um homem e uma mulher, instituído por Deus e firmado diante dele (ainda que o casal não reconheça isso), consumado normalmente pela relação sexual*.[18] Apesar de esse conceito ter assumido nuances variadas nos escritos de diferentes autores (e, em última análise, ser moldado pelo modo como se entende as alianças bíblicas),[19] em sua essência, entende o casamento não apenas como um *contrato bilateral* entre dois indivíduos, mas como *um vínculo sagrado* entre marido e mulher e entre o casal e Deus.[20]

Diferente do conceito sacramental, que alicerça o casamento nos padrões da *lei eclesiástica* (ou seja, na visão que a igreja tem de si mesma e da natureza do casamento) e do conceito contratual, que alicerça o casamento nos padrões da *lei civil* (ou seja, nas estipulações humanas que regulamentam a vida comum das pessoas em sociedade), o conceito pactual alicerça o casamento nos padrões da *lei divina* (ou seja, na revelação divina, investida de autoridade, encontrada nas Escrituras). De acordo com a definição de Stott do casamento, baseada em Gênesis 2.24, o conceito pactual afirma, portanto, que "o casamento é uma *aliança heterossexual exclusiva entre um homem e uma mulher, ordenada e selada por Deus*, antecedida da permissão pública dos pais, consumada na união sexual, que resulta em uma parceria permanente e de apoio mútuo e que, normalmente, é coroada pela dádiva de filhos".[21]

Apesar de haver vários tipos de aliança no tempo do Antigo Testamento, o termo "aliança" (heb. *b^{e}rît* e, mais raramente, *'ēšed*; LXX: *diathēkē*) transmite, em geral, "a ideia de um compromisso solene que garante promessas ou obrigações assumidas por uma ou ambas as partes envolvidas na aliança".[22] A expressão é usada com frequência para o compromisso entre Deus e os seres humanos (p.ex., aliança feita com Noé, Abraão, Moisés, Davi e as novas alianças) e, no entanto, também se refere a vários acordos entre pessoas (p. ex., Gn 21.22-24; 1Sm 18.3; 1Rs 5.1-12; 2Rs 11.17), inclusive casamentos (Pv 2.17; Ez 16.8; Ml 2.14).[23] Logo, é importante não cometer o erro que os linguistas chamam de "transferência ilegítima da totalidade" e importar todas as características de uma aliança entre Deus e homens para um relacionamento pactual humano (como o casamento). Por exemplo, a analogia entre o casamento e a relação entre Cristo e a igreja (que envolve a nova aliança) em Efésios 5.21-33, não deve ser entendida como indicação de que as duas relações são equivalentes em todos os aspectos. A nova aliança é eterna, enquanto o casamento, como Jesus indicou, é limitado somente a esta vida (Mt 22.30).[24]

Ademais, é importante reconhecer que o conceito bíblico de casamento como aliança incorpora, no mínimo, as características contratuais. Conforme Instone-Brewer destaca, o termo hebraico (*b^{e}rît*) é o mesmo para contrato e aliança, enquanto que o significado teológico de "aliança" é "um acordo que uma pessoa fiel não romperia mesmo que a outra parte, com a qual essa pessoa se encontra em aliança, violasse as estipulações desse pacto".[25] Os profetas posteriores (esp. Jr 3.1; cf. Ez 36—37) falaram, porém, de uma "nova aliança" que Deus prometeria manter quer seu povo fosse fiel ou não. De acordo com Instone-Brewer, essa aliança irrevogável é diferente de qualquer outra aliança do Antigo Testamento e é a natureza irrevogável da nova aliança que a torna tão especial e singular.

Os defensores do modelo pactual de casamento se valem principalmente de dois conjuntos de passagens para apoiar esse conceito: (1) a linguagem pactual na narrativa de Gênesis 2 que relata a instituição divina do casamento entre o primeiro homem e a primeira mulher (cf. esp. Gn 2.24); (2) as passagens das Escrituras que se referem ao casamento explicitamente como "aliança" (esp. Pv 2.16-17; Ml 2.14) e as analogias bíblicas e passagens nas quais o casamento é tratado implicitamente em termos pactuais.[26] Consideraremos de forma sucinta a contribuição desses dois conjuntos de passagens e, em seguida, sugeriremos cinco maneiras pelas quais a natureza pactual do casamento deve nortear as uniões conjugais contemporâneas.

A *linguagem pactual* (ou seja, o uso de termos que transmitem o conceito de aliança) na narrativa fundacional de Gênesis pode incluir a referência à união como "uma só carne" entre marido e mulher em Gênesis 2.24. A consumação do casamento por meio da relação sexual pode ter papel equivalente ao juramento de outras alianças do Antigo Testamento.[27] O fato de Adão dar nome a Eva em Gênesis 2.23 está em conformidade com o fato de Deus mudar o nome de Abraão e Jacó ao entrar em relacionamento de aliança com eles (Gn 17.5; 35.10).

A *terminologia bíblica explícita* que se refere ao casamento como "aliança" inclui Provérbio 2.16-17, onde se diz que a mulher adúltera se esqueceu "da *aliança* que fez com seu Deus". É bem provável que indique o acordo de casamento (escrito ou oral) firmado entre a mulher e o marido diante de Deus,[28] como sugere a referência semelhante em Malaquias: "Porque o SENHOR tem sido testemunha entre ti e a esposa que tens desde a juventude, para com a qual foste infiel, embora ela fosse tua companheira e a mulher da tua *aliança* matrimonial" (*bᵉrît*; Ml 2.14; cf. Ez 16.8).[29]

Por fim, convém tratarmos rapidamente de vários *questionamentos* levantados com respeito ao conceito pactual de casamento. Primeiro, há quem observe que o casamento *não é chamado explicitamente de aliança* no Novo Testamento (note a ausência de uma terminologia pactual explícita em Efésios 5.21-23, a principal passagem do Novo Testamento sobre casamento). Apesar de essa observação ser verdadeira, o conceito continua presente no Novo Testamento (cf. Mt 19.6 par. Mc 10.9). Também é verdade que "aliança" não é o *único* conceito bíblico aplicado ao casamento, apesar de ser o *principal*. Outros modelos bíblicos da natureza do casamento, como a *analogia de Cristo e a igreja*, também refletem de forma genuína o ensino do Novo Testamento acerca do casamento (Ef 5.21-33, ainda que, historicamente, nenhum conceito de casamento tenha sido desenvolvido em torno dessa analogia, um dos motivos pelos quais parece legítimo incorporá-la ao conceito de aliança).

Segundo, conforme outros observaram, o casamento *transcende o conceito de aliança*, uma vez que é alicerçado na ordem criada por Deus que antecede a instituição de relacionamentos de aliança na história bíblica posterior. Esse fato não deve minimizar a importância de considerar o casamento uma aliança, apesar de significar que o casamento, conforme concebido na criação, é mais até do que uma aliança. É *uma instituição estabelecida na criação com características pactuais*.[30]

Terceiro, como mencionamos, Instone-Brewer e outros argumentam que, no contexto do Antigo Oriente Próximo, *não há nenhuma distinção clara demonstrável entre casamento como contrato e casamento como aliança*, de modo que as referências do Antigo Testamento ao casamento como "aliança" devem ser entendidas em termos contratuais, e não pactuais. De fato, trata-se de uma evidência importante que

Três modelos da natureza do casamento

	SACRAMENTAL	CONTRATUAL	PACTUAL
Definição do modelo	Casamento como meio de obter graça	Casamento como contrato bilateral formado, mantido e dissolvido voluntariamente por dois indivíduos	Casamento como vínculo sagrado entre um homem e uma mulher, instituído por Deus e firmado diante dele
Alicerces do modelo	Lei eclesiástica	Lei civil	Lei divina
Origem do modelo	Agostinho e Concílio de Trento (1545-1563)	Tribunais eclesiásticos medievais e pensamento iluminista	Linguagem pactual em Gênesis 2; Provérbios 2.16-17 e Malaquias 2.14; outras analogias e alusões bíblicas
Pontos fracos ou questionamentos a respeito do modelo	Nada na natureza do casamento concede graça divina "de forma mística"	Reducionista; não é encontrado nas Escrituras para descrever o casamento com um todo	Casamento não é chamado explicitamente de aliança no NT
	Não é consoante com o cerne do ensinamento bíblico acerca do casamento como um todo; casamento como fonte de nova vida física, e não um mecanismo para obter vida espiritual	Fornece uma base bastante fraca para a permanência do casamento — capacidade das pessoas de não pecar	Casamento transcende o conceito de aliança; faz parte da ordem criada por Deus
	Sujeita o relacionamento entre marido e mulher ao controle da igreja	Abre a porta para vários arranjos conjugais proibidos nas Escrituras	Nenhuma distinção demonstrável entre contrato e casamento na terminologia do AT

deve nos alertar para não importar conceitos derivados de acordos entre Deus e homens no tempo do Antigo Testamento e, mais ainda, da "nova aliança" que Jesus Cristo trouxe. Essa aliança deve sempre ter precedência e o casamento deve ser conduzido de acordo com o padrão de liderança de Cristo em amor e de submissão voluntária da igreja. Com essas ressalvas, porém, parece apropriado abordar o casamento como aliança.[31]

IMPLICAÇÕES DO CONCEITO DE CASAMENTO COMO ALIANÇA

Tendo em vista as observações acima, o que significa para um casal adotar o conceito de casamento como aliança? Se a aliança de casamento é definida como *vínculo sagrado entre homem e mulher, instituído por Deus e firmado diante dele (ainda que o casal não reconheça isso), consumado, normalmente, pela relação sexual*, propomos que aceitar o conceito de "aliança de casamento" significa que o casal deve entender e se comprometer com pelo menos cinco coisas:

(1) *A permanência do casamento*: Uma vez que foi estabelecido por Deus, o casamento foi planejado para ser permanente (Mt 19.6 par. Mc 10.9). Constitui um compromisso sério que não deve ser assumido de forma leviana ou irrefletida. Envolve uma promessa ou voto solene feito não apenas ao cônjuge, mas diante de Deus. O divórcio não é permitido, exceto em certas circunstâncias biblicamente prescritas.[32]

(2) *A sacralidade do casamento*: O casamento não é apenas um acordo humano entre dois indivíduos que consentem com ele (uma "união civil"); é um relacionamento vivido diante de Deus e em sujeição a ele (Gn 2.22; daí a expressão "casamento entre pessoas do mesmo sexo" ser uma contradição; uma vez que as Escrituras condenam universalmente os relacionamentos homossexuais, Deus jamais sancionaria um vínculo matrimonial sagrado entre dois membros do mesmo sexo). Embora seja sagrado, porém, o casamento não é um "sacramento". Não é uma união mística sob os auspícios da Igreja que serve de veículo para obter ou manter a salvação.

(3) *A intimidade do casamento*: O casamento é o mais íntimo de todos os relacionamentos humanos e une homem e mulher como "uma só carne" (Gn 2.23-25). Envolve "deixar" a família de origem e "unir-se" ao cônjuge, o que significa estabelecer uma nova unidade familiar distinta das duas famílias originais. Ainda que "uma só carne" sugira a relação sexual e, normalmente, a procriação, em seu cerne o conceito implica a formação de um novo relacionamento de parentesco, por meio do mais íntimo dos vínculos humanos entre dois indivíduos antes não aparentados.

(4) *A mutualidade do casamento*: O casamento é um relacionamento de abnegação mútua e voluntária entre dois seres humanos (Ef 5.25-30). Os cônjuges devem se preocupar, acima de tudo, com o bem-estar um do outro e se comprometer um com o outro em amor e devoção firmes. Implica a necessidade de perdão e restauração do relacionamento no caso de pecado. "Mutualidade" não significa, porém, "igualdade de papéis". As Escrituras deixam claro que as mulheres devem se sujeitar aos maridos e ser suas "ajudadoras adequadas", enquanto os maridos devem arcar com a responsabilidade final pelo casamento diante de Deus (Ef 5.22-24 par. Cl 3.18; Gn 2.18,20).

(5) *A exclusividade do casamento*: além de ser permanente, sagrado, íntimo e mútuo, o casamento também é exclusivo (Gn 2.22-25; 1Co 7.2-5). Isso significa

que nenhum relacionamento humano deve interferir com o compromisso de casamento entre marido e mulher. Por esse motivo, Jesus tratou a imoralidade sexual da pessoa casada (Mt 19.9; inclusive os pensamentos lascivos do marido, Mt 5.28) com extrema seriedade. Por esse motivo, também, o sexo antes do casamento é ilegítimo, pois viola os direitos exclusivos do futuro cônjuge do indivíduo. Como Cântico dos Cânticos deixa claro, somente no contexto seguro do vínculo matrimonial exclusivo cada cônjuge pode se entregar de forma livre e plena.

Conclusão

No presente capítulo, investigamos os três principais modelos que descrevem o casamento como sacramento, contrato ou aliança. Concluímos que o conceito bíblico de casamento é descrito mais adequadamente como aliança (ou instituição estabelecida na criação com características pactuais), *o vínculo sagrado entre um homem e uma mulher, instituído por Deus e firmado diante dele (ainda que o casal não reconheça isso), consumado, normalmente, pela relação sexual*. Não é apenas um contrato feito por um período limitado, condicionado à continuidade do desempenho das obrigações contratuais de uma parte, visando principal ou mesmo exclusivamente o benefício próprio, mas sim, um vínculo sagrado caracterizado pela permanência, sacralidade, intimidade, mutualidade e exclusividade.

Tanto para o marido quanto para a mulher, portanto, torna-se parte relevante de seu discipulado desempenhar os papéis apropriados, definidos por Deus, plenamente cientes das implicações histórico-salvíficas e cósmicas mais amplas de seu relacionamento. Ademais, faz parte de sua união em uma só carne não somente gerar descendentes *físicos*, mas também o esforçar-se para nutrir e promover o crescimento de descendentes *espirituais*, ou seja, colaborar com a obra que o Espírito realiza na vida dos filhos, obra de convicção do pecado, conversão, regeneração e santificação. Trataremos dessa questão no capítulo seguinte.

Notas

[1] Embora neste capítulo falemos apenas dos três modelos de casamento predominantes nos dias de hoje, temos consciência de que inúmeros outros modelos já foram sugeridos e adotados por cristãos. O autor John WITTE, por exemplo, interage com o "modelo social" e o "modelo comunitário" de casamento em seu texto *From Sacrament to Contract: Marriage, Religion, and Law in the Western Tradition*. Louisville:Westminster/John Knox: 1997. John K. TARWATER, por sua vez, menciona um "modelo evangélico não pactual", ao qual ele se refere com frequência como "modelo de instituição divina" em seu texto "The Covenantal Nature of Marriage in the Order of Creation in Genesis 1 and 2". Dissertação de Ph.D., Southeastern Baptist Theological Seminary, 2002, p. 13-15.

[2] Cf. Andreas J. KÖSTENBERGER, "The Mystery of Christ and the Church: Head and Body, 'One Flesh'", Trinity Journal 12, 1991, p. 79-94, esp. 86-87, com referência a Hans von Soden ΜΥΣΤΗΡΙΟΝ und sacramentum in den ersten zwei Jarhunderten der Kirche", *Zeitschrift für die neutestamentliche Wissenschaft* 12, 1911, p. 188-227.

³ Augustine (Agostinho), "On the Good of Marriage" [*De bono conjugali*]. In Phillip Schaff, ed., *The Nicene and Post-Nicene Fathers*. Grand Rapids: Eerdmans, reimp. 1980 [1887], 1a série, vol. 3, p. 397-413. Cf. tb. Augustine (Agostinho), "On Marriage and Concupiscence" [*De nuptiis et concupiscentia*], livro 1, cap. 11, *The Nicene and Post-Nicene Fathers*, 1a série, vol. 5, p. 268; idem, "On the Grace of God, and on Original Sin" [*De gratia Christi, et de peccato originali*], livro 2, cap. 39, *The Nicene and Post-Nicene Fathers*, 1a série, vol.5, p. 251. Peter BROWN, *The Body and Society: Men, Women, and Sexual Renunciation in Early Christianity*. Londres: Faber & Faber, 1990, registra as atitudes em relação a sexo, casamento e família no período patrístico.

⁴ Cf. "Doctrine on the Sacrament of Matrimony", da vigésima quarta assembleia do Concílio de Trento em James Waterworth, ed. e trad., *The Canons and Decrees of the Sacred and Oecumenical Council of Trent*. Londres: Dolman, 1848, p. 192-232. Para uma apresentação básica da teologia sacramental católica, cf. Alan SCHRECK, *Basics of the Faith: A Catholic Catechism*. Ann Arbor: Servant, 1987, p. 147-182.

⁵ SCHRECK, *Basics of the Faith*, p. 152, grifo nosso.

⁶ Convém observar que, além de conceber o casamento como sacramento, a Igreja Católica também ensina que o casamento é uma aliança. Cf. SCHRECK, *Basics of the Faith*, p. 177, segundo o qual, "O relacionamento de um casal é uma *aliança*, uma promessa solene que envolve o homem, a mulher e tem o próprio Deus no centro. Essa aliança segue o modelo da Nova Aliança entre Jesus Cristo e a igreja, selada pelo sangue de Cristo [...] O homem e a mulher que firmam essa aliança recebem graças especiais [a dimensão "sacramental" do casamento] para permanecer fiéis à aliança e cumprir os deveres desse estado de vida com o Espírito de Cristo [...] como parte da aliança de casamento, os casais católicos prometem receber com amor os filhos vindos de Deus".

⁷ Cf. Germain GRISEZ, "The Christian Family as Fulfillment of Sacramental Marriage, *Studies in Christian Ethics* 9, no 1, 1996, p. 23-33.

⁸ Cf. KÖSTENBERGER, "The Mystery of Christ and the Church", p. 87.

⁹ Cf., ainda, a terceira crítica apresentada mais adiante.

¹⁰ Para outras críticas, cf. KÖSTENBERGER, "The Mystery of Christ and the Church", p. 86, que resume Markus BARTH, *Ephesians 4—6*, Anchor Bible. Nova York: Doubleday, 1974, p. 748-749.

¹¹ Cf. WITTE, *From Sacrament to Contract*, segundo o qual o cristianismo ocidental tem se movido continuamente do conceito sacramental para um conceito contratual de casamento; Paul F. PALMER, "Christian Marriage: Contract or Covenant?", *Theological Studies* 33, no 4, dezembro de 1972, p. 617-665; Laura S. LEVITT, "Covenant or Contract? Marriage as Theology", *Cross Currents* 48, no 2, verão de 1998, p. 169-184.

¹² Cf. David INSTONE-BREWER, *Divorce and Remarriage in the Bible: The Social and Literary Context*. Grand Rapids: Eerdmans, 2002, p. 1-19.

¹³ Cf. Gary CHAPMAN, *Covenant Marriage: Building Communication and Intimacy*. Nashville: Broadman & Holman, 2003, p. 8-10, que faz um contraste entre contratos e alianças que (1) são iniciadas visando o bem da outra pessoa; (2) são incondicionais; (3) são baseadas no amor constante; (4) consideram os compromissos permanentes; (5) exigem confrontação e perdão, p. 13-14. Cf. tb. o estudo mais conhecido em Fred LOWERY, *Covenant Marriage: Staying Together for Life*. West Monroe: Howard, 2002, p. 81-95.

¹⁴ Gordon R. DUNSTAN, "Marriage Covenant", *Theology* 78, maio de 1975, p. 244.

¹⁵ Cf, porém, os comentários sobre o conceito veterotestamentário de casamento como contrato em INSTONE-BREWER, *Divorce and Remarriage in the Bible*, p. 1-19. É importante não confundir contrato para se casar (cf. Lc 1.17; 2.5), com casamento como um contrato, no sentido secular do termo.

¹⁶ PALMER, "Christian Marriage: Contract or Covenant?", p. 618-619.

[17] Ao definir a natureza do casamento como aliança, é essencial não restringir o casamento aos limites teológicos definidos para entender as alianças salvíficas tradicionais. Trata-se de algo particularmente importante, tendo em vista os autores do Novo Testamento não rotularem o casamento de forma explícita como aliança (apesar de o descreverem como sendo *semelhante* a uma aliança; cf. Ef 5.22-23). Conforme David Instone-Brewer observa, "Apesar de a distinção entre 'aliança' e 'contrato' ser proveitosa na linguagem teológica, devemos cuidar para não inserir desdobramentos teológicos posteriores no Antigo Testamento. A distinção teológica entre aliança e contrato ajuda a diferenciar entre um relacionamento baseado em legalismo e um relacionamento baseado em graça e confiança. O termo "aliança" é útil para enfatizar o aspecto gracioso da aliança de Deus com Israel e com a igreja. O desenvolvimento teológico desse termo não deve, contudo, determinar a forma como entendemos a linguagem do Antigo Testamento. INSTONE-BREWER, *Divorce and Remarriage in the Bible*, p. 16-17. Conferir outras ressalvas registradas mais para frente.

[18] Cf. Gordon P. HUGENBERGER, *Marriage as Covenant: Biblical Law and Ethics as Developed from Malachi*. Grand Rapids: Baker, 1998 [1994]. Cf. tb. David ATKINSON, *To Have and to Hold: The Marriage Covenant and the Discipline of Divorce*. Grand Rapids: Eerdmans, 1979; e John McArthur, *Matthew 16—23*. The MacArthur New Testament Commentary. Chicago: Moody, 1988, p. 166, que define casamento como "aliança mútua, obrigação de companheirismo vitalício estabelecida por Deus entre um homem e uma mulher".

[19] Para informações gerais sobre alianças bíblicas, cf. Meredith G. KLINE, *Treaty of the Great King: The Covenant Structure of Deuteronomy*. Grand Rapids: Eerdmans, 1963; Klaus BALTZER, *The Covenant Formulary in the Old Testament, Jewish, and Early Christian Writings*. Filadélfia: Fortress, 1971; Delbert R. HILLERS, *Covenant: The History of a Biblical Idea*. Baltimore: Johns Hopkins University Press, 1969; Ernest W. NICHOLSON, *God and His People: Covenant Theology in the Old Testament*. Oxford: Clarendon, 1986; Dennis J. MCCARTHY, *Old Testament Covenant: A Survey of Current Opinions*. Richmond: John Knox, 1973; Paul Kalluveettil, *Declaration and Covenant: A Comprehensive Review of Covenant Formulae from the Old Testament and the Ancient Near East*. Roma: Biblical Institute Press, 1982; e O. Palmer ROBERTSON, *The Christ of the Covenants*. Phillipsburg: Presbyterian & Reformed, 1980.

[20] Para uma lista de características pactuais do casamento, cf. David P. GUSHEE, *Getting Marriage Right: Realistic Counsel for Saving and Strengthening Relationships*. Grand Rapids: Baker, 2004, p. 136-138, segundo o qual o casamento é uma aliança porque: (1) é um acordo no qual duas pessoas entram voluntariamente; (2) ratifica publicamente o relacionamento entre um homem e uma mulher e os sujeita a padrões objetivos e responsabilidades sociais; (3) descreve as responsabilidades mútuas e compromissos morais que ambas as partes assumem nessa nova forma de comunidade; (4) é selada por vários sinais de juramento que simbolizam publicamente e até "representam" os compromissos solenes que estão sendo assumidos; (5) é um compromisso vitalício; (6) Deus é a testemunha e o fiador das promessas desse compromisso; (7) a violação das cláusulas implica consequências graves e a observância das mesmas resulta em grandes recompensas.

[21] J. R. W. STOTT, "Marriage and Divorce", *Involvement: Social and Sexual Relationships in the Modern World*. vol. 2. Old Tappan: Revell, 1984, p. 163. Cf. HUGENBERGER, *Marriage as a Covenant*, p. 171, que define uma aliança como "um relacionamento eleito (em contraste com um natural) de compromisso sob sanção divina".

[22] Paul R. WILLIAMSON, "Covenant", T. Desmond Alexander e Brian S. Rosner, eds., *New Dictionary of Biblical Theology*. Leicester/Downers Grove: InterVarsity Press, 2000, p. 420. Cf. tb., Leslie W. POPE, "Marriage: A Study on the Covenant Relationship as Found in the Old Testament". Tese de Mestrado, Providence Theological Seminary, 1995, esp. p. 74-78; e Instone-Brewer, *Divorce and Remarriage in the Bible*, p. 15. Ele argumenta que, na linguagem contemporânea, o melhor termo para traduzir o conceito de "aliança" no Antigo Oriente Próximo é "contrato", de modo que "na Bíblia, uma 'aliança de casamento' deve ser entendida como um 'contrato de casamento'".

²³ Cf. mais detalhes adiante.

²⁴ Trataremos das implicações do conceito de casamento como aliança para a ideia de indissolubilidade da união no capítulo 11.

²⁵ INSTONE-BREWER, *Divorce and Remarriage in the Bible*, p. 17.

²⁶ P. ex., Jeremias 31.32; Ezequiel 16.8,59-62; Oseias 2.18-22; Efésios 5.22-33; cf. 1Samuel 18—20. Cf. esp. HUGENBERGER, *Marriage as a Covenant*, p. 294-312; e TARWATER, "Covenantal Nature of Marriage", p. 65-98. Com referência a Ezequiel 16, cf. Marvin H. POPE, "Mixed Marriage Metaphor in Ezekiel 16", Astrid Beck, ed., *Fortunate the Eyes That See: Essays in Honor of David Noel Freedman in Celebration of His Seventhieth Birthday*. Grand Rapids: Eerdmans, 1995, p. 384-399.

²⁷ Cf. HUGENBERGER, *Marriage as a Covenant*, p. 216-279.

²⁸ Cf. Michael V. FOX, *Proverbs 1—9*, Anchor Bible. Nova York: Doubleday, 2000, p. 120-121; e a discussão bastante detalhada em HUGENBERGER, *Marriage as a Covenant*, p.296-302.

²⁹ FOX, *Proverbs 1—9*, p. 121. Daí, em seu contexto bíblico, o conceito de aliança incluir a ideia de acordo contratual. Cf. tb. Pieter A. VERHOEF, *The Books of Haggai and Malachi*, New International Commentary on the Old Testament. Grand Rapids: Eerdmans, 1987, p. 274, que observa que o casamento pode ser considerado uma "aliança com Deus" no sentido de que é contraído em submissão à vontade revelada de Deus (Êx 20.14) e na expectativa de sua bênção (Gn 1.28); o texto de HUGENBERGER, *Marriage as a Covenant*, esp. p.27-47; e Daniel I. BLOCK, "Marriage and family in Ancient Israel", in Ken M. Campbell, ed., *Marriage and Family in the Biblical World*. Downers Grove: InterVarsity Press, 2003, p. 44, que afirma inequivocamente que "os israelitas da antiguidade consideravam o casamento um relacionamento de aliança" e cita Provérbios 2.17 e Malaquias 2.4; cf. John CALVIN, *Commentaries on the Twelve Minor Prophets: Zecharia and Malachi*, trad. John Owen. Grand Rapids: Eerdmans, 1950, 5.552-553, citado em TARWATER, "Covenantal Nature of Marriage", p. 5.

³⁰ Cf., ainda, a discussão no capítulo 11 mais adiante.

³¹ Cf. GUSHEE, *Getting Marriage Right*, segundo o qual a natureza do casamento como "aliança" deve ser enfatizada a fim de fortalecer os casamentos de hoje (apesar de ele permitir o divórcio nos casos de infidelidade, deserção e violência).

³² Cf. capítulo 11.

Os laços que unem: a família no Antigo Testamento

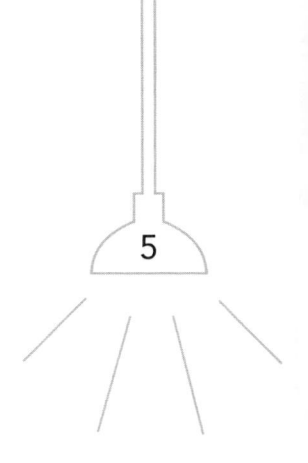

5

Agora que estudamos o plano de Deus para o casamento, é hora de voltarmos o foco para a investigação dos ensinamentos bíblicos acerca da família.¹ O que é uma família? Com base na definição dada no capítulo anterior, do casamento como vínculo sagrado entre um homem e uma mulher, instituído por Deus e firmado publicamente diante dele (ainda que o casal não reconheça isso), consumado, normalmente, pela relação sexual, podemos definir "família" como, *primeiramente, um homem e uma mulher unidos em matrimônio (salvo no caso da morte de um cônjuge), mais (em geral) filhos naturais ou adotivos e, de modo secundário, qualquer outra pessoa com parentesco consanguíneo.*² Como veremos abaixo, nos tempos bíblicos, famílias extensas viviam juntas em lares mais amplos, enquanto na cultura ocidental moderna, a unidade familiar normalmente é constituída da família nuclear (pai, mãe e filhos) dentro do mesmo lar.³

No estudo a seguir, investigaremos, em primeiro lugar, o conceito de família no antigo Israel e examinaremos os ensinamentos do Antigo Testamento sobre os papéis e responsabilidades de pais, mães e filhos. Em seguida, trataremos da importância atribuída às Escrituras hebraicas na instrução sobre Deus que é fornecida pelos pais aos filhos. No final do capítulo, extrairemos lições dos relacionamentos familiares do Antigo Testamento.

O CONCEITO DE FAMÍLIA NO ANTIGO ISRAEL

Uma vez sendo descendentes de um mesmo ancestral, os israelitas consideravam-se membros de um grupo amplo caracterizado por laços de parentesco.⁴

Quatro termos são relacionados à família no Antigo Testamento: (1) *'am* ("povo"); (2) *šēbeṭ maṭṭeh* ("tribo"); (3) *mišpāḥâ* ("clã"); e (4) *bêt 'āb* ("casa de um pai").⁵ Enquanto *'am* ("povo") se refere tipicamente à nação de Israel e *šēbeṭ maṭṭeh* ("tribo") reflete a estrutura tribal do povo como descendentes dos doze filhos de Jacó, *mišpāḥâ* ("clã") normalmente designa um subgrupo menor do que a tribo, porém maior do que a família.

A expressão mais relevante para nossos propósitos neste estudo é a quarta, *bê 'āb*, o termo hebraico para "família", (lit., "casa de um pai"; cf. p. ex., Jz 17—18). Diferente do conceito moderno de família nuclear constituída de marido, mulher e filhos, os lares israelitas antigos abrangiam um grande número de pessoas da família extensa: os filhos casados e todos os filhos e filhas solteiros, bem como servos contratados e escravos e suas respectivas famílias.

O PAPEL E AS RESPONSABILIDADES DOS PAIS

Conforme Daniel Block observa, à semelhança da maioria das culturas do Antigo Oriente Próximo, as famílias israelitas eram *patrilineares* (i.e., os descendentes oficiais eram reconhecidos por meio da linhagem do pai), *patrilocais* (i.e., as mulheres casadas se tornavam parte da família do marido) e *patriarcais* (o pai era responsável pela família).[6] Embora muitos identifiquem a estrutura familiar no antigo Israel pelo termo "patriarcado" ("governo do pai"), Block argumenta que a expressão "patricentrismo" ("centrado em torno do pai") talvez seja mais apropriada para essa forma de organização, uma vez que, primeiro, o feminismo desacreditou o patriarcado de modo definitivo, mesmo em suas formas não abusivas, ao lhe atribuir uma conotação negativa e, segundo, "patricentrismo" reflete de modo mais adequado a "disposição bíblica normativa em relação ao papel do cabeça da família em um lar de Israel".[7] Como os raios de uma roda, a vida familiar se irradiava do pai, o seu centro. A comunidade era formada em torno do pai e caracterizada por ele em todos os aspectos.[8] Além disso, embora o pai fosse, incontestavelmente, o líder do lar, o Antigo Testamento quase nunca focaliza seu poder (Gn 3.16 fala de uma subversão do exercício correto de autoridade pelo homem). Em vez de atuar como déspota ou ditador, nos lares saudáveis, o pai e marido normalmente inspirava confiança e segurança em seus membros (cf. Jó 29.12-17; Sl 68.5-6).[9] A ênfase, portanto, não era, acima de tudo, sobre o poder e os privilégios associados à posição do pai, mas sim, sobre as responsabilidades referentes à sua liderança.

Block relaciona nove responsabilidades principais do pai no antigo Israel:[10]

- ter uma vida que exemplificasse rigorosamente a fidelidade pessoal a Iavé;[11]
- liderar a família nos festivais nacionais e promover a memória da salvação;[12]
- instruir a família nas tradições do êxodo e nas Escrituras;[13]
- manejar a terra de acordo com a lei (Lv 25):
- suprir as necessidades básicas da família: alimento, abrigo, vestimentas e descanso;
- defender a família de ameaças externas (p. ex., Jz 18.21-25);
- atuar como ancião e representante da família na assembleia oficial de cidadãos (Rt 4.1-11);

- preservar o bem-estar dos membros da família e o funcionamento harmonioso da unidade familiar;
- implementar decisões tomadas pelo clã ou tribo.

Além de suas responsabilidades em relação à mulher (ou mulheres),[14] os pais também tinham obrigações para com os filhos. Conforme Block destaca, listas como a que apresentamos a seguir comprovam como é inadequado rotular de "patriarcal" o papel do pai no antigo Israel, com ênfase predominante ou mesmo exclusiva sobre o exercício (ou mesmo exercício abusivo) de autoridade.[15] As responsabilidades dos pais para com os filhos do sexo masculino incluíam:[16]

- dar nome aos filhos (juntamente com as mulheres);[17]
- consagrar os filhos primogênitos a Deus;[18]
- circuncidar os filhos no oitavo dia (Gn 17.12; 21.4; Lv 12.3);
- deleitar-se nos filhos, ter compaixão deles e amá-los;[19]
- promover o desenvolvimento espiritual dos filhos, exemplificando para eles o compromisso pessoal profundo com Deus e com as Escrituras, instruindo-os nas Escrituras e nas tradições da salvação e aliança e dando testemunho público de seu compromisso espiritual;[20]
- guardar sua própria conduta ética de modo a não envolver os filhos em pecados pessoais (Êx 20.5; Dt 5.9);
- instruir os filhos nos caminhos da sabedoria, desenvolver o caráter e as aptidões deles para a vida e uma vocação, ensiná-los a andar nos passos do pai (Pv 1—9);
- disciplinar os filhos, quando errassem, e apresentá-los aos líderes comunitários para disciplina, quando os filhos se recusassem a ser corrigidos;[21]
- administrar os negócios da família de modo criterioso, especialmente questões referentes à herança, de modo a garantir uma transição tranquila para a geração seguinte;
- arranjar o casamento dos filhos com esposas adequadas (Gn 24; Jz 14);
- antes de morrer, pronunciar bênçãos sobre os filhos (Gn 27; 48—49).

Tendo em vista a perspectiva masculina do Antigo Testamento, a lista das obrigações dos pais em relação às filhas é mais curta:[22]

- proteger a filha de "predadores" do sexo masculino para que ela se cassasse virgem e, desse modo, acrescentasse honra ao nome do pai e pureza ao marido (cf. Êx 22.16-17; Dt 22.13-21);
- arranjar o casamento da filha ao encontrar um marido adequado e tomar as devidas providências;[23]
- garantir certa medida de segurança para a filha ao lhe prover um dote (cf. Gn 29.24,29);
- proteger a filha de votos precipitados (Nm 30.2-15);

- prover segurança para a filha no caso de seu casamento não dar certo;[24]
- e, talvez, instruir as filhas nas Escrituras.[25]

O PAPEL E AS RESPONSABILIDADES DAS MÃES

O Antigo Testamento contém várias indicações da posição elevada da esposa e mãe no antigo Israel. (1) Em Gênesis 1 e 2, assim como o homem, a mulher é descrita como tendo sido criada por Deus à semelhança dele (Gn 1.27); (2) Gênesis diz que homem e mulher têm a responsabilidade conjunta de sujeitar a terra e cultivá-la (1.28); (3) a mulher é colocada ao lado do homem como sua "ajudadora adequada", e não como serva ou escrava (2.18,20); (4) o fato de a mulher ter sido criada da costela do homem também transmite a ideia de que ela é próxima e querida de seu coração (2.22); (5) em hebraico, o nome da mulher a designa como correlata do homem (2.23); e (6) a união em uma só carne de marido e mulher também destaca sua proximidade e intimidade (2.24-25). Ao mesmo tempo, fica claro que a esposa e mãe era funcionalmente subordinada ao marido e cabeça masculino da família.[26]

Block apresenta as seguintes evidências da dignidade da esposa e mãe e de sua influência dentro da família no antigo Israel:[27]

- homens e mulheres se relacionavam uns com os outros de modo complementar durante o namoro e, uma vez casados, na vida sexual (Cântico dos Cânticos);
- esposas e mães muitas vezes davam nome aos filhos;[28]
- de acordo com o quinto mandamento, os filhos devem honrar pai *e mãe*;[29]
- quando a virgindade da filha era questionada por ocasião do casamento dela, tanto o pai quanto a mãe se manifestavam em sua defesa;
- a literatura sapiencial do Antigo Testamento apresenta, com frequência, a sabedoria da mãe na instrução dos filhos em paralelo com a sabedoria do pai (Pv 1.8; 6.20); [30]
- a mulher virtuosa em Provérbios 31 é cheia de iniciativa, criatividade e energia; embora seja subordinada ao marido, não é subserviente a ele;
- as mulheres muitas vezes exercem grande influência (positiva ou negativa) sobre os maridos;[31]
- apesar de serem excluídas de papéis de liderança oficial na comunidade, ocasionalmente, quando necessário, eram nomeadas para funções proféticas e participavam de assuntos religiosos.[32]

As principais ameaças à segurança da mulher no antigo Israel eram a poligamia, o divórcio e a viuvez.[33] Embora seja comum dizer que as mulheres no antigo Israel não tinham nenhum status legal e eram tratadas como propriedade legal do pai e, posteriormente, do marido, Daniel Block argumenta de modo persuasivo que, na verdade, não era esse o caso. Como resultado de uma investigação minuciosa, Block conclui:

> [...] considerar as mulheres no antigo Israel como um bem pessoal dos maridos e pais corresponde a cometer a falácia fundamental de não distinguir entre autoridade e posse, dependência legal e servidão, subordinação e domínio. É impossível negar a cosmovisão patricêntrica que permeia de forma contínua e inequívoca os autores bíblicos, mas isso não significa que as pessoas sob a autoridade masculina fossem consideradas sua propriedade. Pelo contrário, de acordo com o radical ideal bíblico de liderança por meio do serviço, maridos e pais deviam exercer autoridade visando o bem-estar da família.[34]

As responsabilidades da mãe para com os filhos são devidamente resumidas em Provérbios 31: prover alimento, vestimentas e abrigo.[35] Depois do parto, a mãe cortava o cordão umbilical, banhava o bebê e o embrulhava em um pano (cf. Ez 16.3-4). Durante a primeira década da vida da criança, ela era a preocupação central da mãe. Uma vez que no antigo Israel o lar era o principal âmbito de ensino, o exemplo e as instruções da mãe eram fundamentais. Quando os filhos chegavam à adolescência, passavam cada vez mais tempo com o pai, o que não significava que a mãe deixava de exercer influência. As mães também treinavam as filhas para seus futuros papéis de esposa e mãe. Essa instrução era ainda mais importante, pois, quando se casavam, as filhas deixavam a casa do pai e se tornavam parte da família do marido. Não obstante, as mães continuavam a acompanhar a vida das filhas e a poder testemunhar o nascimento dos netos, o que era considerado uma bênção e prazer especial (p. ex., Rt 4.14-16). As mães também eram responsáveis pelos servos e escravos domésticos.[36]

Procriação

A procriação era considerada parte do plano de Deus para o casamento.[37] Conforme o Criador dissera ao primeiro casal humano no início: "Frutificai e multiplicai-vos; enchei a terra" (Gn 1.28. cf. 9.1,7; 35.11). Apesar de serem, originalmente, dois indivíduos, marido e mulher se tornam "uma só carne" (2.24) em sua união conjugal, cuja expressão visível se dá sob a forma dos filhos que resultam dessa união. Consequentemente, no tempo do Antigo Testamento, a esterilidade costumava ser vista como fruto de desfavor divino (p. ex., Gn 29.31), enquanto os filhos eram considerados dádivas e bênçãos de Deus (p. ex., 13.16; 15.1-6; Êx 23.25-26; Sl 127.3-5; 128.3-6).[38] O clamor de Raquel a Jacó é sintomático: "Dá-me filhos, senão morrerei" (Gn 30.1; cf. 30.22-23; cf. tb. a situação aflitiva de Sara em Gn 16; de Ana em 1Sm 1; e de Isabel em Lc 1.25; cf. Lc 1.6-7). Sem discriminar casais sem filhos, no Antigo Testamento a expectativa geral para um homem e uma mulher criados por Deus é, portanto, que se casem e tenham filhos.[39]

O PAPEL E AS RESPONSABILIDADES DOS FILHOS

Os termos mais comuns para filhos no Antigo Testamento são *bēn* ("filho"), *bat* ("filha"), *yeled* ("feto, criança do sexo masculino, jovem"), *yaldâ* ("criança do sexo feminino") e *zera'* ("semente"). As Escrituras hebraicas também trazem vários termos que se referem aos diferentes estágios da infância (inclusive palavras para aqueles que ainda não nasceram, recém-nascidos, bebês, crianças pequenas, crianças que ainda mamam e que já foram desmamadas), e que dizem respeito ao início da vida adulta (inclusive termos para adolescentes, bem como moças em idade de ser mãe e rapazes, estes últimos, especialmente em Provérbios).[40] Considerava-se que a infância se estendia desde o primeiro mês até os cinco anos e a juventude, dos cinco aos vinte anos (Lv 27.1-7).[41]

A alta consideração que se tinha pelas crianças no antigo Israel (como se vê no amplo vocabulário usado para crianças e jovens) pode ser atribuída a vários fatores e convicções:[42] (1) a crença de que todo ser humano é criado à imagem de Deus (Gn 1.27; Sl 8); (2) o conceito de que os filhos garantem a perpetuação da humanidade e o cumprimento da ordem divina para sujeitar e cultivar a terra (Gn 1.26; 5; 9.18-19); (3) a ideia de que a concepção de filhos era, em última análise, produto de ação divina e, portanto, sinal do favor de Deus (com o corolário de que a esterilidade era sinal do desfavor divino);[43] (4) valorização dos filhos como recurso econômico importante; (5) a ideia de que, em certo sentido, os pais continuavam a viver nos filhos e por meio deles (daí, "eliminar a descendência" e "apagar o nome" de alguém serem os piores destinos possíveis para essa pessoa; cf. 1Sm 24.21; 2Sm 14.7; Sl 37.28; Is 14.20-21).

O primogênito (*bĕkōr*) era tido em estima particularmente alta em sua condição de herdeiro privilegiado.[44] Os filhos primogênitos do sexo masculino pertenciam reconhecidamente a Deus e eram consagrados a ele em uma cerimônia especial. A circuncisão era outro rito religioso extremamente importante e servia de sinal da aliança. Era realizada em meninos no oitavo dia depois do nascimento (Gn 17). Além desses dois ritos, não havia mais cerimônias padronizadas para marcar acontecimentos na vida das crianças em Israel. O livro de Provérbios oferece uma visão fascinante da instrução de rapazes na sabedoria e prudência e será tema de uma seção separada abaixo.

A primeira e principal responsabilidade das crianças e jovens era respeitar os pais. A importância dessa obrigação era ressaltada de várias maneiras:[45]

- palavras que denotam respeito pelos pais são usadas, em outras passagens, para indicar reverência a Deus;[46]
- o respeito pelos pais é um princípio constitutivo de Israel como nação e o primeiro dos princípios horizontais da aliança mencionado nos Dez Mandamentos (Êx 20.12; Dt 5.16);
- a ordem para honrar os pais implica respeito tanto pelo pai quanto pela mãe;[47]

- a ordem não tem qualificações, limitações ou término;
- o respeito pelos pais é acompanhado da promessa de bênção divina e vida longa (cf. Ef 6.1-3);
- no Código Levítico de Santidade, a ordem para honrar os pais é de extrema importância;
- de acordo com a legislação posterior, tratar os pais com desprezo era uma ofensa passível da pena de morte;
- Ezequiel cita o desrespeito pelos pais como um dos motivos para a queda de Jerusalém e destruição do templo em 586 a.C.

Outra área de responsabilidades dos filhos no antigo Israel era ajudar de várias maneiras dentro e ao redor da casa dos pais, assim que tivessem idade para fazê-lo. Block fornece um bom esboço das formas como essas atividades costumavam ser realizadas:

> Meninos e meninas de cinco e seis anos começavam colhendo vegetais, juntando lenha e fazendo a limpeza depois da refeição. Quando os filhos chegavam à adolescência, a família organizava as tarefas de acordo com o sexo e incumbia os meninos do trabalho que exigia mais força física e envolvia mais perigo (caçar, manejar os rebanhos, abater bois e ovelhas) e treinava as meninas nas aptidões específicas necessárias para administrar uma casa (colher alimentos da horta, preparar a comida, fiar, tecer vestimentas e cuidar de bebês; cf. Pv 31.10-31).[48]
>
> Com o tempo, os filhos recebiam outras responsabilidades como guardar a integridade genealógica da família por meio do "casamento de levirato", a união entre uma viúva cujo marido havia falecido sem deixar descendentes e o irmão do falecido (i.e., esperava-se que o irmão de um homem falecido se casasse com a viúva dele; Dt 25.5-10). Além disso, os filhos eram responsáveis por suprir as necessidades dos pais na velhice, um dos motivos pelos quais a ausência de filhos causava ansiedade considerável. Ademais, os mais jovens deviam demonstrar respeito por outros adultos mais velhos, além de seus pais e avós.[49]

A IMPORTÂNCIA DE ENSINAR OS FILHOS SOBRE DEUS

A Transmissão da mensagem (Pentateuco, livros históricos, Salmos)

Antes de entrar na terra prometida, os israelitas foram lembrados da revelação de Deus a eles depois de deixarem o Egito e iniciarem o êxodo. Essa lembrança abrangia a lei (Dt 4.1-14; esp. v. 9), inclusive os Dez Mandamentos (Dt 5.6-21); o Shema ("Ouve, ó Israel: o SENHOR, nosso Deus, é o único SENHOR"; Dt 6.4); e o maior de todos os mandamentos: "Amarás o SENHOR, teu Deus, de todo o teu coração, com toda a tua alma e com todas as tuas forças" (Dt 6.5).⁵⁰ Em seguida, os israelitas receberam a seguinte incumbência:

> E estas palavras, que hoje te ordeno, estarão no teu coração; e as ensinarás a teus filhos e delas falarás sentado em casa e andando pelo caminho, ao deitar-te e ao levantar-te. Também as amarrarás como sinal na mão e como faixa na testa; e as escreverás nos batentes da tua casa e nas tuas portas (Dt 6.6-9; cf. 4.9).

Uma vez na terra prometida, os israelitas não deviam se esquecer do Senhor que os havia livrado da escravidão no Egito. Não deviam pôr Deus à prova e deviam guardar com cuidado os seus mandamentos e fazer "o que é justo e bom aos olhos do Senhor" para viverem bem (Dt 6.12,16-18). E, "quando teu filho te perguntar: Que significam os testemunhos, estatutos e preceitos que o Senhor, nosso Deus, vos ordenou?", os israelitas deviam dar testemunho do livramento e revelação de Deus (Dt 6.20-25). Essas palavras repetem a instrução anterior de Moisés depois da instituição da Páscoa no êxodo, ocasião em que os israelitas receberam ordem de transmitir aos filhos a mensagem do livramento divino de sua nação (Êx 13.14). Depois de atravessar o rio Jordão, Josué demonstra preocupação semelhante em transmitir a importância dos atos de Deus para as gerações subsequentes: "Quando vossos filhos no futuro perguntarem: Que significam estas pedras?, direis a eles que as águas do Jordão foram interrompidas diante da arca da aliança do Senhor; quando ela passou pelo Jordão, as águas foram interrompidas; e estas pedras serão para sempre um memorial aos israelitas" (Js 4.6-7; cf. 4.21-22).

O salmista também ressalta a importância de ensinar os filhos sobre Deus. Promete que não encobrirá deles aquilo que Deus fez em eras passadas, mas contará "às gerações vindouras sobre os louvores do Senhor, seu poder e as maravilhas que tem feito" (Sl 78.4). Falará dos preceitos da lei que Deus ordenou "aos nossos pais que os ensinassem a seus filhos; para que a futura geração os conhecesse, para que os filhos que nasceriam se levantassem e os contassem a seus filhos, a fim de que pusessem sua confiança em Deus e não se esquecessem das suas obras, mas guardassem seus mandamentos; e que não fossem como seus pais, geração teimosa e rebelde, geração inconstante, cujo espírito não foi fiel para com Deus" (Sl 75.5-8). De geração em geração, os caminhos e a vontade de Deus devem ser transmitidos aos filhos para que aprendam com os pecados de seus pais e para que o Senhor seja conhecido como Deus poderoso e glorioso.

Ao longo do Pentateuco, dos livros históricos do Antigo Testamento e dos salmos, encontramos a consciência de que pais e mães (especialmente pais) devem transmitir sua herança religiosa aos filhos. A vontade manifesta de Deus para o povo de Israel ainda é a vontade de Deus para o povo da igreja nos dias de hoje. Os pais cristãos têm a incumbência e séria obrigação de transmitir sua herança religiosa aos filhos.⁵¹ Essa herança gira em torno da experiência pessoal de livramento divino do pecado, da revelação de Deus em Jesus Cristo e da morte de Cristo por nós na cruz. Os pais cristãos devem aproveitar todas as oportunidades de tratar com seus filhos dessas questões fundamentais e passar a eles gratidão pessoal por aquilo que Deus fez. Ainda que a criança tenha professores de escola dominical e outros mestres importantes em sua vida, os pais não devem jamais se esquivar da responsabilidade que receberam de Deus de ser a fonte principal de instrução religiosa dos filhos.[52]

Instruir a criança (Provérbios)

Talvez o melhor resumo dos ensinamentos de Provérbios a respeito da educação dos filhos seja o versículo conhecido: "Instrui a criança no caminho em que deve andar, e mesmo quando envelhecer não se desviará dele" (Pv 22.6). Embora não se deva considerar esse versículo uma promessa divina, ele é produto de observação perspicaz e sensata daquilo que normalmente acontece na vida e deve ser levado a sério.[53] Em última análise, porém, os filhos terão de tomar suas próprias decisões a respeito do caminho que desejam seguir. O mais provável é que, na vida adulta, os filhos se mostrem propensos a escolher o caminho que lhes foi apontado quando eram crianças. Por isso a disciplina e instrução proporcionadas pelos pais são tão importantes e a obediência e respeito pela autoridade deve ser incutida na criança na fase de formação.[54]

De acordo com Provérbios, o *propósito* da instrução oferecida pelos pais é *inculcar sabedoria e temor do SENHOR* (que é o princípio da sabedoria; Pv 1.7) em seus filhos e filhas.[55] Filhos sábios proporcionam grande satisfação e alegria aos pais (Pv 23.24-25; 29.3,17), enquanto filhos insensatos causam tristeza (10.1), vergonha (28.7) e, em alguns casos, ruína para os pais (19.13). Em última análise, os jovens precisam escolher entre dois caminhos: o da sabedoria ou o da insensatez. As crianças são *simples* por natureza e precisam de instrução (1.22). São ingênuas, crédulas e desprovidas de entendimento (14.15), o que as torna vulneráveis a influências impróprias, caso seu caráter não seja treinado (9.16). A menos que haja correção, aquilo que começa como simplicidade ingênua pode se transformar em insensatez consumada (14.18), o que pode ser evitado pela devida instrução na sabedoria bíblica.

O *valor da sabedoria* é múltiplo e quem instrui os filhos na sabedoria lhes dá vida. A sabedoria salva os rapazes dos ardis da adúltera (Pv 2.16-19; 5; 6.20-35; 7; 22.14; 23.26-28; 31.3). Também leva os jovens a se sujeitarem à disciplina e correção dos pais (3.11-12, citado em Hb 12.5-6; Pv 15.32. 23.13-14). Na verdade, a sabedoria, que faz parte do próprio tecido da criação (Pv 8.22-31), é a própria vida deles (4.13); ou seja, a sabedoria não é apenas um estado mental, mas sim, proteção real do perigo ou mesmo da morte. Em essência, os filhos precisam ser ensinados pelos pais a confiar no Senhor de todo coração, reconhecê-lo em todos os seus caminhos e não se apoiar no próprio entendimento nem imitar modelos ou assimilar influências erradas (3.5-6).

Por meio do exemplo e da instrução explícita, os pais devem ensinar às crianças e aos jovens uma grande variedade de atributos positivos:[56]

- diligência e dedicação (Pv 6.6-11; 11.27; 12.24; 13.4; 15.19; 18.9; 19.24; 20.4,13; 21.5; 22.13; 26.13-16);
- justiça (11.1; 16.11; 17.23; 20.10,23; 31.8-9);
- bondade (11.17);
- generosidade (11.24; 19.6);
- domínio próprio, especialmente no modo de falar (12.18; 13.3; 21.23) e reagir (14.17,29; 15.18; 16.32; 19.11; cf. tb. 25.28);
- retidão (12.21,28; 14.34);
- veracidade e honestidade (12.22; 16.13; 24.26);
- discernimento na escolha de amigos (13.20; 18.24) e especialmente do cônjuge (18.22; 31.10-31);
- cautela e prudência (14.16; 27.12);
- brandura (15.1,4);
- contentamento (15.16-17; 16.8; 17.1);
- integridade de caráter (15.27; 28.18);
- humildade (16.19; 18.12; 22.4);
- amabilidade (16.24);
- franqueza (em lugar de dissimulação; 16.30; 17.20);
- comedimento (17.14,27-28; 18.6-7; 29.20);
- fidelidade nas amizades (17.17) e em outras áreas (28.20);
- pureza (20.9; 22.11);
- busca intensa por aquilo que é bom e certo (20.29);
- aptidão no trabalho (22.29);
- paciência (25.15).

Em termos negativos, é responsabilidade dos pais ensinar os filhos a se absterem de um estilo de vida hedonista (Pv 21.17), em particular, a não participar de farras, glutonaria e bebedeira (23.20-21; 28.7). Devem ensinar crianças e jovens a não serem arrogantes nem fúteis (21.24). Para esse fim, cabe aos pais aplicar a disciplina apropriada, à qual os filhos devem se sujeitar: "Meu filho, não rejeites a disciplina do Senhor, nem te canses da sua repreensão; porque o Senhor repreende a quem ama, assim como o pai repreende o filho a quem quer bem" (3.11-12; cf. 13.1). Isso inclui a disciplina física: "Odeia seu filho quem o poupa da vara, mas quem o ama o castiga no tempo certo" (13.24; cf. 22.15; 23.13-14). Quando o filho tem permissão de fazer o que bem entender, o único resultado previsível é vergonha (29.15). Hoje em dia, há quem considere a disciplina física "extremamente preocupante" (ou ainda, "pedagogia nociva").[57] Mas o livro bíblico inspirado de Provérbios apresenta a disciplina (inclusive física) como parte da sabedoria e, portanto, os pais cristãos de hoje não devem ser impedidos de usá-la.[58]

Lições de relacionamentos familiares do Antigo Testamento

Como mencionamos anteriormente, as Escrituras estão repletas de exemplos de boa (e má) educação dos filhos. Todas essas coisas também "aconteceram como exemplo para nós" aprendermos com elas (cf. 1Co 10.6). Pensamos em Rebeca, esposa de Isaque, que favoreceu o segundo filho, Jacó, em detrimento do primeiro filho, Esaú, e providenciou para que Jacó, e não Esaú, recebesse a bênção patriarcal (Gn 27). Pensamos em Ana, mãe do profeta Samuel, que pediu um filho a Deus e, uma vez que sua oração foi respondida, consagrou-o ao Senhor (1Sm 1). No contexto histórico-salvífico, a oração de exultação de Ana (1Sm 2.1-10) é o antecedente do *Magnificat* de Maria, proferidos respectivamente antes do nascimento de João Batista e Jesus (Lc 1.46-56).

No contexto imediatamente subsequente, a piedade de Ana e o serviço de Samuel ao Senhor junto do sacerdote Eli são contrastados com o comportamento dos filhos perversos de Eli que "desprezavam a oferta do Senhor" (1Sm 2.17), situação que levou a casa de Eli a ser rejeitada por Deus. A tentativa de Eli de confrontar os filhos é tristemente débil: "Então lhes disse: Por que fazeis isso? Tenho ouvido de todo este povo sobre o vosso mau procedimento. Não, meus filhos, os comentários que ouço se espalhando entre o povo do Senhor não são bons" (1Sm 2.23-24). O texto inspirado prossegue: "Mas eles não ouviram a voz do pai, pois o Senhor queria matá-los" (2.25*b*). Em outra antevisão tipológica de Jesus, Samuel, em contrapartida, "crescia diante do Senhor" (2.21; cf. Lc 2.52: "Jesus crescia em sabedoria, em estatura e em graça diante de Deus e dos homens").

O oposto, isto é, a possibilidade de pais ruins terem, às vezes, filhos excelentes, é algo corroborado por Jônatas, filho de Saul. Jônatas amava Davi como se fosse seu próprio irmão apesar de Saul, movido por inveja, ter procurado repetidamente matar Davi (1Sm 20).

Os filhos de Davi, por sua vez, lhe causaram muita tristeza. Amnom violentou a meia-irmã, Tamar (2Sm 13.1-22); Absalão, outro filho de Davi, assassinou seu meio-irmão, Amnom (13.23-33) e liderou uma conspiração contra o pai, obrigando Davi a fugir de Jerusalém (2Sm 15). Tempos depois, Absalão foi morto e, apesar do desgosto que esse filho havia causado, Davi ficou desconsolado quando soube de sua morte: "Meu filho Absalão, meu filho, meu filho Absalão! Quem me dera que eu morrera por ti, Absalão, meu filho, meu filho!" (2Sm 18.33).

Posteriormente, Adonias, outro filho de Davi, tentou usurpar o trono e o autor sagrado acrescenta o seguinte veredicto devastador: "Seu pai [Davi] nunca o havia contrariado, dizendo: Por que fizeste assim?" (1Rs 6*a*). Ocupado com os assuntos do reino e com a "obra de Deus", Davi não responsabilizou seus filhos nem os disciplinou corretamente. Não é de admirar que, na idade adulta, não conhecessem seus limites e se rebelassem contra a autoridade! Se os filhos tiverem permissão de fazer como bem entenderem, voltarão para assombrar os pais negligentes. Pode levar algum tempo para os erros dos pais se tornarem aparentes, mas, também nesse caso, vale o princípio de que as pessoas colhem aquilo que plantam (Gl 6.7). O padrão continuou com Roboão, filho de Salomão, que se mostrou insensato quando deu ouvidos aos conselhos de seus amigos jovens, em vez de atentar para os conselhos dos mais velhos e respondeu rispidamente ao povo de Israel, uma atitude que resultou de imediato na perda de seu domínio sobre dez das doze tribos (1Rs 12.1-24).

Conclusão

Neste capítulo, estudamos em mais detalhes os filhos e sua educação pelos pais no Antigo Testamento. Primeiro, vimos o conceito de família no antigo Israel e os papéis e responsabilidades de pais, mães e filhos. Em seguida, focalizamos passagens do Antigo Testamento, como Deuteronômio 6.4-9, que ressaltam a importância de ensinar os filhos a respeito de Deus. Identificamos o livro de Provérbios como recurso indispensável para a instrução dos filhos nos caminhos de Deus, uma tarefa que inclui a aplicação de disciplina. Nosso levantamento final dos relacionamentos nas famílias do Antigo Testamento resultou em várias lições importantes extraídas da vida de pessoas como Ana, Davi e Salomão.

Notas

[1] Para um estudo histórico sobre a criança no pensamento cristão (especialmente o texto "The Least and the Greatest: Children in the New Testament", Judith M. GUNDRY-VOLF, p. 29-60), cf. Marcia J. Bunge, ed., *The Child in Christian Thought*. Grand Rapids: Eerdmans, 2001. Para um estudo dos ensinamentos bíblicos sobre pais e filhos, cf. Charles H. H. SCOBIE, *The Ways of Our God: An Approach to Biblical Theology*. Grand Rapids/Cambridge: Eerdmans, 2003, p. 808-809, 841-842. Embora no capítulo anterior tenhamos adotado um conceito de casamento como aliança, não há, necessariamente, uma ligação entre considerar o casamento uma aliança e falar de "famílias da aliança". Esse último conceito é baseado na teologia da aliança e enfatiza a continuidade entre as alianças bíblicas. Cf. R. C. SPROUL JR., *Bound for Glory: God's Promise for Your Family*. Wheaton; Crossway, 2003; Gregg Strawbridge, ed., *The Case for Covenantal Infant Baptism*. Phillipsburg: Presbyterian & Reformed, 2003.

[2] Isso exclui a coabitação, bem como o casamento ou a parceria doméstica de indivíduos do mesmo sexo. Cf. George Rekers, presid., *The Christian World View of the Family*. Sunnyvale: The Coalition on Revival, 1989, p. 6: "Declaramos que a definição bíblica de família é a família nuclear formada por um casal heterossexual casado com seus filhos naturais ou adotivos, juntamente com ramos familiares constituídos de todas as famílias nucleares descendentes de antepassados comuns" (publicado em http://www.reformation.net/COR/cordocs/family.pdf). Em oposição a Diana S. Richmond Garland e Diane L. Pancoast, eds., *The Church's Ministry with Families: A Practical Guide*. Dallas: Word, 1990), p. 9-12, 235-239, texto que considera inadequadas definições como "pais e seus filhos" ou "pessoas aparentadas por sangue ou casamento" e propõe, no lugar delas, um "modelo ecológico" (seguindo HARTMAN e LAIRD) centrado no suprimento de necessidades biológicas, sociais e psicológicas dos indivíduos envolvidos em um ambiente de comum acordo, caracterizado

por valores compartilhados e coesão ou proximidade. Apresentamos uma crítica a esse modelo no capítulo 3.

³ É claro que, em termos espirituais, todos os cristãos são adotados na família de Deus e são irmãos e irmãs em Cristo.

⁴ Cf. Daniel I. BLOCK, "Marriage and Family in Ancient Israel", Ken M. Campbell, ed., *Marriage and Family in the Biblical World*. Downers Grove: InterVarsity Press, 2003, p. 35, ao qual devemos a discussão a seguir. Cf., do mesmo autor, "The Foundations of National Identity: A Study in Near Eastern Perceptions", dissertação de Ph.D., University of Liverpool, 1983.

⁵ Cf. BLOCK, "Marriage and Family in Ancient Israel", p. 35-40. Para ilustração dessa estrutura familiar, cf. Josué 7.16-26 e Juízes 6—8.

⁶ BLOCK, "Marriage and Family in Ancient Israel", p. 40. A discussão a seguir segue a linha esboçada por Block em seu texto.

⁷ BLOCK, "Marriage and Family in Ancient Israel", p. 41.

⁸ Cf. o quadro em BLOCK, "Marriage and Family in Ancient Israel", p. 42.

⁹ Cf., ainda, a discussão e os exemplos adicionais em BLOCK, "Marriage and Family in Ancient Israel", p. 43, n. 41.

¹⁰ BLOCK, "Marriage and Family in Ancient Israel", p. 47.

¹¹ Cf. os exemplos de Noé (Gn 6.9), Abraão (Gn 17.1-7; 26.5), Josué (Js 24.15) e Ezequias (2Rs 18.3). Cf. tb. Deuteronômio 6.4-9, passagem da qual trataremos em mais detalhes na discussão abaixo, e o exemplo de Boaz mesmo antes de se casar (Rt 2.12).

¹² Os festivais incluíam a Páscoa (Êx 12.1-20), a Festa das Semanas (Dt 16.9-12) e a Festa dos Tabernáculos (Dt 16.13-17).

¹³ Cf. Deuteronômio 6.4-9, 20-25; 11.18-25.

¹⁴ Cf. capítulo 2.

¹⁵ BLOCK, "Marriage and Family in Ancient Israel", p. 54.

¹⁶ BLOCK, "Marriage and Family in Ancient Israel", p. 53-54.

¹⁷ P. ex., Gênesis 16.15; 17.19; Êxodo 2.22; 2Samuel 12.24; Oseias 1.4.

¹⁸ Cf. Êxodo 13.2,12-15; 22.29; 34.1-20; Números 3.11-13; 8.16-18; 18.15.

¹⁹ P. ex., Salmos 103.13; Provérbios 3.12; 13.24; Oseias 11.1-4.

²⁰ Cf. Êxodo 12.24; 13.8; Deuteronômio 6.7-9,20-25. Com respeito às responsabilidades catequéticas e didáticas dos pais, cf. Christopher J. H. WRIGHT, *God's People in God's Land: Family, Land, and Property in the Old Testament*. Grand Rapids: Eerdmans, 1990, p. 81-84.

²¹ Cf. Deuteronômio 8.5; 2Samuel 7.14; Provérbios 13.24; 19.18; 22.15; 23.13-14. Cf., ainda, a discussão abaixo e a seção especial no capítulo 8 sobre disciplina aplicada pelos pais.

²² BLOCK, "Marriage and Family in Ancient Israel", p. 54-55.

²³ BLOCK, "Marriage and Family in Ancient Israel", p. 56-58.

²⁴ Cf. a discussão em BLOCK, "Marriage and Family in Ancient Israel", p. 55, n. 102.

²⁵ Conforme Daniel BLOCK observa em correspondência particular datada de 26 de maio, 2004, podemos extrapolar que, tendo em vista a leitura da Torá acontecer na presença de todos, isto é, homens, mulheres e crianças (Dt 31.9-31; Ne 8.3), todos deviam ser conscientizados da revelação de Deus de acordo com sua aliança. Ademais, *banim* (traduzido com frequência como um termo específico para filhos do sexo masculino) talvez seja usado de forma inclusiva, para crianças em geral em Deuteronômio 6.7. Provérbios 1.8 insta os filhos de um modo geral a ouvirem a instrução do pai e da mãe; parece razoável inferir que as filhas também recebiam instrução dos pais. Por fim, é possível que

Provérbios 31.10-31 seja derivado de algum tipo de catecismo acróstico doméstico, talvez usado pelas mães para ensinar suas filhas, embora, nesse caso, fosse principalmente de caráter prático e doméstico, e não teológico e bíblico.

[26] Cf. BLOCK, "Marriage and Family in Ancient Israel", p. 65; cf. tb. idem, p. 66, para uma lista de "sinais claros da ordem funcional" no relacionamento entre homem e mulher, conforme Gênesis 1 e 2.

[27] BLOCK, "Marriage and Family in Ancient Israel", p. 66-68.

[28] Gênesis 29.31; 30.6; 35.18; 38.28; Juízes 13.24; 1Samuel 1.20; 4.20; Isaías 7.14. BLOCK, "Marriage and Family in Ancient Israel", p. 67, n. 153, observa que, dos quarenta e seis casos registrados em que os pais dão nome aos filhos no Antigo Testamento, em vinte e oito, o nome é dado pela mãe.

[29] Êxodo 20.12; Deuteronômio 5.16; a ordem é invertida em Levítico 19.3.

[30] As mães (bem como as avós) também desempenhavam um papel importante no ensino das Escrituras aos filhos, especialmente quando o pai não era fiel a Deus. O exemplo mais conhecido do Novo Testamento provavelmente é Timóteo, que foi educado na fé pela mãe, Eunice, e pela avó, Lóide (2Tm 1.5; 2Tm 3.14-15; At 16.1).

[31] Para exemplos, cf. BLOCK, "Marriage and Family in Ancient Israel", p. 67, n. 157.

[32] Cf. a discussão detalhada em BLOCK, "Marriage and Family in Ancient Israel", p. 68, n. 159, 160 e 161.

[33] Com referência à poligamia, cf. BLOCK, "Marriage and Family in Ancient Israel", p. 69-70; idem, p. 49-50 para divórcio e idem, p. 71-72 para viuvez.

[34] BLOCK, "Marriage and Family in Ancient Israel", p.64-65 (com notas de rodapé que refutam a tentativa da feminista Phyllis Trible de "redimir Gênesis 1—3 de seu ponto de vista patriarcal e machista" e que demonstram a liderança com base no serviço no caso de reis, juízes, sacerdotes e profetas do período veterotestamentário). Cf. a discussão em idem, 61-64.

[35] BLOCK, "Marriage and Family in Ancient Israel", p. 73-77 e abaixo.

[36] BLOCK, "Marriage and Family in Ancient Israel", p. 77-78.

[37] Para uma discussão sobre as atitudes rabínicas com respeito à procriação, inclusive com referências, cf. Craig S. KEENER, "Marriage", Craig A. Evans e Stanley E. Porter, eds., *Dictionary of New Testament Background*. Downers Grove: InterVarsity Press, 2000, p. 681. Conforme Keener observa, os rabinos exigiam que os maridos se divorciassem das esposas que, depois de um período de teste, se mostrassem incapazes de gerar filhos (*m. Yeban* 6:6). Para um estudo resumido do contexto judaico e veterotestamentário, cf. GUNDRY-WOLF, "Least and Greatest", p. 34-36.

[38] No mundo antigo, um mundo em que não havia sistemas de previdência pública e planos de saúde, os filhos também eram uma necessidade econômica para as mulheres. Com referência à esterilidade na Bíblia, cf. Judith BASKIN, "Rabbinic Reflections on the Barren Wife", *Harvard Theological Review* 82, 1989, p. 101-114; Mary CALLAWAY, *Sing, O Barren One: A Study in Comparative Midrash*, SBL Dissertation Series 91. Atlanta: Scholar Press, 1986; David DAUBE, *The Duty of Proceation*. Edimburgo: Edinburgh University Press, 1977; e John VAN SETERS, "The Problem of Childlessness in Near Eastern Law and Patriarchs of Israel", *Journal of Biblical Literature* 87, 1968, p. 401-408.

[39] Em oposição a Gerald LOUGHLIN, "The Want of Family in Postmodernity", Stephen C. Barton, ed., *The Family in Theological Perspective*. Edimburgo: T & T Clark, 1996, p. 323. Loughlin argumenta que "a procriação, ainda que natural, não é parte essencial do casamento" (citando Karl BARTH, *Church Dogmatics*. Edimburgo: T & T Clark, 1961, vol. 3, parte 4, p. 266). Em oposição ao comentário de que casais casados precisam de um bom motivo para não ter filhos, Loughlin escreve: "Pelo contrário, casais cristãos precisam de um bom motivo *para ter* filhos, uma vez que a fé no Cristo ressurreto os liberta da necessidade de se reproduzirem [...]", p. 323, n. 48. Não há nenhuma

evidência nas Escrituras, porém, de que Cristo "liberta" os cristãos da "necessidade de se reproduzirem" (uma frase potencialmente enganosa). É inapropriado gerar dicotomia entre a ordem criada por Deus e a vida em Cristo. Os ensinamentos de Paulo acerca do casamento e da educação dos filhos em Efésios 5, e suas qualificações para os líderes da igreja em 1Timóteo 3 e Tito 1, por exemplo, (re)afirmam claramente o casamento e os filhos como a norma geral para os cristãos (cf. tb., 1Tm 2.15; 4.3; etc.).

[40] Cf. BLOCK, "Marriage and Family in Ancient Israel",p. 89-90.

[41] Para uma discussão detalhada e uma lista de termos, cf. BLOCK, "Marriage and Family in Ancient Israel", p. 79-80.

[42] Cf. BLOCK, "Marriage and Family in Ancient Israel", p. 80-82.

[43] Para referências bíblicas, cf. BLOCK, "Marriage and Family in Ancient Israel", p. 80, n. 212 e 213.

[44] Cf. a discussão extensa em BLOCK, "Marriage and Family in Ancient Israel", p. 82-85.

[45] Cf. BLOCK, "Marriage and Family in Ancient Israel", p. 92-94.

[46] Para referências bíblicas, cf. BLOCK, "Marriage and Family in Ancient Israel", p. 92, n. 278 e 279.

[47] Observe que Levítico 19.3 até menciona as mães antes dos pais, fato que não passou despercebido pelos rabinos judaicos posteriores. Cf. referências em Craig S. KEENER, "Family and Household", in *Dictionary of New Testament Background*, p. 355. O Novo Testamento deixa claro que essa ordem também inclui as viúvas (1Tm 5.4,8).

[48] BLOCK, "Marriage and Family in Ancient Israel", p. 93.

[49] Não incluiremos uma discussão longa sobre avós e seu papel e responsabilidades neste capítulo (nem nesta obra), uma vez que, por vários motivos, as Escrituras fornecem pouco conteúdo a esse respeito. Uma das principais diferenças entre o contexto antigo e o contemporâneo é que, ao contrário de grande parte da sociedade ocidental de hoje, nos tempos bíblicos os avós moravam junto com os filhos e netos em uma família mais ampla e, portanto, faziam parte da vida quotidiana (p. ex., Gn 31.55; 45.10; 46.7; Êx 10.2; cf. Jz 12.14; 1Cr 8.40), enquanto, hoje em dia, costumam constituir um lar separado e, com frequência, distante da família nuclear. Não obstante, os avós fazem parte da "família", um vínculo que deve ser cultivado sempre que possível. Em uma das poucas referências do Novo Testamento aos avós, Paulo insta filhos e netos a cuidarem das mães e avós viúvas (1Tm 5.4). Também observa a influência positiva de Lóide, avó de Timóteo, bem como da mãe dele, Eunice, que transmitiu sua fé sincera a Timóteo (2Tm 1.5).

[50] Com referência ao Shema, cf. especialmente Daniel I. BLOCK, "How Many Is God? An Investigation into the Meaning of Deuteronomy 6.4-5", *Journal of the Evangelical Theological Society* 47, 2004, p. 193-212. A tradução de Bock constitui a base para a interpretação adotada aqui.

[51] Um exemplo neotestamentário interessante é Timóteo, que aprendeu as Escrituras judaicas com a mãe e a avó, uma vez que, aparentemente, seu pai gentio não era cristão (2Tm 1.5; 3.15; cf. At 16.1). Peter BALLA, *The Child-Parent Relationship in the New Testament and Its Environment*, Wissenschftliche Untersuchungen zum Neuen Testament 155, Tübingen: Mohr Siebeck, 2003, p. 83-84, também cita exemplos da literatura judaica como 4Macabeus 18.10 (onde a mãe dos sete mártires diz aos filhos: "Enquanto ele [o pai deles] ainda estava convosco, ele vos ensinou a lei e os profetas") e Josefo, *Contra Apion* 2.204 (os filhos "devem ser ensinados a ler, e devem aprender tanto a lei quanto os feitos de seus antepassados a fim de poderem imitar estes últimos").

[52] Daí a educação cristã dos filhos ser inadequada quando imagina que a tarefa dos pais é simplesmente expor o filho a todas as várias religiões disponíveis, como cristianismo, judaísmo, islamismo, hinduísmo, budismo, e assim por diante, sem procurar inculcar em seu coração e mente a verdade das Escrituras, na crença equivocada de que não é correto influenciar a livre determinação da criança a respeito de seu rumo espiritual.

⁵³ Cf. C. Hassel BULLOCK, *An Introduction to the Old Testament Poetic Books*, ed. revisada e expandida. Chicago: Moody, 1988, p. 162. Uma implicação importante do fato de que Provérbios 22.6 não constitui uma promessa divina é que se, depois de adulto, um filho não escolher seguir a Cristo, essa escolha não pode ser interpretada como se Deus tivesse quebrado sua promessa. Também não há uma relação direta de causa e efeito entre a educação que os pais dão e o que será dos filhos mais tarde. Nem toda decisão errada que os filhos tomam pode ou deve ser atribuída a um erro dos pais. Conforme Derek KIDNER, *Proverbs*, Tyndale Old Testament Commentary. Leicester, Reino Unido/Downers Grove: InterVarsity Press, 1964, p. 51-52 (publicado em português sob o título *Provérbios: introdução e comentário*. São Paulo: Vida Nova / Mundo Cristão, 1980 [imp. 1992]), observa, "nem mesmo a melhor instrução é capaz de instilar sabedoria, mas apenas incentivar a escolha de buscá-la (p. ex., 2.1ss) [...] Apesar de haver pais que são inteiramente responsáveis pela vergonha que sofrem (29.15), em última análise, a culpa deve recair sobre o próprio indivíduo, pois é *sua* atitude em relação à sabedoria (29.3*a*; 2.2ss) [...] que determina seu rumo". Semelhantemente, Jerônimo, o pai da igreja, comenta: "Os pais não devem ser culpados se, tendo ensinado bem aos seus filhos, estes se desencaminharem mais tarde". *Commentary on Titus*, J.-P. Migne, ed., *Patrologia Graeca*. Paris: Migne, 1857-1886, 26:599BC, citado em Peter Gorday, ed., *Ancient Christian Commentary on Scripture: New Testament*, vol. 9, *Colossians, 1-2 Thessalonians, 1-2 Timothy, Titus, Philemon*. Downers Grove: InterVarsity Press, 2000, 287.

⁵⁴ Conforme KIDNER, p. 147, observa, a instrução prescrita é, literalmente, "segundo o seu caminho [do filho], o que talvez sugira respeito por sua individualidade e vocação (mas não por sua obstinação; cf. Pv 22.5; 14.12)". Para um tratado extenso sobre a educação de filhos, incluindo uma discussão e princípios práticos acerca da disciplina, cf. J. Hampton KEATHLEY, "Biblical Foundations for Child Training". Dallas: Biblical Studies Press, 1997, publicado em http://www.bible.org.

⁵⁵ Para uma discussão lúcida sobre os ensinamentos de Provérbios com vistas à instrução de rapazes na sabedoria, cf. BLOCK, "Marriage and Family in Ancient Israel", p. 89-92.

⁵⁶ As referências das Escrituras entre parênteses são ilustrativas, e não exaustivas. Os atributos encontram-se relacionados na ordem em que aparecem pela primeira vez em Provérbios.

⁵⁷ P. ex., John T. CARROL, "Children in the Bible", *Interpretation* 55, 2001, p. 125-126, com referências a obras de outros na p. 125, n. 14.

⁵⁸ Cf. especialmente o estudo proveitoso "Parents and Children" de KIDNER, *Proverbs*, p. 50-52. Kidner observa que "a vara não é uma panaceia" e que "o principal recurso dos pais é construtivo, a saber, sua 'lei', ensinada com persistência amorosa", p. 50. Para uma discussão sobre a controvérsia em torno dos princípios para a disciplina dos filhos, cf. capítulo 8.

A família cristã: a família no Novo Testamento

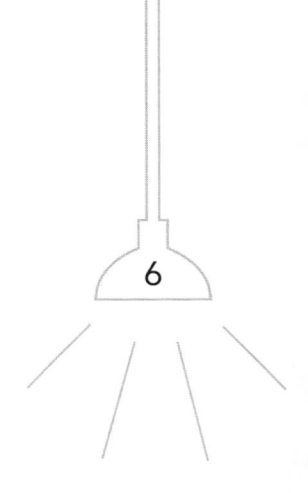

Como vimos no capítulo anterior, no antigo Israel, o conceito de família atribuía valor extremamente alto aos laços de parentesco. Tratamos do ensino veterotestamentário sobre o papel de pais, mães e filhos e sobre a importância de ensinar os filhos a respeito de Deus. Também discutimos exemplos positivos e negativos de pais no Antigo Testamento. Neste capítulo, procuraremos construir sobre esses alicerces e aprender o que o Novo Testamento ensina sobre filhos e sua educação e sobre o lar. Como veremos, tanto Jesus quanto Paulo fornecem instrução considerável acerca desse assunto fundamental. O capítulo termina com lições extraídas de relacionamentos familiares do Novo Testamento.

O EXEMPLO E OS ENSINAMENTOS DE JESUS

A Palestina no primeiro século e o exemplo de Jesus

No tempo de Jesus, os membros da família mais ampla viviam juntos (p.ex., Mc 1.30) e, em geral, dividiam uma casa com três ou quatro cômodos. Como a mãe, as filhas eram responsáveis pelas tarefas domésticas (Mt 10.35; Lc 12.53).[1] Os meninos, por sua vez, deviam imitar o exemplo do pai segundo a antiga máxima israelita: "Tal pai, tal filho".[2] O próprio Jesus aprendeu o ofício de artífice de seu pai (Mt 13.55; Mc 6.3).[3] A variedade de termos usados por Jesus e outros no Novo Testamento para falar de "crianças", como *brephos* (bebê, criança pequena, feto), *nēpios* (criança pequena com 3 ou 4 anos de idade), *teknon* e *teknion* (criança, prole em geral), *paidion* e *paidarion* (criança pequena, normalmente antes de chegar à puberdade), *pais* (jovem, normalmente antes de chegar à puberdade), indica a consciência da criança em seu contexto social e estágios de desenvolvimento.[4] O próprio Jesus deu exemplo de obediência a seus pais terrenos (Lc 2.51: "E ele desceu com seus pais, indo para Nazaré, e obedecia a eles") e, de modo supremo, a seu Pai celestial (p. ex., Mc 14.36; cf. Hb 5.8).

Os ensinamentos de Jesus acerca da família e do discipulado

Ao mesmo tempo em que afirmava a validade do casamento e abençoava crianças, Jesus também concebia a comunidade de fiéis em termos familiares que transcendiam os laços naturais de parentesco.[5] Como mencionamos anteriormente em várias ocasiões, esse é um dos aspectos mais notáveis, distintivos e centrais do chamado de Jesus ao discipulado.[6] Nas palavras do próprio Jesus: "Se alguém vier a mim, e amar pai e mãe, mulher e filhos, irmãos e irmãs, e até a própria vida mais do que a mim, não pode ser meu discípulo".[7] Em consonância com as predições do Antigo Testamento, Jesus não veio para trazer paz, mas espada, para "causar hostilidade entre o homem e seu pai, entre a filha e a mãe, entre a nora e a sogra; assim, os inimigos do homem serão os de sua própria família" (Mt 10.34-36).

Jesus experimentou pessoalmente a rejeição espiritual até mesmo em sua família natural (Mc 3.21; 6.1-6a; Jo 7.1-9) e declarou que sua lealdade suprema e a de seus seguidores devia ser para com Deus, o Pai (Lc 2.49; Mc 3.31-35). Em muitos casos, deixar a família natural para trás, até mesmo literalmente, foi algo esperado dos primeiros seguidores de Jesus, pelo menos durante os três anos de seu ministério terreno (embora haja indicação de que, posteriormente, os discípulos retomaram os relacionamentos familiares normais; 1Co 9.5). Esse fato fica claro no texto que talvez seja o relato mais antigo do chamado dos discípulos por Jesus no Evangelho de Marcos. Nessa passagem, Jesus chama Simão, seu irmão André e os filhos de Zebedeu, todos pescadores, e eles deixam sua vocação e contextos familiares naturais a fim de seguir a Jesus (Mc 1.16-20 = Mt 4.18-22; cf. Lc 5.2-11).

Aqueles que resistem ao chamado de Jesus ao discipulado muitas vezes não se mostram dispostos a abrir mão dos vínculos naturais em favor da lealdade absoluta a Jesus. Lucas registra uma série de três exemplos memoráveis, nos quais indivíduos que pretendiam ser discípulos de Jesus relutam em segui-lo incondicionalmente e são mandados de volta, depois de Jesus lhes dizer, respectivamente: "As raposas têm tocas, e as aves do céu têm ninhos, mas o Filho do homem não tem onde descansar a cabeça"; "Deixa os mortos sepultarem os seus mortos; tu, porém, vai e anuncia o reino de Deus"; e "Ninguém que ponha a mão no arado e olhe para trás é apto para o reino de Deus" (Lc 9.58,60,62; cf. Mt 8.19-22).

Os três Evangelhos Sinópticos também registram a relutância de um jovem rico de se desfazer de suas riquezas a fim de seguir a Jesus e contrastam a recusa dele com o comprometimento incondicional dos discípulos com o Mestre (Mc 10.17-31 = Mt 19.16-30 = Lc 18.18-30). Quando Pedro comenta que ele e os outros discípulos deixaram tudo para segui-lo, Jesus responde com uma promessa: "Ninguém há que tenha deixado casa, ou irmãos, ou irmãs, ou mãe, ou pai, ou filhos, ou campos, por causa de mim e do evangelho, que não receba cem vezes mais, agora no presente, em casas, irmãos, irmãs, mães, filhos e campos, com perseguições, e no mundo vindouro, a vida eterna" (Mc 10.29-31 e par.).

O próprio Jesus dá o exemplo ao renunciar em várias ocasiões seus laços familiares naturais quando se mostraram potencialmente conflitantes com deveres espirituais superiores.[8] Aos doze anos de idade, portanto, Jesus respondeu à preocupação angustiada de seus pais dizendo: "Por que me procuráveis? Não sabíeis que eu devia estar na casa de meu Pai?" (Lc 2.49). Posteriormente, Jesus repreende primeiro sua mãe e depois seus irmãos por não entenderem o tempo divino por trás de seu ministério (Jo 2.4; 7.6-8).

Recusa-se, mais uma vez, a ser limitado pelos laços de parentesco natural quando seus familiares preocupados tentam intervir, temendo que a pressão de seu ministério atarefado houvesse afetado suas faculdades mentais. Quando lhe avisam que sua família o espera do lado de fora, Jesus pergunta, com um gesto dramático: "Quem é minha mãe e quem são meus irmãos?". E fitando aqueles que estavam assentados ao seu redor, responde com a declaração impactante: "Aqui estão minha mãe e meus irmãos! Aquele, pois, que fizer a vontade de Deus, esse é meu irmão, irmã e mãe" (Mc 3.31-35 e par.; cf. tb. 3.20-21). Ao que parece, com o passar do tempo a mãe e pelo menos alguns dos irmãos de Jesus reconheceram que eles também precisavam sujeitar as exigências familiares à lealdade a Jesus como seu Salvador e Senhor (p. ex., At 1.14; mas cf. já em Lc 1.46-47).[9]

Poderíamos citar vários outros exemplos (cf. Lc 11.27-28; Jo 19.26-27), mas as implicações do ensino de Jesus acerca do discipulado são claras. Em vez de pregar um evangelho que insta os fiéis a fazerem do casamento e da família[10] sua mais alta prioridade (apesar de ser evidente que eles têm lugar de grande importância nos propósitos de Deus para a humanidade), Jesus situou os laços de parentesco no contexto mais amplo do reino de Deus.[11] Logo, embora tenha corroborado os relacionamentos naturais, como a instituição divina do casamento e a necessidade de honrar os pais (Mc 10.8-9,19 par.), Jesus também reconheceu o chamado superior para o discipulado. O compromisso do indivíduo com a verdade pode resultar em divisão, e não paz, na família natural (Mt 10.34) e, nesse caso, seguir a Jesus deve vir em primeiro lugar (Lc 9.57-62).[12]

Embora Jesus tenha situado as obrigações de cada indivíduo dentro do contexto mais amplo do reino de Deus,[13] não podemos entender isso como indicação de que os cristãos devem negligenciar as responsabilidades familiares. Como Paulo escreveu mais tarde, "mas, se alguém não cuida dos seus, especialmente dos de sua família, tem negado a fé e é pior que um descrente" (1Tm 5.8). Sem dúvida, a presença física de Jesus aqui na terra e seu ministério público de três anos exigiram que os discípulos seguissem o Mestre fisicamente de forma incondicional e singular. Ao mesmo tempo, continua a ser válido o princípio espiritual de que seguir a Jesus deve constituir a prioridade maior de todo cristão. E, nas situações em que o discipulado conflita com as obrigações familiares do indivíduo, ele deve buscar em primeiro lugar o reino de Deus e a sua justiça (Mt 6.33).

As crianças no ministério de Jesus

Jesus não tratou com as crianças apenas em termos daquilo que deviam fazer ou pensar, mas também em termos de quem eram aos olhos de Deus. O estudo de como Jesus via os pequeninos pode nos ajudar a entender como devemos vê-los e nos relacionar com nossos próprios filhos e outras crianças. Em seu ministério terreno, Jesus interagiu com crianças em várias ocasiões.[14] Conforme mencionamos, em mais de uma situação, Jesus *restaurou filhos a seus pais por meio de curas miraculosas*.[15] Em um caso, Jesus colocou uma criança no meio dos discípulos como exemplo da *natureza do discipulado* e afirmou: "Qualquer pessoa que receber uma destas crianças em meu nome, a mim me recebe; e quem me recebe, não recebe a mim, mas aquele que me enviou" (Mt 9.36-37 e par.). Esse gesto deve ter surpreendido os ouvintes de Jesus uma vez que, naquela época, era incomum os adultos imaginarem que poderiam aprender algo com uma criança. Em outra situação, algumas crianças foram levadas a Jesus para receberem uma bênção dele (Mc 10.13-16 e par.).[16]

O pronunciamento culminante — "Em verdade vos digo que qualquer pessoa que não receber o reino de Deus como uma criança, jamais entrará nele" (Mc 10.15) — liga os casos registrados anteriormente da receptividade de Jesus em relação às crianças com uma característica importante do reino, a saber, uma humilde despreocupação com o suposto *status* próprio (cf. Lc 22.26; NVI: "O maior entre vocês deverá ser como o mais jovem"). Para Jesus, não há melhor maneira de ilustrar a graça voluntária e imerecida de Deus do que apontar para uma criança,[17] pois, ao contrário de muitos adultos, as crianças em geral são inteiramente despretensiosas no que diz respeito a receber alguma dádiva. Ademais, os "pequeninos", ou seja, os menores, apesar de sua idade, são repetidamente foco do ensino de Jesus sobre o discipulado (Mt 18.5; Lc 9.48).[18] De fato, deve-se entrar no reino de Deus com o espírito semelhante ao de uma criança, uma lição que os seguidores de Jesus ainda precisavam aprender.

Em pronunciamentos preservados em Mateus, Jesus aponta de modo ainda mais específico a percepção de dependência e confiança características das crianças e essenciais para aqueles que desejam ingressar no reino de Deus. Em Mateus 11.25-26, Jesus louva ao Pai por ocultar sua verdade daqueles que se julgam sábios e eruditos e as revelar aos pequeninos. Na verdade, trata-se de uma declaração profética, pois em Mateus 21.15 as crianças gritam no templo: "Hosana ao Filho de Davi" enquanto os principais sacerdotes e mestres da lei ficam indignados ao ouvirem os pequeninos louvarem Jesus e ao verem "os milagres que ele realizara".

De acordo com Jesus, a qualidade das crianças que melhor simboliza as virtudes do reino é sua *posição inferior*. Logo, a menos que um indivíduo se transforme e se torne semelhante a uma criança, nunca entrará no reino dos céus (Mt 18.3). Embora as crianças não sejam necessariamente humildes em termos espirituais, muito menos "inocentes", o fato de não ocuparem uma posição elevada, serem despretensiosas e dependerem de outros permite que ilustrem de modo apropriado a necessidade de os candidatos ao reino de Jesus esvaziarem a si mesmos e se despojarem de seu *status* terreno (cf. Fp 2.6-7). Por esse motivo, personificam o chamado radical de Jesus ao discipulado e a exigência de que seus seguidores tomem a sua cruz em um gesto de total abnegação (p. ex., 8.34-38 e par.).

As crianças passaram a *tipificar atitudes desejáveis* nos cristãos da igreja primitiva de várias outras maneiras: como imagem representativa dos necessitados, dos "pequeninos" que são membros da igreja (Mc 9.42; Mt 18.6-14. cf. At 20.35); como "metáfora para o aprendizado ao comparar o relacionamento entre aprendiz e mestre àquele entre filho e pai ou mãe" (Mc 10.24*b*; 2Co 12.14; 1Tm 1.2; 1Jo 2.1); e como símbolo de esperança e recomeço (Is 9.6; cf. Lc 2.12-14) ligado à imagem do nascimento como nova criação, quer na elucidação do relacionamento entre aprendiz e mestre (Gl 4.19) ou com referência às dores de parto da era messiânica (Jo 16.21; Rm 8.22; 1Ts 5.3; Ap 12.2; cf. Is 26.16-19; 66.7-14).[19]

Em termos gerais, portanto, aprendemos com Jesus que não devemos desprezar as crianças pelo fato de ainda não estarem plenamente desenvolvidas e, portanto, ocuparem uma posição social inferior à dos adultos. Como Jesus, devemos tratar as crianças com respeito e dignidade, como criaturas singulares e preciosas criadas por Deus e valiosas aos seus olhos. Ademais, ao contrário de nossa tendência natural de pensar que não temos nada a aprender com as crianças e de ver o relacionamento entre pais ou adultos e crianças como algo unilateral, devemos considerar as crianças do ponto de vista das características desejáveis do reino que elas podem exemplificar de modo mais pronunciado do que nós. Essa é uma das formas como Deus contesta a sabedoria daqueles que são sábios aos próprios olhos e o orgulho daqueles que imaginam ter algum valor intrínseco (Mt 11.25-27; cf. 1Co 1.27-29).

O ministério às crianças deve, portanto, ser realizado com espírito humilde de serviço, não de forma paternalista e deve ser considerado um privilégio, não uma tarefa indesejável entregue aos que são incapazes de alcançar uma vocação superior. Embora as crianças tenham muito a aprender, também têm muito a nos ensinar se formos humildes o suficiente para ouvi-las e observá-las. Sua fé simples que recebe a palavra de Deus sem reservas, suas orações confiantes e crentes que Deus atenderá, sua disposição de explorar coisas novas e seguir a liderança de outros são apenas alguns exemplos das qualidades das crianças que os adultos devem considerar inspiradoras e dignas de imitação. Ao apontar repetidamente para as crianças como modelos de valores e atitudes do reino, Jesus elevou os humildes deste mundo e rebaixou os que possuem *status*, poder e posição elevada.

OS ENSINAMENTOS DE PAULO A RESPEITO DO PAPEL DE PAIS, MÃES E FILHOS

Os lares na antiguidade e os "Códigos Domésticos"

A fim de obter uma compreensão mais profunda do ensino do Novo Testamento acerca dos diversos papéis e responsabilidades dos respectivos membros de uma família, será proveitoso estudarmos rapidamente o lar na antiguidade e o gênero conhecido como "código doméstico". Ao contrário dos domicílios modernos, os lares antigos abrigavam não apenas o casal e os filhos, mas outros dependentes, como os servos, e tinham um cabeça em posição de autoridade ao qual a esposa, os filhos e os servos deviam se sujeitar. O Novo Testamento apresenta várias adaptações do "código doméstico" greco-romano (esp. Ef 5.21—6.9; Cl 3.18—4.1), um recurso literário ou espécie de lista que se dirige aos vários membros de uma família e trata de seus deveres, progredindo, normalmente, do "menor" (ou seja, daquele que se encontra sujeito à autoridade) para o "maior" (ou seja, daquele que ocupa a posição de autoridade).[20] Segundo o pressuposto subjacente ao código, a ordem dentro do lar promoverá a ordem em uma escala social mais ampla. A conformidade dos cristãos com os padrões éticos desse código tornaria o cristianismo respeitável dentro da cultura ao seu redor (1Tm 3.7; 6.1; Tt 2.5,8.10; 3.8; 1Pe 2.12) e contribuiria para a missão evangelística da igreja (1Ts 4.12).[21] Em consonância com o padrão paulino, comentaremos primeiro sobre o grupo subordinado, isto é, os filhos e, em seguida, sobre pais e mães.[22]

Os filhos nos ensinamentos de Paulo

Antes de voltarmos nossa atenção para os ensinamentos de Paulo sobre os filhos, convém situarmos esse tópico em um contexto bíblico e cultural mais amplo.[23] Conforme mencionamos, no Antigo Testamento, honrar aos pais é um mandamento, enquanto rebelar-se contra os pais equivale a desrespeitar a Deus. A desobediência aos pais é colocada no mesmo nível da traição e idolatria (cf. p. ex., Êx 21.15,17; Lv 19.3; 20.9; Dt 21.18-21; 27.16).[24] Os judeus do primeiro século (bem como o mundo greco-romano em geral) também valorizavam a obediência dos filhos.[25] Sabia-se, porém, que não se podia pressupor que essa obediência surgiria naturalmente; antes, ela devia ser inculcada desde a infância. Em última análise, o que estava em jogo era a posição e honra da família. Além do mais, a mão de bênção divina podia ser retirada se o mandamento de Deus para honrar os pais e sua injunção para os pais educarem os filhos na disciplina e instrução do Senhor fossem desconsiderados. Por isso, o homem de Deus deve manter "os filhos em sujeição, com todo respeito" (1Tm 3.4; cf. Tt 1.6). No Novo Testamento, a desobediência aos pais é considerada um fenômeno característico do fim dos tempos (Mc 13.12; 2Tm 3.1-2; cf. 1Tm 1.9) que faria sobrevir o julgamento divino (Rm 1.30,32).[26]

O apóstolo Paulo considerava essencial a obediência dos filhos. A principal injunção paulina a respeito dos filhos faz parte do "código doméstico" em Efésios 6.1-3: "Filhos, sede obedientes a vossos pais no Senhor[;] pois isso é justo[:] Honra teu pai e tua mãe; este é o primeiro mandamento com promessa, para que vivas bem e tenhas vida longa sobre a terra".[27] Embora o mandamento para honrar os pais seja citado em cinco outras ocasiões no Novo Testamento (Mt 15.4; 19.19; Mc 7.10;

10.19; Lc 18.20), a promessa associada a ele é mencionada apenas em Efésios. As palavras de Paulo em Colossenses 3.20-21 são parecidas: "Filhos, obedecei em tudo a vossos pais, porque isso é agradável ao Senhor. Pais, não irriteis vossos filhos, para que eles não fiquem desanimados".

Na passagem mais extensa em Efésios, Paulo indica que a submissão dos filhos aos pais é resultado de ser enchido pelo Espírito (Ef 6.1; cf. 5.18: "[...] enchei-vos do Espírito"), uma indicação de que somente filhos regenerados são capazes de colocar esse padrão de relacionamento em prática de forma contínua pelo poder do Espírito Santo.[28] Por que os filhos devem obedecer aos pais? Com a declaração "isso é justo" (Ef 6.1) que aponta para a frase seguinte, Paulo fundamenta a obrigação de os filhos obedecerem aos pais no Decálogo do Antigo Testamento (Êx 20.12, LXX; cf. Dt 5.16).[29] É interessante que o mandamento para honrar os pais venha logo depois dos quatro primeiros mandamentos (referentes à santidade de Deus) e seja o primeiro mandamento que diz respeito aos relacionamentos corretos entre seres humanos em uma escala horizontal. Na passagem em questão, Paulo considera os filhos membros responsáveis da congregação, cuja obediência aos pais "faz parte de sua submissão a Cristo".[30] A expressão "no Senhor" em Efésios 6.1 é equivalente a "como ao Senhor" ou "como a Cristo" (cf. Ef 5.22; 6.5) e indica que a obediência dos filhos faz parte de seu discipulado cristão. Obediência significa honra, respeito e, com o devido sentido, "temor" dos pais (Lv 19.3; cf. Lv 19.14). No contexto da passagem em questão, a obediência dos filhos aos pais resume uma submissão que nasce do temor piedoso a Cristo (Ef 5.21).

A promessa de que os filhos que honrarem seus pais viverão bem se referia, no contexto original, à vida longa na terra (prometida) de Israel (Êx 20.12: "Para que tenhas vida longa *na terra que o SENHOR teu Deus te dá*"). Paulo universaliza a promessa e, desse modo, mostra que ela continua a ser relevante e aplicável. Não apresenta mais uma limitação geográfica; os filhos recebem a promessa de vida longa na terra, onde quer que estejam. Efésios 6.1-3 parece ser dirigido principalmente aos filhos "que estão no processo de aprendizado e crescimento" ou, pelo menos, têm idade suficiente para que sua ira seja provocada (cf. Ef 6.4).[31] No entanto, embora as responsabilidades dos filhos para com os pais mudem quando formam a própria família, não deixam de existir. Numa carta posterior, Paulo observa que a responsabilidade dos filhos de honrar os pais também implica cuidar deles na velhice (1Tm 5.8),[32] o que é considerado um modo apropriado de retribuir a criação que receberam deles (5.4).

Por implicação, é fundamental que os pais ensinem os filhos acerca da importância da obediência. Os pais que não responsabilizam os filhos por serem obedientes ficam em falta com eles, pois não os ajudam a seguir o caminho do discipulado cristão, do qual a obediência é um elemento essencial. Por esse motivo, a importância da obediência não reside, primeiramente, em os pais receberem a obediência dos filhos, mas sim, em ajudarem os filhos a *aprender a exercitar obediência*, acima de tudo, *em seu relacionamento com Deus*. Em última análise, a obediência apropriada só é viável, tanto para crianças quanto para adultos, como resultado de um compromisso de fé com Jesus e por meio do poder do Espírito Santo. Esse fato sugere que introduzir o filho em um relacionamento pessoal com Deus em Cristo deve ser o desejo ardente do coração de todos os pais cristãos (principalmente por causa de sua preocupação com a salvação do filho). Não obstante, os pais devem exigir a obediência e punir a desobediência, mesmo no caso de filhos que (ainda) não são cristãos.

Os pais e a importância da paternidade nos ensinamentos de Paulo

Em Efésios 6.4, Paulo escreve: "E vós, pais, não provoqueis a ira dos vossos filhos, mas criai-os na disciplina e instrução do Senhor". O texto paralelo em Colossenses diz: "Pais, não irriteis vossos filhos, para que eles não fiquem desanimados" (Cl 3.21).[33] Embora os filhos devam obedecer ao pai e à mãe (Ef 6.1; Cl 3.20), os pais têm a responsabilidade específica de disciplinar os filhos e Paulo se refere a eles de forma particular nesta passagem.[34] Ainda que a mãe talvez passe mais tempo com os filhos, a responsabilidade principal de disciplina-los é atribuída ao pai. A exortação do apóstolo para que os pais não irritem os filhos (Ef 6.4; NVI) é consoante com sua preocupação anterior a respeito da ira em Efésios 4.26-27,31, enquanto a ordem positiva para criar os filhos na disciplina e instrução do Senhor traz à memória a ênfase anterior sobre o aprendizado da instrução cristã em Efésios 4.20-21.[35]

É importante que os pais não provoquem a ira dos filhos (Cf. Ef 4.26-27,31). Caso a ira seja prolongada, Satanás tentará explorar a discórdia familiar para os seus próprios interesses. Os pais devem evitar, portanto, atitudes, palavras ou ações que tenham o efeito de provocar a ira dos filhos, inclusive "a disciplina excessivamente severa, exigências desarrazoadas, abuso de autoridade, arbitrariedade, injustiça, importunação e condenação contínuas, humilhação e todas as formas de insensibilidade absoluta às necessidades e sentimentos do filho".[36] Os filhos são pessoas com dignidade própria. Não são escravos pertencentes aos pais, mas sim, indivíduos confiados a eles por Deus como incumbência sagrada. Na passagem de Colossenses, Paulo observa que, quando tratados de forma indevida, os filhos podem desanimar (Cl 3.21). De fato, poucas coisas são mais tristes do que uma criança que perde o ânimo por não receber dos pais uma criação correta.

Em termos positivos, os pais devem criar os filhos "na disciplina e instrução do Senhor". O termo "criar" ou "alimentar", usado em Efésios 5.29 para indicar o cuidado de Cristo pela igreja, transmite a ideia de educar a criança com vistas à maturidade que inclui (mas não se limita a) prover suas necessidades físicas e psicológicas. "Disciplina" (*paideia*) e "instrução" (*nouthesia*) são termos intimamente ligados, mas provavelmente não são sinônimos. Em sua forma de uso no Novo Testamento, o termo traduzido como "disciplina" (*paideia*) ou o verbo correlato *paideuō* pode se referir à educação ou treinamento em geral (At 7.22; 22.3; 2Tm 3.16; Tt 2.12) ou, de modo específico, à disciplina por cometer uma falta (1Co 11.32; 2Co 6.9; Hb 12.5,7-8,11). Em Efésios 6.4, refere-se, provavelmente, à instrução em geral e também abrange a disciplina decorrente do fato de cometer alguma falta. A expressão "do Senhor" (Ef 6.4) indica que os pais devem ser discípulos cristãos para que possam educar os filhos e aplicar a disciplina de forma verdadeira e inteiramente cristã.

Ao irmos além da discussão de Efésios 6.4 e focalizarmos outras referências relevantes do Novo Testamento, observamos que o papel principal do pai é prover para os filhos e proporcionar a devida criação e disciplina. Essa responsabilidade envolve a educação formal e informal e implica o exercício de várias formas de disciplina, inclusive a disciplina física (Pv 13.24; 22.15; 23.13-14; Hb 12.6; Ap 3.19; cf. Eclesiático 3.23; 30.1-3,12).[37] Como no mundo greco-romano, no qual o pai exercia autoridade absoluta (*patria potestas*) sobre a família, tanto na cultura judaica quanto nos ensinamentos bíblicos, o pai deve impor grande respeito. Conforme mencionamos, porém, os pais não devem usar a posição de autoridade para irritar os filhos, mas sim, tratá-los com bondade (1Co 4.15,21; 1Ts 2.11; Cl 3.21; Ef 6.4).[38] Também é interessante observar que as aptidões necessárias para administrar o próprio lar são as mesmas exigidas para exercer liderança no contexto público (1Tm 3.4-5).[39]

Por implicação, pais (e mães) devem encontrar equilíbrio entre a devida disciplina e o cuidado e apoio oferecidos com amor. Nem o "pai incentivador" que deixa de disciplinar os filhos nem o disciplinador severo cumpre o ideal bíblico de criação dos filhos. Foi justamente esse equilíbrio que Paulo tentou encontrar, ao dizer para os cristãos de Tessalônica que ele e seus colaboradores haviam procurado ser "bondosos entre vós, como uma mãe que cuida dos próprios filhos" (1Ts 2.7; NVI) e tratar "cada um como um pai trata seus filhos, exortando, consolando, dando testemunho, para que vocês vivam de maneira digna de Deus" (v. 11-12; NVI). Em última análise, os pais devem ter consciência de que sua paternidade é derivada de "um só Deus e Pai de todos" "de quem toda família nos céus e na terra recebe o nome" (Ef 4.6; 3.15), um Deus que cuida e provê fielmente a todos os seus filhos e é o Pai perfeito de todos eles (Hb 12.5.10).[40]

As mães e a importância da maternidade nos ensinamentos de Paulo

O apóstolo Paulo ensinou que um dos principais papéis das mulheres era "dar à luz filhos", ou seja, não apenas o ato de dar à luz, mas o papel doméstico relacionado a criar os filhos e administrar o lar (1Tm 2.15; cf. 5.14).[41] A maternidade não é, portanto, menosprezada no ensino bíblico; ao contrário da opinião de muitos na sociedade moderna, é exaltada como vocação suprema e privilégio da mulher. Aliás, em sua Primeira Epístola a Timóteo, o apóstolo dá a entender que afastar-se do lar é ceder à tentação de Satanás de maneira semelhante à forma como Eva ultrapassou seus limites na Queda original (1Tm 2.14-15).⁴² Seu posicionamento revela a natureza não bíblica do feminismo que promove a igualdade dos sexos entendida como similaridade e incentiva as mulheres a abrirem mão de sua vocação dentro do lar a fim de encontrar realização própria em uma carreira fora do lar.⁴³

De fato, 1Timóteo 2.15 transmite uma mensagem forte para nossa cultura "na qual muitos procuram 'liberar' as mulheres de todos os embaraços das responsabilidades familiares a fim de permitir que busquem a realização própria fora dessas funções". Na verdade, porém, "é justamente ao participarem de seu papel em relação à família que as mulheres cumprem sua vocação principal".⁴⁴ Não se trata de tentar restringir a mulher ao ambiente doméstico, mas sim, de determinar a essência da vocação dada por Deus às mulheres e incentivá-las a viver essa vocação. Isso resultará em maior bênção e realização não apenas para as próprias mulheres, mas também para o marido e a famílias e honrará o Deus que criou os seres humanos homens e mulheres.

A importância de as mulheres mais velhas instruírem as mais jovens

Em sua carta a Tito, Paulo descreve os deveres das mulheres cristãs mais velhas e também das mais jovens.

Mulheres mais velhas

As mulheres mais velhas devem ser tratadas com respeito (1Tm 5.1-2) e têm a obrigação importante de servir como mentoras para as mais jovens no tocante às suas responsabilidades familiares (Tt 2.3-5). As mulheres mais velhas devem exemplificar quatro características: (1) ser reverentes em seu modo de viver; (2) não ser caluniadoras;⁴⁵ (3) não ser dadas (lit. "presas" ou "escravizadas") a muito vinho;⁴⁶ (4) ser "mestras do bem". Mulheres mais velhas que evitavam a calúnia e o vinho sem dúvida se destacavam em seu contexto cretense imoral (para o qual a Epístola a Tito foi escrita). A dificuldade de locomoção que costuma ocorrer com a idade avançada torna as pessoas mais velhas (naquela época ainda mais do que hoje) particularmente propensas a preencher os dias com passatempos como bebida ou fofocas, daí a necessidade de serem piedosas e exercerem domínio próprio.

As mulheres mais velhas devem cultivar a virtude não como um fim em si mesmo, mas com o propósito de instruir as mais jovens.⁴⁷ Não obstante, é impossível uma pessoa instruir outros a respeito de qualidades que ela própria não possui. A igreja contemporânea tem uma grande carência de mulheres mais velhas piedosas e obedientes à ordem bíblica de instruir as mais jovens na fé. Muitas mulheres mais jovens gostariam que mulheres mais velhas as acolhessem sob suas asas e ensinassem como viver a vida cristã, especialmente pelo fato de muitas delas não terem modelos piedosos em sua própria família ou morarem muito longe dos familiares. Convém observar que essa instrução (realizada normalmente em particular, e não em público) deve ter como foco central o âmbito doméstico.[48]

Mulheres mais jovens

Paulo agrupa as instruções para as mulheres mais jovens em três pares acrescidos de uma ordem final geral. Ele começa e termina com o relacionamento delas com o marido (Tt 2.4-5). Primeiro, devem ser *um tipo específico de esposa e mãe*: que ama o marido e ama os filhos (Tt 2.4). Segundo, devem *cultivar o caráter cristão*: equilíbrio e pureza (Tt 2.5; cf. 1Tm 5.22; 2Co 11.2; Fp 4.8; 1Pe 3.2; 1Jo 3.3). Terceiro, devem se envolver em atividades *com uma atitude correta*: ser diligentes no trabalho do lar (Tt 2.5; cf. 1Tm 5.14) e bondosas (lit., "boas"; cf. 1Ts 5.15; Ef 4.28). Por fim, devem ser *submissas ao marido* (cf. Ef 5.24; Cl 3.18; 1Pe 3.1,5).

O que podemos aprender com esses ensinamentos de Paulo no tocante à educação dos filhos? Talvez as seguintes observações sejam úteis.

(1) Embora o relacionamento conjugal precise ser sólido, as mulheres jovens necessitam de *outros relacionamentos importantes*. Precisam ser mentoreadas por mulheres mais velhas dotadas de experiências de vida, aptidão e sabedoria resultantes de anos de prática das virtudes cristãs.

(2) O *amor pelo marido* vem antes do *amor pelos filhos* (observe a sequência "amarem o marido e os filhos" em Tt 2.4). As duas qualidades eram admiradas em esposas tanto da cultura judaica quanto da greco-romana. Colocar o amor ao marido em primeiro lugar é importante, pois permite que os pais apresentem aos filhos um modelo de relacionamento conjugal bíblico e saudável (cf. Pv 14.26). Além disso, se o casal não cuidar de seu relacionamento conjugal, é provável que a educação dos filhos e toda a dinâmica familiar sofram as consequências.

(3) As esposas são instruídas a *amar* o marido e *ser submissas* a ele.[49] Sua submissão não deve ser relutante nem indiferente, mas amorosa e voluntária. O termo grego para "submeter-se", *hypotassō* dá a ideia de "colocar-se sob" a autoridade de outra pessoa, o que implica um ato espontâneo, e não realizado sob coerção. Efésios 5.21-33 associa a submissão da esposa ao *respeito* pelo marido (5.22,33). Esse respeito também deve ser espontâneo. Não significa adoração indiscriminada, assim como submissão não quer dizer subserviência.

(4) As mulheres precisam de *autocontrole* para lidar com o marido e os filhos. Como esposas, devem demonstrar fidelidade sexual. Como mães, devem manter uma disposição amável em relação aos filhos, e não se tornar irritáveis. Devem, também, resistir à tentação de ver os filhos como fardos em vez de bênçãos de Deus.

(5) O coração das mulheres deve ser *puro* e sua atitude em relação aos outros membros do lar deve ser *bondosa*, e não antagônica ou hostil.

(6) As mulheres devem dedicar-se *primeiramente e acima de tudo ao lar* "supervisionando-o com prudência e diligência".[50]

(7) Para uma época em que a devoção à vida de casada e à criação dos filhos costuma ser menosprezada (em contraste com a antiguidade, quando eram virtudes enaltecidas), Paulo fala da *bênção* que Deus tem reservada para as mulheres que desafiam os estereótipos seculares e concentram-se na vocação dada por Deus em relação à família e ao lar.

(8) A submissão adequada da esposa e seu trabalho diligente no lar tem um *resultado* desejado específico: *ninguém falará mal da palavra de Deus* (cf. 1Pe 3.16). Em outras palavras, se as esposas viverem de acordo com esses princípios será difícil os incrédulos terem algo negativo a dizer a respeito do cristianismo e talvez isso abra a porta para a comunicação do evangelho a eles.

Papéis e responsabilidades familiares segundo as Escrituras

PAPÉIS	RESPONSABILIDADES	TEXTOS
Pais	Prover para a família, filhos	2Co 12.14
	Garantir o devido cuidado e disciplina	Ef 6.4; Cl 3.21; Hb 12.6
Mães	Criar os filhos, maternidade	1Tm 2.15
	Administrar o lar	1Tm 5.14
Filhos	Obedecer aos pais	Ef 6.1-3; Cl 3.20
	Cuidar dos pais na velhice	1Tm 5.8

Lições de relacionamentos familiares do Novo Testamento

O Novo Testamento traz vários exemplos positivos e negativos sobre a criação de filhos. Do lado positivo, lembramo-nos de Maria, mãe de Jesus, e de sua resposta piedosa à anunciação do anjo (Lc 1.38). Quando Jesus estava com doze anos, Maria e José o perderam por alguns dias (!) e, quando o encontraram no templo, expressaram preocupação típica de pais: "Filho, por que fizeste isso conosco? Teu pai e eu estávamos te procurando muito ansiosos" (Lc 2.48). Não entenderam a resposta de Jesus de que ele devia estar na casa de seu Pai. Depois disso, Jesus voltou com os pais para Nazaré "e obedecia a eles. E sua mãe guardava todas essas coisas no coração" (v. 51). Jesus dá exemplo de obediência filial e Maria é modelo de mãe piedosa e atenciosa que se preocupa profundamente com o bem-estar do filho.

Embora posteriormente, durante o ministério público, Jesus tenha considerado necessário em algumas ocasiões estabelecer limites entre seus relacionamentos naturais e as exigências do discipulado (p. ex., Jo 2.4; Mt 12.46-50 e par.; Mc 3.20-21,31-35; Lc 11.27-28), ele cuida para que as necessidades de sua mãe sejam supridas (Jo 19.26-27) e, sem dúvida, mantém um vínculo filial estreito. Em consonância com a profecia de Simeão de que "uma espada atravessará a tua alma" (Lc 2.35), Maria teve de assistir, impotente, enquanto seu filho era crucificado (Jo 19.25 e par.). Da última vez que é mencionada, Maria, "mãe de Jesus", encontra-se no cenáculo orando com os irmãos de Jesus, os apóstolos e outras mulheres piedosas (At 1.14).

O Novo Testamento também mostra muitos pais atenciosos e aflitos que trazem os filhos para Jesus curá-los. Lembramo-nos do filho da viúva em Naim (Lc 7.11-15) e da filha de Jairo, o chefe da sinagoga (Ma 5.21-43; Lc 8.40-56) que Jesus ressuscitou dentre os mortos. Outros exemplos são a mulher siro-fenícia que exercitou fé incomum e de cuja filha Jesus exorcizou um demônio (Mt 15.21-28; Mc 7.24-30). Outro homem trouxe seu filho que sofria de epilepsia e o garoto foi curado no mesmo instante (Mt 17.14-18 e par.). Um oficial de Cafarnaum viajou até Caná para suplicar que Jesus curasse seu filho. Jesus atendeu e realizou uma cura miraculosa "a distância" (Jo 4.46-54).

Os relacionamentos de mães com seus filhos costumam ser particularmente próximos, como no caso de Maria e Jesus (Lc 2.48-51; Jo 2.1-5; 19.25-27) ou do filho único da viúva (Lc 7.12). O excesso de zelo de algumas mães em favor de seus filhos é ilustrado pelo pedido ousado da mãe dos filhos de Zebedeu, a saber, que Jesus concedesse a seus filhos lugares de proeminência no reino dele (Mt 20.20-21). A resposta bondosa, porém firme, de Jesus deixa claro que, nesse caso, o zelo e ambição maternos foram inapropriados (Mt 20.22-28).

Implicações

Com base em nosso levantamento do ensino bíblico acerca da família, inclusive dos papéis de pai, mãe e filhos, tanto no Antigo quanto no Novo Testamento, extraímos as seguintes implicações para a criação de filhos segundo os padrões bíblicos e cristãos.[51]

Fundamentalmente, os filhos, como quaisquer outras pessoas, devem ser considerados indivíduos espirituais criados por Deus de forma singular e, no entanto, pecadores caídos. A tarefa de educá-los não deve, portanto, ater-se ao condicionamento comportamental, mas incluir crescimento e instrução espiritual. O uso de uma metodologia específica no exercício da disciplina exterior tem certo valor, mas é de proveito limitado. O alvo deve ser tratar da causa de todo comportamento humano ímpio, o pecado (Rm 3.23; 6.23). Na realidade, somente as crianças e jovens que experimentam a regeneração pela fé em Cristo e recebem o Espírito Santo podem, verdadeira e permanentemente, viver de modo que agrade a Deus e se beneficiar da direção dos pais rumo a maior sabedoria. Isso não elimina, porém, a necessidade de os pais disciplinarem e instruírem os filhos antes de estes serem convertidos. Significa, porém, que os esforços dos pais são limitados, a menos que recebam o auxílio de uma capacitação interna e sobrenatural para que a criança responda ao ensino.

Por esse motivo, os pais também não devem ficar surpresos ou chocados se os filhos desobedecerem. *É óbvio* que os filhos desobedecerão; afinal, são pecadores! Antes, os pais devem esperar que os filhos pequem, mesmo depois de terem aceito a Cristo pela fé. Essa expectativa é realista e permite aos pais tratar de cada infração com calma e de forma deliberada e aplicar a disciplina de forma correta, justa e coerente (cf. Ef 6.4; Cl 3.21). Quer os filhos sejam cristãos ou (ainda) não, precisam que os pais definam e apliquem parâmetros de comportamento certo ou errado. É desse modo que as crianças aprendem a se responsabilizar por seus atos e descobrem que tanto a obediência quanto a desobediência têm consequências. O papel dos pais é, portanto, positivo e negativo, semelhante ao efeito das Escrituras na vida de uma pessoa: devem ensinar os filhos na retidão, mas também devem disciplinar e corrigir (2Tm 3.16-17).

O papel dos pais na vida do filho convertido não substitui a função do Espírito Santo (embora antes da conversão do filho os pais talvez tenham um papel mais direto em convencê-lo do pecado). Os pais também não podem fazer escolhas morais *para* os filhos. Devem considerar-se temporariamente encarregados da responsabilidade e incumbência de nutrir e cultivar o coração e a mente dos filhos à luz das Escrituras, como representantes de Deus (Sl 127.3; 128.3-4). Isso também implica respeito pela individualidade do filho e sua criação singular aos olhos de Deus (Sl 139.13-14; Pv 22.6). Cada criança é diferente e singular e as técnicas de educação que talvez funcionem bem com um filho podem não ter os mesmos resultados com outro.[52]

Em todos esses casos, portanto, não há substituto para a direção do Espírito Santo em cada situação individual. Os pais devem estudar as Escrituras com seriedade, associar-se a outras famílias próximas e a outros pais cristãos na igreja. Conversar um com o outro a fim de chegar a uma filosofia conjunta de educação dos filhos também é essencial para o pai e a mãe, para que empreguem uma abordagem unificada e trabalhem juntos em vez de se moverem em direções diferentes. Além disso, ao longo do caminho, os pais devem fazer os ajustes necessários na forma de educar os filhos.

Por certo, nenhum pai humano é adequado para essa tarefa sem auxílio divino, assim como os filhos não são capazes de buscar essas características sem capacitação divina. Por vezes, os pais podem precisar do perdão dos filhos, fato que talvez ajude os filhos a entenderem que os pais também são pecadores. Os pais devem dar exemplo de uma atitude séria de dependência de Deus para todas as coisas, de modo que os filhos percebam que até mesmo seus pais e outros adultos têm limitações e precisam de socorro divino. Por fim, cultuar em conjunto, tanto como parte da igreja local quando como família no lar, é fundamental no processo de promover a união entre os familiares como irmãos e irmãs em Cristo.[53]

Conclusão

O estudo deste capítulo sobre filhos e sua educação no Novo Testamento teve como ponto de partida o exemplo do próprio Jesus, seus ensinamentos sobre crianças e seus encontros com elas durante o ministério aqui na terra. Em seguida, voltamos nossa atenção para os "códigos domésticos" antigos e os ensinamentos de Paulo sobre filhos, paternidade e maternidade. Com respeito aos filhos e aos pais, focalizamos especificamente Efésios 6.1-4. Com respeito à maternidade e a importância de mulheres mais velhas mentorearem as mais jovens, consideramos 1Timóteo 2.15 e Tito 2 particularmente relevantes.

No final de nosso estudo do ensino bíblico acerca do casamento e da família é apropriado nos lembrarmos de que essas instituições não são fins em si mesmas nem existem, primeiramente, para o nosso bem. Antes, Deus criou ambas para *sua* maior glória. Como o teólogo alemão Dietrich Bonhoeffer escreveu:

> Por meio do casamento, homens vêm a existir para glorificar e servir a Jesus Cristo e para o crescimento de seu reino. Isso significa que o casamento não se reduz apenas a uma questão de gerar filhos, mas também de educá-los de modo a serem obedientes a Jesus Cristo [...] No casamento, novos homens são criados para servir a Jesus Cristo.[54]

É por isso que o casamento e a família cristãos devem ser comprometidos com Jesus Cristo e sujeitos a ele. Também é por isso que o casamento e a família não devem ser considerados, de maneira nenhuma, obstáculos para a verdadeira santidade, pureza e santificação pessoal, mas sim, um elemento importante para o desenvolvimento dessas e de outras virtudes. Nos lares piedosos, marido e mulher afiam um ao outro "como se afia o ferro com outro ferro" (Pv 27.17) e seus filhos são atraídos para dentro da vida comunitária em família e para os caminhos do discipulado que seus pais buscam e dos quais dão exemplo, cumprindo o desejo do Senhor de uma "descendência santa" (Ml 2.15).

Essa dinâmica também faz parte da obediência à comissão do Cristo ressurreto aos seus seguidores: "Ide, fazei discípulos" (Mt 28.18-20). Ademais, no caso dos próprios filhos, o discipulado também implica batismo em nome do Pai, do Filho e do Espírito Santo e ser ensinado a obedecer todas as coisas que Jesus ordenou a seus seguidores (cf. v. 19). O batismo e o compromisso com a instrução formal (p. ex., por meio do catecismo, escola dominical ou outros programas da igreja, ou como parte de um plano refletido e intencional de instrução no lar), bem como informal (conforme surgem as oportunidades), não são opcionais; antes, constituem parte essencial da vida no plano divino integrado de casamento e família.

Além da necessidade de serem ensinados acerca da fé cristã e auxiliados na busca pelo caminho do discipulado, os filhos devem ser incluídos no ministério exercido no contexto da família e da igreja. Deus quer famílias felizes, seguras e realizadas, nas quais as necessidades de cada membro são supridas, mas onde essa realização não é um fim em si mesmo, mas se torna veículo para ministrar a outros. Desse modo, Deus usa famílias para glorificá-lo e contribuir para o avanço de seu reino. Por meio do amor e união expressados na família, no respeito do marido pela mulher, na submissão da mulher ao marido e na obediência (ainda que imperfeita) dos filhos aos pais, Deus se revela ao mundo. Ademais, o relacionamento entre marido e mulher expressa como Deus se relaciona, por meio de Cristo, com seu povo, a igreja. Pode-se dizer, portanto, que as famílias têm um papel fundamental no plano de Deus de "fazer convergir em Cristo todas as coisas, tanto as que estão no céu como as que estão na terra" (Ef 1.10,12).

Notas

[1] Com referência aos papéis de cada sexo nas tradições palestinas e judaicas geograficamente relacionadas, cf. Craig S. KEENER, "Marriage", Craig A. Evans e Stanley E. Porter, eds., *Dictionary of New Testament Background*. Downers Grove: InterVarsity Press, 2000, p. 690. Keener observa que os deveres comuns das esposas, na Palestina do primeiro século, eram em sua maior parte domésticos: moer o trigo, lavar, amamentar e costurar (*m. Ketub* 5:5). Cf. tb. David INSTONE-BREWER, *Divorce and Remarriage in the Bible: The Social and Literary Context*. Grand Rapids: Eerdmans, 2002, p. 103; e Daniel I. BLOCK, "Marriage and Family in Ancient Israel", Ken M. Campbell, ed., *Marriage and Family in the Biblical World*. Downers Grove: InterVarsity Press, 2003, p. 73-74. Block menciona cuidar do jardim, colher cereais, preparar alimentos e vestir a família.

[2] Curiosamente, o único equivalente feminino explícito, "tal mãe, tal filha", encontra-se nas Escrituras (Ez 16.44), apesar de a máxima ser claramente pressuposta em passagens bíblicas como João 5.17-23 ou 8.34-59. Daniel I. BLOCK, *The Book of Ezekiel Chapters 1-24*, New International Commentary on the Old Testament. Grand Rapids: Eerdmans, 1997, p. 506, n. 252, cita a frase "tal pai, tal filho" em Ezequiel 18.4, apesar de o contexto nesse caso ser um pouco diferente.

[3] As evidências históricas mais precisas indicam que o ofício de Jesus não se limitava ao trabalho com madeira (como o termo "carpinteiro" pode sugerir), daí escolhermos o termo "artífice" para comunicar o âmbito mais amplo da ocupação de Jesus. Cf. o ensaio a ser publicado por Ken M. CAMPBELL, "What Was Jesus' Occupation?", *Journal of the Evangelical Theological Society*.

[4] Cf. James FRANCIS, "Children and Childhood in the New Testament", Stephen C. Barton, ed., *The Family in Theological Perspective*. Edimburgo: T & T Clark, 1996, p. 67, com referência a Hans R. WEBER, *Jesus and the Children*. Genebra: World Council of the Churches, 1979, p. 52-53. [Publicado em português sob o título *Jesus e as crianças*. São Leopoldo, RS: Sinodal, 1986.] Cf. Johannes P. LOUW e Eugene A. NIDA, *Greek-English Lexicon of the New Testament Based on Semantic Domains*, 2a ed. Nova York: United Bible Societies, 1989, 1:109-111, âmbito semântico "Crianças".

⁵ Observe que para Huggenberger, esse fato é evidência de que o casamento é uma aliança.Cf. Gordon P. HUGGENBERGER, *Marriage as a Covenant: Biblical Law and Ethics as Developed from Malachi*. Grand Rapids: Baker, 1998, p. 176-181. Para material interessante sobre o contexto, cf. Joseph H. HELLERMAN, *The Ancient Church as Family*. Minneapolis: Fortress, 2001.

⁶ Observe a conclusão de Stephen C. BARTON, *Discipleship and Family Ties in Mark and Matthew*. Cambridge: Cambridge University Press, 1994, p. 56, de que "há forte precedente para a aparente 'hostilidade' à família no contexto do discipulado de Jesus que se encontra nos Evangelhos". Barton aponta para o judaísmo da história de Abraão em diante, a renúncia da vida familiar em Qumran (conforme idealizada por Fílon e Josefo) e para as comunidades de "Therapeutae" (Fílon). Cf. porém, a resenha e crítica perceptiva de John BARCLAY, *Studies in Christian Ethics* 9, no. 1, 1996, p. 47-50.

⁷ Lucas 14.26; cf. Mateus 10.37: "Quem ama seu pai ou sua mãe *mais* do que a mim".

⁸ Cf. o modo criativo e sugestivo como Cynthia Long WESTFALL trata da questão em "Family in the Gospels and Acts", Richard S. Hess e Daniel Carroll R., *Family in the Bible*. Grand Rapids: Baker, 2003, p. 125-147. Westfall comenta sobre os laços familiares de Jesus nas seções "Mary the Unwed Mother (Maria, a mãe solteira)", "Joseph the Stepfather (José, o padrasto), "Jesus the Illegitimate Son" (Jesus, o filho ilegítimo) e "The Displacement of Jesus's Family" (O deslocamento da família de Jesus). Seu ensaio focaliza quase exclusivamente a identidade e experiência de Jesus em sua família terrena.

⁹ O fato de Francis chamar (em um artigo excelente com exceção desse ponto) Atos 1.14 de "reafirmação dos laços de família" nos parece um tanto estranho. James FRANCIS, "Children and Childhood in the New Testament", p. 81.

¹⁰ Cf. Rodney CLAPP, *Families at the Crossroads: Beyond Traditional and Modern Options*. Leicester / Downers Grove.: InterVarsity Press, 1993, e o comentário em Stephen C. BARTON, "Biblical Hermeneutics and the Family", *Family in Theological Perspective*, p. 10-16; bem como Nicholas Peter HARVEY, "Christianity Against and for the Family", *Studies in Christian Ethics* 9, no. 1, 1996: 34-39; e a resposta de Linda WOODHEAD, idem, p. 40-46.

¹¹ Cf. BARTON, *Discipleship and Family Ties*.

¹² Cf. Stephen C. BARTON, "Family", Joel B. Green, Scott McKnight e I. Howard Marshall, eds., *Dictionary of Jesus and the Gospels*. Downers Grove: InterVarsity Press, 1992, p. 226-229.

¹³ Embora WESTFALL, "Family in the Gospels and Acts", p. 146, talvez crie uma dicotomia pronunciada demais quando escreve: "Não era a intenção de Jesus, porém, que a família fosse a instituição mais importante da terra ou a unidade central da identidade e propósito do cristão".

¹⁴ Cf. capítulo 4, "The Gospel Tradition (A tradição do evangelho)" de Peter BALLA, *The Child-Parent Relationship in the New Testament and Its Environment*. Wissenschftliche Untersuchungen zum Neuen Testament 155, Tübingen: Mohr Siebeck, 2003, p.114-156; John T. CARROL, "Children in the Bible", *Interpretation* 55, 2001, p. 121-134; William A. STRANGE, *Children in the Early Church: Children in the Ancient World, the New Testament, and Early Church*. Carlisle, Reino Unido: Paternoster, 1996, esp. capítulo 2, p. 38-65; Judith M. GUNDRY-VOLF, "The Least and the Greatest", Marcia J. Bunge, ed., *The Child in Christian Thought*. Grand Rapids: Eerdmans, 2001, p. 29-60 (com mais bibliografia nas p. 29-30, n. 2). Gundry-Volf trata das crianças nos Evangelhos em cinco tópicos: (1) e (2) crianças como recipientes e modelos de ingresso no reino de Deus (Mc 10.13-16 par.); (3) humilde como uma criança (Mc 18.1-5); (4) e (5) servir crianças e ser grande; receber crianças e receber Jesus (Mc 9.33-37 e par.). Observe que, além dos exemplos acima, Jesus também se referiu a crianças brincando em Mateus 11.16-19.

¹⁵ Por exemplo, a filha de Jairo em Marcos 5.21-24,35-43; a filha da mulher siro-fenícia em Marcos 7.24-30 e o menino endemoninhado em Marcos 9.14-29. Cf. esp. Stephen C. BARTON, "Child, Children", *Dictionary of Jesus and the Gospels*, p. 100-104; e FRANCIS, "Children and Childhood in the New Testament", p. 65-85 (observe as referências bibliográficas adicionais sobre a infância no mundo antigo na p. 66, n. 2 e à infância e os ensinamentos de Jesus na p. 72, n. 12).

¹⁶ Cf. James D. M. DERRETT, "Why Jesus Blessed the Children (Mk 10.13-16 Par.)", *Novum Testamentum* 25, 1983, p. 1-18; James I. H. MCDONALD, "Receiving and Entering the Kingdom: A Study of Mk 10.15", *Studia Evangelica* 6, p. 1973, p. 328-332.

¹⁷ Cf. FRANCIS, "Children and Childhood in the New Testament", p. 75, que faz uma correlação entre essa ideia e a lembrança da experiência de Israel com Deus em passagens como Deuteronômio 7.7-8; Oseias 11.1-4; Ezequiel 16.3-8. Salmos 74.21.

¹⁸ Para uma bibliografia sobre as crianças no Evangelho de Lucas, cf. FRANCIS, "Children and Childhood in the New Testament", p. 78, n. 26 e 27.

¹⁹ FRANCIS, "Children and Childhood in the New Testament", p. 79. Francis também observa conotações negativas associadas a crianças no Novo Testamento (mas, notavelmente, não nos ensinamentos de Jesus), como a falta de maturidade (p. 80).

²⁰ Cf. David L. BALCH, "Household Codes", David E. Aune, ed., *Graeco-Roman Literature and the New Testament: Selected Forms and Genres*, Society of Biblical Literature Sources for Biblica Study 21. Atlanta: Scholar Press, 1988; idem, *Let Wives Be Submissive: The Domestic Code in 1 Peter*, Society of Biblical Literature Monograph Series 26. Chico: Scholars Press, 1981; Craig S. KEENER, "Family and Household", *Dictionary of New Testament Background*, p. 353-368; idem, "Marriage", *Dictionary of New Testament Background*, p. 687; Philip H. Towner, Daniel G. Reid, eds., *Dictionary of Paul and His Letters*. Leicester / Downers Grove: InterVarsity Press, 1993, p. 417-419 [publicado em português sob o título *Dicionário de Paulo e suas cartas*. São Paulo: Loyola, 2008], que também destaca as passagens relacionadas 1Timóteo 2.1-15; 5.1-2; 6.1-2,17-19; Tito 2.1—3.8; e 1Pedro 2.13—3.7; "Household Codes", Ralph P. Martin e Peter H. Davids, eds., *Dictionary of the Later New Testament and Its Developments*. Downers Grove: InterVarsity Press, 1997, p. 513-520; e James D. G. DUNN, "The Household Rules in the New Testament", *Family in Theological Perspective*, p. 43-63 (inclusive a lista nas p. 44-46, mais a bibliografia relacionada na p. 49, n. 7 e 8).

²¹ Isso não significa, obviamente, que tornar o cristianismo respeitável na cultura ao redor é o princípio *máximo* ou *único* em jogo, quando se vive o relacionamento conjugal de acordo com a verdade e revelação bíblica. Mesmo que certos aspectos da mensagem cristã ou da vida cristã sejam contraculturais, podem levar a cultura ao redor a ponderar sobre o caráter distintivo e diverso do evangelho. Por certo, a igreja não tem autorização de mudar os princípios bíblicos a fim de se ajustar à cultura ao seu redor, seja por meio do igualitarismo ou de alguma diluição dos princípios apresentados nos capítulos 2, bem como neste capítulo.

²² Para um estudo sobre as responsabilidades de filhos e pais nos ensinamentos de Paulo, com ênfase especial sobre a adaptação cristã do formato de código doméstico, cf. GUNDRY-VOLF, "Least and the Greatest", p. 53-58.

²³ Com referência às condições da infância na antiguidade, inclusive taxas de mortalidade infantil e abandono de bebês, cf. KEENER, "Family and Household", p. 359-360. Em termos figurados, as crianças são apresentadas em várias ocasiões no Novo Testamento como metáfora para quem carece de entendimento (1Co 3.1-4; Hb 5.13). Em 1Coríntios 13.11-12, Paulo contrasta a idade adulta com a infância como o estágio de ingresso na maturidade. Os cristãos não devem ser mais "inconstantes como crianças, levados ao redor por todo vento de doutrina (Ef 4.14); juntos, devem crescer em Cristo (Ef 4.15).

²⁴ Cf. Peter T. O'BRIEN, *The Letter to the Ephesians*, Pillar New Testament Commentary. Grand Rapids: Eerdmans, 1999, p. 442, n. 13.

²⁵ Para um estudo completo das crianças no Novo Testamento e seu ambiente, ver a monografia de BALLA, *Child-Parent Relationship*.

²⁶ BALLA, *Child-Parent Relationship*.

²⁷ É provável que a expressão "pois isso é justo" não indique um motivo separado para os filhos obedecerem aos pais, mas sim, introduza a citação subsequente do Decálogo. Para refletir essa inter-

pretação, mudamos a vírgula que aparece na Almeida Século 21 para ponto e vírgula e o ponto final para dois pontos. Cf. O'BRIEN, *Letter to the Ephesians*, p. 442, com referência a Thorsten MORITZ, *A Profound Mystery: The Use of the Old Testament in Ephesians*, Novum Testamentum Supplement 85. Leiden: Brill, 1996, p. 1710174, esp. 171.

²⁸ Cf. O'BRIEN, *Letter to the Ephesians*, p. 439. Ele observa que esse é o quinto particípio que indica resultado nesta passagem. Cf. tb. a discussão sobre Efésios 5.18 no contexto da carta como um todo, no capítulo 3, acima. Com referência à ideia de ser "cheio do Espírito", cf. Andreas J. KÖSTENBERGER, "What Does It Mean to Be Filled with the Spirit? A Biblical Investigation", *Journal for the Evangelical Theological Society* 40, 1997, p. 229-240. Köstenberger observa que não há nenhuma referência bíblica a cristãos pedindo para serem enchidos com o Espírito, mas que as Escrituras mostram Deus enchendo os cristãos a seu tempo e segundo sua vontade, de modo a lhes dar poder para o ministério e para testemunhar com ousadia (cf. At 2.4; 4.8,31; 9.17; 13.9,52). O Espírito Santo já habita nos cristãos a todo tempo (p. ex., Rm 8.9-11) e os fiéis devem se concentrar em viver em obediência à vontade de Deus revelada nas Escrituras e em não apagar ou entristecer o Espírito (1Ts 5.19; Ef 4.30).

²⁹ Observe também a referência de Jesus ao quinto mandamento em Mateus 15.4 par. Mc 7.10 (bem como às consequências negativas da desobediência em Êx 21.17 par. Lv 20.9).

³⁰ Cf. O'BRIEN, *Letter to the Ephesians*, p. 441.

³¹ Cf. O'BRIEN, *Letter to the Ephesians*, p. p. 440-441.

³² Esses ensinamentos refletem uma preocupação encontrada tanto no Antigo Testamento (especialmente em Provérbios) quanto no judaísmo (p. ex., Fílon, Josefo, 4Macabeus e alguns dos rabinos); cf. MORITZ, *Profound Mystery*, p. 159-163.

³³ Em Efésios 6.4, o termo grego traduzido como "provocar" *parorgizō* (em outras partes do Novo Testamento, só tem o mesmo sentido em Rm 10.19; variação em Cl 3.21; cf. tb. Dn 11.36, LXX; Sir 4.3, LXX; T. Jó 43.9; T. Lv 3.10?; 3Bar 16.2). Em Colossenses 3.21, o termo grego traduzido como "irritar" é *erethizō*. Além desta passagem, só aparece no Novo Testamento em 2Co 9.2, onde tem um sentido positivo; cf. 1Mac 15.40 e outros exemplos gregos extrabíblicos em W. BAUER, F. W. DANKER, W. F. ARNDT e F. W. GINGRICH, *A Greek-English Lexicon of the New Testament and Other Early Christian Literature*, 3a ed. (BDAG). Chicago: University of Chicago Press, 2000, p. 391, que inclui as ideias de "irritar" ou "amargurar"; de fato, muitos pais "irritam" os filhos, o que constitui abuso de autoridade.

³⁴ O'BRIEN, *Letter to the Ephesians*, p. 445, observa que embora *hoi pateres* possa significar, em certos contextos, "pai e mãe" em geral (Hb 11.23), em Efésios 6.4 há uma mudança de palavras de *goneis*, "pai e mãe" no versículo 1, para *pateres* no versículo 4. Logo, é provável que a presente referência seja voltada especificamente para os pais (e não para as mães). Essa ideia é corroborada, ainda, pelo fato de os pais serem responsáveis pela educação e disciplina dos filhos tanto na cultura judaica quanto no mundo greco-romano.

³⁵ O'BRIEN, *Letter to the Ephesians*, p. 440.

³⁶ Andrew T. LINCOLN, *Ephesians*, Word Biblical Commentary. Dallas: Word, 1990, p. 406.

³⁷ Cf. BALLA, *Child-Parent Relationship*, p. 83-84. Uma indicação da dinâmica poderosa do relacionamento natural entre pai e filho é o fato de esse tipo de linguagem também ser aplicado a homens mais velhos e mais jovens sem vínculos biológicos. Logo, homens mais jovens podiam chamar homens mais velhos de "pai" e homens mais velhos podiam chamar homens mais jovens de "filho". Semelhantemente, o mestre pode se referir aos seus discípulos como filhos (Jo 13.33; 21.5; 3Jo 4), enquanto os discípulos podem chamar os mestres de "pai" (2Rs 2.12; Mt 23.9).

³⁸ Cf. Philo (Fílon), *Special Laws* 2.232 que escreve sobre a autoridade de pais e mães para "impor castigos severos" sobre os filhos. Citado em CARROL, "Children in the Bible", p. 123.

³⁹ Cf. paralelos em KEENER, "Family and Household", p. 357.

⁴⁰ De fato, não são poucos os filhos que têm uma visão distorcida de nosso Pai celestial por causa de um pai terreno inadequado ou mesmo abusivo. Nesses casos, é necessário perdoar e concentrar-se

em Deus, o Pai, o único que é perfeito e capaz de suprir todas as nossas necessidades. Cf. p. ex., Mary A. KASSIAN, *In My Father's House: Women Relating to God as Father*. Nashville: LifeWay, 1999.

[41] Esse pronunciamento é quase insuportável para alguns estudiosos contemporâneos, como Carolyn OSIEK e David L. BALCH, *Families in the New Testament World: Households and House Churches*. Louisville: Westminster/John Knox, 1997, p. 122, que escrevem: "É teológica e moralmente ultrajante quando esse autor 'paulino' argumenta que a mulher 'será salva dando à luz filhos' (1Tm 2.15)". Para um comentário detalhado da interpretação de 1Timóteo 2.15, cf. Andreas J. KÖSTENBERGER, "Ascertaining Women's God-Oriented Roles: An Interpretation of 1Timothy 2.15", *Bulletin of Biblical Research* 7, 1997, p.107-144. Com referência à hospitalidade, cf. Stephen C. BARTON, "Hospitality", *Dictionary of the Later New Testament and Its Developments*, p. 501-507.

[42] KÖSTENBERGER, "Ascertaining Women's God-Oriented Roles", p. 142-144, esp. 143.

[43] Com referência a essa questão, cf. esp. Larry BURKETT, *Women Leaving the Work Place*. Chicago: Moody, 1999; Cheryl GOCHNAUER, *So You Want to Be a Stay-at-Home Mom*. Downers Grove: InterVarsity Press, 1999; Donna OTTO, *The Stay-at-Homem Mom: For Women at Home and Those Who Want to Be*. Eugene: Harvest, 1997.

[44] KÖSTENBERGER, "Ascertaining Women's God-Oriented Roles", p. 143.

[45] O termo grego é *diabolos*; cf. 1Timóteo 3.11; 2Timóteo 3.3.

[46] Cf. 2Pedro 2.19; Romanos 6.18,22; 1Coríntios 7.15; Gálatas 4.3. Esse atributo também é exigido de presbíteros e diáconos (1Tm 3.3,8).

[47] Cf. 1Timóteo 5.2. A expressão "para que" mostra que, originalmente, trata-se de uma oração que indica propósito (*hina*). Ao contrário das implicações de certas obras sobre disciplina espiritual, o crescimento no caráter piedoso não deve ser considerado de forma isolada do serviço a outros no contexto de relacionamento saudáveis na igreja. De outro modo, é fácil essa "espiritualidade" alimentar orgulho espiritual e uma atitude julgadora em relação a outros que são considerados menos "espirituais". Outra questão interessante a ser observada é que Tito não é instruído a ensinar as mulheres mais jovens diretamente.

[48] Cf. o retrato da mulher (e mãe) virtuosa em Provérbios 31, do qual tratamos no capítulo 2.

[49] Cf. o capítulo 3 para comentários sobre a submissão das mulheres em Efésios 5.21-23. A dicotomia criada por John R. W. STOTT, *Guard the Truth: The Message of 1Timothy and Titus*. Downers Grove: InterVarsity Press, 1996, p. 189, segundo a qual a "liderança masculina não é de autoridade [...] mas de responsabilidade e cuidado amoroso" é falsa.

[50] Stanley N. HELTON, "Titus 2.5—Must Women Stay at Home?", Carroll D. Osburn, ed., *Essays on Women in Earliest Christianity*. Joplin: College Press, 1995, p. 376.

[51] Cf. também a discussão sobre questões contemporâneas da educação de filhos, inclusive a educação dos filhos por pais sozinhos, disciplina física e princípios da disciplina dos filhos, no capítulo 7.

[52] Crianças superdotadas, por exemplo, podem se entediar com facilidade e dar a impressão de ser desrespeitosas ou rebeldes. Não adianta simplesmente exortá-las sem tratar da questão de que precisam de mais desafios. Algumas crianças se desenvolvem bem dentro de uma estrutura formal, outras precisam de um âmbito mais amplo de liberdade. Algumas crianças são mais dóceis, enquanto outras testam os limites com frequência. Logo, não é adequado adotar uma abordagem genérica à disciplina.

[53] Com referência ao culto em família, cf. esp. James W. ALEXANDER, *Thoughts on Family Worship*. Morgan: Soli Deo Gloria, 1998; Kerry PTACEK, *Family Worship: The Biblical Basis, Historical Reality, and Current Need*. Greenville: Greenville Seminary Press, 2000. Cf. ainda a seção sobre "Cultura familiar" no capítulo 8.

[54] Dietrich BONHOEFFER, *Ethics*, trad. Neville Horton Smith. Londres: SCM, 1955, p. 183. [Publicado em português sob o título *Ética*. São Leopoldo: Faculdade EST / Sinodal, 2009.]

Ter ou não ter filhos: questões excepcionais relacionadas à família (Parte 1)

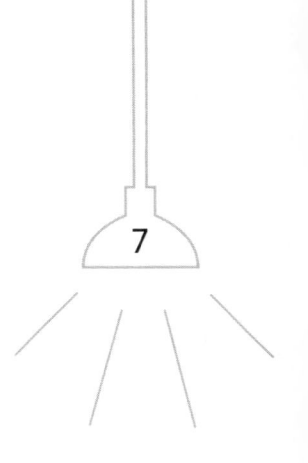

Com exceção daqueles que foram chamados por Deus para permanecer solteiros, o ideal divino é de casamento monógamo e vitalício coroado pela dádiva de filhos. Devido, em parte, à presença do pecado neste mundo caído, porém, existem complicações e questões das quais trataremos neste capítulo.[1] Aqui, e no capítulo seguinte, falaremos de infertilidade e ética médica moderna, aborto, contracepção, reprodução medicamente assistida, adoção e algumas questões contemporâneas ligadas à criação dos filhos de acordo com padrões cristãos, como mães ou pais sozinhos, castigo físico, a promoção da masculinidade e feminilidade e os princípios da disciplina paternal. Em contraste com os outros capítulos deste livro, esses dois capítulos não partem diretamente do texto bíblico, mas de questões contemporâneas relevantes associadas ao casamento e à família. Não obstante, sempre que possível, apresentaremos exemplos do ensino e/ou princípios das Escrituras a respeito dos assuntos em questão.

A INFERTILIDADE E A ÉTICA MÉDICA MODERNA

Dificilmente alguém consegue apreciar o valor dos filhos hoje em dia mais do que uma mulher incapaz de conceber e que anseia ter seus próprios filhos. Isso não significa que casais sem filhos ou pessoas solteiras não estejam dentro da vontade de Deus ou não possam realizar contribuições importantes para o reino; a fertilidade física é apenas uma parte do desejo mais amplo de Deus de que os seres humanos sejam férteis, desejo esse que também abrange a fertilidade espiritual. Conforme Jesus disse aos seus seguidores: "Meu Pai é glorificado nisto: em que deis muito fruto; e assim sereis meus discípulos [...] eu vos escolhi e vos designei a ir e dar fruto, e fruto que permaneça" (Jo 15.8,16). Isso se aplica a pessoas solteiras e casais sem filhos, bem como a casais com filhos.

Não obstante, dar à luz e criar filhos continua sendo parte fundamental dos desígnios de Deus para homens e mulheres nos dias de hoje. O plano abrangente de Deus para a humanidade ("frutificai e multiplicai-vos") tem inúmeras implicações contemporâneas que abrangem uma grande variedade de questões como aborto, contracepção, infertilidade e adoção. Com os avanços da medicina moderna, os casais sem filhos têm à sua disposição uma gama bem mais ampla de opções do que em tempos passados. Esse fato, por sua vez, levanta para os cristãos questões referentes à propriedade de procedimentos como fertilização *in vitro*, pais substitutos e inseminação artificial.[2] Nas páginas a seguir trataremos de cada um desses tópicos separadamente.

Aborto

As Escrituras não aprovam o aborto, tanto em razão de seu ensino geral acerca do valor da vida humana quanto em função de passagens específicas.[3] Os dois Testamentos ensinam que os filhos são bênção de Deus (Sl 127.3-5; mc 10.13-16 par.) e consideram particularmente hediondo matar crianças (p. ex., Êx 1.16-17,22; Lv 18.21; Jr 7.31-32; Ez 16.20-21; Mq 6.7; Mt 2.16-18; At 7.19). A Bíblia mostra Deus ativo na criação dos seres humanos desde o momento da concepção (dentre os exemplos do Antigo Testamento, temos os filhos que Deus deu a Sara [Gn 17.15-22; 21.1-7], Lia, Raquel [Gn 30.1-24], Rute [Rt 4.13-17] e Ana [1Sm 1.19-20]; no Novo Testamento, cf. especialmente Isabel em Lc 1.24-25,39-44), de modo que a procriação humana representa, de fato "um processo co-criativo que envolve o homem, a mulher e Deus".[4] O salmista apresenta um tributo comovente ao envolvimento de Deus na criação do ser humano ainda no ventre materno:

> Pois tu formaste o meu interior,
>   tu me teceste no ventre de minha mãe.
> Eu te louvarei, pois fui formado de modo tão admirável e maravilhoso!
> Tuas obras são maravilhosas, tenho plena certeza disso!
> Meus ossos não te estavam ocultos,
>   quando em segredo fui formado e tecido com esmero nas profundezas
>   da terra.
> Teus olhos viram a minha substância ainda sem forma,
>   e no teu livro os dias foram escritos,
>   sim, todos os dias que me foram ordenados,
>   quando nem um deles ainda havia.
> Salmos 139.13-16

Outra passagem bíblica deixa claro que Deus forma o feto no ventre e que, de fato, tem conhecimento pessoal da criança ainda não nascida: "Antes que eu *te formasse* no ventre *te conheci*, e antes que nascesses *te consagrei* e *te designei como profeta* às nações" (Jr 1.5, ênfase nossa; cf. tb. Jó 10.9-12; 31.15; Sl 119.73; Ec 11.5). Embora o Antigo Testamento não forneça uma discussão teórica quanto ao feto ser ou não uma "pessoa", ele "retrata o feto como obra de Deus e objeto de seu conhecimento, amor e cuidado, de modo que sua destruição pode ser considerada contrária à vontade de Deus".[5]

O "profundo respeito pela vida no estágio pré-natal"[6] que observamos no Antigo Testamento também é revelado pela estipulação mosaica para que quem fizesse mal à criança não nascida ainda no ventre da mãe fosse castigado: "Vida por vida, olho por olho, dente por dente, mão por mão, pé por pé, queimadura por queimadura, ferimento por ferimento, golpe por golpe" (Êx 21.22-25).[7] Como todas essas passagens sugerem claramente, as Escrituras consideram que a vida humana se inicia na concepção e que não existe um "direito humano" de tirar a vida de uma criança não nascida. Essa ideia está em harmonia com a declaração bíblica de que Deus é o Deus da vida e de que toda a criação (especialmente os seres humanos) é preciosa e digna de ser preservada (p. ex. salmo 8). Nesse sentido, as Escrituras são nitidamente distintas das culturas pagãs antigas.

Embora as tentativas de aborto fossem comuns no mundo antigo, mais corriqueiro ainda era o abandono de bebês depois do nascimento.[8] Um dos principais motivos de o aborto ser menos comum era a grande probabilidade de a mãe morrer ao abortar. Ademais, os meninos eram mais valorizados do que as meninas, de modo que as pessoas esperavam até depois do nascimento para saber o sexo do bebê. Caso fosse menina, optavam muitas vezes por abandoná-la, como exemplifica um papiro pré-cristão não literário do Egito, escrito por um homem chamado Hilário de Alexandria à esposa, Alis, em seu lar no interior: "Rogo e suplico, cuide do pequenino, e assim que recebermos nosso pagamento, eu ou enviarei a ti. Se, porventura deres à luz uma criança, e se for menino, deixa-o viver; se for menina, abandona-a" (*P. Oxirrinco* 744).[9] O bebê era abandonado em um montão de lixo ou um local isolado. Outra realidade triste era que, por vezes, mercadores de escravos recebiam bebês e os criavam para vendê-los como escravos ou, no caso das meninas, como prostitutas (Justino, Apologia 1.27). No mundo greco-romano, o abandono de bebês não era considerado infanticídio, mas sim, recusa em recebê-lo na sociedade, uma ideia desprovida de implicações morais negativas.

Essas práticas contrastavam nitidamente com a lei judaica que, com base em Êxodo 21.22-25, proibia o aborto (Josefo, *Contra Ápio* 2.25 §202; *Pseudo-Focílides* 184-185; b. Sinédrio 57b) e o abandono (Fílon, *Leis especiais* 3.110-119; *Virtudes* 131-133; *Oráculos sibilinos* 3:765-766; Tácito, *Histórias* 5.5). A passagem de Êxodo citada acima estipula que quem ferir uma gestante e lhe causar dano deve ser castigado, "vida por vida, olho por olho, dente por dente, mão por mão, pé por pé", etc. (a *lex talionis*). Para a lei judaica, essa pena deixava implícito que a vida antes do nascimento tinha o mesmo valor que a vida depois do nascimento. Fílon, escritor judeu do primeiro século, no trecho acima citado de sua obra *Leis especiais*, faz distinção entre o aborto realizado no início ou no final da gestação e se pronuncia contra este último (*Leis especiais* 3.110-119).[10]

A exemplo dos judeus, os cristãos primitivos também condenavam o aborto e o abandono. O *Didaquê*, manual antigo de instrução eclesiástica, diz: "Não cometerás homicídio [...]: não farás aborto, não cometerás infanticídio" (*Did.* 2:2). A *Epístola de Barnabé* afirma, semelhantemente: "Não farás aborto, não cometerás infanticídio" (*Ep. Barn.* 19:5). Em sua *Primeira Apologia,* Justino escreve: "Quanto a nós, porém, fomos ensinados que abandonar crianças recém-nascidas é prática de homens perversos [...] primeiro, porque vimos que quase todos abandonados desse modo [...] são criados para prostituição [...]" (*Apol.* 1.27). A *Carta a Diogneto* descreve os cristãos da seguinte maneira: "Casam-se, como fazem todos os homens, têm filhos, mas não abandonam sua prole" (*Ct. Diog.* 5:6; cf. tb. Atenágoras, *Súplica* 35; Minúcio Félix, *Otávio*, 30-31).[11]

Não é nosso objetivo aqui tratar de forma direta do debate contemporâneo a respeito do aborto.[12] Conforme as passagens bíblicas e extrabíblicas citadas acima deixam claro, porém, o mundo antigo testemunhou uma diferença marcante entre a cultura pagã e os ensinamentos judaico-cristãos a esse respeito. Embora certos elementos de complexidade tenham sido introduzidos na discussão moderna, muitas das questões pertinentes já eram tratadas no primeiro século da era cristã (e até mesmo antes desse período). Como o levantamento acima mostra, de acordo com o conceito judaico-cristão tradicional, a vida começa na concepção e somente esse conceito faz jus aos ensinamentos das Escrituras e a vida e prática da igreja primitiva. Por esse motivo, o aborto deve ser considerado um ato não autorizado de tirar a vida humana antes do nascimento, o que é contrário à vontade de Deus.[13]

Contracepção (Mark Liederbach)

As Escrituras não mostram de forma direta se é biblicamente apropriado ou não usar métodos contraceptivos. Nenhuma passagem bíblica menciona explicitamente o termo "contracepção", e também não há textos que indiquem de modo específico se é apropriado ou não usar métodos contraceptivos. Nem por isso, contudo, devemos supor que as Escrituras não têm nada a dizer a respeito da questão.

A questão da legitimidade da contracepção em geral

Conforme observamos acima, Gênesis 1.28 identifica a procriação como o fim principal da união conjugal, enquanto o salmo 127 descreve os filhos como bênção de Deus. Ao considerarmos se é apropriado ou não usar métodos contraceptivos, é necessário partir do princípio de que ter filhos é a norma esperada dos casamentos e deve ser entendido como uma boa dádiva de um Pai celestial amoroso. Nas palavras de Albert Mohler: "Devemos começar por uma rejeição da mentalidade contraceptiva que considera a gravidez e os filhos incômodos a serem evitados, e não dádivas a serem recebidas, amadas e cuidadas. Essa mentalidade contraceptiva constitui um ataque insidioso à glória de Deus na criação e à dádiva da procriação que o Criador concede ao casal casado".[14]

Uma vez reconhecida a ligação importante entre expressão sexual e geração de filhos, deve-se concluir que todo ato sexual precisa "estar aberto" para a concepção? Quem responde a essa pergunta de forma afirmativa cita Gênesis 38.6-10, o relato de Onã e Tamar, para apoiar sua posição. Nessa passagem, Deus tira a vida de Er, filho mais velho de Judá, pois "era mau aos olhos do SENHOR" e deixou sua esposa, Tamar, viúva. O costume hebraico conhecido como casamento de levirato (Dt 25.5-10) determinava que quando um homem casado morria sem deixar descendentes a viúva devia se casar com o parente mais próximo do falecido. O primeiro filho desse casamento subsequente levaria o nome do irmão mais velho e se tornaria herdeiro dele, de modo que o nome do primeiro marido não se apagasse em Israel (cf. Dt 25.6).

No caso em questão, Onã, próximo irmão de Er em idade decrescente, devia assumir a responsabilidade de dar um filho a Tamar. De acordo com Gênesis 38.9, porém, apesar de Onã ter relações sexuais com Tamar, evitava que ela concebesse ao retirar-se antes da ejaculação. Em vez de prover um herdeiro para Er, o primeiro marido de Tamar, as Escrituras indicam que Onã "derramava o sêmen no chão". "O que ele fazia era mau aos olhos do SENHOR", de modo que Deus também tirou a vida dele (v. 10).

Os católicos costumam citar essa passagem para sugerir que o Senhor se desagradou particularmente da interrupção do processo sexual para evitar a procriação. Argumentam com base nisso que todo ato sexual deve estar aberto à procriação. A interrupção de Onã, portanto, bem como qualquer forma de interrupção ou o uso de meios artificiais de evitar a concepção durante a relação sexual são considerados, portanto, moralmente repreensíveis. De acordo com essa postura, todos os meios de contracepção que interrompem o processo natural de procriação são contrários à vontade de Deus.[15]

Ao examinarmos melhor a passagem, porém, temos a impressão de que o desprazer do Senhor em Gênesis 38.10 não deve ser associado diretamente à prevenção da gravidez em si, mas sim, ao modo particularmente explorador, abusivo e desperdiçador como Onã se relacionava sexualmente com Tamar.[16] Deuteronômio 25.5-10 indica que se o irmão se recusasse a cumprir sua "obrigação" de dar um descendente, a pena não era morte, mas humilhação (v. 9-10). A severidade do castigo sugere, portanto, que Deus tirou a vida de Onã por razões que iam além da recusa de prover um descendente para seu irmão falecido.

De que maneira, então, devemos raciocinar biblicamente sobre a contracepção? As Escrituras indicam que Deus criou o casamento para outros fins além da procriação. Companheirismo por meio do desenvolvimento do vínculo conjugal sagrado (Gn 2.18,24), prazer sexual (Pv 5.15-23; Cântico dos Cânticos) e fidelidade (1Co 7.1-9) são apenas alguns dos fins biblicamente apropriados para os quais Deus criou a união conjugal sexual. Apesar de parecer claro que ao longo do casamento o casal deve procurar ter filhos (talvez até vários; cf. Sl 127.5), não se segue que *em toda relação sexual* o casal deva abster-se do uso de contraceptivos. A relação sexual no casamento continua a ser extremamente importante para a união, prazer, fidelidade e assim por diante, mesmo que o casal use meios de contracepção como parte do planejamento familiar. Na verdade "a ideia de que 'absolutamente cada um dos atos' sexuais dentro do casamento fiel deve estar aberto à procriação vai além das exigências bíblicas".[17]

Formas moralmente permissíveis e não permissíveis de contracepção

Concluir que o uso de contracepção é moralmente permissível *em termos gerais* não é dizer que *todas* as formas de controle de natalidade são moralmente aceitáveis. Na verdade, tendo em vista passagens como Êxodo 20.13 proibirem de modo específico que se tome a vida de inocentes, "o profundo respeito pelo estágio pré-natal" da ética judaico-cristã também deve influenciar nossa perspectiva a respeito das formas de controle de natalidade biblicamente permissíveis.[18]

Formas aceitáveis de controle de natalidade

Quais formas de controle de natalidade são moralmente aceitáveis? A resposta resumida é: *apenas aquelas que são de natureza contraceptiva, ou seja, que impedem somente a concepção*. Com base nesse princípio fundamental, é relativamente fácil avaliar as formas de planejamento familiar apropriadas e inapropriadas.

Formas aceitáveis incluem métodos naturais como a *abstinência* (a única opção biblicamente legítima para aqueles que não são casados) e o *método rítmico* ou *tabelinha* (e suas variações como a identificação dos ciclos de temperatura corporal ou cálculo dos períodos de ovulação e fertilidade).[19]

Além dos métodos acima, aqueles que procuram evitar a concepção são moralmente aceitáveis. Isso inclui os "métodos de barreira" como o diafragma, o capuz cervical, camisinhas e espermicidas na forma de espumas, cremes, esponjas ou cápsulas vaginais.

Formas inaceitáveis de controle de natalidade

As formas inaceitáveis de planejamento familiar abrangem todos os métodos que induzem o *aborto*. Logo, o *dispositivo intrauterino* ou "DIU" é um método inaceitável, pois sua função principal é criar um ambiente instável para o óvulo fertilizado não se fixar na parede do útero ao reduzir o revestimento endometrial e o tornar incapaz de sustentar a vida da criança.

A droga RU-486, a *"pílula abortiva"* ou *"pílula do dia seguinte"* também é moralmente inaceitável, uma vez que sua principal função é evitar a fixação do novo feto na parede uterina. A droga atua de modo a impedir de forma direta o estabelecimento e continuidade da gestação ao bloquear a secreção natural de progesterona, um hormônio essencial que prepara o útero para receber o óvulo fertilizado e ajuda a manter a gravidez uma vez que ela ocorre.

Métodos que exigem menção especial e cuidado adicional

Devemos fazer menção especial a duas formas de controle de natalidade amplamente praticadas tanto por cristãos quanto por não cristãos: a esterilização e o uso da "pílula".

A *esterilização* é um meio de contracepção que utiliza um procedimento cirúrgico para pôr fim, em caráter permanente, à fertilidade da pessoa. No caso do homem, a vasectomia bloqueia o duto deferente (duto ejaculatório) e, desse modo, evita que o sêmen deixe o corpo durante a ejaculação. No caso das mulheres, a *laqueadura* é o procedimento que bloqueia as trompas de Falópio para evitar que o sêmen entre em contato com os óvulos e ocorra a fertilização.

Várias considerações importantes acerca da esterilização podem servir de aviso contra seu uso. Uma delas é o fato de se tratar de uma cirurgia eletiva que constitui o desligamento ou desativação permanente de uma função física. A natureza definitiva do procedimento o torna diferente do uso da camisinha ou de outras medidas temporárias. Além disso, podemos perguntar se temos, em algum momento, o direito de remover uma parte do corpo (cf. Lv 21.20; Dt 23.1; 1Co 6.19) por uma simples questão de conveniência,[20] e se esse é um modo apropriado de tratar o "templo do Espírito Santo" (1Co 6.19).

Ainda que o Antigo e o Novo Testamentos indiquem que o cuidado do corpo não deve ser uma preocupação central, é necessário tratá-lo com honra e respeito (cf. p. ex., Gn 2.7; Êx 21.22-25; 1Co 6.12-20). Como argumenta o ético John Jefferson,

> O apóstolo mostra que o cristão não tem direito de exercer domínio ilimitado sobre o corpo; antes, deve vê-lo como um bem que lhe foi confiado pelo Senhor para ser usado de modo a glorificar a Deus. E uma operação cirúrgica como a esterilização não é apenas uma "escolha" pessoal, mas uma decisão a ser considerada dentro da estrutura bíblica de mordomia do corpo humano. Tendo em vista o corpo humano ser um bem confiado por Deus e considerando-se o alto valor dado à capacidade humana de procriação e às famílias grandes no Antigo Testamento, essa capacidade não deve ser rejeitada nem cirurgicamente destruída sem justificativa convincente.[21]

Embora esse assunto ainda aguarde receber atenção adequada nos meios evangélicos,[22] algumas pessoas talvez refutem que a mesma linha de raciocínio apresentada acima para a propriedade de se usar certas formas de contracepção também se aplique nestes casos. Deus nos deu inteligência e capacidade de análise crítica para cumprir seu mandamento de "frutificar e multiplicar-se" em nossas circunstâncias pessoais, segundo as prescrições e princípios das Escrituras (como o caráter sagrado da vida humana). Considerando-se nossa conclusão de que é errôneo interpretar essa ordem como uma instrução para que todo ato sexual conjugal permaneça aberto para a procriação, parece apropriado que os cônjuges sejam capazes de determinar quando chegaram a um ponto em que Deus não deseja que gerem mais filhos. A dúvida passa a ser, então, se a esterilização é um meio legítimo de garantir que nenhum outro filho seja concebido. De fato, apesar de nem todos os cristãos concordarem que a esterilização implica uma violação inapropriada do corpo como templo do Espírito Santo,[23] é fundamental que os cristãos sujeitem seus desejos pessoais a uma consideração séria daquilo que é biblicamente permissível.

Ainda que seja possível argumentar contra e a favor da esterilização como forma de controle de natalidade para os cristãos, uma vez que as Escrituras não tratam de forma direta das diferentes práticas modernas de esterilização, parece apropriado evitarmos o dogmatismo nessa área. Nos casos em que as Escrituras não tratam de forma direta de determinada questão, princípios biblicamente fundamentados devem ser aplicados com sabedoria e cautela. Conhecemos casais tementes a Deus que nos garantiram que optaram pela esterilização em atitude de oração e confiando no Senhor. Também conhecemos outros casais igualmente tementes a Deus que, tempos depois, se arrependeram de ter realizado a cirurgia e procuraram revertê-la para poder ter mais filhos. Os dois casos sugerem que, ao pensar no uso de determinado método contraceptivo, é essencial que o casal sonde honestamente o coração e as motivações durante o processo de tomar essa decisão e certifique-se de que as considerações pragmáticas e desejos pessoais não sobrepujem os princípios bíblicos ou moldem de forma indevida aquilo que lhes parece ser a direção do Espírito Santo.

Outro método de controle de natalidade que exige menção especial é aquele que conhecemos popularmente como "*a pílula*". Devido à ampla aceitação desse método em nossa cultura, alguns cristãos talvez se surpreendam em saber que a aceitabilidade moral da "pílula" (e das muitas e diversas aplicações dos mesmos produtos químicos básicos) é questionada por éticos cristãos. Ainda que a conveniência e eficácia dessa forma de controle de natalidade sem dúvida tenham levado muitos a aprová-la, é preciso tratar de sérias questões morais antes de decidir se "a pílula" é ou não uma forma aceitável de contracepção.

Existem duas categorias básicas de contraceptivos químicos hormonais: contraceptivos combinados e contraceptivos exclusivamente de progesterona. Os *contraceptivos combinados* (que contêm estrogênio e progesterona) encontram-se disponíveis na forma oral (conhecida como AOC, anticoncepcional oral combinado (como Mercilom, Gracial e Trinordiol) e injetável (conhecida como AIC, anticoncepcional injetável combinado (como Cyclofemina e Mesigyna). As *pílulas exclusivamente de progesterona* (PEP) contêm o hormônio progesterona e são tomadas diariamente, enquanto os anticoncepcionais injetáveis exclusivamente de progesterona (AIP) como Depo-Provera e Noristerat devem ser aplicados aproximadamente a cada dois ou três meses. Outra versão de anticoncepcional exclusivamente de progesterona é o Norplant que envolve um procedimento cirúrgico para inserir debaixo da pele pequenas cápsulas contendo esse hormônio. Afirma-se que esse método é eficaz por vários anos.[24]

De acordo com o manual de farmacologia *Physician's Desk Reference*, todas essas versões de contraceptivos combinados e contraceptivos exclusivamente de progesterona funcionam por meio de três mecanismos básicos de ação. O primeiro consiste em impedir a ovulação (um mecanismo contraceptivo). O segundo altera o acúmulo de muco cervical que dificulta a entrada do sêmen no útero e, portanto, a fertilização do óvulo (um mecanismo contraceptivo). O terceiro mecanismo de todas as formas de AOCs e PEPs, quer intencional ou não, consiste em inibir o *endométrio* (revestimento uterino) e, desse modo, torná-lo incapaz de sustentar a vida da criança recém-concebida caso ocorra a fertilização. Esse terceiro mecanismo não é, portanto, contraceptivo, mas *abortivo*, ou seja, atua como um "dispositivo de segurança" caso os outros dois mecanismos não evitem a concepção.[25]

PDR*Health.com*, um site que oferece informações baseadas no *Physician's Desk Reference* descreve esses três mecanismos da seguinte forma:

> A supressão da ovulação é o modo principal pelo qual os contraceptivos orais, Depo-Provera e Lunelle evitam a gravidez; o sistema de implante *causa a supressão da ovulação em cerca de 50 por cento dos casos*. Ao longo de cada ciclo da pílula, porém, e de modo contínuo nos implantes Norplant e no Depo-Provera, o muco que reveste o cérvix, local onde o sêmen entra no útero, permanece espesso e pegajoso de modo a dificultar a passagem do sêmen por ele. Esse empecilho viscoso também atua sobre a célula do espermatozóide. Evita a fertilização ao interferir com as alterações químicas dentro do espermatozóide que lhe permitem penetrar o revestimento externo do óvulo.
>
> *Ainda que a ovulação e fertilização ocorram, os métodos hormonais oferecem outra medida de proteção: alterações no revestimento do útero.* Normalmente, o estrogênio inicia o espessamento do revestimento uterino na primeira parte do ciclo, enquanto a progesterona entra em cena posteriormente para ajudar o revestimento a amadurecer. Uma vez que os dois hormônios estão presentes ao longo de todo o ciclo da pílula e a progesterona é fornecida continuamente pelos implantes e a injeção, *as variações hormonais normais são mascaradas e raramente o revestimento tem a oportunidade de se desenvolver o suficiente para nutrir um óvulo fertilizado*.[26]

Em resumo, com respeito tanto aos contraceptivos combinados quanto às pílulas exclusivamente de progesterona, o maior problema moral ocorre quando o primeiro e o segundo mecanismo de ação falham (evitar a ovulação e, por meio do acúmulo de muco, evitar a fertilização) e ocorre a fertilização do óvulo. A essa altura, os métodos deixam de ser de natureza contraceptiva e se tornam abortivos. Apesar de a probabilidade de falha dos dois primeiros métodos ser reconhecidamente pequena (ainda mais no caso dos contraceptivos combinados), tendo em vista o fato de tantas mulheres usarem essas formas de controle de natalidade, não há dúvidas que, para algumas, "a pílula" ou seus equivalentes agem, pelo menos ocasionalmente, de modo a encerrar a vida de uma criança concebida.[27] Se "o respeito profundo pela vida nos estágios pré-natais" do desenvolvimento da criança, do qual tratamos anteriormente, for investido da devida autoridade moral, talvez seja correto reavaliar se a pequena probabilidade de abortar uma criança vale a pena de algum modo.[28]

Por fim, devido ao uso um tanto enigmático da terminologia referente a esse assunto, os casais prudentes, que buscam o conselho do clínico geral e/ou ginecologista, devem formular suas perguntas com exatidão e cuidado. Um jovem casal talvez pergunte ao seu médico, por exemplo, se determinada forma de contracepção oral ou química apresenta o risco de causar aborto. A resposta pode variar, dependendo de como o médico define "aborto" e "gravidez". Pode-se entender que o termo "gravidez" indica que o óvulo fertilizado *já se implantou na parede uterina*. Se essa for a definição de gravidez adotada pelo médico, ele talvez responda que os contraceptivos combinados e exclusivamente de progesterona não causam abortos, pois não impedem o crescimento de um óvulo fertilizado uma vez que se fixou à parede do útero. Não fica claro para o casal, porém, se "a pílula" pode, de fato, encerrar a vida de uma criança recém-concebida ao evitar que o óvulo fertilizado se fixe na parede uterina onde, de outro modo, a "gravidez" teria início.

Por esse motivo, em vez de perguntar se determinada forma de contracepção combinada ou exclusivamente de progesterona "pode causar aborto", o casal prudente procurará identificar se a contracepção combinada ou exclusivamente de progesterona inibe o desenvolvimento normal do revestimento endometrial. Em caso afirmativo, a inibição pode impedir o óvulo fertilizado de se fixar na parede uterina e, portanto, causar a morte da criança recém-concebida. Outros pontos a serem esclarecidos e que podem ajudar na discussão desse assunto com o médico são: (1) O método de controle em questão evita a fertilização do óvulo em cem por cento dos casos? (2) *Algum* produto no mercado pode apresentar comprovação clara de que evita a fertilização do óvulo em cem por cento dos casos? (3) Existe alguma forma de contracepção combinada ou exclusivamente de progesterona que não provoque mudanças no endométrio (o revestimento da parede uterina) de modo a impedir que ela sustente um óvulo fertilizado que, de outro modo, poderia se fixar na parede uterina e se desenvolver plenamente?[29] Até o momento, este autor não conseguiu comprovar uma resposta afirmativa para nenhum dessas perguntas.[30]

Formas aceitáveis e inaceitáveis de controle de natalidade

FORMAS ACEITÁVEIS DE CONTROLE DE NATALIDADE	FORMAS INACEITÁVEIS DE CONTROLE DE NATALIDADE	MÉTODOS QUE NECESSITAM CONSIDERAÇÃO ESPECIAL
Princípio geral: Métodos de natureza contraceptiva, ou seja, que impedem exclusivamente a concepção.	*Princípio geral*: Todas as formas de aborto induzido.	*Princípio geral*: Métodos que requerem menção especial e cuidado adicional
Abstinência	Aborto	Esterilização (vasectomia, laqueadura)
"Método rítmico ou tabelinha"	DIU (dispositivo intrauterino)	"A pílula" e suas diversas aplicações (contraceptivos combinados ou exclusivamente de progesterona)
"Métodos de barreira" (diafragma, capuz cervical, camisinha e espermicidas)	RU-486 ("pílula do aborto" ou "pílula do dia seguinte")	*Questões relacionadas*: Tratamento do corpo como templo do Espírito Santo (esterilização), questões sérias referentes à santidade da vida ("a pílula").

Para concluir, com referência à esterilização, é importante reiterar a necessidade de se ter cautela extrema para evitar o dogmatismo em questões que as Escrituras não proíbem explicitamente nem tratam de forma direta. O que deve ser seriamente considerado antes de se decidir empregar ou não esse método é o princípio de honrar "o templo do Espírito Santo". Com referência à "pílula", a justificação moral para seu uso é muito mais tênue devido ao simples fato ser possível aplicar diretamente o princípio da santidade da vida. Em ambos os casos, porém, parece-nos que a consideração dos princípios bíblicos deve levar os casais a evitar o uso da esterilização ou da "pílula" e suas muitas variações como meios de planejamento familiar.

Reprodução medicamente assistida (Mark Liederbach)

O desafio da infertilidade

Tendo em vista a ordem clara das Escrituras para os casais "frutificarem e multiplicarem-se" (Gn 1.28), uma das maiores provações que um casal pode enfrentar é a impossibilidade de ter filhos. O Antigo Testamento registra as emoções e experiências aflitivas de Sara (Gênesis 15—17) e Ana (1Sm 1.1-11) ao lutarem com a infertilidade. Semelhantemente, o Novo Testamento indica que Isabel permaneceu estéril até uma idade avançada (Lc 1.7). Nos casos mencionados acima, Deus permitiu, em sua graça, que essas mulheres concebessem e dessem à luz filhos que, no devido tempo, desempenharam papéis importantes no plano redentor divino. É fato, porém, que Deus nem sempre age por meios miraculosos para tratar da infertilidade de um casal.

Nos últimos anos, avanços na tecnologia moderna de reprodução abriram caminho para que casais até então inférteis pudessem conceber seus próprios filhos. Como o cristão deve se posicionar em relação a esses avanços? É apropriado lançar mão das novas tecnologias? Há quem argumente que as únicas atitudes apropriadas para o cristão diante da infertilidade são a oração e a fé.[31] Com base no fato de que Deus criou os seres humanos com a capacidade de raciocinar e lhes deu domínio sobre a terra (Gn 1.28-31), a maioria dos cristãos, porém, não rejeita o uso de intervenções médicas desde que não violem outros princípios claros das Escrituras (p. ex., a santidade da vida).[32]

Como resultado do progresso da medicina moderna, aqueles que em gerações anteriores não teriam esperança nenhuma de gerar o próprio filho agora têm várias opções à sua disposição. Esses avanços abrangem desde medidas simples e não-técnicas, como estimular a produção de espermatozóides do homem apenas com uma mudança no tipo de roupa íntima, até procedimentos que dependem consideravelmente da tecnologia, como procedimentos de inseminação artificial, fertilização *in vitro* ou mesmo clonagem para fins reprodutivos.[33] Embora todos os métodos disponíveis exijam certo nível de avaliação ética, os procedimentos mais complexos e que dependem mais da tecnologia costumam ser eticamente mais complicados.

A seguir, forneceremos uma descrição sucinta de cada uma das principais tecnologias de reprodução medicamente assistida e, na sequência, discutiremos as diversas questões éticas envolvidas usando, para isso, quatro princípios norteadores.

Descrição de métodos

Abaixo, uma descrição sucinta de cinco formas de tecnologia de reprodução empregadas com maior frequência.

Inseminação intrauterina (IUI), também conhecida como *inseminação artificial* (IA) é, na maioria dos casos, o primeiro recurso que casais inférteis escolhem quando o problema de fertilidade reside principalmente no homem. Em geral, o problema é uma baixa contagem de espermatozóides ou, por diferentes motivos, espermatozóides defeituosos. O procedimento relativamente simples compreende a coleta e acúmulo de sêmen e a injeção do mesmo (normalmente com uma seringa sem agulha) no útero durante o período mais fértil do ciclo da mulher. Espera-se que o processo reprodutivo prossiga desse ponto em diante de forma "natural". O procedimento pode ser realizado com o sêmen do marido (IAM, inseminação artificial pelo marido) ou de um doador (IAD, inseminação artificial por doador). Em termos éticos, a IAM apresenta bem menos problemas do que a IAD (cf. discussão abaixo).

Na *transferência intrafalopiana de gametas* (GIFT, do inglês "gamete intrafallopian transfer") realiza-se um tratamento hormonal de superovulação com medicamentos que estimulam a liberação de vários óvulos. Os óvulos são coletados por meio de um procedimento cirúrgico simples orientado por ultrassom transvaginal. O sêmen também é coletado e passa por um tratamento para reduzir a viscosidade, o que facilita o processo de concepção. Os gametas são colocados juntos em um único cateter, separados apenas por uma minúscula bolha de ar e inseridos nas trompas de Falópio da mulher. O procedimento facilita o processo reprodutivo ao garantir o contato entre óvulo e espermatozóide e, desse modo, aumenta a probabilidade da concepção e início da gestação.

A *fertilização in vitro* (FIV) é bastante parecida com a GIFT em termos de procedimento técnico, mas apresenta uma distinção importante. Enquanto na GIFT a fertilização e concepção ocorrem no corpo da mulher, na FIV a fertilização ocorre em um ambiente artificial ("*in vitro*", lit., "no vidro", uma referência ao tubo de ensaio ou placa de Petri onde a concepção ocorre). Como na GIFT, a mulher recebe tratamento hormonal para estimular a liberação de vários óvulos que são coletados para o uso no procedimento. O sêmen também é coletado e os gametas (óvulos e espermatozóides) são colocados na mesma placa de Petri na expectativa de que ocorra o maior número possível de concepções. Um especialista faz uma triagem dos embriões recém-formados e, por meio de uma transferência embrionária (TE), procura implantar até quatro embriões no útero da mulher para que ela fique grávida de pelo menos um. Os embriões restantes são destruídos ou congelados para futuras tentativas. Estudos indicam que cerca de 25 por cento dos embriões congelados não sobrevivem ao processo de congelamento e descongelamento pelo qual passarão antes da próxima tentativa.[34]

Na *maternidade de substituição* ou *maternidade de aluguel* a gestação e nascimento ocorrem em uma mulher que não é a mãe biológica da criança ou que se dispõe a doar o óvulo e gestar a criança, mas abre mão dos direitos de maternidade em favor de indivíduos que firmam contrato com ela para esse fim. A "substituição genética" resulta, portanto, de um procedimento IUI no qual o marido de uma mulher infértil doa sêmen a fim de que a mãe substituta conceba, leve a gestação a termo e dê à luz a criança. Apesar de ser geneticamente aparentado à mãe, o bebê "pertence" ao casal que firmou contrato com ela para gestar e dar à luz a criança. A "substituição gestacional" difere da genética no fato de que a concepção da criança ocorre via GIFT ou FIV e o embrião é inserido na mãe substituta por meio de uma TE. O papel da substituta, nesse caso, é levar a gestação a termo e dar à luz a criança, e não conceber nem doar óvulos. Nas duas formas de maternidade de substituição a mãe substituta se compromete por meio de um contrato (normalmente em troca de determinado valor) a transferir todos os direitos aos pais uma vez que a criança nasce.[35]

Princípios para avaliação

Como no caso da contracepção, é importante reconhecer que o simples fato de uma tecnologia estar disponível não significa necessariamente que, em termos éticos, é permissível utilizá-la. Antes, é essencial considerar como as opções disponíveis se alinham com os princípios bíblicos que devem nortear o processo de decisão. Na questão das tecnologias reprodutivas, quatro princípios são particularmente pertinentes.

Primeiro, como no caso da contracepção, *o respeito à santidade da vida humana* tem relação direta com a questão das tecnologias de reprodução, pelos motivos a seguir. Algumas formas de reprodução medicamente assistida, como a clonagem, representam uma ameaça expressa à vida da criança devido à natureza imprecisa e ao nível de desenvolvimento da tecnologia. Outras formas de tecnologia de reprodução podem não ameaçar a vida diretamente, mas o fazem pelo modo como são utilizadas. É prática comum, por exemplo, certos métodos de inseminação artificial ou *in vitro* fertilizarem cinco ou seis óvulos de cada vez. Cada uma das concepções resultantes é uma criança à espera de um útero onde possa crescer até o nascimento. Infelizmente, também é prática comum os médicos selecionarem apenas um ou dois desses óvulos para a implantação e "destruir" os outros.

A reprodução medicamente assistida também ameaça a santidade da vida quando a técnica utilizada (como a inseminação artificial ou uso de medicamentos que estimulam a fertilidade) resulta na gestação de várias crianças. Nesses casos, pode acontecer de a mulher ter quatro ou cinco crianças no útero. Uma vez que existe maior risco de aborto espontâneo nesses casos, muitas vezes os especialistas em reprodução recomendam um procedimento conhecido como "redução seletiva". Apesar de ser descrito com frequência como um meio de aumentar a probabilidade de alguns dos bebês nascerem com vida, a expressão "redução seletiva" não passa, na realidade, de outro nome para uma forma de aborto na qual uma ou mais crianças são mortas para aumentar a probabilidade de outras nascerem vivas.

Para que a tecnologia envolvida permaneça dentro dos padrões bíblicos com respeito à santidade da vida (com a possível exceção dos casos em que a vida da mãe corre risco), nos procedimentos de inseminação artificial e fertilização *in vitro*, o casal deve estar disposto a aceitar que todas as concepções sejam implantadas e levadas até o fim. Conforme John Van Regenmorter aconselha: "*Não permitam a formação de mais embriões do que o número de crianças que vocês estão dispostos a educar*".[36] Semelhantemente, aqueles que usam medicamentos para estimular a fertilidade devem estar cientes de antemão de que existe a possibilidade de uma gestão múltipla e de que a "redução seletiva" não é uma opção bíblica legítima.

O segundo princípio bíblico a ser considerado é o do *respeito por todos os seres humanos como portadores da imagem de Deus*. Uma vez que os seres humanos são criados à imagem de Deus (Gn 1.27), é errado usar ou tratar outrem como um meio para um fim ou intencionalmente colocar uma pessoa inocente em situação de risco por uma simples questão de conveniência própria. Em algumas formas de reprodução medicamente assistida é prática comum fertilizar vários óvulos e congelar essas crianças por tempo indeterminado para serem usadas ou descartadas caso os pais resolvem não ter mais filhos. Tratam-se de práticas inerentemente desrespeitosas e que usam as crianças apenas como um meio para os pais alcançarem seus objetivos, motivo pelo qual esses procedimentos devem ser descartados por não serem opções apropriadas para os cristãos.

Outro princípio norteador para analisar o valor moral de determinada tecnologia de reprodução é o *respeito à fidelidade do vínculo conjugal*. Gênesis 2.24 declara: "Portanto, o homem deixará seu pai e sua mãe e se unirá à sua mulher, e eles serão uma só carne". Foi no contexto desse relacionamento de uma só carne entre marido e mulher que Deus ordenou que frutificassem e se multiplicassem. Semelhantemente, outras passagens das Escrituras não apenas condenam os relacionamentos adúlteros (Êx 20.14; Dt 5.18; Rm 13.9), mas também afirmam a natureza exclusiva do vínculo conjugal (Mt 19.5; 1Co 6—7; Ef 5.28-31). Essa ênfase bíblica sobre a unidade e a exclusividade do vínculo conjugal tem implicações diretas no tocante ao uso de tecnologias de reprodução, particularmente no caso de métodos que empregam material genético (óvulos de doadora, sêmen de doador, DNA de doadores) de alguma outra pessoa além do marido ou da esposa. Uma vez que o óvulo ou sêmen doado introduz no casamento (mais especificamente na área da sexualidade) material de ordem sexual de uma terceira pessoa, há dúvida considerável quanto à moralidade dessa prática.

Apesar de ser difícil categorizar essa prática de forma exata dentro daquilo que a sociedade entende historicamente como adultério, é fácil argumentar que o uso de óvulos ou sêmen de doadores corresponde a adultério ou, no mínimo, a uma intromissão inapropriada na natureza exclusiva da fidelidade a sexualidade conjugal.[37] Conforme Scott Rae ressalta corretamente: "grande parte dos ensinamentos bíblicos sugere que a contribuição de uma terceira pessoa de fora não é a norma para a procriação. As Escrituras se mostram céticas em relação a intervenções reprodutivas que buscam material genético fora do casamento. Isso significa que tecnologias como inseminação com material de doadores, doação de óvulos e maternidade de substituição são moralmente problemáticas".[38]

O quarto e último princípio que deve nortear a avaliação do uso de tecnologias de reprodução não diz respeito tanto à *forma de tecnologia*, mas ao que se encontra no *cerne do desejo de usá-la*. Embora o desejo de gerar e educar filhos biológicos seja fundamental em normas criadas e consolidadas pelo imperativo divino para os seres humanos "frutificarem e multiplicarem-se", é importante não depositar toda a esperança ou percepção de valor próprio na capacidade de gerar filhos. A esperança última do cristão não reside na capacidade de manipular o sistema reprodutor humano e nem mesmo de gerar filhos. Quer sejam gerados por meio de uma intervenção direta miraculosa (como no caso de Ana) ou de avanços tecnológicos resultantes da mente racional que recebemos de Deus, os filhos são uma dádiva de Deus. Ademais, as Escrituras indicam que a base última de nossa esperança é o Salvador Jesus Cristo, e não a capacidade de gerar filhos.

Concluímos, portanto, que embora o uso de tecnologias de reprodução possa ser permissível *em termos gerais*, não se deve pressupor que *toda forma* de reprodução medicamente assistida é bíblica e moralmente aceitável. As preocupações com o respeito pela vida humana e a fidelidade ao vínculo conjugal precisam governar a avaliação de tecnologias de reprodução específicas. Na verdade, uma vez que se leva em consideração a incerteza ética relativamente grande e as amplas áreas de indefinição no tocante a várias dessas tecnologias (sem falar nos custos financeiros), talvez a prudência sugira que se limite os esforços nessa direção e se dê preferência à adoção. Sem dúvida, esse pode ser o caminho mais sábio quando consideramos os retratos bíblicos explícitos e positivos da adoção, tema a ser discutido a seguir.

Reprodução medicamente assistida (RMA) e possíveis problemas

MÉTODO REPRODUTIVO	PRINCÍPIO DE AVALIAÇÃO	ÁREAS DE RELEVÂNCIA
Inseminação intrauterina (IUI) ou Inseminação artificial (IA)	1. Respeito pela santidade da vida humana.	Fertilização, congelamento e decisão posterior de não ter mais filhos
Transferência intrafalopiana de gametas (GIFT)	2. Respeito por todos os seres humanos como portadores da imagem de Deus.	Inseminação artificial, fertilização *in vitro*
Fertilização *in vitro*	3. Respeito pela fidelidade ao vínculo conjugal.	Inseminação usando material de doador, doação de óvulos, maternidade de substituição
Maternidade de substituição ou maternidade de aluguel	4. Cerne do desejo de usar determinado método.	Princípios gerais para o uso de tecnologias modernas de reprodução medicamente assistida

Adoção

Os dois Testamentos apresentam vários exemplos de adoção.[39] No Antigo Testamento, Dã e Naftali e, posteriormente, Efraim e Manassés, foram adotados por Jacó (Gn 30.1-13; 48.5); Moisés foi adotado pela filha do faraó (Êx 2.10); e Ester foi adotada por Mardoqueu (Et 2.7). A seguir, trataremos em mais detalhes de cada um desses casos de adoção no Antigo Testamento.[40]

No tocante às adoções relacionadas a Jacó, Dã e Naftali eram filhos de Raquel e Jacó por meio de Bila, serva de Raquel, a qual Raquel entregou a Jacó como esposa, uma vez que ela própria não havia gerado filhos para ele (Gn 30.1-8). Semelhantemente, Jacó adotou Gade e Aser, seus filhos com Lia por meio de Zilpa, serva de Lia (Gn 30.9-13) e os recebeu oficialmente em sua família. Posteriormente, Jacó adotou os filhos de José, Manassés e Efraim (Gn 48.5) e os abençoou (v. 8-22) e, possivelmente, também seus bisnetos, filhos de Maquir, filho de Manassés (Gn 50.23). Os filhos adotados de Jacó receberam os mesmos direitos a herança que seus filhos biológicos com Lia e Raquel.[41]

Moisés, filho do casal hebreu Anrão e Joquebede, nasceu em uma época em que os bebês do sexo masculino deviam ser mortos de acordo com o edito do faraó do Egito. A fim de salvar a vida de Moisés, sua mãe elaborou um plano que resultou na adoção de Moisés pela filha do faraó. Uma vez adulto, porém, Moisés "recusou ser chamado filho da filha do faraó" (Hb 11.24), voltou para sua família biológica e encontrou seu irmão, Arão. A adoção de Moisés, bem como seu retorno à família biológica, faziam parte do plano divino de salvação, no qual Moisés conduziu seu povo, Israel, para fora da escravidão do Egito rumo à terra prometida. O plano da mãe de Moisés para salvar a vida de seu bebê é um exemplo maravilhoso de amor de uma mãe biológica pelo filho.

A órfã Ester foi adotada por seu primo, Mardoqueu. Sua história é um testemunho extraordinário do relacionamento próximo entre um pai adotivo e sua filha (ainda que muitos pais cristãos de hoje tenham dificuldade em considerar prudente Mardoqueu ter deixado Ester participar de um concurso de beleza). O livro veterotestamentário de Ester relata como "todos os dias, Mardoqueu passava diante do pátio do harém para se informar de como estava Ester e do que lhe acontecia" (Et 2.11). Ester, por sua vez, seguiu as instruções do pai adotivo e "não havia revelado a ninguém a qual família ou povo pertencia, pois continuava a obedecer às ordens dele como quando era criada sob sua tutela" (Et 2.20). No final, Ester é usada por Deus de forma providencial para salvar o povo judeu.

No Novo Testamento, o exemplo mais proeminente é a adoção de Jesus por José que lhe serviu de pai terreno, participou da escolha de seu nome (Mt 1.25), apresentou-o no templo (Lc 2.22-24), protegeu-o do perigo ao levá-lo para o Egito (Mt 2.13-15) e lhe ensinou seu ofício (Mt 13.55; Mc 6.3). Para alguns casais, esses exemplos bíblicos fornecem evidências animadoras de que a prática da adoção tem precedente bíblico honroso. Juntamente com o uso metafórico da adoção no Novo Testamento, do qual trataremos abaixo, essas passagens mostram que os filhos adotados devem ser inseridos no contexto amoroso, íntimo e permanente do casamento e família segundo os padrões bíblicos.[42]

Paulo ensina que, em termos espirituais, os cristãos são adotados na família de Deus como seus filhos e filhas (Rm 8.15,23; 9.4; Gl 4.5; Ef 1.5).[43] Em vez de lançar mão da mitologia greco-romana ou da cerimônia romana de *adoptio* (na qual se dava a transferência da guarda de um indivíduo menor de idade de seu pai biológico para seu pai adotivo) para tratar do conceito de adoção divina, o apóstolo desenvolve a ideia com base na tipologia do êxodo no Antigo Testamento e da fórmula de adoção messiânica em 2Samuel 7.14 ("Eu serei seu pai, e ele será meu filho"; cf. 2Co 6.8; cf. tb. Sl 2.7; 89.26-27) dentro do contexto da teologia da nova aliança. Assim como Israel foi remido e recebeu os privilégios da aliança no êxodo (Êx 4.22; Dt 1.31; Os 11.1), também os cristãos do Novo Testamento foram remidos da escravidão do pecado e, por meio de Cristo, receberam a adoção como filhos de Deus (cf. 2Co 6.18 que cita 2Sm 7.14).[44] É significativo que essa realidade só se concretizará plenamente no futuro por ocasião da ressurreição final (Rm 8.32).

Embora no tempo do Antigo Testamento houvesse certas restrições étnicas, hoje, os cristãos são "todos [...] filhos de Deus pela fé em Cristo" (Gl 3.26). Se alguém pertence a Cristo, é descendente de Abraão e participa da promessa (v. 28). Trata-se de um acontecimento histórico-salvífico escatológico de suma importância: por meio da adoção, os cristãos são introduzidos no relacionamento filial entre Jesus, o Filho, e Deus, seu Pai, e participam juntos da nova família de Deus.[45] Embora permaneça a distinção entre Jesus como Filho inigualável de Deus e os cristãos como filhos e filhas de Deus em Cristo (p. ex., Jo 20.17), os cristãos se tornam, em um sentido espiritual real, irmãos e irmãs de Jesus, bem como uns dos outros. "Pois todos vêm de um só, tanto o que santifica como os santificados. Por essa razão ele não se envergonha de chamá-los de irmãos" (Hb 2.11). Até mesmo a fertilidade é transformada, até certo ponto, de geração física de filhos para atuação harmoniosa e produtiva dos diversos membros do corpo de Cristo de acordo com os dons espirituais concedidos por Deus, o Espírito.[46]

Conclusão

Neste capítulo, discutimos algumas das questões mais importantes relacionadas à reprodução com as quais nos deparamos no mundo de hoje. Nosso primeiro tópico foi o aborto. Concluímos que a ideia de que a vida começa na concepção possui sólida base bíblica e, portanto, é, com razão, o conceito judaico-cristão tradicional. Por esse motivo, concluímos que não há como justificar biblicamente o aborto.

O tópico seguinte foi a contracepção. Depois de definir que a contracepção é uma opção cristã legítima em princípio, tratamos das formas moralmente aceitáveis e inaceitáveis de controle de natalidade. Dedicamos atenção especial à esterilização e à pílula, dois casos que exigem discernimento e cautela adicionais. Embora os cristãos possam usar contraceptivos, devem evitar os métodos de controle de natalidade que, na verdade, são abortivos.

Semelhantemente, em nosso estudo das tecnologias de reprodução medicamente assistida, procuramos lidar com as questões éticas complicadas geradas pela variedade de novos procedimentos e tentamos definir quais são as opções eticamente permissíveis para os cristãos de hoje.

Nosso tópico final de discussão foi a adoção. Encontramos boa quantidade de material sobre esse assunto nas Escrituras, tanto de forma literal quanto figurativa. Juntos, esses textos formam um forte precedente bíblico para a adoção como opção cristã honrada para glorificar a Deus e constituir uma família cristã, especialmente para os casais que têm dificuldade de conceber filhos biológicos.

NOTAS

[1] Para implicações contemporâneas referentes a casamento e família, cf. esp. a parte 2 de Stephen C. Barton, ed., *The Family in Theological Perspective*. Edimburgo: T & T Clark, 1996, uma obra que reflete os assuntos de interesse do editor articulados inicialmente em seu artigo "Marriage and Family Life as Christian Concerns", *Expository Times* 106, no. 3, 1994, p. 69-74.

[2] Com referência às atitudes dos judeus antigos em relação ao aborto, cf. Craig S. KEENER, "Marriage", Craig A. Evans e Stanley E. Porter, eds., *Dictionary of New Testament Background*. Downers Grove: InterVarsity Press, 2000, p. 681. Com referência à contracepção, cf. John T. NOONAN JR., *Contraception: A History of Its Treatment by the Catholic Theologians and Canonists*. Cambridge: Harvard University Press, 1965; Angus S. McLAREN, *A History of Contraception*. Oxford: Blackwell, 1992. Cf. tb. William A. STRANGE, *Children in the Early Church: Children in the Ancient World, the New Testament, and the Early Church*. Carlisle: Paternoster, 1996, p. 4-5. Strange cita a prática antiga comum de abandonar bebês indesejados, especialmente meninas (*Papiro Oxirrinco* 744) e aqueles que nasciam com deficiências físicas. Os judeus, pelo contrário, consideravam que a lei de Moisés condenava o aborto (Êx 21.22-25). Com referência ao controle de natalidade, cf. Helmut THIELICKE, *The Ethics of Sex*, trad. John W. Doberstein, Nova York: Harper & Row, 1964, p. 200-225, cuja discussão é consideravelmente mais nuançada do que a de Mary PRIDE, *The Way Home:Beyond Feminism, Back to Reality*. Westchester: Crossway, 1985. Pride argumenta que o casal não deve praticar controle de natalidade, mas sim, deixar Deus lhe dar quantos filhos ele quiser. Com referência à infertilidade, cf. Martha STOUT, *Without Child: A Compassionate Look at Infertility*. Grand Rapids: Zondervan, 1985; Kaye HALVERSON, *The Wedded Unmother*. Minneapolis: Augsburg, 1980; e John e Sylvia Van REGENMORTER, *When the Cradle Is Empty: Answering Tough Questions About Infertility*. Wheaton: Tyndale/Focus on the Family, 2004.

[3] Para um estudo dos ensinamentos bíblicos sobre aborto, cf. Charles H. H. SCOBIE, *The Ways of Our God: An Approach to Biblical Theology*. Grand Rapids/Cambridge: Eerdmans, 2003, p. 801, 834, 862. Scobie observa que "é provável que o AT não tenha nada a dizer diretamente a respeito do aborto, o ato de matar crianças não nascidas, porque essa prática era impensável para o povo de Deus" (p. 801). Cf. tb. Michael A. GRISANTI, "The Abortion Dilemma", *The Master's Seminary Journal* 11, no. 2. Outono de 2000, p. 169-190.

[4] James K. Hoffmeier, ed., *Abortion: A Christian Understanding and Response*. Grand Rapids: Baker, 1987, p. 55, citado em SCOBIE, *Ways of Our God*, p. 801. SCOBIE, idem, p. 834, também destaca

que a mesma palavra (*brephos*) usada para o filho não nascido de Isabel em Lucas 1.41,44 é usada para um bebê recém-nascido (Jesus) em Lucas 2.12 (e, aliás, para as crianças levadas para Jesus em Lucas 18.15). GRISANTI, "Abortion Dilemma", p. 178, também cita Gênesis 4.1 e Jó 3.3 para corroborar a ideia de que "a Bíblia não reconhece nenhuma diferença essencial entre o ser no ventre e o ser depois do nascimento".

[5] SCOBIE, *Ways of Our God*, p. 801, também observa que a LXX apresenta uma variação significativa que distingue entre os fetos e aqueles que não estão "inteiramente formados" (citando Michael J. GORMAN, *Abortion, and the Early Church*. Nova York: Paulist, 1982, p. 35). Cf. tb. Bruce K. WALTKE, "Reflections from the Old Testament on Abortion", *Journal of the Evangelical Theological Society* 19, 1976, p. 13: "O feto é humano e, portanto, deve receber a mesma proteção de vida garantida a todo ser humano".

[6] C. Hassel BULLOCK, "Abortion and Old Testament Prophetic and Poetic Literature", *Abortion: A Christian Understanding*, p. 68.

[7] Alguns exegetas que defendem o aborto citam Êxodo 21.22-25 para apoiar sua posição. Essa interpretação se baseia, contudo, em traduções questionáveis do termo hebraico *yeled* como "perda da criança" ou "aborto espontâneo". Para um estudo completo da passagem e refutação dessa interpretação, cf. John S. FEINBERG e Paul D. FEINBERG, *Ethics for a Brave New World*. Wheaton: Crossway, 1993, p. 63-65. Os autores mostram que (1) mesmo que se tenha em vista a perda da criança, em contraste com o aborto (uma intervenção intencional com o propósito expresso de dar fim à vida não nascida), a morte resultante no versículo 22 é *acidental*; e (2) os termos hebraicos usados no versículo 22 se referem a um *parto prematuro de uma criança viva* (e não a um aborto espontâneo) em outras passagens do Antigo Testamento (cf. a tradução da NIV de Êxodo 21.22 como "ela der à luz prematuramente"). Cf. tb. o estudo bastante detalhado em GRISANTI, "Abortion Dilemma", p. 180-187. Grisanti observa que o termo hebraico para "criança" em Êxodo 21.22 é *yeled*, palavra que "em nenhuma outra ocasião [no Antigo Testamento] se refere a uma criança que não seja reconhecida como ser humano ou incapaz de existir fora do ventre". Em Êxodo 1.17-18; 3.6-9 refere-se a recém-nascidos; em Gênesis 21.8, a crianças desmamadas; em Gênesis 21.14-16; 2Rs 2.24; Dn 1.4,10.15,17, a adolescentes, jovens ou rapazes. O mesmo autor registra observações fundamentais nas p. 186-197. Cf., ainda, os comentários de SCOBIE, *Ways of Our God*, p. 801, que também cita Walter C. KAISER, *Toward Old Testament Ethics*. Grand Rapids: Zondervan, 1983, p. 102-104,170-172; HOFFMEIER, *Abortion: A Christian Understanding*, p. 57-61; e John Jefferson DAVIS, *Evangelical Ethics: Issues Facing the Church Today*. 2a ed., Phillipsburg: Presbyterian & Reformed, 1993, p. 136-137.

[8] Cf. Everett FERGUSON, *Backgrounds of Early Christianity*, 2a ed. Grand Rapids: Eerdmans, 1993, p. 73-74, que cita outras fontes na p. 73, n. 27. Cf. tb. M. J. GORMAN, *Abortion and the Early Church*, p. 24-32 e idem, "Abortion in the New Testament", *Abortion: A Christian Understanding*, p. 74-75.

[9] Citado em FERGUSON, *Backgrounds of Early Christianity*, p. 74; cf. tb. STRANGE, *Children in the Early Church*, p. 4-5. O termo *ektithēmi* ocorre em Atos 7.19,21 com referência ao abandono do bebê Moisés no Egito, apesar de as circunstâncias serem, obviamente, bem diferentes. Cf., ainda, KEENER, "Marriage", p. 681, que cita Quintiliano, *Institutio Oratoria* 8.1.14 (escrito antes de 96 d.C.) e Juvenal, *Sátiras* 6.602-609 (século II d.C.).

[10] Cf. a discussão em David. W. CHAPMAN, "Marriage and Family in Second Temple Judaism", Ken M. Campbell, ed. *Marriage and Family in the Biblical World*. Downers Grove: InterVarsity Press, 2003, p. 224-227, esp. 226-227. Cf. tb. KEENER, "Marriage", p. 681, que observa que muitos filósofos, médicos e outros não gostavam do aborto e os antigos discutiam se o embrião era ou não uma pessoa e, portanto, se o aborto devia ou não ser legal. Com referência ao aborto e controle de natalidade no Antigo Oriente Próximo, cf. Victor H. MATTHEWS, "Marriage and Family in the Ancient Near East", *Marriage and Family in the Biblical World*, p. 21-22; e Andrew E. HILL, "Abortion in the Ancient Near East", *Abortion: A Christian Understanding*, p. 31-36.

[11] Cf. Andreas LINDEMANN, "'Do Not Let a Woman Destroy the Unborn Babe in Her Belly': Abortion in Ancient Judaism and Christianity", *Studia theologica* 49, 1995, p. 253-271.

[12] Para um estudo proveitoso do contexto legal do aborto nos Estados Unidos, cf. GRISANTI, "Abortion Dilema", p. 171-173, que, nas p. 176-178 também fornece vários pontos de vista sobre o aborto que vão desde (1) "sempre" ("aborto por encomenda") ou (2) "ocasionalmente" (em determinadas circunstâncias, como estupro, incesto, risco para a saúde da mãe, cf. tb. p. 187-190) até (3) "raramente" (gravidez ectópica ou tubária; o posicionamento do autor) ou (4) "nunca". Para as questões éticas envolvidas no aborto, cf. capítulo 6, "Abortion (Aborto)" em DAVIS, *Evangelical Ethics*.

[13] A única exceção possível se dá quando o princípio da inviolabilidade da vida do não nascido seja conflitante com o da preservação da vida da mãe, principalmente nos casos de gravidez ectópica ou tubária (cf. GRISANTI, "The Abortion Dilemma", p. 177-178 e nota anterior). Cf. tb. as discussões sob os títulos "Abortion (Aborto)" e "Prochoice or Prolife (Em favor da escolha ou em favor da vida)" em SCOBIE, *Ways of Our God*, p. 862, 864. Scobie aponta corretamente para alternativas ao aborto e insta a igreja a ajudar aqueles que estão lutando com essa questão. Cf. tb. John PIPER, *A Hunger for God: Desiring God Through Fasting and Prayer*. Wheaton: Crossway, 1997, p. 155-172 [publicado em português sob o título *Fome de Deus*. São Paulo: Cultura Cristã, 2006]; Stanley J. GRENZ, *Sexual Ethics: A Biblical Perspective*. Dallas: Word, 1990, p. 135-138; e Richard B. HAYS, *The Moral Vision of the New Testament: A Contemporary Introduction to New Testament Ethics*. São Francisco: Harper, 1996, p. 456-460. Em oposição, Beverly W. HARRISON, *Our Right to Choose: Toward a New Ethic of Abortion*; Boston: Beacon, 1983, p. 70, segundo a qual "o etos moral antigo refletido nas Escrituras [...] foi suplantado por uma moralidade mais adequada [...]".

[14] MOHLER, "Can Christians Use Birth Control? (partes 1 and 2)", 20/03/2004 e 30/03/2004 em http://www.albertmohler.com/radio_archive.html.

[15] Papa Paulo VI, *Humanae Vitae*, p. 14-17.

[16] Cf. Deuteronômio 22 para "crimes" e penas relacionadas.

[17] Albert MOHLER, "Can Christians Use Birth Control?". Recursos adicionais sobre a questão da contracepção em geral, identificados nos sites Ethics and Medicine (Ética e medicina; Ben Mitchel; disponível em http://ethicsandmedicine.com) e Center for Bioethics and Human Dignity (Centro de bioética e dignidade humana; Presidente John Kilner; http://cbdh.org): Oliver O'DONOVAN, *Begotten or Made?* Oxford: Clarendon / Oxford University Press; reimp. 2002 (1984); e Brent WATERS, *Reproductive Technology: Towards a Theology of Procreative Stewardship*. Cleveland: Pilgrim Press, 2001; publicado originalmente em Londres: Darton, Longman & Todd, 2001; o capítulo 3 trata mais especificamente da questão de esterilidade e ética.

[18] A fim de entender como o princípio bíblico de respeito pela vida humana se aplica a essa questão, é importante fazer distinção entre termos que, muitas vezes, são usados equivocadamente de forma intercambiável. O termo "contracepção" vem dos radicais *contra* "contrário a" e *cepção*, referente a "concepção". Literalmente, portanto, significa impedir a fertilização e, desse modo, evitar a concepção que resultaria em gravidez uma vez que o zigoto se implantasse na parede uterina. O termo "controle de natalidade", pelo contrário, é muito mais abrangente. Controlar a natalidade *pode incluir* medidas contraceptivas, *mas não se limita a evitar a concepção* como meio de controlar o nascimento da criança. Também pode incluir práticas de natureza abortiva, ou seja, que matam a criança em desenvolvimento depois de ocorrida a concepção (antes ou depois de a criança concebida implantar-se na parede do útero da mãe). Com base na discussão anterior a respeito do aborto, qualquer forma de "controle de natalidade" que coloque a vida da criança em risco ou procure encerrar sua vida antes ou depois da implantação na parede uterina é um meio de controle de natalidade e planejamento familiar moralmente repreensível e deve ser rejeitado.

[19] O método mais popular é o rítmico chamado de método Billings, explicado em Evelyn BILLINGS e Ann WESTMORE, *The Billings Method*, edição atualizada. Melbourne: Penguin, 2003

(1980) [publicado em português sob o título: *O método Billings: controle de fertilidade sem drogas e sem dispositivos artificiais*. São Paulo: Paulinas, 1988].

[20] Mateus 5.29-30 não é relevante neste caso, uma vez que a referência de Jesus a arrancar o olho ou cortar a mão é de natureza hiperbólica e não diz respeito a partes do corpo que funcionam normalmente, mas sim as que são inconvenientes, àquelas partes que "fazem" a pessoa pecar.

[21] John Jefferson DAVIS, "Theologically Sound", David B. Biebel, ed., *The Sterilization Option: A Guide for Christians*. Grand Rapids: Baker, 1995, p. 72.

[22] Praticamente todas as discussões a respeito da moralidade da esterilização são de teólogos morais católicos e se devem, em grande parte, à sua oposição aos métodos contraceptivos em geral. O Papa Paulo VI apresentou o ensino católico oficial a esse respeito no parágrafo 14 da encíclica papal *Humanae Vitae*. Dois dos teólogos morais católicos que discordam expressamente do Papa são James BURTCHAELL, "'Human Life' and 'Human Love', *Commonweal*. 13 de novembro, 1968, p. 248-250; e Richard A. MCCORMICK, S.J., "Sterilization and Theological Methods", *Theological Studies* 37, no. 3. Setembro de 1976, p. 471-477. O periódico *First Things* publicou um artigo bastante informativo e interessante sobre a concepção, intitulado "Contraception: A Symposium" que inclui respostas de pensadores protestantes, católicos e judeus. *First Things* 88. Dezembro de 1988, p. 17-29. Infelizmente, a esterilização é um tema que recebeu pouca atenção direta. Fica evidente que constitui uma área na qual é necessário haver mais discussões entre os evangélicos.

[23] Pode-se argumentar, por exemplo, que Deus criou a menopausa, período em que a capacidade reprodutiva da mulher chega ao fim. Talvez não seja apropriado, portanto, encerrar a atividade procriadora do casal por meio da esterilização antes disso.

[24] *Physician's Desk Reference*, 50a ed. Montvale: Medical Economics, 1996: Norplant, p. 3281 e Depo-Provera, p. 2435.

[25] Em termos estatísticos, quando utilizados da forma correta, esses diferentes métodos hormonais de controle de natalidade são eficazes em 99,5 por cento dos casos, o que significa que, mesmo quando usados corretamente, uma dentre duzentas relações sexuais (em média) resultará em gravidez. Com base nesse fato, pode-se concluir com certeza que, apesar de a "pílula" ser eficaz para impedir a ovulação e fertilização, não evita completamente a fertilização. Embora não haja dados estatísticos a respeito de quantas gestações são interrompidas pelo terceiro mecanismo, é certeza que isso ocorre.

[26] Publicado em http://www.pdrhealth.com/content/women_health/chapters/fghw21.shtml (ênfase nossa).

[27] Cf. http://www2.uol.com.br/assuntodemulher/glossmethorm.htm#0

[28] Pode ser do interesse do leitor observar a declaração de posicionamento da Christian Medical and Dental Association (CMDA) a respeito desse assunto. Parte da declaração diz: "A CMDA reconhece que existem diferentes pontos de vista entre os cristãos a respeito da questão ampla do controle de natalidade e do uso de contraceptivos. O assunto em pauta, porém, é se o uso de métodos hormonais de controle de natalidade exerce possíveis efeitos pós-concepcionais (ou seja, que causam aborto). A CMDA consultou vários especialistas na área de reprodução que realizaram uma resenha da literatura científica. Apesar de haver dados preocupantes, nosso conhecimento científico atual não estabelece uma ligação causal definitiva entre o uso rotineiro de métodos hormonais de controle de natalidade e abortos. Nenhum desses dados, porém, nega um efeito pós-concepcional". Para mais informações, pode-se acessar o restante da declaração de posicionamento em http://www.epm.org/articles/CMDAstate.html. O web site de Randy Alcorn também traz informações úteis dentro de uma abordagem conservadora a essa questão. Cf. duas dentre várias discussões interessantes relacionadas a esse tópico em http://www.epm.org/prolife.html ou http://www.epm.org/articles/26doctor.html. Cf., ainda, Tom STRODE, "To Be or Not to Be: The Pill May Be Controlling Births in Ways We've Never Considered", *Light*. Novembro/dezembro de 2002, p. 8-9; e Walter L. LARIMORE

e Randy ALCORN, "Using the Birth Control Pill is Ethically Unacceptable", John F. Kilner, Paige C. Cunningham e W. David Hager, eds., *The Reproduction Revolution: A Christian Appraisal of Sexuality, Reproductive Technologies and the Family*. Grand Rapids: Eerdmans, 2000, p. 179-191.

[29] Debra EVANS, *Christian Woman's Guide to Sexuality*. Wheaton: Crossway, 1996, p. 196.

[30] Para mais informações sobre o assunto, cf. Randy ALCORN, *Does Birth Control Pill Causa Abortions?* Gresham, Ore.: Eternal Perspective Ministries, 2000; Linda K Bevington e Russel DiSilvestro, eds., *The Pill: Addressing the Scientific and Ethical Question of the Abortifacient Issue*. Bannockburn: The Center for Bioethics and Human Dignity, 2003.

[31] Trata-se, contudo, de um posicionamento pouco satisfatório, uma vez que, para serem coerentes, os proponentes desse argumento teriam de concluir que também é inapropriado usar qualquer intervenção médica para um problema de saúde.

[32] Embora de natureza diferente das intervenções diretas e graciosas de Deus em favor de Sara, Ana e Isabel, esses novos procedimentos médicos ainda são, por si só, maravilhosos.

[33] Ver mais detalhes na descrição abaixo. A questão da clonagem vai além do escopo deste capítulo. Cf., porém, alguns recursos para uma discussão proveitosa sobre o assunto: Scott B. RAE, *Moral Choices: An Introduction to Ethics*, 2a ed., Grand Rapids: Zondervan, 2000, p. 169-180; e o estudo sucinto, porém útil, de Glen H. STASSEN e David P. GUSHEE, *Kingdom Ethics: Following Jesus in the Contemporary Context*. Downers Grove: InterVarsity Press, 2003, p. 262-264.

[34] Karen DAWSON, *Reproductive Technology: the Science, the Ethics, the Law, and the Social Issues*. Melbourne: VCTA Publishing, Macmillan Education Australia, 1995, p. 49.

[35] RAE, *Moral Choices*, p. 149. Para mais informações sobre inseminação artificial, fertilização *in vitro* e questões relacionadas, cf. Gary P. Stewart, John F. Kilner e William R. Cutrer, eds., *Basic Questions on Sexuality and Reproductive Technology: When Is It Right to Intervene?* Grand Rapids: Kregel, 1998; Kilner, Cunningham e Hager, eds., *Reproductive Revolution*. John F. Kilner, C. Ben Mitchell, Daniel Taylor, eds., *Does God Need Our Help? Cloning, Assisted Suicide, and Other Challenges in Bioethics*. Wheaton: Tyndale, 2003.

[36] John VAN REGENMORTER, "Frozen Out: What to Do With Those Extra Embryos", *Christianity Today*, julho de 2004, p. 33.

[37] Uma possível analogia é fornecida pela prática veterotestamentária de os homens procurarem gerar descendentes com outra mulher no caso de a esposa ser estéril, muitas vezes com o consentimento da esposa (p. ex., Abraão e Agar, por sugestão de Sara; Gn 16.1-4). Sem dúvida, a analogia não é perfeita, pois no caso da reprodução medicamente assistida hoje em dia, não é preciso ocorrer a relação sexual com a pessoa do sexo oposto com a qual não se é casado. Não obstante, em ambos os casos, o esforço para ter filhos envolve alguém de fora do vínculo conjugal. Nas Escrituras, pelo menos no caso de Abraão, essa abordagem é considerada falta de fé. Confiar que Deus removerá a infertilidade, se possível, ou escolher adotar podem ser alternativas preferíveis.

[38] RAE, *Moral Choices*, p. 154. Há quem sugira que a prática veterotestamentária do casamento de levirato (Dt 25.5-10) legitime o uso do sêmen de um doador da família que não seja o marido. Parece prudente, contudo, não traçar um paralelo muito próximo, pois há diferenças claras e importantes entre as duas práticas. Primeiro, o parente próximo do marido falecido se casava com a mulher, o que é muito diferente de aceitar sêmen doado por alguém que não seja o marido. Ademais, no caso da união de levirato, não havia prescrições para ajudar um cônjuge *vivo* a gerar filhos. Antes, o objetivo era prover herança e segurança material quando a mulher ficava viúva.

[39] Para um estudo proveitoso e sensível sobre o assunto, cf. June M. RING, "Partakers of the Grace: Biblical Foundations for Adoption", publicado em http://www.ppl.org/adopt.html. June Ring é coordenadora de recursos para adoção da organização Presbyterians Pro-Life. Cf. tb. Roland DE VAUX, *Ancient Israel: Its Life and Institutions*, trad. John McHugh. Nova York: MacGraw Hill, 1961, p. 51-52

[publicado em português sob o título *Instituições de Israel no Antigo Testamento*. São Paulo: Vida Nova, 2004].

[40] Outros possíveis exemplos são a adoção de Eliézer de Damasco por Abraão (Gênesis 15) e de Samuel por Eli (1Samuel 1).

[41] Cf. Daniel I. BLOCK, "Marriage and Family in Ancient Israel", *Marriage and Family in the Biblical World*, p. 87-88.

[42] Para uma discussão prática da adoção nos dias de hoje à luz dessa base bíblica, cf. o artigo de June RING, "Partakers of the Grace", mencionado na nota anterior. Cf. tb. Lois GILMAN, *The Adoption Resource Book*. São Francisco: HarperCollins, 1998; Jorie KINCAID, *Adopting for Good: A Guide for People Considering Adoption*. Downers Grove: InterVarsity Press, 1997; Jayne SCHOOLER, *The Whole Life Adoption Book*. Colorado Springs: NavPress, 1993.

[43] Cf. especialmente James M. SCOTT, *Adoption as Sons of God: An Exegetical Investigation into the Background of* ΥΙΟΘΕΣΙΑ *in the Corpus Paulinium*, Wissenschaftliche Untersuchungen zum Neuen Testament 2/48. Tübingen: Mohr Siebeck, 1992. Com referência ao uso espiritual que Paulo faz da linguagem familiar, cf. Reider AASGAARD, *"My Beloved Brothers and Sisters"*. *Christian Siblingship in the Apostle Paul*, Studies of the New Testament and Its World. Edimburgo: T & T Clark, 2003.

[44] Para um resumo conciso, cf. James M. SCOTT, "Adoption", Gerald F. Hawthorne, Ralph P. Martin e Daniel G. Reid, eds., *Dictionary of Paul and His Letters*. Leicester / Downers Grove: InterVarsity Press, 1993, p. 15-18. Cf. tb. John T. CARROLL, "Children in the Bible", *Interpretation* 55, 2001, p. 123.

[45] Cf. João 1.12-13; Romanos 8.14-17,29; Gálatas 3.23-36; 4.1-7; Efésios 1.5; 1João 3.1-2,10; 5.19. Cf. especialmente Edmund P. CLOWNEY, "Interpreting the Biblical Models of the Church: A Hermeneutical Deepening of Ecclesiology", D. A. Carson, ed., *Biblical Interpretation and the Church: Text and Context*. Exeter: Paternoster, 1984, p. 75-76, que também se refere a Efésios 3.14; 2Coríntios 6.18; Mateus 12.49-50; 23.28 e 1João 4.21.

[46] 1Coríntios 12—14; Romanos 12; Efésios 4. Com referência aos dois parágrafos anteriores, cf. Ray ANDERSON, "God Bless the Children — and the Childless", *Christianity Today*. 7 de agosto, 1987, p. 28.

Necessidade da sabedoria de Salomão: questões excepcionais relacionadas à família (Parte 2)

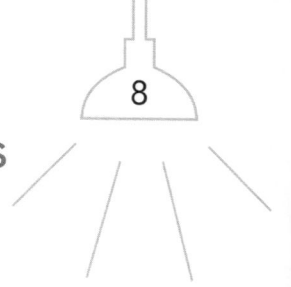

O desafio de educar filhos levanta inúmeras questões e, no estudo abaixo, discutiremos alguns de seus aspectos mais pertinentes. Um elemento fundamental é o método ou filosofia para educação dos filhos que os pais escolherão. Os pais sozinhos se deparam com muitos desafios peculiares à sua situação específica. Outro assunto controverso do qual trataremos é a legitimidade ou ilegitimidade da disciplina física. Também falaremos da tarefa de cultivar a masculinidade e feminilidade dos filhos e filhas, de princípios básicos da disciplina parental e da batalha espiritual no tocante ao casamento e à família.

Educar filhos no mundo de hoje
Qual método?

Muitos livros de sucesso que tratam da educação de filhos procuram comunicar determinado método cujo foco, com frequência, é a devida aplicação da disciplina.[1] Esse enfoque metodológico apresenta diversas vantagens. Primeiro, a adoção de um método específico faz os pais se sentirem mais seguros por terem um plano e um propósito ao educar os filhos. Segundo, proporciona um ambiente previsível e estável. É possível que certos tipos de comportamento resultem em certas recompensas ou castigos. Essa abordagem reforça o condicionamento uma vez que, em geral, as crianças costumam fazer o possível para evitar consequências negativas e se esforçam para receber recompensas positivas. Terceiro, a adoção de um método liga os pais a outros pais que usam o mesmo método. Grupos de apoio para pais que adotam uma abordagem semelhante servem de fórum para discussão e ajudam a lidar com quaisquer dificuldades que venham a surgir.

Um enfoque metodológico também apresenta várias desvantagens. Primeiro, a segurança dos pais pode gerar uma certeza falsa de que tudo está bem quando, na verdade, pelo menos a longo prazo, talvez não seja o caso. O condicionamento a curto e médio prazo pode ser extremamente bem-sucedido, mas a longo prazo, os jovens costumam se rebelar contra uma educação rígida. Segundo, um enfoque sobre o método pode enfatizar um conjunto abstrato de princípios, e não as pessoas. É impossível reduzir a educação dos filhos a uma ciência exata, pois ela trata de pessoas e relacionamentos. Terceiro, um aspecto relacionado é o fato de o enfoque metodológico ter a tendência de dar pouca importância à individualidade e singularidade de cada criança. Embora toda criança precise ser disciplinada sempre que desobedece, *a maneira como essa disciplina é administrada* pode precisar ser ajustada de acordo com as características pessoais de cada criança.

Em última análise, portanto, uma abordagem apropriada à educação dos filhos precisa dar espaço adequado para o elemento *relacional* da educação. Os pais cristãos devem apoiar-se na *sabedoria derivada da meditação nas Escrituras*, no *enchimento do Espírito Santo*, no *conselho de outros* (nesse sentido, os bons livros sobre educação de filhos podem ser extremamente proveitosos, caso tenham uma visão equilibrada e se baseiem em princípios bíblicos) e nas *experiências relacionais* com a criança. Acima de tudo, devemos cuidar para não nos fundamentar em um único método humano, por mais bíblico que afirme ser. Devemos depositar nossa confiança última em Deus e em sua Palavra e reconhecer humildemente que nossa compreensão das Escrituras não pode ser equiparada aos ensinamentos das Escrituras em si.

Nesse relacionamento de educação dos filhos é preciso haver equilíbrio entre amor incondicional, alimento espiritual e disciplina (Ef 6.4) em um contexto de discipulado e crescimento cristão (2Pe 3.18). Educar os filhos segundo os padrões bíblicos exige que os pais entendam que seus filhos não são apenas desobedientes, mas que também são pecadores e desobedecem *por causa* do pecado. Diante disso, o que os filhos mais necessitam é salvação, e não apenas disciplina dos pais. Ademais, como mencionamos em um capítulo anterior, as crianças são "insensatas" (no sentido bíblico do termo; cf. Pv 1.22) e, portanto, precisam que os pais as instruam, treinem e cultivem constantemente, da mesma forma que um jardim precisa de cuidados contínuos e persistentes.

Os pais também são pecadores e devem se guardar de colocar os próprios interesses e motivações acima do bem de seus filhos. Sua preocupação de que os filhos os desobedeçam em público se deve ao simples medo de passar vexame? Querem que os filhos se saiam bem na escola apenas porque isso lhes traz prestígio e reconhecimento como pais? Querem que escolham determinada carreira ou cônjuge porque isso os torna socialmente mais aceitáveis ou desejáveis? Tomam decisões a respeito da educação dos filhos com base principalmente na própria conveniência (creche, babá, avós, etc.) e não com base no que é melhor para a criança?[2]

Vantagens e desvantagens de uma abordagem "metodológica" à educação dos filhos

VANTAGENS	DESVANTAGENS
Aumenta a segurança dos pais de que têm um plano e propósito na educação dos filhos.	A segurança dos pais pode criar a ilusão de que tudo está bem quando, na verdade, talvez não seja o caso, pelo menos a longo prazo.
Proporciona um ambiente previsível e estável.	Enfatiza um conjunto abstrato de princípios e não as pessoas.
Aproxima os pais de outros pais que usam o mesmo método.	Tem a tendência de dar menos importância à individualidade e singularidade de cada criança.
	Tem a tendência de perder de vista os vários estágios de desenvolvimento da criança e do adolescente que exigem flexibilidade e ajustes constantes.

Pais sozinhos

Educar os filhos sozinho não fazia parte do plano de Deus no início. Por esse motivo, é difícil definir quais são os ensinamentos bíblicos para os pais sozinhos. Talvez haja alguma afinidade entre questões relacionadas a educar os filhos sozinho e passagens bíblicas que dizem respeito aos órfãos e às viúvas, apesar de existirem algumas diferenças óbvias. Nos casos em que educar os filhos sozinho é resultado de divórcio, a designação "pai sozinho" ou "mãe sozinha" não reflete plenamente a realidade, pois a criança ainda tem pai e mãe, mesmo que os dois não estejam mais casados um com o outro. Nesses casos, "pai sozinho" ou "mãe sozinha" se refere de modo mais preciso ao cônjuge que recebe a guarda exclusiva do(s) filho(s) depois da separação, de modo que se pode fazer distinção entre "pai/mãe que tem a guarda" e "pai/mãe" que não tem a guarda, mas continua presente na vida da criança por meio do direito de visitação.

Educar os filhos sozinho em consequência de divórcio implica várias dificuldades para ambos os cônjuges, independente de quem tenha a guarda dos filhos. Primeiro, existe a possibilidade (que muitas vezes se concretiza) de os filhos se sentirem emocionalmente divididos entre os pais por causa do rompimento conjugal e suas consequências.[3] Essa situação pode exercer impacto negativo sobre o desenvolvimento psicológico do(s) filho(s) do casal divorciado. Não é raro esses filhos sentirem culpa, como se fossem responsáveis pelo fracasso do casamento dos pais.

Além do mais, muitas vezes os filhos crescem em um mundo polarizado, relacionando-se separadamente com o pai e com a mãe. Embora o pagamento de pensão alimentícia seja uma exigência legal no caso de filhos com até dezoito anos de idade, a maior parte das mães sozinhas precisa trabalhar para suprir de forma adequada as necessidades dos filhos. Logo, além de uma pessoa só ter de cumprir os papéis de mãe e pai, essa mesma pessoa precisa atuar como provedora. A disciplina também se torna responsabilidade somente da mãe ou do pai sozinho.[4]

Assim como o Senhor é Deus dos órfãos e viúvas, ele se preocupa de maneira especial com os pais sozinhos que levam nos ombros o fardo de serem pai e mãe de um ou mais filhos. A Bíblia retrata Deus como defensor dos órfãos (Dt 10.18; 27.19; Sl 10.18; 82.3), seu provedor e auxiliador (Sl 10.14; 146.9) e seu Pai (Sl 68.5).[5] Uma vez que o próprio Deus provê e protege os órfãos (bem como as viúvas e os estrangeiros), ele ordena que seu povo faça o mesmo.

Os israelitas foram instruídos a alimentar os órfãos e suprir suas necessidades materiais (Dt 14.29; 24.19; 26.12-13) e defender sua causa ao protegê-los da injustiça.[6] Os profetas advertiram acerca das consequências sérias que sobreviriam se o povo de Deus não o obedecesse no tocante a essas questões.[7] No Novo Testamento, Tiago dá as mesmas ordens ao escrever: "A religião pura e imaculada diante do nosso Deus e Pai é esta: visitar os órfãos e as viúvas nas suas dificuldades e não se deixar contaminar pelo mundo" (Tg 1.27).

A igreja de hoje pode ajudar a aliviar os fardos dos pais sozinhos de várias maneiras.[8] Para começar, esses pais não devem ser isolados como um "projeto de ministério" específico, mas sim, tratados de maneira normal, como irmãos em Cristo. Com sensibilidade e empatia, cada cristão individualmente e a igreja não terão dificuldade em identificar diversas áreas de necessidade típicas de pais sozinhos, nas quais poderão oferecer assistência, seja ao preencher o vazio deixado pela ausência do pai ou da mãe, contribuir para o sustento financeiro ou atender a necessidades sociais ou de outros tipos.[9]

Disciplina física

Outra questão controversa é o uso do castigo físico (palmadas, chineladas, etc.) como forma válida ou apropriada de os pais disciplinarem os filhos.[10] O ponto de partida para a presente discussão é o conjunto de referências à "vara" da correção em Provérbios que cumpre três propósitos principais: (1) meio de disciplinar a criança com base no amor dos pais (Pv 13.24); (2) forma de remover a insensatez e incutir sabedoria (Pv 22.15; 29.15); (3) possível auxílio na salvação da criança (Pv 23.13-14). A "vara" é mencionada também em Provérbios como forma de corrigir ou castigar os tolos (Pv 10.13; 14.3; 22.8; 26.3).

Quando da redação deste livro, a disciplina física já era proibida por lei na Áustria, Croácia, Lituânia e todos os países escandinavos e nações como Canadá,

Inglaterra, Alemanha, Itália, Bélgica, Bulgária e República da Irlanda estavam considerando sua proibição. A Comissão de Direitos da Criança das Nações Unidas tem feito pressão cada vez maior para países membros declararem a disciplina física ilegal ou enfrentar crítica e censura pública.[11] O uso da disciplina física na educação dos filhos é questionado de várias maneiras: (1) disciplinar a criança dessa forma é abuso físico; (2) é uma prática arcaica e provoca traumas psicológicos; (3) há uma descontinuidade entre os conceitos veterotestamentários e neotestamentários no tocante às crianças e à disciplina e o Novo Testamento suplanta as injunções do Antigo Testamento sobre disciplina física.

A acusação de que essa forma de disciplina *corresponde a abuso físico* nasce de uma sensibilidade exacerbada aos efeitos traumatizantes do abuso infantil. A questão dos direitos da criança ganhou destaque em 1979, declarado o "Ano Internacional da Criança".[12] Um desses direitos era "viver sem medo ou dano à integridade física e abuso".[13] Logo depois disso, a Suécia decretou a proibição da disciplina física.[14] Ainda que até 1997 legisladores na Alemanha reconhecessem expressamente o direito dos pais de corrigir os filhos fisicamente, muitos norte-americanos e europeus são favoráveis a uma lei que proíba a disciplina física.[15]

A linha que separa disciplina física de abuso se tornou ainda mais indistinta como resultado da retórica empregada com frequência pelos que defendem o fim dessa forma de disciplina. Termos como "espancamento", "surra" e "brutalidade" são usados no lugar de "palmada" ou "corretivo".[16] Ademais, Oosterhuis cita Van Leeuwen para destacar que "apesar de oitenta por cento de todo abuso sexual e violência doméstica ocorrerem em famílias de alcoólatras, a segunda maior incidência de ambas as formas de abuso se dá em lares intactos e extremamente religiosos".[17] Essa linguagem, juntamente com os casos de abuso de fato, transmite a ideia de que a disciplina corporal é equivalente a abuso físico.[18]

Segundo, a disciplina física é considerada *arcaica e psicologicamente prejudicial* às crianças. Oosterhuis argumenta que as sociedades antigas consideravam os filhos como propriedade e, portanto, equivalentes a escravos. Por esse motivo, filhos e escravos desobedientes recebiam o mesmo castigo. A autora conjectura: "uma vez que as leis antigas prescreviam vários castigos físicos para infrações, a dor física era uma forma comum de pais e mestres corrigirem comportamentos errados".[19] Oosterhuis argumenta, portanto, que, tendo em vista a maior consideração da sociedade atual pelas crianças, o castigo físico não é uma forma válida de disciplina.[20]

Outra autora, Alice Miller, argumenta que a disciplina física causa sérios traumas psicológicos. Cita descobertas de neurobiólogos que "demonstraram que crianças traumatizadas e negligenciadas apresentam lesões graves que afetam até trinta por cento das regiões do cérebro responsáveis pelo controle das emoções"[21] e sugere que o comportamento de Hitler e seus seguidores nazistas foi resultado de disciplina física na infância.[22] Também sugere que a disciplina física leva as crianças a se tornarem adultos delinquentes e observa que noventa por cento dos norte-americanos encarcerados sofreram abuso na infância.²³ Portanto, embora ao longo da história os pais tenham aplicado a disciplina física nos filhos, a sociedade moderna descobriu que o castigo corporal causa sérios traumas.

A última acusação assevera que existe uma descontinuidade entre os conceitos do Antigo e do Novo Testamento a respeito das crianças e da disciplina e que *o Novo Testamento suplanta as injunções do Antigo Testamento a respeito da disciplina física*.²⁴ Tanto Gillogly quanto Oosterhuis consideram que o modo amoroso e acolhedor como Jesus tratou as crianças estabelece um novo paradigma para a forma como elas devem ser vistas.²⁵ Em vez de serem consideradas propriedades a serem controladas, "as crianças de Cristo deviam receber direitos da personalidade com independência e responsabilidades".²⁶ Cristo não apenas elevou a condição das crianças na sociedade, mas também aboliu o conceito de disciplina física.²⁷ Logo, cabe aos pais reconhecer os desdobramentos históricos da obra criadora de Deus.²⁸

Os pais devem aplicar a disciplina física? A crítica moderna a essa forma de disciplina costuma empregar exagero e retórica provocadora. Apelar para os casos de *excesso* que envolvem abuso não justifica abandonar o castigo físico como forma de disciplina.²⁹ As crianças precisam aprender as consequências do comportamento errado e a disciplina física pode ser uma forma útil de transmitir essa lição.³⁰ Os pais devem, contudo, levar em consideração a personalidade singular e temperamento de cada filho³¹ e ter consciência de que algumas crianças respondem melhor a outros tipos de consequências e reforços positivos e negativos (p. ex., ficar de castigo, receber recompensas, perder privilégios).³²

O cultivo da masculinidade e feminilidade

Outra questão de grande relevância contemporânea relacionada à educação dos filhos é o cultivo da *masculinidade e feminilidade* de nossas crianças. Embora se trate de um tema amplo sobre o qual não temos condições de discorrer em detalhes aqui, alguns comentários podem ser proveitosos. Conforme mencionamos no capítulo inicial, o mundo de hoje é caracterizado por uma confusão crescente entre os sexos. Trata-se, pelo menos em parte, de um dos resultados menos positivos da revolução feminista. Em seu livro *Educando meninos*, James Dobson dá testemunho eloquente do fato de que os meninos se encontram em uma situação de crise em nossa cultura, pois, em muitos casos, perderam a noção daquilo que significa ser homem.³³ Robert Lewis trata do mesmo problema na obra *Raising a Modern-Day Knight: A Father's Role in Guiding His Son to Authentic Manhood* [Como educar um cavalheiro moderno: o papel do pai na orientação do filho rumo à verdadeira masculinidade].³⁴

A convicção de que a sexualidade e o sexo masculino e feminino não são apenas funções biológicas e sociais, mas que definem quem somos como homens e mulheres de modo mais abrangente se baseia no relato bíblico da criação. Gênesis 1.27 diz: "E Deus criou o homem à sua imagem; [...] homem e mulher os criou".

E, no entanto, embora homem e mulher tenham sido criados à imagem de Deus, não foram criados iguais. Conforme Gênesis 2 deixa claro, Deus criou primeiro o homem e, depois, a mulher como "ajudadora adequada" do homem (Gn 2.18,20). Sua união é apresentada não como casamento entre dois indivíduos do mesmo sexo, mas como uma parceria entre homem e mulher, indivíduos distintos em sua identidade sexual e que, portanto, complementam um ao outro.[35]

Cultivar as identidades masculina e feminina distintas de meninos e meninas é uma parte importante da educação dos filhos segundo os princípios cristãos. Com respeito ao namoro e aos jovens que caminham para o casamento, parece estar de acordo com os papéis característicos definidos por Deus para homem e mulher (cf. capítulo 2, acima) que os homens tomem a iniciativa e as mulheres respondam à liderança masculina. Embora seja possível haver exceções, em princípio, não se trata apenas de uma questão de divisão tradicional de papéis, mas de uma implicação do fato atestado pelas Escrituras de que Deus colocou os homens na liderança tanto do lar quanto da igreja e lhes conferiu responsabilidade final e autoridade sobre essas instituições.

Caso haja confusão a esse respeito durante o namoro, pode não ser um bom sinal para o casal quanto a uma união conjugal futura. É muito melhor quando os papéis bíblicos já são colocados em prática antes do casamento, durante o período de namoro. Por esse motivo, incentivamos os leitores que ainda não são casados, mas que pretendem se casar, a ler os capítulos anteriores sobre casamento e especialmente a discussão mais detalhada de Efésios 5.21-33 no capítulo 3 e a tomar a firme decisão de colocar em prática esse padrão para o relacionamento com membros do sexo oposto, mesmo enquanto ainda são solteiros.

Princípios da disciplina parental

Ao nos aproximarmos do final da seção sobre educação dos filhos nos dias de hoje, gostaríamos, em termos práticos, de apresentar vários princípios bíblicos a respeito da disciplina parental. Embora a educação dos filhos não possa ser reduzida a uma fórmula (não obstante os muitos manuais a respeito do assunto), as Escrituras oferecem instruções e diretrizes importantes a respeito da aplicação da disciplina.

Primeiro, a fim de ser eficaz, a disciplina precisa ser *coerente*. A criança precisa saber o que constitui o comportamento certo ou errado e estar ciente de que o comportamento errado resultará em castigo (e o comportamento certo, em recompensa) e que isso ocorrerá de forma previsível e justa, e não arbitrária.

Segundo, a disciplina precisa ser *apropriada para a idade* (cf. Lc 2.51-52). Um exemplo óbvio é o fato de a disciplina física nem sempre ser adequada para crianças mais velhas. Quanto mais velha for a criança, mais apropriado é arrazoar com ela quanto ao motivo de determinado comportamento ser inaceitável e explicar por que se escolheu determinada forma de castigo.

Terceiro, a disciplina deve aderir aos princípios bíblicos universais de *imparcialidade* e *justiça*. Uma implicação disso é que *o castigo deve ser apropriado para a ofensa*. Conforme a sabedoria prática sugere, existe a grande probabilidade de uma sanção indevidamente severa causar amargura e deixar de produzir efeitos corretivos. Em contrapartida, é provável que um castigo indevidamente brando dê a impressão de que os pais não estão levando a disciplina a sério. Imparcialidade também significa que os pais devem dar aos filhos a oportunidade de apresentar seu ponto de vista a respeito da situação, antes de decidir qual será o castigo específico. De outro modo, pode acontecer de a criança não considerar a disciplina justa e, com o tempo, desanimar e se amargurar (Cl 3.21).

Quarto, a *disciplina deve ser específica para cada criança* (elemento relacionado à individualidade e criação singular de cada criança por Deus; cf. acima). A disciplina tem como propósito ajudar a criança a evitar comportamentos e atitudes erradas no futuro e incentivar conduta e atitudes corretas. Aquilo que cumpre esse propósito para uma criança pode não funcionar para outra. Uma criança que não gosta de ler não considerará a limitação do seu tempo de leitura um castigo de fato. Cada criança é diferente.

Quinto, a disciplina precisa ser aplicada *com amor, e não com raiva* (cf. Ef 6.4; Cl 3.21). Os pais não devem entender a desobediência do filho como uma ofensa pessoal, mas sim, agir visando o bem do filho. Eles são instrumentos de Deus para ajudar os filhos a aprenderem a obedecer, um dos princípios que Deus incutiu neste universo.

Sexto, a disciplina deve ser *voltada para o futuro* e deve *olhar adiante*. O propósito central não deve ser a aquiescência imediata (ainda que ela seja desejável), mas sim, o desenvolvimento da criança a longo prazo com vistas a que se torne um adulto cristão maduro e responsável. Devemos "[instruir] a criança no caminho em que deve andar" para que "mesmo quando envelhecer não se [desvie] dele" (Pv 22.6). "Nenhuma disciplina parece no momento motivo de alegria, mas de tristeza. Depois, porém, produz um fruto pacífico de justiça nos que por ela têm sido exercitados" (Hb 12.11).

Sétimo e último (embora não tenhamos esgotado o assunto), a disciplina deve fazer parte de um *relacionamento* entre os pais e o filho que seja mais amplo e permanente do que qualquer forma temporária de correção. Limitar a disciplina à mudança de comportamento por meio de um sistema de recompensas e castigos pode ser eficaz a curto prazo, mas, no final, provocará rebeldia. Os filhos não são ratos de laboratório que podem ser condicionados por estímulo para se comportar de determinado modo. Antes, são seres preciosos e singulares criados por Deus que os investiu de valor e dignidade pessoal. Se respeitarmos e aceitarmos o contexto relacional mais amplo, aumentaremos a probabilidade de colher um relacionamento com nossos filhos que se estenderá muito além da infância e adolescência.

Conclusão

Falamos de questões que só puderam ser tratadas aqui de passagem, mas que ilustram a complexidade e a responsabilidade (por vezes quase esmagadora) de ser pais nos dias de hoje. Sem dúvida, as Escrituras são suficientes para fornecer os parâmetros para a educação dos filhos. Em vez de confiar indevidamente na cultura ao redor e amoldar-se a valores, normas e expectativas culturais, os pais cristãos devem ser dirigidos pela Bíblia. Ao mesmo tempo, contudo, a Bíblia não trata de todas as questões concebíveis com as quais os pais talvez se deparem. Nada substitui, portanto, a sabedoria, a troca de ideias com outros pais cristãos, a direção do Espírito Santo e o cultivo da mente de Cristo.

Os filhos são bênção do Senhor e recompensa dele. Investir nos filhos vale todos os nossos esforços mais dedicados. Se lançarmos fielmente as sementes das Escrituras e da semelhança a Cristo na vida deles, é bem provável que, um dia, ceifemos uma colheita de bênçãos. E, no entanto, há ainda mais coisas em jogo. O próprio Criador, que instruiu o primeiro homem e a primeira mulher a frutificarem e multiplicarem-se e encher a terra, receberá glória se colocarmos em prática o plano definido por ele na criação para nosso casamento e família. Por isso, para nosso próprio benefício e também para a glória de Deus, devemos nos esforçar para sermos os melhores pais possíveis, com a ajuda de Deus.

CASAMENTO, FAMÍLIA E BATALHA ESPIRITUAL

O casamento e a família não estão isentos dos efeitos do conflito cósmico em andamento entre Deus e seus anjos e Satanás e seus demônios. Uma vez que o casamento e a família não são apenas convenções humanas ou costumes culturais, mas sim, instituições divinas, é de se esperar que Satanás, aquele que procura privar Deus de sua glória, ataque o casamento. Também é um dos motivos pelos quais devemos considerar o casamento e a família não apenas no contexto da crise atual (cf. capítulo 1), mas também dentro da estrutura do conflito cósmico perene que exige uma perspectiva espiritual e aptidão para combater o inimigo na batalha espiritual.

Não há dúvidas que a batalha espiritual em torno do casamento e da família é uma realidade e a consciência desse conflito, bem como a aptidão para lutar nele, são fundamentais. Apesar de haver uma grande quantidade de material sobre casamento e família, bem como um número considerável de textos sobre batalha espiritual,[36] é raro os dois assuntos serem tratados em conjunto. Não sabemos de nenhuma obra atual sobre casamento e família que forneça uma discussão, mesmo que superficial, sobre batalha espiritual.[37] Em geral, o enfoque dos textos é sobre como suprir as necessidades do cônjuge, melhorar a comunicação ou resolver conflitos conjugais. Com base nesses livros, não se poderia imaginar que a batalha espiritual é uma questão crítica no casamento e na família. E, no entanto, esse conflito espiritual é uma realidade que abrange todos os aspectos da vida.

Uma luta desde o começo

A batalha espiritual faz parte da vida de casado e da educação dos filhos desde o início. A narrativa bíblica fundamental em Gênesis 3 relata como Satanás, o tentador, convenceu a primeira mulher a transgredir o mandamento de Deus e como o marido a seguiu e pecou também. Desde então, o casamento se parece mais com uma guerra pelo controle e uma série de tentativas, conscientes e inconscientes, de manipulação do que um paraíso edênico. O primeiro caso de rivalidade entre irmãos do qual se tem conhecimento resultou no assassinato de Abel por seu irmão, Caim, por inveja e ciúmes. O restante do Antigo Testamento relata diversas consequências do pecado nos relacionamentos conjugais e familiares desde a Queda.[38]

A mensagem do Novo Testamento não é diferente. Pode-se dizer que o texto mais importante a tratar sobre batalha espiritual é Efésios 6.10-20, uma passagem precedida de considerações sobre o casamento (5.21-33) e a educação dos filhos (6.1-4). Essas passagens, por sua vez, são precedidas de seções sobre as bênçãos espirituais dos cristãos em Cristo (1.3-14), sobre o fato de terem recebido vida em Cristo (2.1-10) e agora serem um em Cristo com os outros cristãos (2.11-22; 4.1-16) e sobre a vida como filhos da luz, os quais se despem da velha natureza pecaminosa e se revestem da nova natureza, criados "segundo Deus em verdadeira justiça e santidade" (4.17—5.20; esp. 4.20-24; a passagem citada é 4.24). Infelizmente, não é raro essas seções serem divididas em compartimentos separados. No raciocínio de Paulo, porém, é justamente nos relacionamentos entre as pessoas, seja no trabalho, em casa, entre cristãos ou entre cristãos e incrédulos, que a batalha espiritual se manifesta e torna-se necessário lidar com ela de forma consciente.

Na verdade, Efésios 6.10-20 é "um elemento crucial para o qual o restante da carta aponta".[39] Na estrutura da carta como um todo, as instruções doutrinárias dos capítulos 1—3 servem de base para os ensinamentos práticos dos capítulos 4—6. Por esse motivo, todo cristão precisa compreender plenamente o que significa ser escolhido em Cristo para ser santo e irrepreensível (1.4,11), ser predestinado a ser adotado com filho ou filha em Cristo segundo a boa determinação da vontade de Deus, para o louvor da glória de sua graça (1.5-6,11), ter redenção pelo sangue de Cristo e perdão dos pecados (1.7), e ter sido selado pelo Espírito Santo como garantia da nossa herança em Cristo (1.13-14). Os cristãos precisam entender que sua conversão implica afastar-se do pecado, a fim de não fazer mais a vontade de sua natureza pecaminosa, voltar-se para Deus e servi-lo no poder do Espírito Santo (2.1-10). Precisam entender a união com outros cristãos em Cristo (2.11-22; 4.1-16) e confrontar o pecado em sua própria vida, considerando a velha natureza pecaminosa morta em Cristo e a si mesmos como quem vive no Senhor ressurreto (4.17—5.20).

No contexto mais imediato de Efésios 6.10-18, a ordem central em torno da qual giram as considerações de Paulo acerca do casamento e da família em 5.21—6.4 é:

"Enchei-vos do Espírito" (5.18).⁴⁰ Numa transição quase imperceptível, a passagem sobre a batalha espiritual em 6.10-18 dá continuidade ao assunto de 5.18 e insta os cristãos a empunharem a espada do Espírito (6.17) e orarem no Espírito (6.18), sempre lembrando que "não é contra pessoas de carne e sangue que temos de lutar, mas sim contra principados e poderios, contra os príncipes deste mundo de trevas, contra os exércitos espirituais da maldade nas regiões celestiais" (6.12).⁴¹ É essencial, portanto, considerar os ensinamentos bíblicos sobre casamento e família e sobre batalha espiritual de forma integrada. Ao colocarem em prática a fé cristã no casamento e na família, os cristãos devem reconhecer que, sem o auxílio do Espírito Santo, sua natureza pecaminosa os levará a se rebelarem contra os planos de Deus e que o diabo procurará usar as inclinações e tendências pecaminosas para desviá-los do caminho certo.

Uma batalha pela mente

Qual é o elemento-chave na batalha espiritual? Segundo as Escrituras, é a mente humana. "Mas temo que, assim como a serpente enganou Eva com sua astúcia, também a vossa mente seja de alguma forma seduzida e se afaste da simplicidade e da pureza que há em Cristo" (2Co 11.3). "Pois, embora vivendo como seres humanos, não lutamos segundo os padrões do mundo. Pois as armas da nossa guerra não são humanas, mas poderosas em Deus para destruir fortalezas. Destruímos raciocínios e toda arrogância que se ergue contra o conhecimento de Deus, levando cativo todo pensamento para que obedeça a Cristo" (2Co 10.3-5). Assim como Satanás arrazoou com Eva quanto aos motivos para ela desobedecer a Deus no Jardim, a vida mental das pessoas é a arena onde ocorre a vitória ou derrota nas batalhas espirituais.⁴²

Por esse motivo, os cristãos devem saturar a mente com os ensinamentos das Escrituras acerca de sua nova posição em Cristo. Mesmo nos atendo apenas a Efésios, que contém a principal passagem sobre casamento e família (Efésios 5.21-64), vemos que os cristãos são abençoados com todas as bênçãos espirituais em Cristo (Ef 1.3); foram eleitos antes da fundação do mundo para serem santos e irrepreensíveis (1.4,11); foram predestinados a serem adotados como filhos e filhas de Deus (1.5,11); foram remidos e receberam perdão dos pecados pelo sangue de Cristo (1.7); e receberam o Espírito Santo como garantia da sua herança em Cristo (1.13-14). Embora antes de sua conversão a Cristo costumassem satisfazer os desejos de sua natureza pecaminosa (2.3), foram ressuscitados com Cristo e assentados nas regiões celestiais (2.6). Foram salvos pela graça por meio da fé (2.8). Com base na compreensão de sua nova posição em Cristo, os cristãos podem lidar de forma eficaz com os diversos tipos de tentação e lutas com os quais deparam no casamento e na família.

A caixa de ferramentas do diabo: tentação sexual, raiva e insensibilidade

Várias passagens no Novo Testamento ensinam que os esforços do diabo para destruir casamentos e arruinar a vida familiar não pararam na Queda, mas continuam até hoje. Embora três infrações específicas sejam destacadas, sem dúvida é possível acrescentar outras. Uma das áreas nas quais Satanás procurará atacar é a susceptibilidade à *tentação sexual*.[43] Em 1Coríntios 7.5, Paulo aconselha os cristãos casados a não se absterem das relações sexuais, "a não ser de comum acordo por algum tempo", para dedicarem-se à oração, mas para unirem-se novamente a fim de que Satanás não os tentasse por causa de sua falta de controle. Essa observação parece indicar que o elemento sexual do matrimônio é um alvo comum dos ataques de Satanás e deve ser guardado com cuidado pelo casal.[44]

Outra área de fraqueza que Satanás ataca é a *raiva não resolvida*. Como Paulo escreve em Efésios 4.26-27, "Quando sentirdes raiva, não pequeis; e não conserveis a vossa raiva até o pôr do sol; nem deis lugar ao Diabo". Embora essa declaração não se limite ao casamento, inclui, sem dúvida, o relacionamento conjugal e adverte os cristãos a não permitirem que relações rompidas os tornem vulneráveis ao diabo. Encontramos injunções relacionadas que dizem respeito aos filhos nas Epístolas de Paulo aos Efésios e Colossenses; nelas, o apóstolo insta os pais a não provocarem os filhos à ira para que não desanimem (Ef 6.4; Cl 3.21).

Terceiro, Satanás procura romper casamentos ao semear *conflito conjugal* por meio da *insensibilidade do marido* para com a mulher. O apóstolo Paulo instrui os maridos a amarem as mulheres e não serem ásperos com elas (Cl 3.19). Pedro segue uma linha semelhante ao escrever: "Da mesma forma, maridos, vivei com elas a vida do lar, com entendimento, dando honra à mulher como parte mais frágil e herdeira convosco da graça da vida, para que as vossas orações não sejam impedidas" (1Pe 3.7). De acordo com Pedro, a insensibilidade do marido para com a mulher pode causar ruptura espiritual no casamento; a discórdia conjugal, por sua vez, se torna um empecilho para as orações conjuntas que podem ser atendidas.[45]

Quer se trate da vida sexual do casal, de conflitos não resolvidos, de falta de consideração do marido para com a mulher ou de alguma outra área, o Novo Testamento deixa claro que tudo faz parte da batalha espiritual e que maridos e mulheres devem tomar as precauções necessárias para não sofrer derrota na guerra espiritual no casamento. Ademais, é importante ter consciência de que o inimigo não é apenas externo (isto é, o diabo), mas que nossos primeiros antepassados deram espaço para o inimigo interno, por assim dizer, ao sucumbirem à tentação do diabo e se rebelarem contra o Criador. O diabo pode, agora, usar o mundo separado de Deus bem como nossa natureza pecaminosa inata para fortalecer o poder do pecado sobre nós (1Jo 2.15-17). A única maneira de o cristão superar esse poder de forma contínua e eficaz é reconhecer sua identidade como nova criatura em Cristo e viver sob a direção do Espírito Santo (1Jo 4.4).

Como lutar na batalha espiritual: três lições importantes

Como devemos, então, lutar nessa guerra espiritual na qual estamos envolvidos? Pelo menos três lições importantes se destacam nos ensinamentos bíblicos a respeito da batalha espiritual. Primeiro, a *consciência do fato de que há uma batalha* é fundamental para o sucesso. Em uma guerra, quem não percebe que está envolvido no conflito se torna vítima dele em pouco tempo, pois não se protege de forma apropriada. O mesmo acontece no âmbito do casamento. Pode-se dizer que a principal causa da rápida elevação do índice de divórcios não é a falta de boas intenções, nem a ausência de recursos e instrução sobre como desenvolver um casamento biblicamente forte e nem mesmo a falta de amor, mas sim, o fato de muitos casais, tanto incrédulos quanto cristãos, não reconhecerem como deveriam que a batalha espiritual é uma realidade inequívoca que exige uma resposta coordenada e cuidadosamente planejada.

Segundo, é essencial *conhecer o inimigo espiritual*. Esse inimigo não é um dos cônjuges, nem tampouco os filhos. É Satanás, o adversário de nossa alma que emprega várias estratégias, métodos e maquinações (cf. 2Co 10.4; Ef 6.11; 1Pe 5.8-9), inclusive a exploração e incitação de nossa natureza pecaminosa e da impiedade do mundo ao nosso redor. Embora o diabo seja extremamente inteligente, continua a ser uma criatura. Não é, portanto, onisciente nem onipresente e não se equipara a Deus. O diabo pode cometer erros e, de fato, os comete. O exemplo mais notável é a cruz. Satanás imaginou que a cruz seria seu maior triunfo, mas ela se tornou sua derrota final quando Jesus ressuscitou dentre os mortos. O inimigo ataca de forma específica as áreas de maior fraqueza e vulnerabilidade das pessoas e todo indivíduo precisa estar preparado para não ser pego de surpresa. E, no entanto, como Paulo, os cristãos de hoje descobrem que a graça de Deus é mais do que suficiente para todos os desafios que enfrentam no poder de Cristo, desde que sejam diligentes em revestir-se "de toda a armadura de Deus" (ver abaixo).

Terceiro e último, *é preciso travar as batalhas espirituais com armas apropriadas*. Como mencionamos, há quem perca um conflito espiritual no qual se encontra envolvido porque não percebe que, de fato, há uma batalha em andamento e seu envolvimento não é opcional, mas essencial. Outros talvez percebam que estão em guerra, mas não usem as armas espirituais apropriadas (nem o equipamento de proteção, por assim dizer). Também nesse caso, não demoram a se tornar vítimas do conflito. No contexto dos casamentos cristãos, bem como da educação dos filhos, é fundamental que os cristãos se revistam "de toda a armadura de Deus" (Ef 6.10-18) a fim de vencer o inimigo espiritual, seja ele sua própria pecaminosidade ou a oposição maligna sobrenatural. Essa armadura é constituída dos seguintes elementos:

- *A verdade*: como todos os cristãos, os cônjuges devem "[abandonar] a mentira, e cada um [falar] a verdade com seu próximo (Ef 4.25). Devem, contudo, dizer "a verdade *em amor*" e, portanto, "[crescer] em tudo naquele que é a

cabeça, Cristo" (4.15); devem se esforçar ao máximo para que "não saia da [sua] boca nenhuma palavra que cause destruição, mas só a que seja boa para a necessária edificação" (4.29);
- *A justiça*: refere-se tanto à situação correta do indivíduo diante de Deus em Cristo e por meio dele (p. ex., Rm 5.1,9; 2Co 5.21) quanto à relação íntegra com Deus e com os outros seres humanos (p. ex., Sl 15); por esse motivo, somente nos casamentos em que os dois cônjuge são *cristãos* é que se pode colocar em prática a vontade de Deus para o casamento de forma verdadeira e contínua (Ef 5.18; cf. Rm 8.9);
- *A paz*: como cristãos, marido e mulher receberam a paz de Cristo no Espírito Santo (Jo 14.27; 16.33); sabem que foram eternamente perdoados e que são filho e filha de Deus (Jo 1.12; 1Jo 3.1); uma vez que têm paz com Deus (Rm 5.1), podem ter paz um com o outro e atuar como pacificadores no mundo ao redor (Mt 5.9; 2Co 5.17-18);
- *A fé*: como é o caso para todos os cristãos, marido e mulher precisam seguir ao Senhor Jesus Cristo no discipulado e aprender a crer que ele suprirá todas as suas necessidades e os ajudará a superar todos os desafios e adversidades; sua preocupação maior não deve ser com as necessidades materiais, mas com a extensão do domínio de Deus no mundo (Mt 6.25-34); a fé em Deus também implica entregar o marido ou mulher nas mãos de Deus e crer na obra transformadora contínua do Espírito Santo na vida do cônjuge;
- *A salvação*: uma vez que os cônjuges têm certeza da salvação e do destino eterno, podem verdadeiramente amar um ao outro de forma incondicional e abnegada; o marido pode prover liderança responsável e amorosa sem abusar de sua autoridade e a mulher pode confiar e sujeitar-se à liderança de Deus sobre a vida dela por meio do marido (Ef 5.21-33);
- *A palavra de Deus*: uma vez que não existe outro fundamento duradouro para nossa vida além da palavra de Deus (cf. Mt 7.24-27; Hb 4.12-13; 1Pe 1.23-25), o casal deve ter o compromisso de permanecer na palavra de Deus (Jo 8.31; 15.4,7) por meio do estudo individual e conjunto das Escrituras e da participação fiel numa igreja local onde a palavra de Deus seja pregada (2Tm 4.2).
- *A oração*: a oração conjunta regular é essencial para os cônjuges em todos os momentos da vida para "manter a unidade do Espírito no vínculo da paz" (Ef 4.3); marido e mulher devem cultivar o hábito de apresentar ações de graças e pedidos a Deus e crer que ele agirá em seu favor (Fp 4.6-7; 1Pe 5.7); em circunstâncias especiais, o casal pode decidir abster-se de relações sexuais por um tempo a fim de se dedicar à oração conjunta (1Co 7.5).

Além disso, apesar de ser responsabilidade de todos os indivíduos, de todas as famílias e casais cristãos lutar na batalha espiritual segundo os princípios bíblicos, não devemos nos esquecer do contexto mais abrangente da igreja local, o que implica o princípio de prestação de contas nessa escala mais ampla e, se necessário, até de disciplina eclesiástica.

Implicações

Como cristãos envolvidos em um conflito espiritual, os cônjuges devem ter consciência de que há, de fato, uma batalha espiritual em andamento; devem esforçar-se para conhecer o inimigo, o diabo, que incita a natureza humana pecaminosa a resistir a Deus e, ao lutar, devem usar as armas espirituais apropriadas. Como o apóstolo Paulo escreve: "Pois não é contra pessoas de carne e sangue que temos de lutar [...] Por isso, tomai toda a armadura de Deus, para que possais resistir no dia mau e, havendo feito tudo, permanecer firmes" (Ef 6.12-13).

Batalha espiritual, casamento e família

TRÊS ÁREAS DE FRAQUEZA QUE SÃO ALVOS DE SATANÁS	TRÊS LIÇÕES SOBRE BATALHA ESPIRITUAL
Tentação sexual (1Co 7.5)	Consciência do fato de que há uma batalha em andamento
Raiva não resolvida (Ef 4.26-27; 6.4)	Conhecimento do inimigo espiritual
Falta de consideração do marido (Cl 3.19; 1Pe 3.7)	Uso de armas espirituais adequadas para lutar

A batalha espiritual é uma realidade predominante e que abrange todos os aspectos do relacionamento conjugal. Quem a ignora coloca-se em risco. Assim como o diabo ataca aqueles que têm potencial para a liderança na igreja, também procura arruinar os casamentos humanos pois são os relacionamentos que têm o maior potencial de mostrar ao mundo a natureza da relação entre Cristo e sua igreja (Ef 5.31-32).

Se os cristãos desejam mostrar ao mundo, por meio do casamento, como o seu Deus é bom e glorioso, precisam, para a glória de Deus e para o próprio bem, envolver-se na batalha espiritual usando armas espirituais. Somente então os casamentos cristãos refletirão a imagem e o plano do Criador. Pois, em última análise, o alvo correto do casamento não é apenas a realização e satisfação humana, mas também a glória de Deus.[46]

Cultura familiar

Encerramos com algumas sugestões para proteger os casamentos e famílias cristãos e construir tradições familiares cristãs fortes e positivas. Aqueles que não cresceram em lares cristãos têm, de modo especial, o desafio e a oportunidade de desenvolver coesão e senso de identidade na família ao instituir uma cultura familiar distintiva.

Uma prática importante é o *culto, devocional ou estudo bíblico doméstico*.[47] Embora seja proveitoso para nossos filhos receber ensino na escola dominical ou em outros programas semelhantes, os pais cristãos nunca devem delegar a outros a responsabilidade de ensinar a Bíblia aos filhos nem abdicar dessa tarefa. Como líder do lar, o pai deve assumir a responsabilidade de conduzir os filhos a Cristo e incentivá-los no caminho do discipulado cristão. Isso inclui ler e estudar as Escrituras juntos, cantar e orar juntos, enfrentar desafios e adversidades (bem como sucessos e vitórias) juntos como família em espírito de fé e confiança em Cristo.

Outra forma importante de fortalecer a família é a instituição de *tradições familiares* distintivas.[48] Isso inclui a forma como celebramos as principais festas religiosas como Natal e Páscoa e outras datas comemorativas nacionais. É sempre recomendável deixar de fora os acréscimos seculares ou pagãos e concentrar-se no conteúdo ou essência cristã dessas festas. Tudo isso contribui para inculcar nos filhos a consciência de sua herança religiosa e nacional assim como os israelitas foram instruídos a ensinar os filhos sobre o significado da Páscoa ou do êxodo.

Também é apropriado incentivar *atividades saudáveis* como leitura, programas ao ar livre e tempo com outras crianças que possam servir de exemplo positivo. Desse modo, fica mais fácil evitar hábitos prejudiciais, como passar tempo demais na frente da televisão, navegar compulsivamente na Internet ou ficar viciado em vídeo games. É importante, ainda, ensinar nossos filhos o valor da amizade, como escolher os amigos com sabedoria e como ser um bom amigo para outros.

Por fim, devemos atentar nos princípios da *batalha espiritual* descritos acima. Trata-se de um elemento importante especialmente na resolução de conflitos, pois, em última análise, nosso inimigo não é de carne e sangue, ou seja, não é a outra pessoa, mas sim o diabo e o mal sobrenatural. Por isso, devemos ter o mesmo espírito de Cristo (Fp 2.1-11), cultivando respeito mútuo e sempre demonstrando preocupação pelos outros.

Que, em todas essas coisas, nossas famílias sejam inteiramente submissas ao senhorio de Cristo, que sejam caracterizadas pelo amor e pela fé e glorifiquem, e não desonrem, ao Senhor e Salvador Jesus Cristo.

Conclusão

Neste capítulo, tratamos de várias questões contemporâneas associadas à educação dos filhos nos padrões cristãos, como os pais sozinhos, a disciplina física, o cultivo da masculinidade e feminilidade e os princípios da disciplina parental. Logo no início, destacamos o perigo de abordagens que focalizam um método em detrimento do cultivo de um relacionamento com a criança e enfatizamos a importância de confiar na direção do Espírito ao educar os filhos. Em nossas considerações sobre os pais que criam os filhos sozinhos, apresentamos ensinamentos bíblicos sobre a preocupação de Deus com os órfãos e discutimos algumas maneiras pelas quais a igreja pode ajudar esses pais. Também tratamos da controvérsia sobre a disciplina física e, embora o ensino bíblico não nos permita proibir essa forma de disciplina, registramos advertências importantes a esse respeito. Identificamos a relevância fundamental da promoção da masculinidade e feminilidade em nossa cultura que, cada vez mais, colhe os frutos do feminismo radical e de uma tendência antimasculina. Também apresentamos vários princípios bíblicos para a disciplina parental que podem ser usados em um contexto no qual os filhos são responsabilizados por seus atos e discutimos a questão crítica da batalha espiritual no casamento e na família. Por fim, sugerimos formas de instituir o culto no lar e cultivar tradições familiares cristãs.

Temos consciência de que muitas outras questões talvez merecessem ser incluídas neste capítulo, mas esperamos que os temas dos quais escolhemos tratar exemplifiquem a necessidade de fundamentar a aplicação no ensino bíblico e sirvam de estudos de caso para as questões sobre as quais não pudemos discorrer. Concluímos aqui nosso enfoque sobre o ensino bíblico acerca do casamento e da família. Passamos, agora, a uma discussão sobre vários assuntos específicos relacionados ao casamento e à família, como o solteirismo (capítulo 9), e sobre as distorções do modelo bíblico para o casamento e a família, como a homossexualidade (capítulo 10) e o divórcio (capítulo 11).

Notas

[1] Cf. p.ex., Gary Ezzo e Anne M. Ezzo, *Growing Kids God's Way: Biblical Ethics for Parenting*, 4a ed. Chatsworth: Growing Families International, 1997; observar, porém a controvérsia em torno desse ministério: cf. http://www.ezzo.info e a crítica publicada em duas partes no *Christian Research Journal* em http://www.equip.org/free/DG233.htm e http://www.equip.org/free/DG234.pdf. Uma obra menos rígida e mais voltada para captar a essência da tarefa de educar os filhos é Tedd Tripp, *Shepherding a Child's Heart*. Wapallopen: Shepherd, 1998 [publicado em português sob o título *Pastoreando o coração da criança*. São José dos Campos: Fiel, 2006]. Cf. tb. os diversos recursos sobre educação de filhos publicados por William Sears e Martha Sears. A título de interesse, a primeira obra a oferecer conselho sobre educação dos filhos no período patrístico foi escrita por (João Crisóstomo (c. 347-407 d.C.), *On the Vainglory of the World and on the Education of Children*.

[2] P. ex. *homeschooling* (prover educação acadêmica para os filhos em casa), escolas confessionais cristãs particulares ou ligadas a igrejas. Com referência a alguns precursores antigos do *homeschooling* e das escolas cristãs particulares, cf. William A. Strange, *Children in the Early Church: Children in the Ancient World, the New Testament, and the Early Church*. Carlisle: Paternoster, 1996, p. 80-81, que observa: "Nos primeiros séculos, não ouvimos falar de educação cristã fora do lar [...] Os pais cristãos ainda aceitavam que os filhos participassem da educação comum com seus vizinhos pagãos e a igreja demorou a copiar a sinagoga e oferecer uma forma alternativa de ensino. Mesmo quando João Crisóstomo [...] escreveu o primeiro tratado cristão sobre o ensino infantil [...] dirigiu-se aos pais e nada disse acerca de mandar os filhos para escolas especificamente cristãs. Ao que parece, as primeiras escolas cristãs foram fundadas pelos monastérios do século IV em diante". Strange observa que,

pelo menos naquela época, "criar um sistema separado de ensino corresponderia a retirar-se da vida comum que compartilhavam com os vizinhos pagãos".

[3] Cf. Alice B. TOLBERT, "The Crisis of Single-Parent Families", *Urban Mission* 7, 1989, p. 9-15, especialmente p. 11-12.

[4] É difícil compensar a ausência do pai em uma família na qual a mãe educa os filhos sozinha. Dentre as obras que descrevem a importância do pai no desenvolvimento da criança, cf. Don E. EBERLY, "The Collapse and Recovery of Fatherhood", Don E. Eberly ed., *The Faith Factor in Fatherhood: Renewing the Sacred Vocation of Fathering*. Lanham: Rowman & Littlefield, 1999, p. 4-20; Rob PALKOVITZ, *Involved Fathering and Men's Adult Development: Provisional Balances*. Mahwah:Lawrence Erlbaum Associates, 2002; Paul C. VITZ, *Faith of the Fatherless America: Confronting Our Most Urgent Social Problem*. Nova York: HarperCollins, 1995; Frank MINIRTH, Brian NEWMAN e Paul WARREN, *The Father Book: An Instruction Manual*. Minirth-Meier Clinic Series. Nashville: Thomas Nelson, 1992.

[5] Cf. F. Charles FENSHAM, "Widow, Orphan, and the Poor in Ancient Near Eastern Legal and Wisdom Literature", *Journal of Near Eastern Studies* 21, 1962, p. 129-139; Mark SNEED, "Israelite Concern for Alien, Orphan, and Widow: Altruism or Ideology?", *Zeitschrift für die alttestamentliche Wissenschaft* 111, 1999, p. 498-507; Harold V. BENNET, *Injustice Made Legal: Deuteronomic Law and the Plight of Widows, Strangers, and Orphans in Ancient Israel*. Grand Rapids: Eerdmans, 2002.

[6] Deuteronômio 24.17; 27.19; Salmos 23.10; Isaías 1.17; Jeremias 7.6; 22.3; Zacarias 7.10. Cf. tb. Deuteronômio 26.12, segundo o qual uma parte dos dízimos devia ser entregue "ao estrangeiro, ao órfão e à viúva".

[7] Isaías 1.23; 10.2; Jeremias 5.28; 7.26; Ezequiel 22.7; Zacarias 7.10-14; Malaquias 3.5.

[8] Para material sobre educação de filhos e ministério com pais sozinhos, cf. p. ex., Blake J. NEFF, "The Diverse-Tradition Family", Blake J. Neff e Donald Ratcliff, eds., *Handbook of Family Religious Education*. Birmingham: Religious Education Press, 1995, p. 121-124; Jane HANNAH e Dick STAFFORD, *Single Parenting with Dick and Jane: A Biblical Back-to-Basics Approach to the Challenges Facing Today's Single Parent*. Nashville: Family Touch, 1993; Ramona WARREN, *Parenting Alone*, Family Growth Electives. Elgin: David C. Cook, 1993; Robert G. BARNES, *Single Parenting*. Wheaton: Tyndale, 1992; Greg CYNAUMON, *Helping Single Parents with Troubled Kids: A Ministry Resource for Pastors and Youth Workers*. Colorado Springs: NavPress, 1992; Gary RICHMOND, *Successful Single Parenting*. Eugene: Harvest, 1990; Richard P. OLSEN e Joe H. LEONARD, JR., *Ministry with Families in Flux: The Church and Changing Patterns of Life*. Louisville: Westminster/John Knox, 1990; Patricia BRANDT e Dave JACKSON, *Just Me and the Kids: A Course for Single Parents*. Elgin: David C. Cook, 1985; Gerri KERR, "Making it Alone: The Single-Parent Family", Gloria Durka e Joanmarie Smith, eds., *Family Ministry*. Minneapolis: Winston, 1980, p. 142-167. Cf. tb. Andrew J. WEAVER, Linda A. REVILLA e Harold G. KOENIG, *Counseling Families Across the Stages of Life: A Handbook for Pastors and Other Helping Professionals*. Nashville: Abingdon, 2002, p. 101-118; David BLACKWELDER, "Single Parents: In Need of Personal Support", Robert J. Wicks e Richard D. Parsons, eds., *Clinical Handboook of Pastoral Counseling*, vol. 2. Mahwah: Paulist, 1993, p. 329-359.

[9] Cf. Susan Graham MATHIS, "Good Samaritans for Single Parents", *Focus on the Family*. Abril de 2004, p. 20-21. A revista *Focus on the Family* tem uma edição especial só para pais sozinhos. Para obter a assinatura, cf. http://www.family.org.

[10] Agradecemos a assistência de Alan Bandy na pesquisa para esta seção e a anterior.

[11] Devemos as informações precedentes a R. Albert MOHLER, JR., "Should Spanking Be Banned? Parental Authority Under Assault", publicado em 22/06/2004 em http://www.crosswalk.com/news/weblogs/mohler/1269621.html. Mohler responde à pergunta: "A Bíblia instrui os pais a disciplinar os filhos fisicamente?" com um sim enfático e argumenta que "a epidemia atual de crianças descontroladas

pode ser associada diretamente ao fato de os pais não disciplinarem os filhos". Observa que a disciplina física "não deve ser resultado de irritação ou capricho dos pais, mas sim, de uma necessidade moral".

[12] Alyce OOSTERHUIS, "Abolishing the Rod", *Journal of Psychology and Theology* 21, no 2. Verão de 1993, p. 132.

[13] OOSTERHUIS, "Abolishing the Rod", p. 132.

[14] Cf. Robert GILLOGLY, "Spanking Hurts Everybody", *Theology Today* 37, no 4. Janeiro de 1981, p. 415. Cf., porém, Robert E. LARZELERE, "Child Abuse in Sweden", http://people.biola.edu/faculty/paulp/sweden2.html. Larzelere observa um possível crescimento no abuso de crianças como uma das consequências indesejáveis de se proibir a disciplina física.

[15] Alice MILLER, "Against Spanking", *Tikkun* 15, no 2. Março/abril de 2000, p. 19.

[16] Alice MILLER, "Against Spanking", p. 17.

[17] Mary S. Van LEEUWEN, *Gender and Grace*. Downers Grove: InterVarsity Press, 1990, p. 170; citada em OOSTERHUIS, "Abolishing the Rod", p. 131.

[18] Virginia Ramey MOLLENKOTT, "Gender, Ethics, and Parenting", resenha de *The Case Against Spanking: How to Discipline Your Child Without Hitting*, Irwin A. HYMAN, *The Witness*. Abril de 2000, p. 28. Ela observa: "Irwin Hyman, professor de psicologia da educação em Temple University, é nacionalmente conhecido por sua campanha contra a disciplina física em programas de televisão como *Oprah, Today* e *Good Morning America*. Em 1996, quando legisladores da Califórnia votaram a favor de reintroduzir a disciplina física no sistema escolar, o projeto não conseguiu número suficiente de votos, em parte, devido às fotos apresentadas por Hyman de crianças com contusões e hematomas que haviam recebido disciplina física considerada legal em um dos 23 estados que ainda permitem esses abusos. Quando um adulto é agredido por outro a ponto de sofrer contusões e hematomas, instaura-se processo contra o agressor. Por que a lei permite que se faça contra crianças indefesas aquilo que um adulto não poder fazer contra outro?".

[19] OOSTERHUIS, "Abolishing the Rod", p. 128.

[20] Cf. tb. GILLOGLY, "Spanking Hurts Everybody", p. 40.

[21] MILLER, "Against Spanking", p. 17. Ela declara, ainda, que "Traumas graves sofridos por crianças pequenas costumam provocar o aumento da liberação de hormônios de estresse que destroem os neurônios recém-formados existentes e suas interligações". Também neste caso, a autora usa retórica forte com base no pressuposto de que a disciplina física é abusiva e traumatizante. Ademais os "traumas graves" sofridos por crianças pequenas sugerem algo muito mais sinistro e prejudicial do que uma palmada.

[22] MILLER, "Against Spanking", p. 18.

[23] MILLER, "Against Spanking". Ela equipara a disciplina física ao abuso.

[24] Kenneth O. GANGEL e Mark F. ROOKER, "Response to Oosterhuis: Discipline Versus Punishment", *Journal of Psychology and Theology* 21, no 2. Verão de 1993, p. 135. Os autores declaram: "Embora seja verdade que certas práticas do Antigo Testamento (p. ex., os sacrifícios) não tenham continuado na era do Novo Testamento, há mais continuidade entre os Testamentos do que a autora supõe. Em seu zelo por destacar a natureza antiquada do uso da vara no Antigo Testamento, Oosterhuis enfatiza excessivamente a diferença ou descontinuidade entre o Antigo e o Novo Testamentos".

[25] GILLOGLY, "Spanking Hurts Everybody", p. 41; OOSTERHUIS, "Abolishing the Rod", p. 129.

[26] OOSTERHUIS, "Abolishing the Rod", p. 129.

[27] Patricia PIKE, "Response to Oosterhuis: To Abolish or Fulfill?", *Journal of Psychology and Theology* 21, no 2, 1993, p. 138-141.

[28] Patricia PIKE, "Response to Oosterhius: To Abolish or Fulfill?", p. 132. Pike declara: " Negar o desenvolvimento histórico como elemento central da direção de Deus resulta em uma aderência

estultificante ao passado à custa da relevância da palavra de Deus para o presente". Convém observar neste ponto que Hebreus 12.5-11 sugere, de fato, continuidade entre os conceitos de disciplina do Antigo e Novo Testamentos. Embora Hebreus 12 não mencione especificamente o uso da "vara", sua referência direta a Provérbios 3.12 justifica essa conclusão.

[29] Robert E. LARZELERE, "Response to Oosterhuis: Empirically Justified Uses of Spaking: Toward a Discriminating View of Corporal Punishment", *Journal of Psychology and Theology* 21, no 2, 1993, p. 142-147.

[30] Para mais informações sobre os benefícios da disciplina física do ponto de vista cristão, cf. Walter L. LARIMORE, "Is Spanking Actually Harmful to Children?", *Focus on Your Family's Health*, http://www.health.family.org/children/articles/a0000513.html.

[31] P. ex., algumas crianças respondem adequadamente a uma repreensão verbal severa, enquanto para outras a mensagem fica clara quando recebem disciplina física. Cf. Jesse FLOREA, "Does Spanking Work for All Kids?", *Focus on Your Child*, http://www.focusonyourchild.com/develop/art1/A0000507.html.

[32] Lisa WELCHEL, *Creative Correction: Extraordinary Ideas for Everyday Discipline*. Minneapolis: Bethany, 2000.

[33] Cf. James DOBSON, *Bringing Up Boys*. Carol Stream: Tyndale, 2001 [publicado em português sob o título *Educando Meninos*. São Paulo: Mundo Cristão, 2003].

[34] Robert LEWIS, *Raising a Modern-Day Knight: A Father's Role in Guiding His Son to Authentic Manhood*. Wheaton: Tyndale, 1997. Lewis relaciona alguns princípios da masculinidade: (1) rejeitar a passividade; (2) assumir responsabilidade; (3) viver corajosamente; (4) esperar uma recompensa maior, p. 60. E relaciona dez ideais bíblicos que o pai sábio pode transmitir ao filho: lealdade, liderança por meio do serviço, bondade, humildade, pureza, honestidade, autodisciplina, excelência, integridade e perseverança.

[35] Com referência a casamento entre indivíduos do mesmo sexo, cf. James DOBSON, *Marriage Under Fire: Why We Must Win This Battle*. Sister: Multnomah, 2004; Erwin LUTZER, *The Truth About Same-Sex Marriage*. Chicago: Moody, 2004; Glen T. STANTON e Bill MAIER, *Marriage on Trial: The Case Against Same-Sex Marriage and Parenting*. Downers Grove: InterVarsity Press, 2004; Matthew D. STAVER, *Same-Sex Marriage: Putting Every Household at Risk*. Nashville: Broadman & Holman, 2004; James R. WHITE e Jeffrey D. NIELL, *The Same Sex Controversy: Defending and Clarifying the Bible's Message About Homossexuality*. Minneapolis: Bethany, 2002.

[36] Cf. especialmente Clinton E. ARNOLD, *Three Crucial Questions About Spiritual Warfare*. Grand Rapids: Baker, 1997 e *Powers of Darkness: Principalities and Powers in Paul's Letters*. Leicester / Downers Grove: InterVarsity Press, 1992; Sydney H. T. PAGE, *Powers of Evil: A Biblical Study of Satan and Demons*. Grand Rapids: Baker, 1995; e os artigos "Elements; Elemental Spirits of the World", "Power" e "Principalities and Powers", Gerald F. Hawthorne, Ralph P. Martin, Daniel G. Reid, eds., *Dictionary of Paul and His Letters*. Leicester/ Downers Grove.: InterVarsity Press, 1993, p. 229-233, 723-725 e 746-752 [publicado em português sob o título *Dicionário de Paulo e suas cartas*. São Paulo: Loyola, 2008]. Cf. tb. o verbete útil elaborado por David BECK, "Spiritual Warfare", Michael J. Anthony, ed. *Evangelical Dictionary of Christian Education*. Grand Rapids: Baker, 2001, p. 660-662.

[37] A única exceção parcial é Evelyn CHRISTENSON, *What Happens When We Pray for Our Families*. Colorado Springs: Chariot, 1992 [publicado em português sob o título *O que acontece quando oramos por nossas famílias*. São Paulo: Mundo Cristão, 1997]. Não encontramos nenhuma discussão sobre batalha espiritual em livros conhecidos sobre casamento como Gary Chapman, *The Five Love Languages*. Chicago: Moody, 1995 [publicado em português sob o título *As cinco linguagens do amor*. São Paulo: Mundo Cristão, 2001]; Larry CRABB, *The Marriage Builder*. Grand Rapids: Zonderevan, 1992 [publicado em português sob o título *Como construir um casamento de verdade*. Belo Horizonte:

Betânia, 1995]; Kay ARTHUR, *A Marriage Without Regrets*. Eugene: Harvest, 2000; Willard HARTLEY, *His Needs, Her Needs*. Grand Rapids: Revell, 1990; Gary SMALLEY e John TRENT, *The Language of Love*. Pomona: Focus on the Family, 1988; Laura WALKER, *Dated Jekyll, Married Hyde*. Mineapolis: Bethany, 1997. Não há nada sobre o assunto em *best-sellers* que tratam da educação dos filhos como Ross CAMPBELL, *Relational Parenting*. Chicago: Moody, 2000; Eastman CURTIS, *Raising Heaven-bound Kids in a Hell-bent World*, Nashville: Thomas Nelson, 2000; James DOBSON e Gary BAUER, *Children at Risk*. Dallas: Word, 1990; Gary SMALLEY e John TRENT, *The Gift of Honor*. Nashville: Thomas Nelson, 1987.

[38] Para um exemplo extraído da vida de Davi, cf. KÖSTENBERGER, "Marriage and Family in the New Testament", Ken M. Campbell, ed., *Marriage and Family in the Biblical World*. Downers Grove: InterVarsity Press, 2003; p. 279.

[39] Peter T. O'BRIEN, *The Letter to the Ephesians*, Pillar New Testament Commentary. Grand Rapids: Eerdmans, 1999, p. 457.

[40] Cf. Andreas J. KÖSTENBERGER, "What Does it Mean to Be Filled with the Spirit? A Biblical Investigation", *Journal for the Evangelical Theological Society* 40, 1997, p. 229-240.

[41] Com referência a Efésios 6.10-20 no contexto da Epístola aos Efésios como um todo, cf. especialmente os textos de Peter T. O'BRIEN: *Gospel and Mission in the Writings of Paul: An Exegetical and Theological Analysis*. Grand Rapids: Baker, 1995, p. 109-131; *The Letter to the Ephesians*, p. 456-490, esp. p. 457-460; e Andreas J. KÖSTENBERGER e Peter T. O'BRIEN, *Salvation to the Ends of the Earth: A Biblical Theology of Mission*, New Studies in Biblical Theology. Leicester / Downers Grove: InterVarsity Press, 2001, p. 196-198.

[42] Cf., semelhantemente, BECK, "Spiritual Warfare", p. 661, que identifica quatro questões críticas: (1) subestimar o inimigo; (2) identificar o inimigo; (3) a natureza das armas; e (4) o objetivo da batalha.

[43] Para uma discussão sobre os princípios bíblicos para lidar com a tentação sexual, conferir o subtítulo "Rapazes" no capítulo 9, abaixo.

[44] Com referência ao contexto de 1Coríntios 7 e para uma exposição sobre o versículo 5, cf. especialmente Gordon D. FEE, *The First Epistle to the Corinthians*, New International Commentary on the New Testament. Grand Rapids: Eerdmans, 1987, p. 266-283.

[45] Não vem ao caso aqui se as orações impedidas são do marido (provavelmente o foco imediato) ou do casal (a implicação necessária). Cf. comentários relevantes; p. ex., P. H. DAVIDS, *The First Epistle of Peter*, New International Commentary of the New Testament. Grand Rapids: Eerdmans, 1990, p. 123, n. 20. Em última análise, fica evidente que as orações dos dois cônjuges são afetadas de forma negativa pela falta de sensibilidade do marido para com a mulher.

[46] Existem muitos ministérios excelentes que visam fortalecer casamentos e famílias cristãos. Dentre os melhores, podemos citar Focus on the Family (http://www.family.org), FamilyLife (http://www.familylife.com); Family Dynamics (http://www.familydynamics.net); e "Kingdom Family Initiative" que faz parte do movimento "Empowering Kingdom Growth" da Southern Baptist Convention (http://www.sbc.net/ekg/ekg/EKG-7pillars.asp). Outra organização que inclui a promoção de princípios bíblicos para o casamento e a família é Council of Biblical Manhood and Womanhood (http://www.cbmw.org).

[47] Cf. p. ex., James W. ALEXANDER, *Thoughts on Family Worship*. Morgan: Soli Deo Gloria, 1998 [1847]; Clay CLARKSON, *Our Twenty-Four Family Ways: Family Devotional Guide*. Colorado Springs: Whole Heart Press, 2004; Jim CROMARTY, *A Book for Family Worship*. Harrisburg: Evangelical Press, 1997; Terry L. JOHNSON, *The Family Worship Book: A Resource Book for Family Devotions*. Fearn: Christian Focus Publications, 2000; David E. Prince, "Family Worship: Calling the Next Generation to Hope in God", publicado em http://www.cbmw.org; Kerry PTACEK, *Family Worship: The Biblical Basis, Historical Reality, and Current Need*. Greenville: Greenville Seminary Press, 2000.

⁴⁸ Cf. p. ex., Gloria GAITHER e Shirley DOBSON, *Creating Family Traditions: Making Memories in Festive Seasons*. Sisters: Multnomah, 2004; Nöel PIPER, *Treasuring God in Our Traditions*. Wheaton: Crossway, 2003; Kent e Barbara HUGHES, *Disciplines of a Godly Family*. Wheaton: Crossway, 2004, p. 43-56 [publicado em português sob o título *Disciplinas da família cristã*. Rio de Janeiro: CPAD, 2006].

Em plena consagração ao Senhor: a dádiva divina do solteirismo

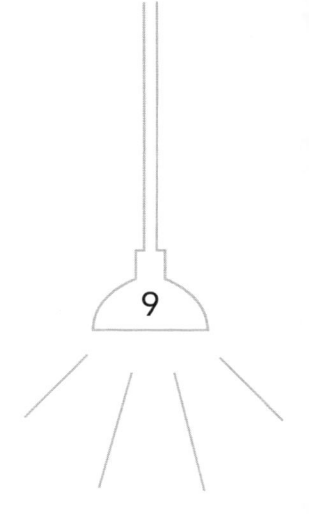

Os solteiros já saídos da adolescência são, provavelmente, o grupo social mais negligenciado da igreja ocidental contemporânea. Embora igrejas maiores costumem ter ministérios para universitários e jovens profissionais (alguns dos quais funcionam, pelo menos em parte, como oportunidades para namoro e encontros patrocinados pela igreja) e o solteirismo seja tema ocasional de um capítulo curto em livros sobre casamento e família (veja o presente exemplo), em sua maior parte, os solteiros têm sido marginalizados dentro da igreja moderna.[1] Para a maioria dos cristãos ocidentais, parece óbvio que *o casamento é o estado normal*. Quando há um solteiro já saído da adolescência no corpo de Cristo, muitos membros bem-intencionados consideram seu dever cristão encontrar um cônjuge adequado para esse indivíduo.

Ademais, quando alguém com bem mais de vinte ou trinta anos permanece solteiro, quer por opção ou circunstâncias, muitos começam a tentar diagnosticar o problema (orientação sexual, aparência física, capacidade intelectual, inaptidão social, padrões excessivamente elevados, ou outros fatores) que condenou a pessoa àquele estado civil não natural e indesejável de solteiro. Provavelmente não é exagero dizer que muitas pessoas em nossas igrejas hoje sequer consideraram a possibilidade de que seja aceitável permanecer solteiro. O único chamado de Deus que os cristãos ocidentais temem mais do que a vocação para missões é a vocação para uma vida de celibato.

Tendo em vista que 46 por cento da população dos Estados Unidos com mais de quinze anos de idade eram solteiros no início do século XXI,[2] a negligência e distorção do solteirismo pela igreja ocidental é injustificável. Ainda que a maioria deles se case mais cedo ou mais tarde, as estatísticas indicam que um número cada vez maior jamais se casará e muitos voltarão a ficar sozinhos depois de um divórcio ou da morte do cônjuge. Por esse motivo, à luz do fato de que muitos heróis cristãos da fé eram solteiros (inclusive Jesus)[3], sem falar no ensino bíblico de que o solteirismo é um dom da graça de Deus (Mt 19.11-12; 1Co 7.7), a igreja contemporânea precisa reavaliar com urgência seu posicionamento em relação ao solteirismo.

O SOLTEIRISMO NO ANTIGO TESTAMENTO

No tempo do Antigo Testamento, era raro encontrar solteiros entre os indivíduos com idade suficiente para casar, ou seja, de 12 a 13 para as moças e 15 a 16 anos para os rapazes.[4] Na verdade, devido, em grande parte, à ordem de Deus para procriar (Gn 1.28), não havia na cultura do Antigo Testamento nada equivalente ao conceito atual de adolescência ou que fosse correspondente ao período extenso de maturidade adulta sem cônjuge e filhos.[5] A maior parte das pessoas considerava que permanecer solteiro era viver de modo contrário à natureza. No período veterotestamentário, os solteiros geralmente se encaixavam em uma das seguintes categorias.

A primeira categoria de solteiros na época do Antigo Testamento era constituída de *viúvas*.[6] Em resumo, como hoje, a viuvez não era um estado desejável na antiguidade. As viúvas muitas vezes enfrentavam grandes dificuldades financeiras (cf. 2Rs 4.1) e, sem dúvida, estavam entre os membros mais desamparados da sociedade antiga (Dt 10.18. Is 54.4).[7] A história revela que, pelo fato de o solteirismo ser considerado tão contrário à natureza, a maioria das viúvas procurava se casar novamente o mais rápido possível e muitas conseguiam (p. ex., Rute 3—4).[8] No entanto, para as viúvas que, por algum motivo, não voltavam a se casar, o Senhor definiu certas prescrições, como a instituição do casamento de levirato (Dt 25.5-6)[9] e a permissão para as viúvas sem filhos provenientes de famílias sacerdotais voltarem à casa do pai e participarem dos alimentos reservados para os sacerdotes (Lv 22.13). Além disso, em várias ocasiões Deus lembra o povo de seu dever sagrado de cuidar das viúvas necessitadas,[10] e o Senhor descreve a si mesmo repetidamente como defensor das viúvas.[11] Não obstante, no Antigo Testamento a viuvez era uma situação nada invejável, considerada por muitos como uma desonra (Is 4.1). Em alguns momentos, o Senhor chega a usar o conceito de viuvez como ameaça de castigo para Israel por sua desobediência espiritual (Is 47.8-9).

Outra categoria de solteiros na época do Antigo Testamento era a dos *eunucos*. Como as viúvas, os eunucos não ocupavam uma posição desejável na antiguidade. Embora os eunucos fizessem parte de várias cortes reais e atuassem em funções como guardas das virgens ou concubinas (Et 2.3,14-15), servos da rainha (4.5), confidentes (1.12), chefes dos oficiais (Dn 1.7), e até mesmo líderes da comunidade militar (2Rs 25.19; Jr 52.25), para os judeus antigos, ser eunuco era uma situação detestável, pois excluía o indivíduo da congregação dos adoradores do Senhor (Dt 23.1), bem como da participação no sacerdócio (Lv 21.20). Ademais, embora vários eunucos sejam apresentados no Antigo Testamento sob uma óptica "favorável", como os três eunucos que deram cabo de Jezabel atirando-a pela janela (2Rs 9.32-33) e os filhos que, de acordo com Isaías, serviriam no palácio do rei da Babilônia (Is 39.7), em geral, os eunucos eram vistos com desdém. Tornar-se eunuco fazia parte de algumas ameaças de castigo por afastar-se do Senhor (2Rs 20.18; Is 39.7), e Isaías observa que o Senhor sanará a situação não natural dos eunucos no fim dos tempos (Is 56.3-5).

A terceira categoria de solteiros na época do Antigo Testamento era constituída daqueles que *não podiam se casar* em decorrência de enfermidades (p. ex., lepra) ou sérias dificuldades econômicas.[12]

Outra categoria era formada por aqueles que não se casavam devido a um *chamado divino*. Talvez o maior exemplo de alguém que permaneceu solteiro, pelo menos por algum tempo, por causa de um chamado divino seja o profeta Jeremias (embora a ordem para permanecer solteiro talvez se devesse à falta de mulheres adequadas "neste lugar"). Em Jeremias 16.1-4, o profeta escreve:

> Veio a mim a palavra do Senhor: Não tomes mulher para ti, nem tenhas filhos e filhas neste lugar. Pois assim diz o Senhor acerca dos filhos e das filhas que nascerem neste lugar, acerca das mães que lhes derem à luz e dos pais que os gerarem nesta terra: Morrerão de doenças fatais, ninguém lamentará por eles nem serão sepultados; mas serão como esterco sobre o solo. Serão mortos pela espada e pela fome, e os seus cadáveres servirão de alimento para as aves do céu e para os animais da terra.

Um chamado divino ou mesmo a escolha consciente de passar a vida solteiro era, contudo, algo raro na antiguidade,[13] uma vez que esse é o único exemplo de um chamado divino para permanecer solteiro registrado no Antigo Testamento.[14]

A quinta categoria de solteiros na época do Antigo Testamento era a dos *divorciados*.[15] A iniciativa do divórcio era quase sempre da parte do marido (Dt 24.1-4; cf., porém, Jz 19.1-2). A legislação deuteronômica procurava proteger as mulheres divorciadas ao exigir que o marido emitisse um certificado de divórcio como prova legal da dissolução do casamento. Assim como a morte do cônjuge, o divórcio muitas vezes colocava a mulher em uma situação econômica extremamente vulnerável. Como a viúva ou o órfão, a mulher divorciada perdia a provisão e proteção masculina. Caso não conseguisse se casar outra vez, corria o sério risco de ficar economicamente desamparada e necessitada da ajuda de outros.

A sexta e última categoria de solteiros no antigo Israel era constituída de *rapazes e moças que ainda não haviam se casado*. Em geral, o pai era responsável por arranjar o casamento dos filhos com cônjuges adequados (Gênesis 24; Juízes 14). Esforçava-se para proteger as filhas de aproveitadores do sexo oposto e garantir que ela se casaria virgem (cf. Êx 22.16-17; Dt 22.13-21) e provia um dote que era devolvido para a filha se o casamento não desse certo. Como mencionamos anteriormente, no antigo Israel era costume as meninas se casarem no início da puberdade, por volta dos treze anos de idade, enquanto os meninos se casavam alguns anos mais tarde.¹⁶ Por esse motivo, quase não havia um período intermediário entre a infância e o casamento que pudesse ser chamado, de fato, de estado solteiro.

O SOLTEIRISMO NO NOVO TESTAMENTO

Como na época do Antigo Testamento, no Novo Testamento o solteirismo não era um conceito definido de modo tão claro quanto no mundo ocidental de hoje. Na verdade, no tempo de Cristo, a pessoa "solteira" provavelmente se encontrava em uma fase de transição por ser jovem demais para se casar, ter ficado viúva ou por algum outro motivo. Em resumo, no período do Novo Testamento, o solteirismo como estado permanente e escolha consciente de estilo de vida era incomum e o casamento era a norma.¹⁷

Não obstante, João Batista, Jesus e o apóstolo Paulo eram solteiros¹⁸ e, apesar de haver comparativamente poucas informações sobre o solteirismo no Novo Testamento, tanto Jesus quanto Paulo mencionam que determinada forma de celibato é um "dom da parte de Deus" (1Co 7.7),¹⁹ ou, como Jesus disse, há "eunucos por causa do reino dos céus" (Mt 19.12). Tanto Jesus quanto Paulo indicam que esse chamado para o solteirismo permite que as pessoas não casadas dediquem atenção maior e exclusiva ao serviço religioso.²⁰ Conforme Paulo observa em seu principal comentário sobre o assunto:

> Pois quero que estejais livres de preocupações. Quem não é casado se ocupa das coisas do Senhor e de como irá agradá-lo. Mas quem é casado se ocupa das coisas do mundo e de como irá agradar sua mulher; e fica dividido. A mulher que não é casada e a virgem se ocupam das coisas do Senhor para serem santas, tanto no corpo como no espírito. A mulher casada, porém, ocupa-se das coisas do mundo e de como irá agradar o marido. E digo isso para o vosso benefício, não para vos limitar, mas para que vos dediqueis ao Senhor naquilo que é honroso, sem distração alguma (1Co 7.32-35).

Um levantamento dos comentários de Jesus e Paulo sobre o solteirismo nos leva a fazer duas observações. Primeiro, em contraste com a interpretação judaica tradicional do Antigo Testamento (porém não necessariamente com o próprio Antigo Testamento), nos ensinos de Jesus e Paulo o solteirismo é um conceito *positivo*. Enquanto no período veterotestamentário o estado solteiro costumava ser considerado sob uma óptica negativa (senão totalmente contrário à natureza), tanto Jesus quanto Paulo asseveram e também exemplificam que, apesar de não ser a norma, o solteirismo é aceitável (cf. 1Co 7.9; 1Tm 4.1-3). Além disso, o solteirismo é considerado um *dom* concedido por Deus. É provável que esse fosse um ensinamento revolucionário para os ouvintes do primeiro século, envoltos nas tradições do Antigo Testamento.

Ademais, em Apocalipse, João louva o celibato, pelo menos de forma metafórica, ao descrever os 144.000 evangelistas judeus apocalípticos como "os que não se contaminaram com mulheres, *porque são virgens*. São os que seguem o Cordeiro aonde quer que vá. Foram comprados dentre os homens para serem as primícias para Deus e para o Cordeiro. Mentira alguma saiu de sua boca, pois são irrepreensíveis" (Ap 14.4-5). É interessante que a motivação para o celibato dos 144.000 evangelistas é a mesma mencionada por Jesus e Paulo, a saber, maior devoção ao Senhor ou, nas palavras de João, "[seguir] o Cordeiro aonde quer que vá". Em termos gerais, portanto, o solteirismo é visto de forma positiva em todo o Novo Testamento, desde os Evangelhos até Apocalipse.

Outra observação decorrente da leitura das declarações de Jesus e Paulo sobre o solteirismo é que o celibato constitui não apenas um *dom* divino, mas também um chamado divino limitado a uns *poucos* seletos e *escolhido voluntariamente*, e não imposto sobre o indivíduo por suas circunstâncias ou condições. Ao introduzir e concluir seu pronunciamento sobre ser eunuco por causa do reino de Deus, Jesus diz: "Nem todos podem aceitar essa condição, mas somente aqueles a quem isso é concedido [...] Quem puder aceitar isso, aceite" (Mt 19.11-12). As palavras de Jesus parecem indicar que, a fim de reconhecerem sua vocação, os indivíduos chamados a permanecer solteiros por amor do reino de Deus precisam de uma graça especial de Deus.

Ao escrever aos coríntios, o apóstolo Paulo apresenta a questão da seguinte forma: "Por causa da imoralidade, cada homem tenha sua mulher, e cada mulher, seu marido [...]Mas, se não conseguirem dominar-se, que se casem. Porque é melhor casar do que arder de paixão [...] Mas, se te casares, não pecaste [...]" (1Co 7.2,9.28). Fica evidente, portanto, que embora o solteirismo seja um estado positivo no qual os cristãos têm liberdade de permanecer se ainda não são casados, é errado esperar que alguém adote a vida de solteiro contra sua vontade.[21] De fato, posteriormente, Paulo escreve a Timóteo que proibir o casamento é uma das "doutrinas de demônios" (cf. 1Tm 4.1-3).

O SOLTEIRISMO NA IGREJA PRIMITIVA

É notável que alguns dos protagonistas de maior destaque no cristianismo primitivo (inclusive, possivelmente, o apóstolo Paulo) fossem solteiros.[22] Embora fique razoavelmente claro que Paulo permaneceu solteiro durante boa parte ou toda sua carreira apostólica (cf. especialmente 1Co 7.8: "na mesma condição em que estou"),[23] há quem sugira que talvez ele fosse viúvo[24] ou tenha sido abandonado por sua esposa (incrédula) depois da conversão ao cristianismo.[25] No entanto, as evidências em favor de um casamento anterior de Paulo são inteiramente circunstanciais. O próprio Paulo não trata dessa questão e, no final das contas, devemos confessar que "simplesmente não sabemos".[26] De qualquer modo, o fato de Paulo não ser casado durante a maioria parte, senão todo, o seu ministério apostólico permitiu a esse homem chamado de forma estratégica encabeçar a missão aos gentios de uma forma que um homem casado provavelmente não poderia ter feito. Suas viagens e encarceramentos frequentes teriam colocado grande peso sobre o casamento. Muitos dos outros apóstolos, porém, eram casados (cf. 1Co 9.5, onde Paulo também afirma, em princípio, seu direito de ter esposa).

O solteirismo no Antigo e Novo Testamento

	ANTIGO TESTAMENTO	NOVO TESTAMENTO
PERCEPÇÃO DO SOLTEIRISMO	À luz de Gênesis 2.24, o casamento é considerado a norma; o solteirismo é percebido, em geral, como um estado indesejável.	O casamento continua a ser considerado a norma, mas tendo em vista as questões do reino, o solteirismo é apresentado como um estado vantajoso para aqueles que são chamados a esse estilo de vida.
CATEGORIAS DE SOLTEIROS	Viúvas	Um dom concedido por Deus (1Coríntios 7.7)
	Eunucos	
	Aqueles que não podiam se casar por causa de enfermidades ou dificuldades financeiras	
	Aqueles que haviam recebido um chamado divino	Um chamado divino aceito por aqueles que o recebem (Mateus 19.11-12)
	Divorciados	
	Rapazes e moças que ainda não haviam se casado	

Em consonância com o costume judaico da época, os homens casados podiam, com a permissão da esposa, sair de casa para estudar com um rabino, como fizeram os discípulos de Jesus (Mc 1.18-20; 10.28-29 par.). Paulo também reconhece que os cônjuges podem abster-se temporariamente das relações sexuais "de comum acordo por algum tempo" (1Co 7.5), sem dúvida, uma exceção da qual a maioria dos casais cristãos raramente lança mão.[27] Paulo insta os cônjuges, porém, a retomar as relações sexuais depois de um período curto de abstinência para que Satanás não os tente por sua falta de autocontrole (1Co 9.5).[28]

Como no caso dos apóstolos, na igreja primitiva nos primeiros séculos o solteirismo era exceção, e não a regra. Apesar de haver alguns proponentes insignes do celibato, como Orígenes, teólogo alexandrino do século III,[29] a maioria dos líderes da igreja primitiva era casada e costumava pregar a excelência do casamento. Mas, devido a uma convergência de fatores, inclusive a filosofia grega gnóstica que exaltava o espírito acima do corpo, a doutrina ascética de certas seitas do cristianismo como o maniqueísmo, bem como o desejo crescente da igreja romana de centralizar a base de poder, aos poucos, o celibato se tornou aceito e, posteriormente, exaltado pela igreja.[30] Na verdade, já no início do século IV, muitos concílios eclesiásticos locais começaram a pedir e, em seguida, exigir que os clérigos permanecessem solteiros, e no primeiro Concílio de Latrão em 1123, o celibato tornou-se obrigatório para os líderes da igreja.

A transição para a idealização do solteirismo (ou, como se diz na igreja católica, "ser casado com a igreja") pode ser observada no crescimento de instituições monásticas e conventos de freiras durante todo o primeiro milênio da história da igreja, bem como no desenvolvimento dos escritos de alguns dos teólogos mais proeminentes da igreja. Em um exemplo do século V, ao escrever sobre as relações sexuais no casamento, Agostinho, um dos pais da igreja, observou que o casamento é bom e que "o homem e sua mulher devem desempenhar seus papéis ativo e passivo no drama da concepção sem as induções voluptuosas da lascívia".[31] Embora Agostinho acreditasse que a lascívia muitas vezes corrompe a relação sexual e que a procriação deve ser o objetivo do sexo, afirmava que, não obstante, o ato em si é bom dentro dos laços santificados do matrimônio. Agostinho chegou a apelar para a relação sexual entre Adão e Eva no jardim do Éden como paradigma a ser imitado pelos cônjuges cristãos.

No século XII, porém, ao escrever sobre as relações sexuais no casamento, Tomás de Aquino observou: "Até mesmo o sexo conjugal, adornado com toda a honradez do casamento, traz consigo certa vergonha [...] A virgindade, por sua vez, é caracterizada pela integridade moral [...] Sem dúvida, portanto, o estado de virgindade é preferível".[32] Embora Tomás de Aquino cresse na honradez do casamento, considerava, em consonância com a doutrina da igreja de sua época, que o solteirismo era um estado mais desejável. A crença de Aquino de que o sexo conjugal "traz consigo certa vergonha" conflitava de forma direta com as Escrituras, segundo as quais, "todas as coisas criadas por Deus são boas, nada deve ser rejeitado se for recebido com ações de graças" (1Tm 4.4). De acordo com Gênesis 1.31, Deus considerou "muito bom" ter criado os seres humanos homem e mulher e, em 2.18, Deus julga que o estado do homem sem a mulher "não é bom".

Resumo

Antes de tratarmos de diversas questões relacionadas ao solteirismo, pode ser proveitoso resumirmos as principais constatações de nosso levantamento a respeito do solteirismo no Antigo e Novo Testamento e na igreja primitiva. Nosso estudo dos ensinamentos do Antigo Testamento a respeito do solteirismo revelou seis categorias de solteiros: (1) viúvos; (2) eunucos; (3) aqueles que não se casavam em decorrência de enfermidades ou dificuldades financeiras; (4) aqueles que não se casavam em decorrência de um chamado divino; (5) divorciados; e (6) rapazes e moças que ainda não haviam se casado.

Praticamente todas essas categorias continuaram a existir na época do Novo Testamento.[33] Enquanto, ao que parece, o solteirismo fosse incomum e, muitas vezes, involuntário no tempo do Antigo Testamento, no Novo Testamento Jesus e Paulo elogiam as vantagens do solteirismo para o serviço do reino. Jesus afirma que alguns são "eunucos por causa do reino dos céus" (Mt 19.12), e Paulo considera o celibato um "dom da parte de Deus" (1Co 7.7) e mostra em mais detalhes as maneiras pelas quais o solteirismo pode promover a "plena consagração ao Senhor" (v. 32-35; NVI).

Como nos tempos do Antigo e Novo Testamento, o casamento continua a ser a norma na igreja primitiva (p. ex. 1Co 9.5), com a exceção notável do apóstolo Paulo que permaneceu solteiro durante boa parte de seu ministério apostólico (senão todo ele). Alguns séculos depois da era cristã, porém, uma convergência de fatores como o dualismo gnóstico grego que elevava o espírito acima do corpo, ou o ascetismo de seitas cristãs como o maniqueísmo, provocaram uma exaltação do solteirismo como estado superior ao casamento.

Embora líderes da igreja como Agostinho afirmassem que o casamento é honrado e o sexo é bom dentro do vínculo conjugal, o final dos períodos patrístico e medieval testemunharam a tendência de exaltar o solteirismo. No século XII d.C., Tomás de Aquino declarou sua convicção de que até mesmo o sexo dentro do casamento traz certa vergonha, enquanto a virgindade comunica integridade moral e, portanto, é preferível. Passamos agora a uma discussão das questões relacionadas ao solteirismo em nossos dias, seguida de um estudo dos ensinamentos bíblicos sobre solteirismo dirigidos a diversos grupos.

Questões relacionadas ao solteirismo

Solteirismo e ministério

Em contraste com a igreja católica que exige o celibato de todos os seus ministros (supostamente porque Jesus não era casado), os evangélicos não consideram o celibato um requisito para o ministério. Uma vez que, em sua concepção, os líderes da igreja não corporificam Cristo em sentido sacramental (ministrando a missa segundo os padrões do culto sacerdotal do Antigo Testamento), não há necessidade de se absterem de relações sexuais a fim de permanecerem ritualmente puros. O solteirismo é considerado, portanto, um dom de Deus concedido a um grupo seleto, e não um requisito para todos os ministros.[34]

Aplicado ao contexto contemporâneo, o solteirismo deve ser visto como um dom concedido a uns poucos escolhidos que apresenta *vantagens consideráveis para o ministério*, mas que não é *intrinsecamente superior* nem *inferior* à instituição do casamento. Embora Paulo pressuponha que os oficiais da igreja sejam, em regra, casados (1Tm 3.2,12; Tt 1.6) e considere o casamento e a família o campo de treinamento e prova para os candidatos à liderança na igreja (1Tm 3.4-5; cf. 1Tm 3.15), suas considerações não devem ser interpretadas como requisitos.[35] A igreja precisa de membros solteiros e casados. Ainda que, na maioria das igrejas, os casais com filhos constituam a parte mais substancial da congregação, os casados devem tratar os solteiros como membros plenos e legítimos da congregação.

Trata-se de algo ainda mais imperativo pelo fato de os solteiros terem o privilégio de se dedicar de modo mais completo ao serviço do reino, inclusive ao estudo das Escrituras, à oração pelas necessidades de outros e à atuação em várias funções estratégicas (inclusive como missionários). Em termos sociais, os casados devem incluir os solteiros em suas atividades e reuniões como parte do amor e fraternidade cristãos. Os solteiros, por sua vez, devem encontrar sua suficiência em Cristo e no serviço a ele. Não obstante, a menos que o solteiro se sinta satisfeito nesse estado, é provável que, no devido tempo, Deus o conduza ao casamento, o padrão divino predominante para os relacionamentos humanos instituído no Antigo Testamento e reafirmado no Novo.

Coabitação e sexo antes do casamento

Além da solidão, uma das maiores tentações que o solteiro enfrenta é a relação sexual ilegítima. Sem dúvida, esse é um dos motivos pelos quais as últimas décadas têm testemunhado um crescimento marcante da coabitação sem casamento, bem como da prática do sexo antes do casamento.[36] Segue-se claramente dos ensinamentos bíblicos, porém, que tanto a coabitação quanto o sexo antes do casamento são violações do plano de Deus para o relacionamento entre homem e mulher.[37] Na verdade, nos tempos bíblicos, os judeus equiparavam a atividade sexual pré-marital da mulher à prostituição e a pena para o sexo consensual com uma pessoa com a qual não se era casado era a morte[38] ou o divórcio.[39]

Conforme argumentamos anteriormente, as Escrituras apresentam o casamento como o relacionamento sagrado, inviolável e exclusivo entre um homem e uma mulher, no qual se ingressa de forma apropriada pela promessa mútua de fidelidade conjugal para o resto da vida na união como "uma só carne" (Gn 2.23-24). Jesus afirma que, na união conjugal, o homem e a mulher deixam de ser dois e se tornam um, unidos pelo próprio Deus (Mt 19.6; Mc 10.8-9). Paulo declara que até mesmo a relação sexual com uma prostituta resulta em união, ainda que ilegítima, em uma só carne (1Co 6.15-17, com referência a Gn 2.24; cf. Ef 5.31).[40] O mesmo se aplica a qualquer forma de relação sexual fora do relacionamento monógamo do casamento.[41]

Há quem argumente que a situação de casais noivos é diferente, pois planejam unir-se em casamento no futuro. Pode-se questionar que mal há em futuro marido e mulher se envolverem sexualmente um com o outro antes do casamento, uma vez que têm a intenção de fazer a promessa mútua de lealdade. Além do fato de nada ser garantido e de acontecer, por vezes, de o noivado romper-se, o sexo antes do casamento até mesmo com o futuro cônjuge não é algo inteiramente responsável. Como um autor caracteriza de modo muito apropriado, o sexo antes do casamento corresponde a *uma tentativa inútil de agir como se fosse casado enquanto se toma mais e se oferece menos do que o amor conjugal exige* em termos de "grau de responsabilidade e tipo de amor, confiança e fidelidade" que marido e mulher devem ter um pelo outro.[42]

Embora seja inevitável que os membros da cultura mais ampla, desprovida de um compromisso com a obediência ao ensino bíblico nessa área, persistam em coabitar ou se envolver em sexo ilícito, não pode haver dúvidas de que essa não é uma opção para os cristãos. *A abstinência sexual antes do casamento* e a *fidelidade sexual no casamento* são expectativas bíblicas e fica evidente que a prática da primeira é o melhor preparo para a observância da última.[43] Além de os solteiros deverem se abster de atividade sexual antes do casamento, também devem evitar tudo que poderia levar a esse tipo de atividade e esforçar-se por manter a pureza no modo de falar e pensar.[44] As mulheres devem demonstrar recato na aparência e tanto homens como mulheres são chamados a exercer autocontrole.[45]

Quais são, então, as implicações para os cristãos que optam pela coabitação e sexo antes do casamento, seja por ignorância dos ensinamentos bíblicos a respeito dessa questão ou em violação deliberada e consciente das Escrituras? E quais são as implicações para os incrédulos que vivem juntos sem serem casados e/ou praticam o sexo pré-marital? No caso dos cristãos verdadeiros, se fazem parte de uma igreja local, a liderança deve ensinar os jovens que as Escrituras não permitem a coabitação e o sexo pré-marital e exortá-los a deixar de pecar contra o Senhor dessa forma. Se os jovens não derem ouvidos à exortação, os líderes devem aplicar a disciplina eclesiástica.

No caso de incrédulos, sua maior necessidade é deixar o pecado e crer em Cristo como Senhor e Salvador, algo que transcende a questão da coabitação e sexo antes do casamento. Não obstante, talvez Deus queira usar esse pecado específico na vida das pessoas para chamá-las ao arrependimento e à fé e, quando possível, aqueles cristãos cujo relacionamento com o casal permita maior abertura, devem usar a oportunidade para tratar dessa questão com o par não cristão "na esperança de que Deus lhes conceda o arrependimento para conhecerem plenamente a verdade, e que se libertem da armadilha do Diabo, por quem haviam sido presos para cumprirem a sua vontade" (2Tm 2.25-26).

Namoro

No antigo Israel, o noivado entre um rapaz e uma moça era considerado semelhante ao casamento (exceto quanto às relações sexuais, que eram reservadas para depois do casamento) e, portanto, romper o noivado exigia um divórcio formal.[46] Com respeito à seleção do cônjuge e aos costumes específicos de noivado e cerimônia de casamento, nos tempos bíblicos era comum os casamentos serem negociados pelos pais do futuro casal. Os arranjos pré-nupciais incluíam um dote ou preço da noiva,[47] mas não havia namoro no sentido moderno. Daí, ser responsabilidade dos pais fazer os devidos preparativos para a união do casal e o envolvimento dos jovens ser bem mais limitado.[48]

Na cultura ocidental contemporânea, o pêndulo se moveu para o outro extremo. Muitas vezes, os pais não têm oportunidade nenhuma de se pronunciar a respeito da escolha de cônjuge do filho ou da filha (embora se espere que os pais ajudem a pagar a festa de casamento da filha). O fato de muitos hoje em dia adiarem o casamento para dedicar-se aos estudos resulta em um período prolongado em que grande número de jovens vive longe da família de origem sem fazer parte da nova família que talvez venha a estabelecer algum dia. Com isso, os jovens se veem em uma posição de independência na qual não precisam prestar contas a ninguém e que traz consequências desastrosas, especialmente se não foram preparados de forma adequada para exercitar essa liberdade. Ademais, uma vez que o sexo pré-marital e a coabitação são amplamente praticados,[49] as cerimônias modernas de casamento costumam ser anticlimáticas.

Uma das questões centrais nessa área é o que vem a ser o verdadeiro amor. Jovens muitas vezes dizem que não há como controlar por quem se apaixonam e Hollywood contribuiu consideravelmente para perpetuar o estereótipo do amor que exerce uma atração ou um poder irresistível sobre as pessoas. Se isso fosse verdade, justificaria, evidentemente, uma série de ações, inclusive o sexo antes do casamento, o adultério, o divórcio e talvez até a homossexualidade e o estupro.[50] Em cada um desses casos, se o ímpeto do amor for irresistível e justificar atos irresponsáveis, o amor (assim definido) passa a ser o princípio ético supremo que sobrepuja todas as outras considerações morais.

Em contraste com essa caricatura de amor, as Escrituras estabelecem o ideal de amor humano que é centrado no outro, abnegado e voltado para o verdadeiro ser interior da pessoa, e não para as características físicas mutáveis (cf. especialmente 1Coríntios 13; cf. Pv 31.30). Esse é o amor que os maridos são chamados a exercitar em relação às mulheres, segundo o exemplo do amor de Cristo pela igreja (Ef 5.25-30). A busca e exercício desse tipo de amor fazem diferença naquilo que a pessoa buscará não apenas no cônjuge, mas também no próprio relacionamento conjugal. O verdadeiro amor espera para ter sexo depois do casamento e procura preservar a dignidade do outro.

Provérbios deixa claro que encontrar uma esposa temente a Deus é uma bênção especial do Senhor (Pv 18.22). O que os rapazes devem procurar primeiramente na futura esposa não é a beleza, mas o caráter piedoso e espírito gentil e tranquilo (1Pe 3.3-4). O apóstolo Paulo ensina que os cristãos devem cuidar para não formar relacionamentos próximos com não cristãos do sexo oposto (cf. 1Co 7.39; 2Co 6.14). Sem dúvida, todos já ouviram histórias de pessoas que conduziram o futuro cônjuge a Cristo, mas partir do pressuposto de que essa é a vontade de Deus é colocar o Senhor à prova (Mt 4.7 par. Lc 4.12, citando Dt 6.16), uma atitude nada piedosa.

Nenhuma ordem bíblica direta trata da questão (levantada com frequência por cristãos de hoje) de sair em encontros com pessoas do sexo oposto, nem indica se essa é uma prática apropriada ou não para cristãos e, em caso afirmativo, a partir de que idade.[51] Rapazes e moças devem, sem dúvida, respeitar a sabedoria dos pais na definição de parâmetros razoáveis a esse respeito e confiar que, se o Senhor deseja que se casem, no tempo certo dele, colocará o futuro cônjuge em seu caminho. Pode ser prudente para os solteiros mais velhos dedicar seu tempo ao ministério e serviço na companhia de casais e grupos de solteiros maduros, a fim de evitar os desafios que ambientes mais íntimos poderiam apresentar. Uma vez que Deus se importa conosco e se envolve de maneira bastante próxima com todas as facetas de nossa vida, acaso não nos guiará ativamente também nessa área de grande importância? Muitos de nós podemos dar testemunho grato de que a resposta é "sim".

Ensinamentos bíblicos sobre não casados dirigidos a grupos específicos

Embora as Escrituras tratem, em algumas ocasiões, da questão do solteirismo em geral, em outros momentos, traz mensagens específicas para determinados grupos de solteiros. Nesta seção focalizaremos separadamente as injunções bíblicas voltadas para os seguintes grupos: rapazes, moças, viúvos, pais sozinhos e divorciados.

Rapazes

As Escrituras se pronunciam em várias ocasiões acerca dos homens jovens (e, muitas vezes, não casados). No Antigo Testamento, Provérbios se dirige repetidamente aos rapazes. Conforme mencionamos no capítulo anterior, Provérbios adverte os jovens a não cair na armadilha da mulher adúltera e exorta-os a manterem o coração inteiramente puro. Dentre vários exemplos de rapazes excelentes e piedosos, podemos citar José, Samuel, Davi, Salomão, Daniel e seus amigos.

José, um rapaz temente a Deus, fugiu da sedução da esposa de Potifar (Gn 39.12). O jovem Samuel assistia ao sacerdote Eli e "ministrava diante do Senhor" (1Sm 2.18) em Siló e "o menino Samuel crescia diante do Senhor" (1Sm 2.21; cf. 2.26). Davi cuidava fielmente dos rebanhos de seu pai (1Sm 16.11), mesmo depois de Samuel tê-lo ungido futuro rei de Israel (v. 19) e prestava serviço dedicado ao rei Saul (16.21-23), apesar das tentativas de Saul de matá-lo (18.10-11). Um dos servos de Saul descreveu Davi como alguém "que sabe tocar bem; ele é forte, destemido, guerreiro, mestre nas palavras e de boa aparência; e o Senhor está com ele" (16.18). Salomão, filho de Davi, governou com sabedoria, foi usado pelo Senhor e, quando ainda era moço, estabeleceu o seu reino (1Rs 2.12,27,46).

Daniel e seus amigos estavam entre os "jovens sem defeito algum, de boa aparência, dotados de sabedoria, inteligência e instrução, e com capacidade para servir no palácio do rei" (Dn 1.4). Em sabedoria e entendimento, bem como em integridade e diplomacia, não havia quem se igualasse ao jovem Daniel (1.8-21). Dentre os muitos exemplos negativos de rapazes ímpios, temos os irmãos de José (que, em sua inveja, o venderam como escravo; Gn 37.12-36), os filhos de Eli (que tinham relações sexuais com mulheres responsáveis por servir junto à entrada da tenda da congregação e que ignoraram as palavras do pai; 1Sm 2.22-25) e os companheiros do rei Roboão (que o aconselharam insensatamente a dar uma resposta severa ao pedido do povo para que aliviasse seu jugo; 1Rs 12.8-11).

No Novo Testamento, o treinamento dos doze por Jesus (apesar de alguns, como Pedro, serem casados; cf. Mt 8.14 e par.) oferece inúmeras lições para rapazes que talvez sejam dados à impetuosidade (Pedro, p. ex., Mt 16.22; 17.4), excesso de zelo (Tiago e João; Cf. Lc 9.54), cinismo ou ceticismo (Tomé; cf. Jo 11.16; 20.25), ou competitividade (endêmica entre os doze; p. ex., Mt 20.20-24 par. Mc 10.35-41). Nos escritos de Paulo, Timóteo (que provavelmente não era solteiro, embora o Novo Testamento não se pronuncie a esse respeito), é instruído a não deixar ninguém desprezar sua juventude, mas a ser exemplar em suas palavras, conduta, amor, fé e pureza (1Tm 4.12). Discípulo mais notável de Paulo, Timóteo foi orientado a purificar-se de tudo que é desonroso e ser santificado e útil ao seu Senhor, preparado para toda boa obra (2Tm 2.21). Para esse fim, o apóstolo o instrui: "Foge também das paixões da juventude e segue a justiça, a fé, o amor e a paz com os que invocam o Senhor de coração puro" (2Tm 2.22).

Paulo também adverte repetidamente acerca da nomeação de recém-convertidos para cargos de liderança na igreja (1Tm 3.6; 5.22). Caso seja nomeado prematuramente, o indivíduo pode tornar-se "orgulhoso e [vir] a cair na condenação do Diabo" (1Tm 3.6; a necessidade de os rapazes serem humildes e submissos aos homens mais velhos também é enfatizada pelo apóstolo Pedro; cf. 1Pe 5.5). Essas instruções destacam a dimensão espiritual da vida de um rapaz e seu potencial para servir na igreja. Os rapazes têm grande possibilidade e potencial de contribuir significativamente para o reino, mas também têm vulnerabilidades pronunciadas que Satanás procurará atacar a fim de torná-los ineficazes.

Conforme mencionamos anteriormente, uma das principais áreas de vulnerabilidade dos rapazes (especialmente dos solteiros) é a *tentação sexual*. Embora as Escrituras prescrevam que as moças se vistam com recato (ver abaixo), tanto na sociedade em geral quanto na igreja, muitas vezes não é o que acontece. A mídia é saturada de conteúdo lascivo e sexualmente tentador e, na era da internet, pode-se ter acesso a pornografia com apenas alguns cliques do mouse.[52] Muitos rapazes também lutam com a masturbação.[53] É essencial que não apenas assumam o compromisso de manter a pureza em pensamento e conduta, mas também tenham um plano para evitar sucumbir à tentação sexual. Esse plano pode incluir os seguintes passos, não se limitando, porém, a eles:

Primeiro, é prudente *orar e confiar em Deus*, e não em si mesmos, para livrá-los da tentação (Mt 6.13; Lc 11.4; Mt 26.36,40-41 e par.). Os salmos são repletos do clamor desesperado do justo: "Salva-me, ó Deus". Como no caso dos discípulos no jardim do Getsêmane, os rapazes precisam estar cientes de que o espírito está pronto, mas a carne é fraca (Mt 26.41). Não serão capazes de resistir à tentação com suas próprias forças; devem voltar-se para Deus e apropriar-se do poder dele para se fortalecerem quando forem tentados, pois Deus é fiel:

> Assim, aquele que pensa estar em pé, cuidado para que não caia. Não veio sobre vós nenhuma tentação que não fosse humana. Mas Deus é fiel e não deixará que sejais tentados além do que podeis resistir. Pelo contrário, juntamente com a tentação providenciará uma saída, para que a possais suportar (1Co 10.12-13).

Não apenas Deus é fiel, mas Jesus Cristo nosso Senhor pode nos ajudar quando somos tentados: "Porque naquilo que ele mesmo sofreu, ao ser tentado, pode socorrer os que estão sendo tentados" (Hb 2.18). Não obstante, é essencial ser proativo e orar de antemão, antes de deparar com a tentação para que, "havendo feito tudo" possamos resistir (Ef 6.13). Para quem é pego despreparado, pode ser difícil demais resistir à tentação.

Segundo, os rapazes devem almejar *fortalecer-se no Senhor e no conhecimento de sua Palavra*. Desse modo, desenvolverão a verdadeira segurança de que são fortes, a palavra de Deus permanecerá neles e vencerão o Maligno (1Jo 2.12,14; cf. Pv 20.29). Quando enfrentou tentações, Jesus mostrou que possuía conhecimento íntimo da palavra de Deus e que era capaz de usá-la com eficácia para combater as armadilhas de Satanás (Mt 4.1-11; Lc 4.1-13).

Terceiro, os rapazes devem se esforçar ao máximo para *cultivar as virtudes do autocontrole* (Tt 2.6; cf. 1Tm 3.2; Tt 1.8) e *da pureza de coração* (1Tm 4.12; 2Tm 2.22). O autocontrole (louvado com frequência em Provérbios) é uma característica da maturidade espiritual e resultado de anos de prática. Como o autor de Hebreus destaca, "o alimento sólido é para os adultos que, pela prática, têm suas faculdades morais exercitadas para distinguir entre o bem e o mal" (Hb 5.14). A pureza de coração é elogiada por nosso Senhor como a qualidade associada ao reino, por meio da qual veremos Deus (Mt 5.8). Isso significa que não devemos amar o mundo nem as coisas do mundo, o desejo da carne, o desejo dos olhos e o orgulho dos bens, pois o mundo passa, bem como seus desejos (1Jo 2.15-17).

Quarto, os rapazes devem *buscar a companhia e prestar contas a outros homens cristãos que pensam da mesma forma* a respeito dessa área crítica. Paulo diz a Timóteo para fugir das paixões da juventude e buscar as virtudes cristãs "com os que invocam o Senhor de coração puro" (2Tm 2.22). Se desejamos nos guardar devidamente da tentação sexual, precisamos ter um relacionamento de prestação de contas com outros homens da igreja que pensam da mesma maneira.

Quinto, se os rapazes entenderem que *tentação não é o mesmo que pecado*, podem se preparar de modo mais apropriado para a tentação e diminuir a probabilidade de ser vencidos por ela quando ocorrer. Como o autor de Hebreus nos lembra, até mesmo Jesus "à nossa semelhança, foi tentado em todas as coisas, porém sem pecado" (Hb 4.15). Esse fato deixa claro que não é pecado ser confrontado com a tentação, mas somente sucumbir a ela. Todos nós seremos tentados várias vezes por dia e a tentação sexual (especialmente para os rapazes) é um dos desafios mais poderosos que enfrentamos. De acordo com o apóstolo Pedro, o diabo ronda em derredor como leão "que procura a quem possa devorar" (1Pe 5.8). E, no entanto, somos chamados a resistir-lhe firmes na fé (1Pe 5.9).

Sexto, *quando pecamos* devemos ter consciência de que *Deus está pronto a perdoar* (1Jo 1.9; 2.1). Em vez de ficarmos paralisados pela culpa, devemos confessar nosso pecado, experimentar a purificação e renovação que Deus oferece e prosseguir plenamente seguros de que o perdão está sempre disponível em Cristo. "Portanto, aproximemo-nos com confiança do trono da graça, para que recebamos misericórdia e encontremos graça, a fim de sermos socorridos no momento oportuno" (Hb 4.16). Evidentemente, isso não significa que devemos tomar liberdades em relação à graça de Deus. Como Paulo escreveu: "Permaneceremos no pecado para que a graça se destaque? [como ele era acusado de ensinar] De modo nenhum. Nós, que morremos para o pecado, como ainda viveremos nele?" (Rm 6.1-2). Agora que fomos libertos do pecado, devemos apresentar os membros de nosso corpo como instrumentos de justiça (v. 15-23).

Sétimo, permanecer alerta para a tentação sexual *não* significa que os rapazes devem ficar *paranoicos* em relação às moças ou evitá-las (conforme o ensino e prática dos rabinos do primeiro século), o que seria indelicado e desrespeitoso. Pelo contrário, Timóteo (um rapaz) é instruído pelo apóstolo a tratar as mulheres mais velhas como mães e *as mulheres mais jovens como irmãs "com toda pureza"* (1Tm 5.2). Os jovens não devem, portanto, afastar-se das moças, mas amá-las como irmãs no Senhor.

O oitavo e último passo é *não superestimar sua capacidade de resistir à tentação nem subestimar o poder da tentação e do próprio tentador.* Se seu poder for pequeno demais e a tentação for grande demais, siga o exemplo de José ao ser abordado pela esposa de Potifar (Gênesis 39): fuja enquanto é tempo!

Por certo, a lista acima não é exaustiva, mas ilustra a necessidade de os rapazes desenvolverem uma estratégia coordenada para tratar da tentação sexual. Satanás está determinado a destruir nosso testemunho e minar nossa capacidade de contribuir para o avanço do reino de Deus. A menos que cada homem tome as devidas providências para marchar junto com outros nessa área, certamente se tornará uma das muitas vítimas da batalha e se mostrará ineficaz, e não "santificado e útil ao Senhor, preparado para toda boa obra" (2Tm 2.21).

Encerramos este assunto com uma citação pertinente da Epístola de Paulo aos Romanos:

> A noite já está avançada, e o dia se aproxima; deixemos de lado as obras das trevas e revistamo-nos das armas da luz. Vivamos de modo decente, como quem vive de dia: não em orgias e bebedeiras, não em imoralidade sexual e depravação, não em discórdias e inveja. Mas revesti-vos do Senhor Jesus Cristo; *e não fiqueis pensando em como atender aos desejos da carne* (Rm 13.12-14).

Moças

A maior parte do conteúdo bíblico relacionado às mulheres é dirigido às esposas. No capítulo sobre a família cristã (capítulo 6), apresentamos uma discussão relativamente extensas a respeito das instruções de Paulo para as mulheres casadas, tanto as mais jovens quanto as mais velhas. Tendo em vista as mulheres nos tempos bíblicos normalmente se casarem bastante jovens e as meninas em geral mudarem-se da jurisdição e domicílio do pai para o do novo marido, em termos comparativos, havia menos necessidade de os autores do Novo Testamento fornecerem instruções explícitas para as moças antes do casamento. Isso explica por que a presente seção é bem mais curta do que a anterior, na qual tratamos dos homens mais jovens.

Enquanto as passagens bíblicas dirigidas especificamente aos rapazes focalizam a necessidade de autocontrole e de guardarem-se da tentação sexual, as Escrituras dirigidas às mulheres (inclusive as mais jovens), enfatizam principalmente *o recato na aparência* (1Tm 2.9-10; 1Pe 3.3-6; embora o autocontrole também seja mencionado em várias ocasiões; cf. 1Tm 2.9,15; Tt 2.3,5). [54] O apóstolo Paulo instrui: "Que as mulheres se vistam com decência, modéstia e discrição, não com tranças, nem com ouro ou pérolas, nem com vestidos caríssimos, mas que se vistam de boas obras, como convém a mulheres que afirmam servir a Deus" (1Tm 2.9-10). Isso não significa que as mulheres não devam usar nenhuma joia ou que não possam jamais trançar os cabelos. Antes, seu enfoque deve ser sobre o cultivo das virtudes espirituais e a devoção às boas obras.

O apóstolo Pedro reflete o mesmo conceito presente nas instruções de Paulo ao escrever: "O que vos torna belas não deve ser o enfeite exterior, como as tranças dos cabelos, as joias de ouro ou o luxo dos vestidos, mas sim o íntimo do coração, com um espírito gentil e tranquilo, que não perece e tem muito valor diante de Deus" (1Pe 3.3-4). Como a "mulher virtuosa" em Provérbios 31 sabe muito bem, "a beleza é enganosa, e a formosura é vaidade, mas a mulher que teme o Senhor, essa será elogiada" (Pv 31.30). Dentre os exemplos bíblicos proeminentes de mulheres recatadas e tementes a Deus, temos Rute (Rt 2.10,13; 3.7,14), e Maria, mãe de Jesus (Lc 1.34,38).

O recato não se limita ao tipo de roupa que as mulheres vestem. Também se estende à linguagem não verbal, aos maneirismos, comportamentos sugestivos, modo de agir agressivo e iniciativas inapropriadas. Ser recatada não significa vestir roupas sem graça e fora de moda, evitar maquiagem e perfume ou permanecer calada na presença de indivíduos do sexo oposto. Assim como a riqueza não é má em si mesma (mas somente o *amor* ao dinheiro, 1Tm 6.10. cf. Mt 6.24), a beleza física também não é má, antes, é uma dádiva de Deus. E, no entanto, como a riqueza, a beleza deve ser considerada um bem confiado por Deus e ser acompanhada de sabedoria e discrição (Pv 11.22).

Viúvos

Outro grupo de homens e mulheres não casados ao qual as Escrituras se referem de forma específica é o de viúvos.[55] Tendo em vista as mulheres normalmente não serem herdeiras diretas no testamento do marido, a viuvez podia ser uma provação terrível no mundo greco-romano. No lugar da herança, a viúva contava com seu dote e com qualquer estipulação definida pelo testador para seus herdeiros em relação ao cuidado dela [...] Se o filho ou filhos não cuidassem da mãe (ou, muitas vezes, da madrasta), a mulher podia se ver em condição extremamente difícil caso seu dote não fosse substancial".[56] De acordo com Tiago, a religião pura consiste, portanto, em "visitar os órfãos e as viúvas nas suas dificuldades" (Tg 1.27).[57]

As viúvas eram vulneráveis àqueles que desejavam se aproveitar delas e explorar sua situação de modo a obter lucro financeiro. Jesus condenou os líderes religiosos judeus por "[devorarem] as casas das viúvas" (Mc 12.40 par. Lc 20.47). Uma das viúvas mais conhecidas das Escrituras é a mulher anônima que colocou duas moedinhas no cofre do templo e foi louvada por Jesus por sua devoção (Mc 12.41-44 par. Lc 21.1-14). Dentre os evangelistas, Lucas demonstra interesse particular nas viúvas. Apresenta Ana, uma viúva que profetizou a respeito do bebê Jesus (Lc 2.36-38); preserva a referência de Jesus à viúva de Sarepta no tempo de Elias (4.25-26; cf. 1Rs 17.8-24); registra a história da ressurreição do filho de uma viúva (Lc 7.12) e inclui a parábola da viúva persistente (18.1-8). Jesus se preocupava com as viúvas e seus seguidores devem fazer o mesmo.

O cuidado pelas viúvas também constituía parte importante do ministério da igreja primitiva. Sete homens maduros da congregação foram nomeados para garantir que as viúvas de fala grega não fossem negligenciadas na distribuição diária de alimento (At 6.1-6). As viúvas eram um grupo reconhecido entre os primeiros cristãos (9.39,41). O apóstolo Paulo trata da responsabilidade da igreja de prover para as viúvas "realmente necessitadas" (1Tm 5.3-16, que inclui diretrizes para identificar as viúvas dignas de sustento). O cuidado para com essas viúvas é apresentado como uma aplicação do quinto mandamento (citado por Paulo em Ef 6.2) e, além do tratamento respeitoso, abrange a dimensão material. O tipo de viúva que Timóteo é instruído a honrar é "a viúva realmente necessitada e desamparada" (1Tm 5.5,16), ou seja, a viúva que preenche os seguintes requisitos.

Primeiro, *não tem parentes que cuidem dela*, quer sejam filhos, netos ou outros descendentes (1Tm 5.4). Se tiver, é responsabilidade deles sustentá-la. Devem aprender a colocar sua religião em prática ao (literalmente) "devolver pagamentos" aos pais e avós (cf. 2Tm 1.3). Cuidar dos familiares é agradável a Deus como exercício prático do quinto mandamento de honrar pai e mãe, da mesma forma como ter uma vida tranquila e serena, em toda a piedade e honestidade também agrada ao Senhor (cf. 1Tm 2.3). É extremamente fácil transferir para a igreja a responsabilidade de cuidar dos membros da família. Os recursos da igreja devem ser reservados, porém, para os mais necessitados e para aqueles que não têm parentes que possam ajudá-los materialmente.

Segundo, a fim de se mostrar digna do sustento da igreja, a viúva "realmente necessitada" que é "desamparada", ou seja, que não tem parentes para cuidar dela, *espera em Deus* (1Tm 5.5; cf. 4.10; 6.17) por meio de súplicas contínuas e orações (cf. 1Tm 5.5) "noite e dia".[58] Em contrapartida, *não se entrega a uma estilo de vida que só busca prazeres* (1Tm 5.6; cf. Tg 5.5), como parecia ser o caso de algumas das viúvas mais jovens (1Tm 5.13). Embora fisicamente vivas, essas viúvas estão espiritualmente "mortas" (1Tm 5.6; contrastar com Rm 8.10; Jo 11.25).

Além dos requisitos acima, Paulo define, em terceiro lugar, um *limite de idade*: a fim de qualificar para receber sustento da igreja, as viúvas deviam ter pelo menos sessenta anos (1Tm 5.9), supostamente porque, nessa idade, um novo casamento era pouco provável e/ou porque mulheres com menos de sessenta anos eram consideradas capazes de trabalhar. Esse requisito mantinha a lista razoavelmente curta, tendo em vista, em particular, o fato de a expectativa de vida ser baixa (hoje em dia, na era das aposentadorias privadas e da previdência social [cf. mais abaixo], pode-se definir um limite de idade mais alto). As viúvas mais jovens deviam se casar novamente (1Tm 5.11-15; cf. 1Co 7.8-9).

Essa viúva deve não apenas viver na dependência piedosa de Deus (1Tm 5.5), mas também, em quarto lugar, ter sido *"fiel ao seu marido [falecido]"* (5.9, NVI; 3.2,12; Tt 1.6; contra quase todas as outras versões que trazem alguma variação de "tenha sido mulher de um só marido"). Além disso, em quinto lugar, a viúva deve ser *conhecida por suas boas obras*, das quais cinco são claramente destacadas (1Tm 5.10):

(1) criar os filhos (cf. 1Tm 2.15);

(2) demonstrar hospitalidade (cf. Rm 12.13; Hb 13.2; 1Pe 4.9), supostamente abrindo o lar para viajantes cristãos e, de modo mais específico, para pregadores da palavra (3Jo 5-8);
(3) "lavar os pés dos santos" (uma expressão idiomática que indica serviço humilde, com base no gesto literal de Jesus de lavar os pés dos seus discípulos; João 13; cf. Fp 2.1-11);
(4) socorrer os atribulados (*thlibō*, termo que denota vários tipos de aflição; p. ex., 2Co 1.6; 4.8);
(5) praticar todo tipo de boa obra, uma categoria abrangente que Paulo usa com frequência (2Co 9.8. Cl 1.10; 2Ts 2.17; 1Tm 2.10; 6.18; 2Tm 2.21; 3.17; Tt 1.16; 3.1).

Esses padrões para as viúvas, a maioria dos quais se refere ao âmbito doméstico, são extremamente elevados e, em certo sentido, lembram os requisitos para os líderes da igreja (cf. 1Tm 3.1-13). Ao aderir a essa regra, Timóteo garantiria que a igreja só ajudaria mulheres dignas de sustento e que os recursos disponíveis seriam usados para quem não tivesse outras formas de se manter e preenchesse os critérios de maturidade cristã.

As viúvas mais jovens, por sua vez, não deviam ser levadas a assumir o compromisso de permanecer solteiras, um voto que talvez não pudessem cumprir e que, portanto, as tornaria passíveis de julgamento quando os desejos sensuais sobrepujassem a devoção a Cristo (1Tm 5.11-12). Como Paulo declara em outra passagem, "é melhor casar do que arder de paixão" (1Co 7.9). Ademais, as viúvas mais jovens que não se casam podem desenvolver o hábito de permanecer ociosas (1Tm 5.13; cf. Tt 1.12) e ir de casa em casa, tornando-se fofoqueiras (cf. 2Jo 10) e intrometidas (cf. 2Ts 3.11), dizendo coisas que não devem (como os falsos mestres; cf. Tt 1.11).

Logo, Paulo aconselha que as viúvas mais jovens se casem outra vez, cuidem dos filhos e do lar, desdobramentos daquilo que é chamado simplesmente de "[dar] à luz filhos" em 1Timóteo 2.15 e não deem ao inimigo nenhum motivo para difamá-las (1Tm 5.14; cf. 2Co 5.12). Conclui em tom grave, dizendo que algumas já se desviaram para seguir Satanás (1Tm 5.15) e deixa claro aquilo que é apenas insinuado em 1Timóteo 2.15, a saber, que se tornaram vítimas de falsos ensinamentos.

Paulo conclui suas instruções a respeito das viúvas com uma exortação às mulheres cristãs para cuidarem das viúvas em sua família, a fim de não sobrecarregarem a igreja (1Tm 5.16). Desse modo, a congregação pode ajudar a viúva "verdadeiramente necessitada", ou seja, que preenche os requisitos definidos por Paulo. A forma como Paulo trata da questão é um bom estudo de caso sobre como lidar com esse assunto em uma igreja específica. Ainda que na era da previdência social, seguro de vida e pensões privadas o cenário tenha mudado consideravelmente, a igreja deve continuar a cuidar de modo apropriado das viúvas que não tenham outra fonte de sustento. Ao cuidar das viúvas e outros necessitados, a igreja pode refletir o coração bondoso de Deus e a compaixão e misericórdia do Senhor Jesus Cristo.

Pais sozinhos

Os pais sozinhos podem ser indivíduos divorciados, viúvos ou que não se casaram com o parceiro e têm um ou mais filhos.[59] Esse grupo enfrenta vários desafios: (1) necessidade de prover sustento material para o(s) filho(s) e, ao mesmo tempo, como pai ou mãe, nutri-los emocional e espiritualmente; (2) ausência de um cônjuge, fato que deixa a criança desprovida de um modelo importante do sexo masculino ou feminino; (3) várias outras necessidades e desafios.

O conselho de Paulo às viúvas mais jovens, citado anteriormente, parece aplicar-se também aos pais sozinhos em geral: se possível, devem se casar para aliviar o peso em relação tanto às necessidades materiais quanto à tarefa de educar os filhos.[60] Como no caso de solteiros que não são pais, a igreja deve incluir os pais sozinhos em suas reuniões sociais a fim de amenizar a lacuna existente devido à ausência do pai ou da mãe na família. Se nenhum outro membro da família tiver condições de oferecer ajuda financeira, a igreja talvez precise prover auxílio material e outras formas de apoio.

Divorciados

Os divorciados são mais um grupo que constitui a categoria amorfa de "solteiros". Trataremos da questão de possíveis exceções bíblicas ao divórcio no capítulo 11. No capítulo 12 discutiremos se os homens divorciados podem ou não servir a igreja como líderes no caso de divórcios biblicamente legítimos (se, de fato, descobrirmos que esses casos existem).

Os cristãos devem caminhar junto com os divorciados e oferecer apoio e ânimo. O preço a se pagar pelo divórcio é sempre alto e a separação deixa muitas feridas que precisam de cura, tanto para a pessoa divorciada quanto para os filhos.[61] O divórcio não é um pecado imperdoável e o perdão está sempre disponível em Cristo, embora haja consequências com as quais a pessoa divorciada terá de lidar.

Se o modo como Jesus tratou a mulher adúltera serve de indicação, nosso Senhor deseja que tratemos até mesmo a parte culpada de um divórcio com compaixão, graça e misericórdia, e não com uma atitude julgadora. Existem muitos ministérios para divorciados na igreja e esses indivíduos devem ser parte integrante do corpo de Cristo. Como em muitas outras áreas, a igreja deve dar o exemplo ao cuidar dos divorciados de maneira redentora.[62]

IMPLICAÇÕES PRÁTICAS

Quais são, portanto, algumas implicações práticas do solteirismo?[63] Primeiro, os solteiros (bem como os casados) precisam se lembrar de que *o estado casado não é o destino final de ninguém* (Mt 22.30; cf. Rm 7.3; 1Co 7.39). Antes, quando chegarmos à presença de Deus, à semelhança dos anjos que agora se encontram diante do trono no céu, adoraremos a Deus por toda a eternidade livres dos vínculos do casamento humano. Como membros do corpo de Cristo, todos os cristãos estão, em última análise, noivos do Cordeiro, para permanecer com ele e glorificá-lo para sempre (Is 43.7; 1Co 10.31; 2Co 11.2).

Segundo, tendo em vista nosso destino final e nosso noivado presente com Cristo, *é essencial que os solteiros tenham sempre contentamento*, pois, como o apóstolo Paulo escreveu: "De fato, a piedade com contentamento é grande fonte de lucro" (1Tm 6.6, NVI; cf. Fp 4.11). Ou, em outras palavras, quando os solteiros demonstram descontentamento habitual com seu estado civil, transmitem ao mundo que os observa a ideia de que Jesus não é suficiente para eles ou que, talvez, não seja capaz de suprir suas necessidades (ou não tenha conhecimento delas). O dever constante de cultivar o contentamento é um dos motivos pelos quais Paulo pôde escrever aos coríntios: "Considero, pois, que é bom, por causa da dificuldade do momento, que a pessoa permaneça em sua atual condição. Estás casado? Não procures separação. Estás solteiro? Não procures casamento. Mas, se te casares, não pecaste. E se uma virgem se casar, também não pecou. Entretanto, os que se casam enfrentarão dificuldades na vida terrena; e eu gostaria de poupar-vos" (1Co 7.26-28).

Terceiro, os solteiros devem se lembrar sempre de que todos que abrem mão de casamento e família no mundo presente por amor a Deus são, ainda nesta vida, *recompensados com uma nova família no Corpo de Cristo*, e também com uma família eterna no reino dos céus (cf. Lc 18.28-30). Nas palavras de Isaías: "Nem o eunuco deve dizer: Eu sou uma árvore seca. Pois assim diz o Senhor a respeito dos eunucos que guardam os meus sábados, escolhem as coisas que me agradam e abraçam a minha aliança: Na minha casa e dentro dos meus muros eu lhes darei um memorial e um nome melhor do que o de filhos e filhas; darei a cada um deles um nome eterno, que nunca deixará de existir" (Is 56.3-5).

Conclusão

Neste capítulo investigamos o solteirismo no Antigo e Novo Testamento e na igreja primitiva. Também falamos de questões relacionadas ao estado solteiro, como solteirismo e ministério, coabitação e sexo antes do casamento e namoro. Estudamos os ensinamentos bíblicos a respeito do solteirismo que focalizam grupos específicos como rapazes, moças, viúvos, pais sozinhos e divorciados e inferimos algumas implicações práticas.

Nosso levantamento do ensino do Antigo Testamento a respeito do solteirismo revelou seis categorias: viúvos; eunucos; impossibilitados de casar-se devido a enfermidades ou dificuldades econômicas; aqueles que permaneciam solteiros em decorrência de um chamado divino; divorciados; rapazes e moças que ainda não haviam se casado. Praticamente todas essas categorias ainda existiam na época do Novo Testamento (apesar de Jesus usar o termo "eunucos" com sentido figurativo, e não literal, em Mt 19.12). Não obstante, pode-se observar uma dinâmica interessante ao longo de todas as Escrituras. Embora o solteirismo *não constituísse o objetivo da criação da humanidade por Deus* e fosse *um tanto incomum e, com frequência, indesejável na época do Antigo Testamento, no Novo Testamento, tanto Jesus quanto Paulo se referem de modo positivo às vantagens que o solteirismo proporciona ao ministério cristão e, de acordo com o ensino de Jesus, não haverá casamento no céu*. Observamos, portanto, uma progressão de *ausência do solteirismo* (criação) para *solteirismo como fenômeno incomum ou indesejável* (Antigo Testamento) para *solteirismo como um estado vantajoso para o ministério* (Novo Testamento) para *solteirismo universal* (estado final). Como explicar essa progressão?

Uma teologia bíblica do solteirismo:
da criação ao estado final

	CRIAÇÃO	ANTIGO TESTAMENTO	NOVO TESTAMENTO	ESTADO FINAL
SOLTEIRISMO	Não existente	Incomum e, em geral, indesejável	Vantajoso para o ministério no reino	Universal
CASAMENTO	A norma	A norma	A norma	Nenhum casamento, mas "como os anjos"

Em primeiro lugar, devemos observar que, embora a progressão talvez seja surpreendente, não há nenhum conflito real entre o Antigo e o Novo Testamento ou entre Jesus e Paulo. Por trás de todo o registro bíblico, encontra-se o conceito de que, nesta vida, o casamento é a expectativa geral, enquanto o solteirismo é a exceção. Ademais, como mostra o levantamento dos textos bíblicos realizado acima, muitas das categorias de solteiros — viúvos, divorciados, rapazes e moças que ainda não se casaram, o estado de solteiro como chamado/dom divino — aparecem nos dois Testamentos. A visão mais positiva do solteirismo no Novo Testamento talvez se deva, pelo menos em parte, ao fato de que o estado final no qual não haverá casamento lança sua sombra para o presente (o futuro invadindo o presente, por assim dizer). No presente, portanto, aquilo que será o estado universal para os seres humanos na eternidade já apresenta certas vantagens para os cidadãos do reino.[64]

NOTAS

[1] Um dos indicadores da marginalização dos solteiros na igreja contemporânea é a falta de literatura cristã a respeito do assunto. Embora existam, por exemplo, centenas de publicações cristãs atuais sobre questões relacionadas ao casamento, um levantamento dos catálogos das editoras cristãs mais conhecidas revela que existem, no máximo, umas poucas dezenas de publicações disponíveis dedicadas exclusivamente ao solteirismo e questões relacionadas.

[2] Rose M. KREIDER e Tavia SIMMONS, *Marital Status: 2000*. Washington: U.S. Census Bureau, 1993, p. 3. Observe que essa porcentagem inclui viúvos, divorciados, separados e indivíduos que nunca se casaram.

[3] Uma pesquisa realizada em 1989 com mais de vinte mil missionários de dezenove dentre as principais agências missionárias revelou que 16,3 por cento dos missionários são solteiros. Quase 85 por cento dos missionários solteiros que participaram da pesquisa eram mulheres. Howard ERICKSON, "Single Missionary Survey", *Fundamentalist Journal* 8, no 1. Janeiro de 1989, p. 27.

[4] Daniel I. BLOCK, "Marriage and Family in Ancient Israel", Ken M. Campbell, ed., *Marriage and Family in the Biblical World*. Downers Grove: InterVarsity Press, 2003, p. 57, n. 113. Uma fonte mais antiga é o capítulo 9 de Alfred EDERSHEIM, *Sketches of Jewish Social Life in the Days of Christ*. Londres: Hodder & Stroughton, 1876.

[5] Há quem argumente, ainda hoje, que a adolescência não passa de mito; cf. David Alan BLACK, *The Myth of Adolescence: Raising Responsible Children in an Irresponsible Society*. Danbury: Davidson, 1999.

[6] Com referência a viúvas, cf. os seguintes ensaios em *Marriage and Family in the Biblical World*: Victor H. MATTHEWS, "Marriage and Family in the Ancient Near East", p. 22-24; BLOCK, "Marriage and Family in Ancient Israel", p. 71-72; Steven M. Baugh, "Marriage and Family in Ancient Greek Society", p. 111-112; e David W. CHAPMAN, "Marriage and Family in Second Temple Judaism", p. 215-217. Observe que, por pelo menos dois motivos, havia poucos viúvos no tempo do Antigo Testamento. Primeiro, como hoje, na antiguidade as mulheres viviam mais do que os homens. Logo, quando um cônjuge falecia, normalmente era o marido. Segundo, se o marido ficava sozinho devido à morte da mulher, era relativamente fácil casar-se de novo, especialmente quando se encontrava em uma situação financeira estável (p. ex., Abraão em Gn 25.1). O exemplo mais notável de viúvo no Antigo Testamento é Ezequiel, cuja mulher, "o prazer dos seus olhos", lhe foi tirada por Jeová como sinal da tristeza vindoura de Jerusalém (Ez 24.15-27; NVI). O termo para viúvo,'almān, ocorre no Antigo Testamento apenas com sentido metafórico em Jeremias 51.5.

[7] BLOCK, "Marriage and Family in Ancient Israel", p. 71, observa que quase um terço das ocorrências do termo para "viúva", 'almānâ, encontra-se na legislação mosaica que visa garantir o bem-estar de grupos vulneráveis como órfãos, estrangeiros e levitas.

[8] Os sumo sacerdotes, porém, são expressamente proibidos de casar-se com viúvas (Lv 21.14). É interessante notar, porém, que os outros sacerdotes podiam casar-se com viúvas (Lv 21.7), mas tanto os sacerdotes comuns quanto os sumo sacerdotes eram proibidos de casar-se com divorciadas, prostitutas ou mulheres desonradas.

[9] Cf. BLOCK, "Marriage and Family in Ancient Israel", p. 93-94; CHAPMAN, "Marriage and Family in Second Temple Judaism", p. 216-217.

[10] Cf. Êxodo 22.22; Deuteronômio 14.29; 16.11,14; 24.19-21; 27.19; Isaías 1.17; Jeremias 22.3; Zacarias 7.10.

[11] Cf. Êxodo 22.3; Salmos 68.5; 146.9; Provérbios 15.25; Malaquias 3.5.

[12] S. SAFRAI, "Home and Family", S. Safrai e M. Stern, eds., *The Jewish People of the First Century*. Filadélfia: Fortress Press, 1987, p. 748. Cf. *m. Ketubbot* 13:5; *b. Ketubbot* 82b.

[13] Safrai afirma que "nenhuma das tendências ascéticas dentro do judaísmo farisaico defendia o celibato, como também não o fazia a maior parte dos outros movimentos". "Home and Family", p. 748.

Mas, tanto Fílon quanto Plínio, porém, observam que os essênios rejeitavam o casamento. PHILO (Fílon), *Hypothetica* 2.14-17; PLINY (Plínio), *Natural History* 5.73. JOSEPHUS (Josefo), *Jewish Wars*, 12.160-161, contudo, tinha conhecimento de uma ala dos essênios que permitia o casamento. Para mais informações sobre celibato no judaísmo antigo, inclusive na comunidade de Qumran, cf. Craig S. KEENER, "Marriage", Craig A. Evans e Stanley E. Porter, eds., *Dictionary of the New Testament Background*. Downers Grove: InterVarsity Press, 2000, p. 682-683; cf. tb. CHAPMAN, "Marriage and Family in Second Temple Judaism", p. 211-215.

[14] É possível que outro exemplo extrabíblico de chamado ao celibato seja registrado em *b. Yebamot* 63b, onde se faz menção de um judeu do primeiro século chamado Simeão ben Azzai que não se casou, pois "minha alma anseia pela Torá". Observe também que a prescrição para os sacerdotes levíticos se absterem de relações sexuais a fim de se manterem cerimonialmente puros, algo diferente do celibato obrigatório, pode apresentar certos paralelos com o grupo ao qual Jesus se refere como "eunucos por causa do reino" (cf. abaixo).

[15] Cf. BLOCK, "Marriage and Family in Ancient Israel", p. 49-52.

[16] Com referência à preocupação de um pai de que a filha talvez não encontre marido, cf. Eclesiástico 42.9a: "Sem o saber, uma filha causa a seu pai inquietações, o cuidado por ela tira-lhe o sono: se jovem, que ela não passe do tempo de se casar". E, no entanto, as preocupações do pai a respeito da filha vão além. A passagem continua: "Se casada, que ela não se torne odiosa; se virgem, que ela não seja profanada e não fique grávida na casa paterna. Tendo um marido, que ela não erre; casada, que ela não seja estéril" (Eclesiástico 42.9b-10).

[17] Paulo pode estipular, portanto, que os líderes da igreja devem ser "marido de uma só mulher" (1Tm 3.2,12). Cf. capítulo 11.

[18] Sem dúvida, cada um por motivos diferentes. Tendo em vista o chamado e estilo de vida de João Batista, seria extremamente difícil ele se casar. No caso de Jesus, seria impensável o Filho de Deus firmar uma união conjugal com uma mulher durante seu breve tempo na terra, fato que possui corroboração bíblica, histórica e teológica. Esse fato é contrário à teologia popular duvidosa apresentada em obras como Dan BROWN, *The Da Vinci Code*. Nova York: Doubleday, 2003 [publicado em português sob o título *O código Da Vinci*. Rio de Janeiro: Sextante, 2004]; William E. PHIPPS, *Was Jesus Married? The Distortion of Sexuality in the Christian Tradition*. Nova York: Harper & Row, 1970; Margaret STARBIRD, *The Woman with the Alabaster Jar: Mary Magdalene and the Holy Grail*. Santa Fé: Bear, 1993 [publicado em português sob o título *Maria Madalena e o Santo Graal*. Rio de Janeiro: Sextante, 2004]; e o ensino da igreja mórmon de que Jesus teve várias esposas. Cf. p. ex., Darrick T. EVENSON, *The Gainsayer*. Bountiful: Horizon, 1988. Também é contrário a Darrell L. BOCK, *Breaking the Da Vinci Code*. Nashville: Thomas Nelson, 2004, p. 33-34 [publicado em português sob o título *Quebrando o Código Da Vinci*. Osasco: Novo Século, 2004] que, apesar de se opor à ideia de que Jesus era casado, escreve: "se Ele [Jesus] tivesse sido casado e gerado filhos, teoricamente, seu relacionamento conjugal e paterno não teriam solapado sua divindade, mas sim, constituído reflexos de sua completa humanidade [...] Se, teoricamente, Jesus tivesse se casado, Ele ainda poderia ter sido e feito tudo que foi e fez". É difícil entender, porém, como a divindade de Jesus (observe o nascimento virginal miraculoso) teria permitido que ele se unisse sexualmente a uma mulher humana. A discussão de Bock sobre a ideia de que Jesus, como bom judeu e como rabino, seria casado, também não é isenta de problemas. Seu argumento de que "Jesus não tinha nenhum papel oficialmente reconhecido dentro do judaísmo" e, portanto, "não era, tecnicamente, rabino" (p. 37), não reconhece de forma adequada o fato de que Jesus, segundo o costume judaico do primeiro século, *assumiu o papel* de rabino judaico e era tratado como tal por seus seguidores e outros. Cf. Andreas J. KÖSTENBERGER, "Jesus as Rabbi in the Fourth Gospel", *Bulletin of Biblical Research* 8, 1998, p. 97-128; a distinção que Bock faz entre "rabino" e "mestre" com base no Evangelho de Lucas também se baseia em argumentos inadequados; cf. João 1.38: "Rabi (que significa Mestre)"; semelhantemente João 20.16. Ademais, em sua discussão, "Would being single make Jesus un-Jewish? [Ser solteiro

tornaria Jesus um não judeu?]", nas p. 47-59, Bock parece exagerar o quanto era comum e aceitável os homens judeus do primeiro século permanecerem solteiros (cf. a discussão acima sobre a quarta categoria de solteirismo no tempo do Antigo Testamento que era relacionada a algum tipo de chamado divino). Com referência a Paulo, ver mais detalhes na discussão abaixo.

[19] Contrário a Albert Y. Hsu, segundo o qual o solteirismo *não deve* ser entendido como um dom no mesmo sentido que os dons espirituais revelados nas Escrituras. Cf. capítulo 3, "The Myth of the Gift [O mito do dom]" em Albert Y. HSU, *Singles at the Crossroads: A Fresh Perspective on Christian Singleness*. Downers Grove: InterVarsity Press, 1997.

[20] Evidentemente, Paulo também ensinou que até mesmo os casados devem dedicar-se o máximo possível ao avanço do Reino de Deus. Nas palavras do apóstolo: "Irmãos, digo-vos, porém, isto: O tempo se abrevia. Assim, os que têm mulher vivam como se não tivessem; os que choram, como se não chorassem; os que se alegram, como se não se alegrassem; os que compram, como se nada possuíssem; e os que usam as coisas deste mundo, como se dele nada usassem, porque a forma deste mundo passa (1Co 7.29-31). Jesus também observou que a família pode ser um empecilho no serviço a Deus (cf. Mt 24.19; Lc 14.26).

[21] Uma forma de saber se alguém é chamado para ser solteiro é considerar se esse indivíduo é capaz ou não de exercer autocontrole e permanecer sexualmente puro (1Co 7.9). Além dessa consideração, não há substituto para a obediência à direção divina pessoal, passo a passo, por meio do Espírito Santo; e ademais, o indivíduo deve entender que o chamado é, necessariamente, de caráter provisório, pois é impossível definir o que Deus pode ter reservado para alguém no futuro.

[22] Há certa controvérsia acerca do estado civil de Paulo (cf. especialmente F. F. BRUCE, *Paul: Apostle of the Heart Set Free*. Grand Rapids: Eerdmans, 1990; orig. Exeter: Paternoster, 1977, p. 269-270; e David E. GARLAND, *1 Corinthians*, Baker Exegetical Commentary on the New Testament. Grand Rapids: Baker, 2003, p. 276-277. A referência em 1Coríntios 7.8 ("solteiros [...] na mesma condição em que estou") parece sugerir que, pelo menos quando escreveu 1Coríntios, senão durante a maior parte ou todo seu ministério apostólico, Paulo estava solteiro. E, no entanto, com base no fato de Paulo ser rabino e (possivelmente) membro do Sinédrio (cf. At 26.10; Fp 3.5-6), fato que, segundo alguns, exigia que ele fosse casado, bem como por outros motivos (cf. mais abaixo), há quem argumente que Paulo era viúvo ou divorciado. Sem considerar a incerteza quanto a Paulo ser mesmo membro do Sinédrio (GARLAND, *1 Corinthians*, p. 277), as evidências mais precisas não corroboram o argumento de que era necessário ser casado para fazer parte do Sinédrio. A Mishná judaica considera "a erudição rabínica o único teste para a qualificação do candidato". Cf. *m. Sanh.* 4.4; pode-se supor que o Sinédrio era constituído exclusivamente de judeus; cf. Emil SCHÜRER, *The History of the Jewish People in the Age of Jesus Christ [175 B.C. – A.D. 135]*, rev. e ed., Geza Vermes, Fergus Millar e Matthew Black. Edimburgo: T & T Clark, 1979, 2.211; é de se duvidar que *b. Sanh.* 36b: "Não nomeamos como membro do Sinédrio nenhum homem idoso, eunuco ou sem filhos" estivesse em vigor no primeiro século d.C. GARLAND, *1 Corinthians*, p. 277; outra passagem rabínica citada por vezes é *m. Yebamot* 6:6; cf. mais detalhes abaixo. ainda que, sem dúvida muitos (senão a maioria) dos membros do Sinédrio fossem casados, isso não significa que, pelo fato de Paulo ter sido membro do Sinédrio no passado, *é certeza* que fosse casado.

[23] Cf., porém, a ideia extremamente especulativa de que Paulo era casado durante todo seu ministério apostólico, com base na expressão *gnēsie syzyge* ("leal companheiro de jugo"; NVI) em Filipenses 4.3 que, segundo alguns, se refere à esposa de Paulo. C. Wilfred GRIGGS, "I have a Question", *Ensign* 6. Fevereiro de 1976, p. 36 que apresenta como exemplos Clemente de Alexandria, *Stromata* 3.53.1; Orígenes, *Commentary on the Epistle to the Romans* 1:1; cf. Sabine BARING-GOULD, *A Study of St. Paul, His Character and Opinions*. Londres: Isbister, 1897, p. 213-214 (quanto à referência a Clemente de Alexandria, cf. *Ecclesiastical History* 3.20). Sabine considera inicialmente, mas rejeita em seguida, a possibilidade de que "leal companheiro de jugo" em Filipenses 4.3 talvez fosse Lídia (como já havia proposto o estudioso francês do século XIX Ernest Renan) com quem Paulo havia se casado; cf.

também o verbete útil em BDAG 954. De acordo com Griggs, em Filipenses 4.3, Paulo pede que "sua esposa ajude algumas das mulheres que haviam feito tanto em favor dele". Esse argumento extremamente conjetural e dúbio em termos lexicais se mostrou convincente apenas para alguns e não anula, de maneira nenhuma, a declaração explícita contrária de Paulo em 1Coríntios 7.8 (observe que essa ideia nem sequer é mencionada no comentário magistral recente de GARLAND, *1Corinthians*, p. 276-277; e Peter T. O'BRIEN, *Commentary on Philippians*, New International Greek Testament Commentary. Grand Rapids: Eerdmans, 1991, p. 480, n. 22 inclui essa ideia na categoria "suposições fantasiosas". Cf. tb. Veselin KESICH, "Paul: Ambassador for Christ and Founder of Christianity?" *St. Vladimir's Theological Quarterly* 43, no 3-4, 1999, p. 375-401, segundo o qual, "Paulo provavelmente era casado", p. 392.

[24] Ver a discussão entre Joachim JEREMIAS, "War Paulus Witwer?" *Zeitschrift für die neutestamentliche Wissenschaft* 25, 1926, p. 310-312, segundo o qual Paulo, como membro do Sinédrio, devia ser casado (citando *m. Yebanot* 6:6) e provavelmente já era viúvo quando de sua conversão; Erich FASCHER, "Zur Witwenschaft des Paulus und der Auslegung von I Cor 7", *Zeitschrift für die neutestamentliche Wissenschaft* 28, 1929, p. 62-69; e Joachin JEREMIAS, "Nochmals: War Paulus Witwer?" *Zeitschrift für die neutestamentliche Wissenschaft* 28, 1929, p. 321-323; cf. tb. C. K. BARRET, *The First Epistle to the Corinthians*, Harper's New Testament Commentaries. Nova York: Harper & Row, 1968, p. 161; Edmund ARENS, "Was Paul Married?" *Bible Today* 66, 1973, p. 1191; Jeremy MOISER, "A Reassessment of Paul's View of Marriage with Reference to 1 Cor 7", *Journal for the Study of the New Testament* 18, 1983, p. 108; Gordon D. FEE, *The First Epistle to the Corinthians*, New International Commentary on the New Testament. Grand Rapids: Eerdmans, 1987, p. 288, n. 7; e Jerome D. MURPHY-O'CONNOR, *Paul: A Critical Life*. Oxford: Clarendon, 1996, p. 62-65 [publicado em português sob o título *Paulo: Biografia Crítica*. São Paulo: Loyola, 2000]. Cf. tb. John McARTHUR, JR., *1 Corinthians*, The MacArthur New Testament Commentary. Chicago: Moody, 1984, p. 163, segundo o qual Paulo "provavelmente era viúvo". MacArthur baseia sua declaração principalmente em outras ocorrências de "não casado" (*gamos*) em 1Coríntios 7 (isto é, 1Co 7.11, divorciada; 1Co 7.34, divorciada ou viúva). Parece melhor, contudo, considerar *gamos* um termo geral para não casado (BDAG 5) o que deixa em aberto, pelo menos com base em 1Coríntios 7.8, o estado civil anterior de Paulo.

[25] Considerado plausível e uma possibilidade real por BRUCE, *Paul: Apostle of the Heart Set Free*, p. 270. Cf. tb. W. E. PHIPPS, "Is Paul's Attitude Toward Sexual Relations Contained in 1Cor. 7.1?" *New Testament Studies* 28, 1982, p. 128; Simon J. KISTEMAKER, *1 Corinthians*, New Testament Commentary, Grand Rapids: Baker, 1993, p. 215.

[26] GARLAND, *1 Corinthians*, p. 277 [publicado em português sob o título *1Coríntios*. São Paulo: Cultura Cristã, 2004]. Ele reconhece que "muitos argumentam que ele [Paulo] não era casado".

[27] Para uma tentativa de reconstituir o contexto coríntio de 1Coríntios 7, cf. o capítulo 10, abaixo.

[28] Cf. mais detalhes na discussão abaixo.

[29] Eusebius (Eusébio), *Ecclesiastical History* 6.8.1: "Nessa época, quando Orígenes estava ministrando instrução catequética em Alexandria, cometeu um ato que evidenciou uma mente imatura e juvenil, mas, ao mesmo tempo, deu a mais alta prova de fé e continência. Porquanto, tomou de forma excessivamente literal e extrema as palavras: 'Há outros que se fizeram eunucos por causa do reino dos céus'. E, a fim de cumprir a palavra do Salvador e, ao mesmo tempo, remover dos incrédulos toda oportunidade de escândalo, pois, apesar de jovem, reunia-se com mulheres bem como com homens para o estudo das coisas divinas, ele colocou em prática a palavra do Salvador".

[30] Quando era permitido aos clérigos casarem-se e terem filhos (em concordância com a tradição medieval mais antiga), seus filhos muitas vezes também ingressavam no ministério. Como consequência, o número de sacerdotes foi crescendo, o que resultou numa diluição do poder eclesiástico. A promoção do celibato era uma forma de garantir que apenas uns poucos fossem escolhidos pela hierarquia da igreja para o ministério, o que permitia centralizar seu controle sobre a igreja.

[31] AUGUSTINE (Agostinho), *City of God* (Cidade de Deus) 14.26.

³² AQUINAS (Aquino), *Summa Theologica* 2.2.151-152.

³³ Observar, porém, que em Mateus 19.12, Jesus usa "eunucos" de modo figurativo, e não literal.

³⁴Cf. a discussão acima. Apesar dos esforços para provar o contrário, a visão católica se baseia mais na tradição eclesiástica posterior do que no ensino do Novo Testamento. Cf. Andreas J. KÖSTENBERGER, "Review Article: The Apostolic Origins of Priestly Celibacy", *European Journal of Theology* 1, 1992, p. 173-179.

³⁵ Cf. capítulo 12, abaixo. Cf. tb. George W. KNIGHT, *Commentary on the Pastoral Epistles*, New International Greek Testament Commentary. Carlisle: Paternoster / Grand Rapids: Eerdmans, 1992, p. 173: "Para todos os oficiais, o lar é o campo de provas da fidelidade".

³⁶Em 2002, havia mais de cinco milhões de casais não casados e mais da metade de todos os casamentos foi de casais em que os cônjuges haviam morado juntos antes de oficializar a união. Ademais, as estatísticas mostram que existe uma probabilidade *maior* de divórcio entre casais que coabitam antes de oficializar a união do que entre cônjuges que passaram a morar juntos somente depois do casamento. Karen S. PETERSON, "Cohabiting is not the Same as Commitment", *USA Today*. 8 de julho, 2002.

³⁷ Cf. Monford HARRIS, "Pre-Marital Experience: A Covenantal Critique", *Judaism* 19, 1970, p. 134-144.

³⁸ Cf., p. ex., Deuteronômio 22.20-24; Jubileus 20.3; 33.20. Cf. Craig S. KEENER, "Adultery, Divorce", *Dictionary of New Testament Background*, p. 10. Keener observa que, no período do Novo Testamento, essa pena não era aplicada.

³⁹ Cf. a discussão sobre o conceito de noivado no capítulo 11.

⁴⁰ Convém observar que em 1Coríntios 6.15-17 Paulo não diz que ter relações sexuais com uma prostituta significa casar-se com ela. Antes, diz que resulta em um relacionamento de uma só carne. É importante fazer essa distinção, pois o casamento é muito mais do que a relação sexual. Aliás, em 1Coríntios 6.15-17, Paulo não trata do casamento em si, mas sim, da imoralidade sexual e de seus efeitos sobre o relacionamento espiritual do indivíduo com Deus. Nessa passagem, o apóstolo observa que a união ilícita cristão/prostituta ameaça a relação Cristo/Igreja, e não a relação conjugal. Ademais, Paulo escreve que é por causa da relação espiritual entre Cristo e a Igreja, e não por causa da relação conjugal, que o cristão deve abster-se de ter sexo com prostitutas.

⁴¹ Como David Clyde JONES, *Biblical Christian Ethics*. Grand Rapids: Baker, 1994, p. 158, observa: "O problema moral do sexo fora do casamento é o fato de realizar um ato que liga duas vidas sem ter a intenção de uni-las e, desse modo, viola seu significado intrínseco". Paul RAMSEY, *One Flesh: A Christian View of Sex Within, Outside, and Before Marriage*, Grove Booklets on Ethics 8. Bramcote: Grove, 1975, p. 13. Ramsey ressalta, dentro de uma linha parecida, que "os atos de amor sexual fora do casamento são [...] tentativas de separar aquilo que Deus uniu [...]". Cf. Richard J. FOSTER, "Sexuality and Singleness", David K. Clark e Robert V. Rakestraw, eds., *Readings in Christian Ethics*, vol. 2, *Issues and Applications*. Grand Rapids: Baker, 1996, p. 157. Contra, a tentativa não convincente de John F. DEDEK, "Premarital Petting and Coitus", *Chicago Studies* 9, 1970, p. 227-242, de argumentar que, em nenhum momento, a Bíblia condena o sexo antes do casamento. De acordo com Dedek, *porneia* em Mateus 5.32 e 19.9 se refere a adultério; em 1Coríntios 65.1 significa incesto; em 1Coríntios 6.12-20 (cf. 1Ts 4.3-4) quer dizer união com uma prostituta; em Gálatas 6.9 provavelmente significa prostituição e em Efésios 5.5 pode significar adultério; em 1Coríntios 6.9 provavelmente se refere a prostituição e relações sexuais promíscuas; e em Atos 15.20,29, refere-se aos casamentos irregulares relacionados em Levítico 18, como as uniões incestuosas. Deuteronômio 22.1-29 condena a mulher que engana o marido antes do casamento e o leva a pensar que ela é virgem quando não é o caso; estupro; dormir com uma mulher noiva, prestes a se casar com outro homem. A tentativa de Dedek de definir a postura das Escrituras em relação ao sexo antes do casamento com base somente no estudo de *porneia* é equivocada, principalmente porque ele ignora indevidamente a

passagem fundamental do Antigo Testamento sobre casamento, Gênesis 2.23-24 e seu caráter de aliança. Ademais, mesmo nos termos de Dedek, segue-se claramente que, se *porneia* significa imoralidade sexual, proibida ao longo de todas as Escrituras, e o único contexto em que as relações sexuais são consideradas morais nas Escrituras é a aliança de casamento, o sexo sem, fora e antes do casamento também fica fora do âmbito de moralidade bíblica.

[42] RAMSEY, *One Flesh*, p. 18.

[43] Cf. Judith TREAS e Deirdre GIESEN, "Sexual Infidelity Among Married and Cohabiting Americans", *Journal of Marriage and the Family* 62, 2000, p. 48-60.

[44] Mateus 5.28; Efésios 5.3-4; 1Timóteo 4.12; 2Timóteo 2.22.

[45] Quanto ao recato, ver 1Timóteo 2.9-10; 1Pedro 3.3-6. Quanto ao autocontrole, ver 1Timóteo 2.9,15; 3.2; Tito 1.8; 2.2,5-6. Para uma lista de virtudes a serem cultivadas pelas mulheres mais jovens, ver a seção no capítulo 5 sobre a necessidade de mulheres mais velhas instruírem mulheres mais jovens. Outras passagens relevantes para rapazes são 1Pedro 5.5 e 1João 2.13b,14b (ver abaixo). Para textos relevantes sobre o recato, cf. especialmente Wendy SHALIT, *A Return to Modesty: Discovering the Lost Virtue*. Nova York: Free Press, 1999; Jeff POLLARD, *Christian Modesty and the Public Undressing of America*. San Antonio: The Vision Forum, 2003 [publicado em português sob o título *Deus, o estilista: o padrão bíblico para a modéstia cristã*. São José dos Campos: Fiel, 2006]; Mary K. MOHLER, "Modeling Modesty". Louisville: The Southern Baptist Theological Seminary, s.d., publicado em www.albertmohler.com/ModelingModesty.pdf; Nancy Leigh DEMOSS, *The Look: Does God Really Care What I Wear?* Buchanan: Revive Our Hearts, s.d. As Escrituras não parecem tratar do recato masculino.

[46] Com referência a costumes de noivado no mundo antigo, ver os seguintes ensaios em *Marriage and Family in the Biblical World*: MATTHEWS, "Marriage and Family in the Ancient Near East", p. 7-14; BLOCK, "Marriage and Family in Ancient Israel", p. 54-58; BAUGH, "Marrige and Family in Ancient Greek Society", p. 151-153; e CHAPMAN, "Marriage and Family in Second Temple Judaism", p. 185-188.

[47] Cf. as fontes mencionadas na nota anterior.

[48] Surge a dúvida se as práticas e costumes antigos de noivado (como o casamento arranjado pelos pais, o pagamento de dote, e assim por diante) também são normativos para os cristãos de hoje. A maioria acredita que não. Cf. p. ex., Joshua HARRIS, *I Kissed Dating Goodbye*. Sisters: Multnomah, 1997; idem, *Boy Meets Girls: Say Hello to Courtship*. Sisters: Multnomah, 2000, Jeff e Danielle MYERS, *Of Knights and Fair Maidens: A Radical New Way to Develop Old-fashioned Relationships*. Dayton: Heartland Educational Consultants, 1996; e Michael PHILLIPS e Judy PHILLIPS, *Best Friends for Life*. Minneapolis: Bethany, 1997. Para argumentos em favor de se dar continuidade nos dias de hoje às práticas antigas de noivado, cf. Wayne ISRAEL, "Betrothal: Should We Kiss Courthship Goodbye?" *Home School Digest* 11, no 2. Primavera de 2000, p. 21-22. Jonathan LINDVALL, "The Dangers of Dating: Scriptural Romance (parts 1 and 2)" em http://www.boldchristianliving.com/site/articles/romance1.php e http://www.boldchristianliving.com/site/articles/romance2.php (ver também o quadro comparativo entre encontros, namoro e noivado no mesmo site); e Michael PEARL, "To Betroth or Not to Betroth? That Is the Question", *No Greater Joy*. Janeiro/fevereiro, 2000, p. 1-11, 13-15.

[49] Cf. a seção anterior.

[50] Cf. o episódio com Amnom e Tamar em 1Samuel 13, onde se diz que Amnom "apaixonou-se" por sua linda meia-irmã Tamar (1Sm 13.1; cf. v. 4) e, depois, a violentou (1Sm 13.11-14).

[51] Conferir os textos na nota 48, acima, a favor do namoro e a favor do noivado. É razoável concluir que pelo menos certos aspectos dos costumes antigos de noivado, como o pagamento de dote ou o casamento arranjado pelos pais dos cônjuges, eram culturais e sem relevância normativa perene. Ao mesmo tempo, parece apropriado ser cauteloso e conservador nessa área, guardar o coração com toda pureza e confiar que o Senhor conduzirá a seu tempo e modo. O fato de nem Jesus nem Paulo

fazerem qualquer comentário direto a esse respeito indica que há certo grau de flexibilidade e liberdade cristã quanto ao assunto, daí ser melhor, talvez, evitar o dogmatismo nessa área.

[52] Claro que não apenas os rapazes solteiros, mas também os homens casados, enfrentam lutas nessa área. Os rapazes solteiros não devem imaginar que o casamento em si eliminará esse tipo de luta. A fim de experimentar um casamento bíblico e puro mais adiante, é essencial tomarem os passos apropriados antes de se casar. Para ajuda com referência à pornografia, cf. http://www.pureintimacy.org (ministério da organização Focus on the Family), e também http://www.settingcaptivesfree.com. Três livros práticos sobre a prestação de contas nessa área são Stephen ARTERBURN e Fred STOEKER, *Every Man's Battle: Winning the War on Sexual Temptation One Victory at a Time*. Colorado Springs: WaterBrook, 2003 [publicado em português sob o título *A batalha de todo homem*. São Paulo: Mundo Cristão, 2004]; Stephen ARTERBURN, Fred STOEKER e Mike YORKEY, *Every Man's Battle Guide: Weapons for the War Against Sexual Temptation*. Colorado Springs: WaterBrook, 2003; e Joshua HARRIS, *Not Even a Hint*. Sisters: Multnomah, 2003.

[53] Apesar de não haver nenhuma passagem bíblica que proíba diretamente a masturbação, o sexo solitário e autoestimulado deve ser considerado moralmente errado, pois, como Daniel R. HEIMBACH, *True Sexual Morality: Biblical Standards for a Culture in Crisis*. Wheaton: Crossway, 2004, observa, "opõe-se a todas as características morais positivas reveladas como elementos essenciais do plano de Deus para o sexo": (1) o sexo faz parte de um relacionamento pessoal com outra pessoa; a masturbação é não relacional; (2) o sexo deve ser exclusivo; a masturbação costuma envolver pensamentos sexualmente impuros; (3) o sexo deve ser especial e íntimo; a masturbação é frequente e superficial; (4) o sexo deve ser frutuoso (produtivo); a masturbação trata o sexo como um bem a ser consumido; (5) o sexo deve operar no contexto do amor abnegado; a masturbação visa satisfazer o próprio indivíduo; (6) o sexo é multidimensional; a masturbação separa o aspecto físico de todo o resto; (7) o sexo deve ser complementar; a autoestimulação solitária não tem a função de unir (ou seja, não visa produzir união sexual entre dois indivíduos).

[54] Para uma discussão sobre moças *casadas* (especialmente em Tito 2), cf. capítulo 5.

[55] Cf. o que já foi comentado anteriormente sobre viúvas no Antigo Testamento. Cf. também as observações práticas e proveitosas sobre viúvas em John MACARTHUR, JR., *Different By Design: Discovering God's Will for Today's Man and Woman*. Wheaton: Victor, 1994, p. 90-98, inclusive as seguintes características extraídas de 1Timóteo 5: ser uma mulher madura, esposa dedicada, mãe dedicada, hospitaleira, humilde, abnegada e bondosa (p. 94-96).

[56] Steve M. BAUGH, "1-2 Timothy, Titus", Clinton E. Arnold, ed., *Zondervan Illustrated Bible Backgrounds Commentary*, vol 3. Grand Rapids: Zondervan, 2002, p. 467; cf. Jerome D. QUINN e William C. WACKER, *The First and Second Letters to Timothy*, Eerdmans Critical Commentary. Grand Rapids: Eerdmans, 2000, p. 412-449.

[57] Conceito amplamente apoiado pelo ensino do Antigo Testamento a respeito das viúvas (Êx 22.22-23; Dt 10.8; 14.29; 24.17-21; 26.12,14; 27.19; etc.).

[58] Consoante com o que Paulo diz a respeito de si mesmo sobre orar dia e noite (2Tm 1.3; cf. Ef 6.18; Fp 1.4) e com sua exortação em 1Tessalonicenses 5.17. Para um exemplo do Novo Testamento, ver a profetisa Ana que "tinha vivido com o marido sete anos depois do casamento; permanecendo viúva por quase oitenta e quatro anos. Ela não se afastava do templo, cultuando a Deus dia e noite com jejuns e orações" (Lc 2.36-37).

[59] Com referência a pais sozinhos, cf. o que já foi comentado no capítulo 8.

[60] É claro que isso não afeta nossos comentários no capítulo 11, a respeito do divórcio biblicamente legítimo ou ilegítimo e dos ensinamentos bíblicos sobre novo casamento. Em termos específicos, os pais sozinhos que são a parte culpada no divórcio não devem ser incentivados a se casar de novo, mas sim, a se reconciliar com o ex-cônjuge.

[61] Cf. David P. GUSHEE, *Getting Marriage Right: Realistic Counsel for Saving and Strengthening Relationships*. Grand Rapids: Baker, 2004, p. 57-83.

[62] Um ministério dedicado a divorciados é DivorceCare, sobre o qual se pode encontrar informações em http://www.divorcecare.com. Para um recurso bastante útil para igrejas interessadas em começar um ministério de recuperação depois do divórcio, cf. tb. Bill FLANAGAN, *Developing a Divorce Recovery Ministry: A How-To Manual*. Colorado Springs: NavPress, 1991.

[63] Cf. tb. os comentários pertinentes de MACARTHUR, *Different by Design*, p. 98-106, cuja discussão inclui títulos como Celebrating Singleness [Celebrando o solteirismo], The Difficulty of Being Single [A dificuldade de ser solteiro], The Gift os Singleness [O dom do solteirismo], What If You Don't Think You Have The Gift? [E se você acredita que não tem o dom?] e The Advantages of Being Single [As vantagens de ser solteiro]. Sob esse último título, MacArthur extrai de 1Coríntios 7.25-40 as seguintes vantagens: (1) menos pressão do sistema; (2) menos problemas da carne; (3) mais desprendimento deste mundo passageiro; (4) estar livre das preocupações do casamento; (5) não estar comprometido com um relacionamento vitalício.

[64] Cf. Judith M. GUNDRY-VOLF, "The Least and the Greatest", Marcia J. Bunge, ed., *The Child in Christian Thought*. Grand Rapids: Eerdmans, 2001, p. 53, que destaca a semelhança entre "o comedimento de Paulo e Jesus a respeito da procriação (que contrasta com a ênfase judaica tradicional sobre o casamento e o sexo para procriação) derivado de *seu ponto de vista compartilhado de expectativa escatológica*" (ênfase acrescentada).

Abandono das relações naturais: o veredicto bíblico sobre a homossexualidade

10

Em capítulos anteriores, estudamos o plano do Criador para o casamento e a família, observamos a natureza integrada do propósito divino para essas instituições e identificamos diversas distorções do modelo bíblico na história de Israel. Constatamos que uma das distorções mais sérias do plano de Deus para o casamento e a família é a homossexualidade. Esse pecado foi um problema persistente no antigo Israel (p. ex., Sodoma e Gomorra, os gibeonitas no tempo dos juízes, a aparição repetida de homossexuais durante o governo de reis ímpios, e assim por diante), era uma prática manifesta no mundo do Novo Testamento (Rm 1.24-28; 1Co 6.9-11; 1Tm 1.9-10) e continua a ser um desafio na sociedade do século XXI.

Conforme observamos no primeiro capítulo, a homossexualidade é um fenômeno crescente na *cultura* contemporânea. O movimento rumo à aceitação da homossexualidade na sociedade norte-americana teve início em 1973, quando a American Psychological Association removeu a homossexualidade da lista de distúrbios psicológicos citados no *Diagnostic and Statistical Manual of Mental Disorders*.[1] Depois dessa decisão, a homossexualidade ganhou terreno paulatinamente na cultura secular, a ponto de, hoje em dia, vários estados norte-americanos estarem caminhando para reconhecer os casamentos entre indivíduos do mesmo sexo (ou as chamadas "uniões civis"). Trata-se de uma tendência preocupante, tendo em vista que, ao longo da história, até mesmo sociedades não cristãs costumavam rejeitar a homossexualidade.[2]

Não apenas a cultura secular tem aceito cada vez mais a homossexualidade como estilo de vida alternativo, como também muitos na igreja têm assumido uma postura menos rígida.[3] Alguns pastores revelaram sua orientação homossexual, muitos membros de igreja tradicionais discutem energicamente a legitimidade moral da homossexualidade e, pelo menos uma denominação elegeu um homossexual praticante para um cargo de liderança denominacional.[4] Até mesmo alguns dos grupos evangélicos mais conservadores estão lidando com questões associadas à homossexualidade nas igrejas locais.[5] Em alguns casos, excluíram da denominação as congregações que aceitam a homossexualidade, em outros, redigiram declarações oficiais a respeito dessa questão.

Homossexualidade e a natureza integrada do casamento e da família

Quando comparada com o padrão bíblico de casamento e família definido nos capítulos iniciais de Gênesis, a homossexualidade fica aquém desse padrão em diversos aspectos. Primeiro, como antítese da *heterossexualidade*, a homossexualidade é contrária ao plano de Deus para o casamento e família em seu nível mais básico. Esse fato é evidenciado pelas palavras de Gênesis 2.24, que entendem o casamento em termos heterossexuais, e não homossexuais: "Portanto, o *homem* [indivíduo do sexo masculino] deixará seu pai e sua mãe e se unirá à sua *mulher* [indivíduo do sexo feminino], e eles [o homem e a mulher] serão uma só carne".[6]

Outro aspecto do modelo bíblico de casamento que a homossexualidade infringe é sua natureza *complementar*.[7] De acordo com Gênesis 2 e 3, onde o homem recebe autoridade sobre a esposa, enquanto a mulher é colocada ao lado dele como "ajudadora adequada", as diferenças entre os papéis de cada sexo constituem parte essencial do plano de Deus para o casamento. Esses papéis foram designados por Deus na criação (Gn 2.18,20) e reafirmados depois da queda (Gn 3.16-19) e nos ensinamentos do Novo Testamento (Ef 5.22-33; 1Pe 3.1-7). Uma vez que os papéis conjugais são associados de forma inerente e inalterável ao sexo de cada cônjuge, parceiros do mesmo sexo não têm como participar desse aspecto do casamento bíblico.[8]

Um terceiro componente do plano de Deus para o casamento e a família que a homossexualidade não cumpre é o *dever de procriar*.[9] Como mencionamos anteriormente, a procriação é um elemento central do casamento e, sem dúvida, um dos propósitos do Criador para essa instituição social fundamental, como mostra o primeiro mandamento proferido por Deus ao casal humano: "Frutificai e multiplicai-vos; enchei a terra" (Gn 1.28).[10] Por natureza, porém, a homossexualidade fica aquém desse componente essencial do modelo bíblico / tradicional de casamento e família, uma vez que não permite a reprodução.[11]

Além de a homossexualidade não cumprir o padrão bíblico de casamento no tocante à *heterossexualidade*, *complementaridade* e *fertilidade*, os casais homossexuais muitas vezes também não preservam outros aspectos do casamento bíblico como a *monogamia*, *fidelidade* e *durabilidade*.[12] O grau em que a homossexualidade se distancia dos padrões bíblicos talvez seja um dos motivos pelos quais esse pecado é castigado com tanta severidade nas Escrituras. Na verdade, a homossexualidade não deturpa ou interpreta erroneamente o plano de Deus para o casamento e a família em apenas *um* ponto; antes, distorce o modelo definido pelo Criador em *quase todos* os pontos.[13]

Não é de surpreender, portanto, que o castigo estipulado e aplicado sobre os transgressores homossexuais nas Escrituras seja severo. Ao escrever aos romanos, Paulo relaciona a homossexualidade como uma das consequências morais indesejadas do pecado de rejeitar Deus. O apóstolo não apenas reitera o ensino do Antigo Testamento, segundo o qual a homossexualidade é errada, como também observa que é algo "contrário à natureza" (Rm 1.26). Uma vez que é impossível seus participantes não perceberem que seus atos são incompatíveis com o plano de Deus para o casamento e a família, trata-se de uma rebelião obstinada contra Deus que os torna, em última análise, merecedores da morte.[14]

Homossexualidade no Antigo Testamento[15]

Embora as Escrituras façam alusão ou se refiram explicitamente à homossexualidade mais de vinte vezes,[16] as três passagens bíblicas principais que tratam do assunto são o relato da destruição de Sodoma e Gomorra em Gênesis 18—19, as leis sexuais do Código de Santidade em Levítico 18 e 20 e os comentários do apóstolo Paulo sobre a homossexualidade em sua Epístola aos Romanos e em suas Primeiras Epístolas aos Coríntios e a Timóteo. Como veremos, cada uma dessas passagens bíblicas condena inequivocamente a homossexualidade; é apenas por meio de uma interpretação radical da mensagem das Escrituras com respeito à homossexualidade que se pode atribuir à Bíblia uma postura positiva que aceita essa prática.[17]

Sodoma e Gomorra

O relato da destruição de Sodoma e Gomorra (Gn 18.17—19.29) é, provavelmente, o episódio mais conhecido no qual as Escrituras revelam a oposição de Deus à homossexualidade. A narrativa é particularmente relevante por pelo menos três motivos: (1) é o primeiro e mais detalhado relato da confrontação divina da homossexualidade; (2) é a única menção pré-mosaica à homossexualidade nas Escrituras; e (3) o pecado e destruição de Sodoma e Gomorra são citados com frequência nas Escrituras[18] (em vários casos, claramente no contexto de pecado sexual) e o relato da guerra civil israelita com a tribo de Benjamim, desencadeada pelo pecado homossexual dos gibeonitas (Juízes 19—21), parece ser estruturado de modo a formar um paralelo com os acontecimentos ocorridos em Sodoma e Gomorra. Não é de admirar, portanto, que os defensores da homossexualidade dediquem atenção considerável a esse relato, pois, se conseguirem demonstrar de forma convincente que a transgressão que desencadeou a ruína das duas cidades não foi a homossexualidade, poderão eliminar um trecho importante do testemunho bíblico contra a prática homossexual.[19]

Duas novas interpretações se destacam na tentativa de alterar o ponto de vista tradicional acerca do pecado de Sodoma e Gomorra. Primeiro, alguns estudiosos sugerem que o pecado responsável pela ruína dessas duas cidades não foi a homossexualidade, mas sim, o *estupro coletivo*. Embora não seja o primeiro a sugerir essa ideia, Walter Barnett é, possivelmente, seu proponente de maior influência. No livreto curto, mas de ampla circulação, *Homosexuality and the Bible: An Interpretation* [A homossexualidade e a Bíblia: uma interpretação], Barnett escreve: "O pecado de Sodoma não se encontra, necessariamente, na homossexualidade ou no comportamento homossexual. Antes, a perversidade que Ló insta o povo local a não cometer é, pura e simplesmente, o estupro e, de modo mais específico, o estupro coletivo".[20] Barnett acredita que esse acontecimento, bem como o relato associado sobre a guerra civil de Israel com os benjamitas por causa do pecado dos gibeonitas, talvez nem implicassem estupro coletivo *homossexual*, mas sim, *heterossexual*. Declara: "Mesmo que a intenção original dos homens de Sodoma e Gomorra e também de Gibeá fosse o estupro homossexual, fica evidente que as duas histórias são sobre homens heterossexuais que praticam a homossexualidade por diversão".[21]

A interpretação de Barnett é influente e aparece nos textos de vários outros autores que defendem a homossexualidade. Um exemplo é a obra *Is the Homosexual My Neighbor? Another Christian View* [O homossexual é meu próximo? Outro ponto de vista cristão] de Letha Scanzoni e Virgina Ramey Mollenkott, que argumenta: "A história de Sodoma parece focalizar [...] o estupro coletivo violento [...] Violência, forçar outro à atividade sexual, é o verdadeiro cerne da história. Em outras palavras: mesmo que os anjos houvessem assumido a forma de mulheres em sua visitação terrena, o desejo dos homens de Sodoma de violentá-los teria sido igualmente perverso aos olhos de Deus".[22] De acordo com essa interpretação, portanto, Deus destruiu Sodoma e Gomorra não por causa da homossexualidade em si, mas por causa do estupro coletivo.

Em resposta, convém reconhecer claramente o elemento de verdade nessa interpretação, no sentido de que o pecado de Sodoma e Gomorra envolveu, de fato, a *intenção de estupro*. A interpretação se equivoca, porém, na tentativa de limitar a transgressão dessas duas cidades *exclusivamente* ao estupro coletivo e de redefinir o pecado pretendido como uma forma de estupro *heterossexual*. Na verdade, a identificação do pecado que causou a destruição de Sodoma e Gomorra como sendo o estupro heterossexual é, na melhor das hipóteses, questionável, tendo em vista a declaração de Judas de que os habitantes de "Sodoma e Gomorra [...] praticaram imoralidade e *relações sexuais contra a natureza* [...] *[contaminando] o corpo*" (Jd 6-8; cf. 2Pe 2.4-10). Fica evidente que os transgressores em Sodoma e Gomorra não possuíam apenas desejos sexuais *incontroláveis*, mas também *contrários à natureza*. Ademais, limitar a definição do pecado dessas duas cidades exclusivamente ao estupro coletivo, seja ele heterossexual ou homossexual, parece problemático diante do fato de que o estupro pretendido não chegou a se concretizar. E, no entanto, Deus destruiu tanto Sodoma quanto Gomorra. Se, portanto, o pecado dos homens reunidos em volta da casa de Ló é identificado e limitado ao estupro coletivo, Deus se mostra injusto, uma vez que destruiu Sodoma (os homens e as mulheres!) por um pecado que, na verdade, não chegaram a cometer e matou os habitantes de Gomorra por um pecado no qual não tiveram nenhuma participação, nem mesmo de modo não intencional. Por esses motivos, a interpretação acima do pecado que levou à destruição de Sodoma e Gomorra é extremamente implausível.

De acordo com outra tentativa ainda mais influente de alterar a interpretação tradicional do pecado de Sodoma e Gomorra, a transgressão não foi a homossexualidade, mas sim, a *inospitalidade*. O proponente de maior destaque dessa interpretação é D. Sherwin Bailey, amplamente reconhecido como primeiro estudioso a sugeri-la no texto considerado referência *Homosexuality and the Western Christian Tradition* [Homossexualidade e a tradição cristã ocidental]. Em resumo, seu ponto de vista se baseia na definição do termo hebraico *yāda'*, traduzido como "conheçamos" em Gênesis 19.5. De acordo com sua interpretação, uma vez que grande parte das 943 ocorrências da palavra no Antigo Testamento significa "conhecer pessoalmente", essa deve ser sua conotação no relato de Sodoma e Gomorra. Logo, quando os homens de Sodoma cercaram a casa de Ló e perguntaram, "Onde estão os homens que entraram esta noite em tua casa? Traze-os aqui fora para nós, para que os *conheçamos intimamente*" (Gn 19.5), estavam apenas pedindo para serem *apresentados* aos visitantes angelicais devido ao fato de Ló não tê-los apresentado devidamente ao povo da cidade. Ou, nas palavras de Bailey, "Uma vez que *yāda'* costuma significar 'conhecer pessoalmente', a exigência para 'conhecer' os visitantes que Ló havia recebido pode muito bem implicar alguma transgressão séria das regras de hospitalidade".[23]

A interpretação de Bailey é adotada e repetida por quase todos os exegetas da Bíblia pró-homossexuais que tratam dessa passagem. Harry A. Woggon escreveu: "De acordo com o Antigo Testamento, o pecado de Sodoma e Gomorra foi a violação da obrigação sagrada de hospitalidade aos forasteiros".[24] John J. McNeill rotulou a suposta inospitalidade em Sodoma como "o crime que brada aos céus e clama a Deus por vingança".[25] John Boswell afirmou que "o impacto moral original da passagem [sobre Sodoma e Gomorra] dizia respeito à hospitalidade".[26] James B. Nelson asseverou: "Estudos bíblicos contemporâneos indicam de modo convincente que o tema principal da história [de Sodoma e Gomorra] e a preocupação do autor não eram a atividade homossexual em si, mas sim, a transgressão das tradicionais normas hebraicas de hospitalidade".[27] Todos esses intérpretes compartilham da mesma ideia de que o pecado de Sodoma e Gomorra foi a falta de hospitalidade, e não a homossexualidade.

Embora essa interpretação seja criativa e, obviamente, persuasiva para alguns, uma recapitulação sucinta dos fatos em torno da destruição de Sodoma e Gomorra mostra que esse ponto de vista também é indefensável. Com respeito ao termo hebraico *yāda'*, deve-se observar que, embora costume significar "conhecer pessoalmente", também pode se referir a relações sexuais, como é, sem dúvida, o caso em Gênesis 4.1,17,25; 24.16; 38.26. O fator decisivo para determinar o sentido dessa palavra (ou de qualquer outro termo com vários significados possíveis) é, obrigatoriamente, o contexto. Ao seguirmos esse princípio, vemos que no contexto da passagem sobre Sodoma e Gomorra, *yāda'* deve ter conotação sexual na ocorrência em Gênesis 19.5, pois quando o termo é repetido três versículos adiante, a conotação sexual é a única que faz sentido. De outro modo, Ló estaria dizendo que suas filhas, noivas de dois habitantes de Sodoma, nunca haviam se encontrado pessoalmente com um homem! Ademais, o fato de Ló oferecer as duas filhas aos homens de Sodoma não faz absolutamente nenhum sentido se os homens que bateram à sua porta estavam apenas pedindo para serem apresentados aos hóspedes. Por que não apresentar os dois anjos aos habitantes da cidade, se era isso que estavam pedindo?

Outro problema com essa interpretação é que se foi Ló quem pecou ao transgredir os códigos locais de hospitalidade, por que sua vida foi poupada pelos visitantes angelicais, enquanto os habitantes obedientes à lei foram destruídos pelo julgamento divino? Ademais, considerando-se que Ló residia em Sodoma, porque os habitantes de Gomorra foram mortos por um pecado no qual não tiveram nenhuma participação? E, se os residentes de Sodoma eram tão pacíficos e honestos a ponto de se dirigirem à casa de Ló tarde da noite para aplicar os códigos de hospitalidade locais, por que Deus não encontrou dez justos na cidade inteira (Gn 18.32)? Essa interpretação também não explica por que Ló parece ter se sentido ameaçado pela presença dos habitantes da cidade (19.6), ou por que a multidão declarou sua intenção de fazer mal tanto a Ló quanto a seus hóspedes sem nenhuma provocação (v. 9). Devemos observar, ainda, que essa interpretação é contrária a todas as outras interpretações dessa passagem até a metade do século XX, bem como ao versículo mencionado anteriormente de Judas 7 (cf. Lc 17.26-29; 2Pe 2.6-7,10). Em resumo, esse ponto de vista é, por vários motivos, inválido e indefensável.

Apesar das tentativas de muitos, portanto, fica evidente que o pecado que levou à destruição de Sodoma e Gomorra não foi o estupro coletivo heterossexual, nem a inospitalidade, nem algum outro pecado sem qualquer relação com a homossexualidade (ou associado a um subconjunto aberrante dessa prática).[28] Antes, como nossa análise crítica das interpretações pró-homossexuais do relato já indicou, é extremamente provável que o pecado que fez sobrevir o julgamento de Deus sobre essas pessoas foi a homossexualidade, pelos motivos a seguir.

Primeiro, em sua referência ao pecado de Sodoma e Gomorra, Judas (v. 6-7; cf. 2Pe 2.4-10) fala de pessoas que "praticaram imoralidade e relações sexuais contra a natureza [...] [contaminando] o corpo". Tanto no contexto do Novo Testamento (cf. Rm 1.26-27), quanto em seu ambiente cultural antigo (cf. abaixo), a expressão "relações sexuais contra a natureza" quase certamente indica que o pecado em questão é a homossexualidade.

Segundo, o pecado em questão no incidente em Sodoma e Gomorra é, sem dúvida, de ordem sexual (o significado bastante provável do termo *yāda'* em Gn 19.5,8)[29] e, no contexto, se refere não apenas a relações sexuais ilícitas, mas a relações pervertidas e condenadas por Deus.

Terceiro, o pecado da homossexualidade é o que melhor explica o terrível julgamento de Deus sobre Sodoma e Gomorra. É muito improvável que o julgamento pela inospitalidade ou pela mera intenção de cometer estupro coletivo (quer heterossexual ou homossexual) tivesse sido tão severo.

Logo, o pecado de Sodoma e Gomorra foi a homossexualidade.

O Código Levítico de Santidade

Outra passagem das Escrituras para a qual os exegetas defensores da homossexualidade propõem interpretações diferentes é o conjunto de leis sexuais do Código de Santidade no livro de Levítico. [30]

Duas leis do Código de Santidade tratam especificamente da homossexualidade. Os trechos em questão são Levítico 18.22 ("Não te deitarás com um homem, como se fosse mulher; é abominação") e 20.13 ("Se um homem se deitar com outro homem, como se fosse com mulher, os dois terão praticado uma abominação; certamente serão mortos; serão culpados da própria morte"). Essas leis constituem uma porção considerável do testemunho bíblico contra a homossexualidade, pois ambas tratam de modo particular e casuísta das relações homossexuais e prescrevem a pena de morte para os transgressores homossexuais (pena esta que Deus havia aplicado anteriormente sobre Sodoma e Gomorra). É evidente, portanto, que esse dois versículos precisam ser reinterpretados para que seja possível afirmar que a Bíblia não proíbe a prática da homossexualidade.

Em geral, os defensores da homossexualidade que comentam esses versículos adotam uma abordagem ocasional e culturalmente relativa, ou seja, afirmam que esses versículos são instruções temporárias, associadas à cultura e dirigidas aos israelitas. Não constituem, portanto, absolutos morais de vigência permanente para os eleitos ao longo das eras. Embora exegetas tenham individualmente apresentado esse argumento de formas diferentes, o raciocínio fundamental que apoia esse ponto de vista costuma ser o mesmo (pelo menos no caso daqueles que creem na continuidade entre os dois Testamentos).[31] Em resumo, essa interpretação gira em torno do uso do termo hebraico *tō'ēbāh*, traduzido como "abominação" nos dois versículos. De acordo com os proponentes dessa ideia, quando usado nas Escrituras, o termo *tō'ēbāh* normalmente se refere a algum tipo de impureza ritual ligada à idolatria. Ao proibir a homossexualidade em Levítico 18.22 e 20.13, portanto, Deus não estava se referindo à homossexualidade em si. Antes, no contexto dessa passagem do Código de Santidade, estava se referindo a *atos homossexuais realizados por prostitutos cultuais cananeus como parte da adoração a falsos deuses*.

Nas palavras de Walter Barnett, "O contexto total dessas injunções [em Levítico 18.22 e 20.13] constitui uma polêmica contra a imitação, pelos israelitas, das práticas dos cananeus que eles haviam expulsado da Palestina. Logo, também neste caso, é provável que a proibição seja dirigida à prática da prostituição ritual homossexual que fazia parte das cerimônias religiosas cananeias de fertilidade. De qualquer modo, não é possível que a intenção seja condenar toda homossexualidade e comportamento homossexual".[32] Da mesma forma, John Boswell escreve: "As sanções levíticas [em Levítico 18.22 e 20.13] acerca do comportamento homossexual o caracterizam, inequivocamente, como sendo impuro em termos cerimoniais, e não inerentemente maligno".[33] Scanzoni e Mollenkott declaram, na mesma linha: "As razões apresentadas para essas proibições [em Levítico 18.22 e 20.13] dizem respeito a vários fatores [como] a importância de se manterem separados de outras nações [...] evitarem a idolatria [...] e a impureza cerimonial [...] As práticas [homossexuais] faziam parte das religiões de fertilidade".[34] Essa abordagem procura, portanto, limitar a interpretação e a aplicação de Levítico 18.22 e 20.13 a atos homossexuais associados à adoração de ídolos.

Em resposta, convém observar que, embora o termo hebraico *tō'ēbāh* possa se referir a alguns tipos de impureza ritual associada à idolatria (cf. 2Rs 16.3; Is 44.19; Jr 16.18; Ez 7.20), muitas vezes não tem essa conotação (Cf. Gn 43.32; Sl 88.8; Pv 6.16-19; 28.9). Aliás, em algumas ocasiões, *tō'ēbāh* se refere a atividades que Deus considera moralmente afrontosas, como a homossexualidade. No contexto dessa passagem no Código de Santidade, é interessante notar que outras atividades além das práticas homossexuais são chamadas de *tō'ēbāh* (cf. Lv 18.26). É o caso do incesto (18.6-18), adultério (18.20) e bestialidade (18.23). A fim de aplicar uma hermenêutica coerente a toda a passagem, seríamos obrigados a concluir que as outras atividades mencionadas também eram proibidas apenas no contexto da idolatria. É evidente que essa interpretação seria irresponsável, tendo em vista as outras atividades serem repetidamente condenadas ao longo de todas as Escrituras, da mesma forma que a homossexualidade.[35]

Ademais, ainda que houvesse provas de que as leis do Código de Santidade tratam exclusivamente da pureza ritual (algo duvidoso), elas não validariam a moralidade da atividade homossexual. Para ilustrar esse fato, podemos observar como as Escrituras proíbem claramente o sacrifício de crianças por fazer parte do ritual de adoração ao deus cananeu Moloque (cf. Lv 20.2-5; 2Rs 16.1-4; 2Cr 28.1-4; Jr 7.30-31; Ez 23.36-39). E, no entanto, quer seja associado à adoração de ídolos ou não, o sacrifício de crianças é sempre errado, pois constitui uma transgressão do sexto mandamento. Semelhantemente, a homossexualidade é sempre errada, pois viola o plano total de Deus para o casamento e a família. Em resumo, *o contexto da proibição bíblica de determinada atividade não limita, necessariamente, a imoralidade da prática em questão a esse contexto específico*. O princípio se aplica, em particular, se a atividade é proibida ao longo de todas as Escrituras, como é o caso da homossexualidade.

É evidente, portanto, que as interpretações alternativas de Levítico 18.22 e 20.13 propostas por exegetas que defendem a homossexualidade não são satisfatórias. O pecado proibido nesses dois versículos deve ser entendido, como sempre foi tradicionalmente, como a prática genérica da homossexualidade.[36]

Homossexualidade no Novo Testamento

A fonte principal de conceitos neotestamentários acerca da homossexualidade é o apóstolo Paulo que se refere à homossexualidade em sua Epístola aos Romanos e nas Primeiras Epístolas aos Coríntios e a Timóteo.[37] Trataremos de cada uma dessas passagens separadamente, como fizemos na seção acima sobre o Antigo Testamento e daremos atenção especial às tentativas de interpretar essas passagens de forma contrária à visão tradicional.[38]

A Epístola aos Romanos

A principal passagem sobre homossexualidade nos escritos de Paulo encontra-se no primeiro capítulo de sua carta aos romanos, onde a censura dessa prática faz parte da apresentação mais ampla da pecaminosidade universal dos seres humanos devido à sua rejeição de Deus, o Criador (Rm 1.18-23).[39] Paulo argumenta que, devido a essa rejeição, Deus entregou a humanidade depravada "ao desejo ardente de seus corações, para desonrarem seus corpos entre si; pois substituíram a verdade de Deus pela mentira e adoraram e serviram à criatura em lugar do Criador" (1.24-25).

Na passagem seguinte, Paulo descreve em mais detalhes o que significa "desonrarem seus corpos entre si":

> Por isso, Deus os entregou a paixões desonrosas. Porque até as suas mulheres *substituíram as relações sexuais naturais pelo que é contrário à natureza. Os homens, da mesma maneira, abandonando as relações naturais com a mulher, arderam em desejo sensual uns pelos outros, homem com homem, cometendo indecência* e recebendo em si mesmos a devida recompensa do seu erro (Rm 1.26-27).[40]

Na sequencia, o apóstolo reitera que a "indecência" é resultado de as pessoas haverem rejeitado Deus; daí, terem sido "entregues pelo próprio Deus a uma mentalidade condenável para fazerem coisas que não convêm" (1.28). Segue-se uma lista de vícios, na qual a homossexualidade é associada a uma longa relação de atitudes e comportamentos humanos pecaminosos (1.29-31; cf. 1Co 6.9-10; 1Tm 1.9-10). Paulo encerra a seção acusando formalmente essas pessoas que, "conhecendo bem o decreto de Deus, que declara dignos de morte os que praticam essas coisas, não somente as fazem, mas também aprovam os que as praticam"

(Rm 1.32). Por esse motivo, o julgamento divino é pronunciado não apenas sobre quem pratica a homossexualidade, mas sobre quem é conivente com a sua prática (cf. 1Co 5.1-13).

Provavelmente não é coincidência que essa condenação abrangente da depravação humana que inclui a censura da homossexualidade (bem como do lesbianismo; Rm 1.26) se encontre na Epístola de Paulo aos Romanos. No tempo em que a carta foi escrita (c. 57 d.C.), o mundo romano era conhecido por sua depravação, desregramento sexual e degeneração.[41] O governo de Cláudio (42-54 d.C.) é famoso por esses males, como também o é o governo de Nero (54-68 d.C.), durante o qual Paulo redigiu a Epístola aos Romanos. Algumas décadas depois, Apocalipse retrata o império romano como a "grande Babilônia" e "grande prostituta", e diz que as nações "têm bebido do vinho da ira da sua prostituição" (Ap 18.3; cf. 18.9; 19.2). Na visão de João, "a mulher estava vestida de púrpura e de vermelho, enfeitada de ouro, pedras preciosas e pérolas; e segurava na mão um cálice de ouro, cheio das abominações e da imundícia da prostituição" (17.4). Era identificada pelas palavras gravadas em sua testa: "A grande Babilônia, mãe das prostituições e das abominações da terra" (v. 5). Essa mesma mulher "estava embriagada com o sangue dos santos e dos mártires de Jesus" (v. 6).

Tendo em vista o contexto literário e cultural da referência de Paulo à homossexualidade no primeiro capítulo de Romanos, parece não restar dúvida de que ele considerava a homossexualidade em geral (e não apenas definida de modo mais restrito como um conjunto aberrante de comportamentos homossexuais) uma prática contrária à ordem criada por Deus e, portanto, condenável. Ademais, Paulo condena não apenas aqueles que se *envolvem* em atos homossexuais, mas também aqueles que *são coniventes* com esses comportamentos, mesmo que eles próprios não os adotem. Nos últimos tempos, contudo, tem se procurado identificar o pecado condenado em Romanos e em outros textos do Novo Testamento como transgressões mais restritas. Uma vez que essas tentativas partem de um termo grego específico, *arsenokoitēs*, que não ocorre em Romanos, mas aparece em outras duas referências de Paulo ao assunto, trataremos dessas objeções a seguir.

Primeira Epístola aos Coríntios

Embora em sua condenação da homossexualidade na Epístola aos Romanos Paulo empregue várias palavras para expressar indiretamente essa prática ("para desonrarem seus corpos entre si", Rm 1.24; "substituíram as relações sexuais naturais pelo que é contrário à natureza", 1,26; "abandonando as relações naturais", "arderam em desejo sensual uns pelos outros, homem com homem, cometendo indecência", 1.27), em duas outras passagens importantes sobre o assunto, 1Coríntios 6.9 e 1Timóteo 1.10, usa o termo *arsenokoitēs* para se referir à homossexualidade (em 1Co 6.9, também emprega o termo *malakos*; cf. mais abaixo).[42]

A referência de Paulo aos homossexuais em sua Primeira Epístola aos Coríntios faz parte de uma seção na qual ele trata de várias questões sexuais com as quais a igreja de Corinto teve de lidar.⁴³ Devemos observar logo de início que, no primeiro século, a cidade de Corinto era famosa por sua imoralidade sexual.⁴⁴ Em 1Coríntios 5, Paulo trata de relatos de acordo com os quais os coríntios haviam tolerado um caso no qual "alguém [mantinha] relações sexuais com a mulher de seu pai", ou seja, no qual um homem estava tendo um relacionamento sexual com sua madrasta (1Co 5.1; cf. Lv 18.8). O apóstolo expressa sua indignação diante dessa falsa "tolerância" e insta os coríntios: "Entregai esse homem a Satanás para destruição da carne, para que o espírito seja salvo no dia do Senhor Jesus" (1Co 5.5). Em uma carta anterior, Paulo instruiu os coríntios a não se associarem com pessoas sexualmente imorais (uma referência não aos sexualmente imorais do mundo, mas a todo "aquele que, *dizendo-se irmão* [isto é, cristão], for imoral"; 5.9-11). Os coríntios deviam expulsar esse indivíduo de seu meio na esperança de que houvesse arrependimento e restauração (5.13).

Listas de vícios que se referem à homossexualidade em 1Coríntios e 1Timóteo

1CORÍNTIOS 5.10; 6.9-10	1TIMÓTEO 1.9-10
Não me referia aos imorais deste mundo, nem aos avarentos, ladrões ou idólatras [...] Não vos enganeis: nem imorais, nem idólatras, nem adúlteros, **nem os que se submetem a práticas homossexuais**, nem os que as procuram, nem ladrões, nem avarentos, nem bêbados, nem caluniadores, nem os que cometem fraudes herdarão o reino de Deus.	[A lei] não é feita para o justo, mas para transgressores e insubordinados, incrédulos e pecadores, ímpios e profanos, para os que matam pai e mãe e para homicidas, devassos, **homossexuais**, exploradores de homens, mentirosos, os que proferem falsos juramentos e para todo o que é contrário à sã doutrina [...]

Depois de censurar os coríntios por entrarem com processos legais uns contra os outros (1Co 6.1-8), Paulo declara que "nem imorais, nem idólatras, nem adúlteros, nem os que se submetem a práticas homossexuais [obs.: o original traz dois termos gregos, possivelmente para se referir tanto ao parceiro ativo quanto ao parceiro passivo na relação homossexual], nem os que as procuram, nem ladrões, nem avarentos, nem bêbados, nem caluniadores, nem os que cometem fraudes herdarão o reino de Deus" (1Co 6.9-10; cf. 5.10).⁴⁵ O apóstolo acrescenta: "Alguns de vós éreis assim. Mas fostes lavados, santificados e justificados em nome do Senhor

Jesus Cristo e no Espírito do nosso Deus" (6.11). Na seção seguinte, Paulo condena os cristãos que têm relações sexuais com prostitutas, argumenta que se trata de uma grave distorção da verdadeira liberdade cristã e insta os cristãos a fugirem da imoralidade sexual (6.12-20).

A lista de vícios em 1Coríntios 6.9-10, da qual os dois termos associados à homossexualidade fazem parte, expande a relação em 5.10 ao repetir os seis itens que aparecem na passagem anterior.[46] Na verdade, a lista anterior emoldura a subsequente, pois os dois primeiros e os quatro últimos itens são repetidos e quatro características são acrescentadas no centro. Os termos "imorais" e "idólatras" refletem duas questões importantes tratadas no contexto, a imoralidade sexual (cf. 5,1-13; 6.12-20) e a idolatria (cf. 8.1—11.1). Dos quatro itens novos, três (adúlteros, *malakoi* e *arsenokoitai*) são sexuais; o quarto é ladrões. A lista de vícios termina com os outros quatro itens de 5.10-11.

Quanto aos três itens relevantes para nosso estudo, "adúlteros" (*moichoi*) tem o sentido claro de pessoas casadas que têm relações sexuais fora do casamento (Êx 20.14; Lv 20.10; Dt 5.18; cf. Lc 18.11). Os dois termos seguintes, *malakoi* e *arsenokoitai*, exigem um comentário mais extenso. As duas expressões dizem respeito à homossexualidade e são, por vezes, unidas em uma só expressão ao serem traduzidas, como é o caso da Almeida Século XI: "práticas homossexuais" (embora pareça ser preferível mantê-las separadas, como faz a NVI: "homossexuais passivos ou ativos"). O primeiro termo, *malakos*, significa, literalmente, "macio" (cf. Mt 11.8 = Lc 7.25) e, no tempo de Paulo, era epíteto para o parceiro efeminado (ou seja, passivo) na relação homossexual (pederástica).[47] É importante notar que *malakoi* (bem como *arsenokoitai*) se refere ao comportamento, e não à orientação sexual, como fica implícito no comentário de Paulo em 1Coríntios 6.11: "Alguns de vós éreis assim".[48]

O significado do termo *arsenokoitēs* (que também ocorre em 1Tm 1.9-10, sobre o qual veja a discussão abaixo), tem sido tema de controvérsia considerável nos últimos anos.[49] Alguns exegetas pró-homossexuais procurarem limitar a aplicação do termo *arsenokoitēs* a uma ofensa mais restrita. Na tentativa de mostrar que a igreja primitiva não reprovava os atos homossexuais em si, John Boswell, por exemplo, rejeita qualquer ligação entre os dois termos, *malakoi* e *arsenokoitai* em 1Coríntios 6.9 e traduz o primeiro como "masturbadores" e o segundo como "*prostitutos*".[50] De acordo com Boswell, se o termo *arsenokoitai* se referisse, de fato, à homossexualidade em geral, não estaria ausente "de tantos textos sobre homossexualidade".[51] Boswell também rejeita qualquer ligação entre o Código Levítico de Santidade e as referências do Novo Testamento à homossexualidade e afirma que os escritores do Novo Testamento não teriam lançado mão "da autoridade do antigo para justificar a moralidade do novo".[52]

Outros, como Robin Scroggs, argumentam que a condenação proferida por Paulo se estende apenas a garotos de programa muito jovens e efeminados no contexto da prática homossexual antiga chamada de *pederastia*, a relação sexual entre um homem adulto e um menino.[53] Ao contrário de Boswell, Scroggs associa os pronomes em 1Coríntios 6.9 um ao outro em sua tentativa de mostrar que apenas a pederastia, mas não a homossexualidade em geral, é condenada por Paulo.

Ainda outros argumentam que a referência de Paulo à homossexualidade diz respeito apenas a *atos* homossexuais, não a relacionamentos homossexuais "*celibatários*" (ou seja, relacionamentos entre pessoas de orientação homossexual que não envolvem relações sexuais).[54]

Outro grupo afirma que o Novo Testamento condena apenas *o padrão negativo e desumanizador de homossexualidade predominante na cultura helenística* e, portanto, não pode ser aplicado diretamente aos relacionamentos homossexuais consensuais e não abusivos.[55] Dale Martin, por exemplo, afirma que ninguém sabe ao certo o significado de *arsenokoitai*. Ainda assim, sugere que a alternativa mais provável é alguma forma de *sexo abusivo*. De acordo com Martin, *malakoi* se refere simplesmente aos efeminados (mas não aos parceiros passivos em relações homossexuais) e argumenta que o termo é um conceito maleável para condenar alguém cuja prática não se aprova.[56]

William Petersen, por fim, embora concorde com a crítica de John Boswell por David Wright, levanta objeções quanto à tradução "homossexuais" para *arsenokoitai* em 1Coríntios 6.9 e 1Timóteo 1.10 com base no fato de que, a seu ver, há uma grande disparidade entre o conceito contemporâneo de homossexualidade e o conceito que predominava no mundo antigo. Enquanto no pensamento greco-romano os atos sexuais, e não a orientação sexual, eram o elemento que caracterizava a sexualidade do indivíduo, Petersen afirma que o uso moderno define "homossexual" principalmente em termos de desejo e orientação, não obstante o comportamento em si. Logo, o uso do termo "homossexuais" para traduzir *arsenokoitai* insere indevidamente uma ideia moderna no mundo antigo "onde não existia nenhum conceito equivalente".[57]

Para resumir a discussão até aqui, argumentou-se que as referências do Novo Testamento devem ser restritas apenas a um subconjunto aberrante de comportamentos homossexuais, a saber, (1) a prostituição homossexual, (2) a pederastia, (3) atos homossexuais, mas não relacionamentos homossexuais "celibatários", ou (4) alguma forma negativa, desumanizadora e abusiva de relacionamento homossexual, e não a homossexualidade em geral. Outros objetam que (5) o conceito de homossexualidade mudou, de modo que é enganoso usar o termo em traduções modernas de *arsenokoitai*. Como avaliar esses argumentos à luz das evidências bíblicas?

Primeiro, tendo em vista a discussão acima sobre os ensinamentos do Antigo Testamento e de Romanos, parece pouco provável que algo condenado sem exceções nas Escrituras hebraicas talvez seja aceitável no período do Novo Testamento e em nossos dias. Como concluímos acima em nossa investigação do Código Levítico de Santidade, o pecado proibido nesses dois versículos (Lv 18.22 e 20.13) deve ser entendido, como tem sido tradicionalmente, como a prática geral da homossexualidade, e não uma infração mais restrita, como os atos realizados pelos prostitutos cultuais cananeus como parte da adoração a falsos deuses, conforme argumentam alguns intérpretes pró-homossexuais.

Segundo, o termo *arsenokoitēs*, que parece não ocorrer antes da presente referência na literatura da época que chegou até nós, provavelmente foi criado por Paulo ou algum outro membro do judaísmo helenista com base na proibição levítica de homens se deitarem com homens (Lv 18.22, LXX: *arsenos... koitēn*; 20.13: *arsenos koitēn*).[58] Essa ideia sugere que, como no Código Levítico de Santidade, o termo é *amplo* e *geral* e abrange a homossexualidade *como um todo*, e não apenas *subconjuntos aberrantes* de comportamento homossexual.[59] Como Gordon Wenham observa corretamente, "deitar-se com um homem" se refere a "toda relação sexual entre dois homens", inclusive relações consensuais entre dois adultos.[60] Quanto ao argumento de Boswell de que os cristãos não lançariam mão de uma ordem mais antiga (ou seja, o código levítico de santidade) para justificar a nova, em sua Primeira Epístola aos Coríntios, Paulo já expressou oposição veemente à tolerância dos coríntios ao incesto que é igualmente proibido no Código Levítico de Santidade (1Co 5; cf. Lv 18.7-8; 20.11). Como judeu comprometido com o ensino e autoridade das Escrituras hebraicas, sem dúvida Paulo tinha convicção de que a homossexualidade era inaceitável.[61] A objeção de Boswell de que o termo *rsenokoitai* não aparece em boa parte da literatura antiga sobre a homossexualidade e, portanto, não deve ser considerado uma referência geral, também não é convincente, uma vez que não podemos esperar encontrar a expressão em textos anteriores a Paulo (que talvez tenha criado o termo) e que os gregos usavam uma grande variedade de palavras e expressões para se referirem à homossexualidade.[62] Convém lembrar, ainda, que a forma predominante de homossexualidade masculina no mundo greco-romano era a pederastia. Logo, é de se esperar que a maioria das referências na literatura greco-romana seja a essa forma de comportamento homossexual.

Terceiro, o argumento de Scrogg de que Paulo se refere apenas à pederastia mostra-se inadequado em pelo menos quatro aspectos.

(a) Existe um termo grego claro e preciso para pederastia, *paiderastēs*. Tudo indica que, se Paulo tivesse a intenção de condenar não a homossexualidade em geral, mas apenas a pederastia, ele teria usado o termo grego apropriado para essa prática.

(b) A tentativa de limitar a condenação paulina à pederastia (prática na qual um homem adulto desejava ter relações sexuais com um menino) é contradita pela referência de Paulo ao *desejo mútuo dos parceiros do sexo masculino* em Romanos 1.27 ("arderam em desejo sensual uns pelos outros").

(c) Na mesma passagem, em Romanos 1.26, Paulo condena as relações lésbicas que não envolviam crianças, de modo que o apelo à pederastia não justifica adequadamente a proibição de relações entre indivíduos do mesmo sexo nesta passagem.

(d) Mesmo que, hipoteticamente, Paulo estivesse censurando apenas a pederastia na passagem em questão, como judeu que seguia as Escrituras, ele não aprovaria a homossexualidade em si. Pelo contrário. Em contraste com o contexto greco-romano (que, em geral, aceitava atos homossexuais), os textos judaicos helenísticos condenavam toda homossexualidade e a consideravam (juntamente com a idolatria) o exemplo mais notório de depravação moral gentílica.[63]

Quarto, mesmo que, hipoteticamente, as proibições paulinas focalizassem de modo específico os *atos* homossexuais (cf. Rm 1.27,32; observar, porém, o raciocínio fútil, a mentalidade condenável e o coração concupiscente dessas pessoas, conforme 1.21,24,28), isso não significa que ele considerava os relacionamentos homossexuais "celibatários" parte da vontade de Deus na criação, pois substituem a função "natural" do homem por aquilo que é "contrário à natureza".[64] Como o apóstolo escreve aos romanos, "as mulheres substituíram as relações sexuais naturais pelo que é contrário à natureza. Os homens, da mesma maneira, abandonando as relações naturais com a mulher, arderam em desejo sensual uns pelos outro" (Rm 1.26-27). Fica claro, portanto, que Paulo considerava a homossexualidade "contrária à natureza", ou seja, contrária à ordem criada.[65]

Conforme observamos acima, trata-se de um conceito que recebe apoio inequívoco da narrativa de Gênesis. Além de Gênesis 1 afirmar repetidamente que Deus formou todas as criaturas "segundo suas espécies" (Gn 1.21,24), também mostra que, para complementar o homem, Deus não criou *outro homem*, mas sim, *a mulher*. A criação dos seres humanos como "homem e mulher" é parte fundamental da ordem criada e é como *homem e mulher* que os seres humanos refletem a imagem divina (1.27). Esse fato não é alterado pela simples negação de que, em Romanos, Paulo fala da homossexualidade em geral, nem pela sugestão de uma diferença entre atos homossexuais e orientação homossexual. A ideia de que a homossexualidade não é conflitante com o plano de Deus na criação só pode ser sustentada por uma *rejeição categórica do próprio relato bíblico da criação*. Como pudemos comprovar, e como mencionamos anteriormente, no contexto de Gênesis 1—2 não há lugar para a homossexualidade, tendo em vista esse tipo de relação nem sequer ter potencial procriador e, portanto, encontrar-se fora dos propósitos de Deus quando criou a humanidade com dois sexos a fim de "frutificarem e multiplicarem-se".[66]

Conforme Robert Gagnon argumenta, "A ideia de que judeus do primeiro século como Jesus e Paulo aprovariam em termos gerais um estilo de vida homossexual caso exemplificasse adequadamente um relacionamento marcado pelo carinho mútuo, desprovido de abuso, entre indivíduos do mesmo sexo, é fantasiosa. Informações adicionais ou diferentes sobre as relações entre indivíduos do mesmo sexo não mudariam o veredicto para nenhum judeu do primeiro século, pois a complementaridade anatômica, sexual e procriadora da união entre homem e mulher, em contraste com a união entre dois indivíduos do mesmo sexo, continuaria a ser fato indiscutível".[67]

Quinto, além de estar de acordo com a narrativa fundacional da criação em Gênesis 1 e 2, o conceito paulino de homossexualidade como algo contrário à natureza também é esclarecido pelas ideias predominantes acerca da homossexualidade na cultura greco-romana.[68] Stegmann, por exemplo, argumenta de forma convincente que o parceiro do mesmo sexo na relação homossexual inverte a ordem natural no sentido de que o homem é obrigado a agir como mulher, ou a mulher como homem.[69] Fílon (*Leis especiais* 3.7 §§37-42) condena, portanto, a pederastia, na qual "parceiros passivos [...] se habituam a suportar o mal da efeminação, desperdiçam o corpo e a alma e não deixam nenhuma brasa de sua natureza sexual masculina que possa ser reavivada". Censura-os por violarem a ordem natural ao trocarem a natureza masculina pela feminina e, desse modo, tornarem-se culpados de efeminação (*malakia*) e falta de virilidade.

Em contrapartida, a pederastia era aceita no mundo pagão da época de Paulo porque os atos sexuais não eram avaliados com base nos padrões de moralidade estabelecidos por Deus, mas sim, de acordo com valores e normas sociais.[70] Homens livres podiam escolher mulheres, meninos ou escravos como objetos sexuais, sem causar ofensa, desde que a escolha não interferisse com seu *status* de homens livres e desde que "não se entregassem a atos passivos de amor como uma mulher ou escravo".[71] É notável, porém, que atos homossexuais entre dois homens livres fossem vistos com desprezo, pois (conforme mencionamos anteriormente), um parceiro era obrigado a adotar um papel passivo (feminino). Por esse motivo, "é provável que a sociedade considerasse vergonhosos os atos sexuais entre dois homens de mesmo *status*. Aquilo que é aceitável para alguns na sociedade moderna, a saber, o erotismo entre homens de mesmo *status* em um relacionamento de compromisso, era condenável na sociedade antiga", uma cultura que ficava aquém dos padrões bíblicos de moralidade em vários sentidos, inclusive na aprovação das relações homossexuais pederásticas.[72] Essa ideia esclarece consideravelmente a discussão atual sobre homossexualidade e casamento entre indivíduos do mesmo sexo.[73] Enquanto Paulo, um judeu que procurou contextualizar o evangelho ao mundo greco-romano de sua época, concordava com o raciocínio de que as relações entre indivíduos do mesmo sexo eram contrárias à natureza, ele "diferia das tradições sexuais de sua sociedade ao condenar *todos* os atos homossexuais".[74]

Sexto e último, o argumento de Petersen de que o conceito de homossexualidade mudou, tornando equivocada a tradução da palavra *arsenokoitai (malakia)* como "homossexuais", não é convincente, pois fontes antigas não corroboram sua tese de que a homossexualidade era definida exclusivamente em termos de atos homossexuais, mas não de orientação homossexual. O próprio apóstolo Paulo, em sua Epístola aos Romanos, se refere tanto aos atos homossexuais (Rm 1.27: "paixões desonrosas"; 1.32: "os que praticam essas coisas"), quanto aos pensamentos e paixões subjacentes (1.24: "desejo ardente de seus corações"; 1.28: "mentalidade condenável"). Consequentemente, a dicotomia sugerida por Petersen é falsa e não recebe apoio nem das Escrituras nem da literatura grega extrabíblica.[75]

Por esses e vários outros motivos, as tentativas de limitar as referências do Novo Testamento à homossexualidade a um subconjunto mais restrito de comportamentos homossexuais aberrantes não pode ser considerada convincente. Deve-se manter o ponto de vista tradicional de que o Novo Testamento, como o Antigo, condena a homossexualidade, considerando-a pecaminosa e incompatível com a ordem criada por Deus.

Podemos acrescentar a essa conclusão geral a respeito da homossexualidade diversas observações decorrentes, em particular, de nosso estudo de 1Coríntios 6.9-10:

(1) A igreja é instruída a *não tolerar a imoralidade sexual em seu meio* (1Co 5.1-13). Isso inclui aqueles que praticam a homossexualidade. Fica evidente que o apóstolo Paulo não teria tolerado membros (e, muito menos, líderes) homossexuais assumidos em uma congregação cristã.

(2) A homossexualidade é *relacionada junto com vários outros vícios* como uma característica que impede a entrada do indivíduo no reino de Deus (1Co 6.9-11; cf. 5.10). Se a homossexualidade não é aceitável no céu, a igreja deve afirmar inequivocamente que também não é aceitável em suas congregações.

(3) Paulo deixa claro que alguns dos membros da igreja de Corinto eram *ex-homossexuais* (1Co 6.11), uma indicação de que, em Cristo, a transformação real de homossexuais é algo possível. Como o apóstolo observa, esses indivíduos foram purificados de seus pecados (o termo "lavados" talvez seja uma referência à regeneração espiritual com a possível conotação secundária de batismo), separados para Deus e seu serviço ("santificados") e absolvidos e tornados justos diante de Deus ("justificados") em Cristo, pelo Espírito (6.11; cf. 1.30). Suas palavras dão esperança a todos os homossexuais dispostos a se arrepender do pecado e se apropriar do perdão que Cristo oferece e de seu poder de transformar vidas.[76]

Estudaremos, agora, a última passagem do Novo Testamento que se refere à homossexualidade, na Primeira Epístola de Paulo a Timóteo. Uma vez que já definimos o significado de *arsenokoitēs* em nossa discussão de 1Coríntios 6.9-10, os comentários a seguir serão mais sucintos.

Primeira Epístola a Timóteo

A última referência importante à homossexualidade, em 1Timóteo, ocorre em uma lista de vícios semelhante à de 1Coríntios. Faz parte de uma digressão (1Tm 1.8-11) que descreve em mais detalhes o uso indevido da lei pelos hereges.[77] É seguida de outra digressão (1.12-17) que contrasta Paulo com os falsos mestres como modelo de pecador salvo pela graça. Fica evidente que Paulo não está se exaltando acima de seus opositores como se fosse intrinsecamente superior a eles. Antes, a única coisa que o distingue dos hereges é o fato de ele ter aceitado a dádiva graciosa da salvação oferecida por Deus e o perdão em Cristo.

Nessa passagem, Paulo questiona a competência alegada por esses que se autodenominavam "mestres da lei", que acusaram o apóstolo de antinomianismo (tendenciosidade contrária à lei). Apesar de se mostrarem seguros de si, não entendiam nem o propósito da lei (1Tm 1.8), nem a quem era dirigida (v. 9-10). De acordo com Paulo, o uso que os hereges faziam da lei como padrão para a vida cristã era incompatível com a "sã doutrina" (cf. 1Tm 6.3; 2Tm 1.13; 4.3; Tt 1.9; 2.1) que harmonizava com "o evangelho da glória do Deus bendito" confiado a Paulo (v. 11).

A lei não é nem precisa ser dirigida aos pecadores salvos (cf. 1Tm 1.15-16); seu propósito central é convencer da injustiça. Quando usada de forma correta, a lei é certamente boa. Se, contudo, foi dada para refrear o pecado, e se os cristãos foram libertos do pecado e agora levam uma vida tranquila e piedosa, em seu caso, o propósito da lei já foi cumprido. Esse argumento está de acordo com os ensinamentos anteriores de Paulo a respeito do propósito da lei nas Epístolas aos Gálatas e Romanos (cf. Rm 7.7,12-14,16; 8.3-4; 13.8-10; Gl 5.14,22-23).

Além de uma expressão final de ampla abrangência, os vícios (ou pecados) estão relacionados a seis grupos de dois (ou três) tipos de indivíduos mencionados aqui:[78]

(1) transgressores da lei e insubordinados;
(2) incrédulos e pecadores;
(3) ímpios e profanos (juntos, esses termos refletem os quatro primeiros mandamentos);
(4) os que matam pai e mãe, homicidas (quinto e sexto mandamentos, "honra teu pai e tua mãe" e "não matarás");
(5) devassos e homossexuais (sétimo mandamento, "não adulterarás");
(6) exploradores de homens (ou raptores), mentirosos e os que proferem falsos juramentos (oitavo e nono mandamentos, "não furtarás" e "não dirás falso testemunho contra o teu próximo");
e tudo o que é contrário à sã doutrina.

As transgressões citadas em cada dupla (ou trio) se encaixam, aproximadamente, na mesma categoria. O par mais relevante para nosso estudo, devassos (ou "adúlteros", *pornois*; cf. 1Co 6.9: *pornoi, moichoi*) e homossexuais (*arsenokoitais*), se refere a pecados sexuais que transgridem o sétimo mandamento.[79] Conforme indicado acima, depois de três pares gerais (que transmitem o conceito de impiedade possivelmente relacionado, em termos gerais, aos quatro primeiros mandamentos), a lista de Paulo parece seguir a segunda parte dos Dez Mandamentos (Êx 20.12-16; Dt 5.16-20) de modo mais específico, do quinto ao nono mandamento.[80] O apóstolo escolhe termos fortes, talvez para ressaltar o grau de perversidade do mundo pagão e a necessidade da lei para aqueles que não ouviram o evangelho (cf. Rm 1.21-32).

A lista de malfeitores em 1Timóteo 1.9-10 leva Paulo a falar da "graça de nosso Senhor", Cristo Jesus, que veio ao mundo "para salvar os pecadores" (1:14-15). O próprio Paulo chegou a fazer parte do grupo de indivíduos cujas ações eram condenadas pela lei; agora, porém, recebeu misericórdia. Essa afirmação oferece esperança para os falsos mestres e para os que transgrediram os mandamentos mencionados acima, mas apenas se eles se arrependerem e deixarem de aplicar a lei mosaica de forma indevida.

Mais uma vez, portanto, Paulo inclui a homossexualidade em uma lista de vícios (aqui, ao contrário de 1Co 6.9-10, não faz distinção entre os dois parceiros na relação sexual) e, neste caso, classifica a homossexualidade junto com o adultério como transgressão do sétimo mandamento e, portanto, indica que é inaceitável para os cristãos. Concluiremos, agora, com um resumo sucinto de nossas constatações e algumas implicações práticas.

Conclusão
O veredicto bíblico sobre a homossexualidade

O veredicto sobre a homossexualidade é o mesmo ao longo de todas as Escrituras. Do Pentateuco a Apocalipse, de Jesus a Paulo, de Romanos às Cartas Pastorais, a Bíblia afirma, a uma só voz, que a homossexualidade é pecado e ofensa moral a Deus. A igreja contemporânea como um todo e os cristãos bíblicos individualmente devem dar testemunho unânime das Escrituras de forma inequívoca e destemida.[81]

No contexto da preocupação contemporânea com aquilo que é "politicamente correto", no qual aqueles que condenam a homossexualidade como pecado são acusados de homofobia e a homossexualidade é apresentada como um direito individual semelhante aos direitos das mulheres ou minorias étnicas, é crescente a pressão para a igreja flexibilizar sua postura em relação à homossexualidade e tolerar aqueles que a praticam não apenas na sociedade em geral, mas entre seus próprios membros.[82] Nos últimos anos, algumas denominações tradicionais começaram até a nomear homossexuais praticantes para cargos de liderança em nível local e nacional.

Sem dúvida, a proclamação clara pela igreja dos ensinamentos bíblicos acerca da homossexualidade deve ser acompanhada da proclamação do amor de Deus por todas as pessoas, inclusive os homossexuais. As palavras queridas de João 3.16, "Porque Deus amou tanto *o mundo*, que deu o seu Filho unigênito, para que todo aquele que nele crê não pereça, mas tenha a vida eterna", incluem os homossexuais, bem como todos os outros pecadores. A homossexualidade não é um pecado imperdoável e o perdão está sempre ao alcance de quem o busca (1Co 6.11).

Perdão implica, contudo, arrependimento, o que significa reconhecer o erro. A igreja faltaria com sua obrigação de proclamar as Escrituras caso exercesse tolerância *sem* arrependimento e aceitação *sem* reconhecimento do erro (cf. 1Coríntios 5). Na verdade, se a igreja se mostrasse transigente na condenação da homossexualidade ou a suspendesse de todo, deixaria, com efeito, de incentivar os homossexuais a se arrependerem. Transmitiria a mensagem de que a homossexualidade é aceitável não apenas na igreja, mas também diante de Deus. Pelo menos nesse caso, devemos tentar, com a ajuda de Deus, odiar o pecado, mas amar o pecador (o que inclui chamá-lo ao arrependimento).

Interpretações pró-homossexuais de passagens bíblicas sobre a homossexualidade e seus pontos fracos

Textos que tratam da homossexualidade	INTERPRETAÇÕES PRÓ-HOMOSSEXUAIS	PONTOS FRACOS
Gn 18.17—19.29	Estupro coletivo	A transgressão em questão não se limita ao estupro coletivo
		Não se trata apenas de imoralidade sexual, mas de desejos "contrários à natureza" (Jd 6-7. cf. 2Pe 2.4-10)
		O estupro coletivo não chegou a ocorrer e, no entanto, Sodoma e Gomorra foram destruídas
	Falta de hospitalidade	*Yāda'* em Gn 19.5, deve significar "relações sexuais" (e não "conhecer pessoalmente"), como é o caso em Gn 19.8
		Embora Ló supostamente tenha transgredido o código local de hospitalidade, os cidadãos é que foram mortos
Lv 18.22; Lv 20.13	*Tō'ēbāh* ("abominação") se refere aos atos sexuais de prostitutos cultuais cananeus como parte da adoração a falsos deuses	"Abominação" muitas vezes não tem essa conotação; indica atividades moralmente ofensivas a Deus
		Atividades como incesto (Lv 18.6-18), adultério (18.20) e bestialidade (18.23) são igualmente rotuladas como "abominação"
		O sacrifício de crianças também fazia parte de rituais religiosos e, no entanto, é sempre errado

Textos que tratam da homossexualidade	INTERPRETAÇÕES PRÓ-HOMOSSEXUAIS	PONTOS FRACOS
Rm 1.18-32 1Co 6.9-10 1Tm 1.9-10	*arsenokoitēs* ("aquele que se deita ou dorme com homens") era um termo restrito à prostituição masculina, pederastia, atos homossexuais ou ao padrão de homossexualidade negativo e abusivo predominante na cultura helenística do século; os conceitos antigos e modernos de homossexualidade são diferentes demais para que se use o mesmo termo	A homossexualidade em geral é universalmente condenada no AT; é pouco provável que seria aceita no NT
		O termo provavelmente é adaptado de Levítico, onde se refere a todo tipo de relação sexual entre homens
		A referência à pederastia é pouco provável, uma vez que havia um termo grego específico para essa prática; o desejo mútuo não é característico da pederastia; as relações lésbicas não envolvem pederastia; como judeu, Paulo não aprovaria a homossexualidade
		Relacionamentos homossexuais "celibatários" não são aceitáveis, pois são "contrários à natureza"; a cultura greco-romana não aprovava a homossexualidade, antes, a considerava "contrária à natureza"
		As Escrituras não indicam nenhuma dicotomia entre atos homossexuais e orientação homossexual em Rm 1.18-32

Implicações práticas

Mas quais são as implicações práticas do testemunho uniforme da Bíblia contra a homossexualidade? É importante deixar claro, logo de início, que a igreja visível deve continuar a se opor às distorções do modelo bíblico / tradicional de casamento e família definido pelo Criador. As denominações que se afastaram da posição do cristianismo histórico em relação à homossexualidade (quer ao apoiarem abertamente a homossexualidade ou permanecerem caladas diante dessa questão) estão, sem dúvida, em desacordo com a tradição judaico-cristã e, o que é mais importante, com a Palavra de Deus.

E, no entanto, para os membros de igrejas que se opõem à homossexualidade, ou para os cristãos pessoalmente convictos da pecaminosidade dessa prática, pode vir à tona um dilema de ordem mais pessoal. O que fazer, por exemplo, quando um amigo ou membro da família se encontra envolvido com a homossexualidade, ou quando você mesmo é homossexual? Embora pareça ser um problema de dimensões assustadoras, especialmente para as partes envolvidas, é importante lembrar que, como quase todas as outras transgressões mencionadas na Bíblia, podemos aplicar à homossexualidade as palavras de 1João 1.9: "Se confessarmos os nossos pecados, ele é fiel e justo para nos perdoar os pecados e nos purificar de toda injustiça".

Ademais, conforme mencionamos acima, embora Paulo condene claramente a homossexualidade em várias de suas cartas, ao escrever para os coríntios, o apóstolo observa: "Não sabeis que os injustos não herdarão o reino de Deus? Não vos enganeis: nem imorais, nem idólatras, nem adúlteros, nem os que se submetem a práticas homossexuais, nem os que as procuram, nem ladrões, nem avarentos, nem bêbados, nem caluniadores, nem os que cometem fraudes herdarão o reino de Deus. *Alguns de vós éreis assim*. Mas fostes lavados, santificados e justificados em nome do Senhor Jesus Cristo e no Espírito do nosso Deus" (1Co 6.9-11).

Não resta dúvida, portanto, de que a homossexualidade é um pecado que pode ser superado. Felizmente, existem vários ministérios e outros recursos disponíveis para aqueles que desejam abandonar essa prática.[83]

Notas

[1] A homossexualidade foi classificada como distúrbio mental em todas as edições do *Diagnostic and Statistical Manual of Mental Disorders* (conhecido como "DSM"; Manual de diagnóstico e estatística de distúrbios mentais) desde a criação do manual em 1952. Na sexta impressão da segunda edição do DSM em 1973, a homossexualidade foi reclassificada como comportamento aceitável.

[2] John Jefferson DAVIS, *Evangelical Ethics: Issues Facing the Church Today*, 2a ed. Phillipsburg: Presbyterian & Reformed, 1993, p. 95-97.

[3] Inclusive estudos bíblicos acadêmicos sobre a homossexualidade. Conforme observa Robert A. J. GAGNON, *The Bible and Homosexual Practice: Texts and Hermeneutics*. Nashville: Abingdon, 2001, p. 38-39, n. 5, em cada uma das quatro coleções recentes de ensaios sobre o assunto, os estudiosos que se opõem às relações entre indivíduos do mesmo sexo constituem uma minoria distinta: quatro ou cinco dentre treze dos colaboradores em Jeffrey S. Siker, ed., *Homosexuality in the Church: Both Sides of the Debate*. Louisville: Westminster/John Knox, 1994, se opõem à homossexualidade; dois dentre nove em Robert L. Brawley, ed., *Biblical Ethics and Homosexuality: Listening to Scripture*. Louisville: Westminster/John Knox, 1996; três ou quatro dentre treze em Choon-Leong Seow, ed., *Homosexuality and Christian Community*. Louisville: Westminster/John Knox, 1996; e quatro dentre onze em David L. Balch, ed., *Homosexuality, Science, and the "Plain Sense" of Scripture*. Grand Rapids: Eerdmans, 2000. Esses números indicam que dois terços de estudiosos defendem uma atitude tolerante em relação à homossexualidade nessas quatro obras.

⁴ Episcopal Church USA. Cf. o artigo de David W. Jones sobre homossexualidade, no qual ele associa a aceitação da homossexualidade com o apoio ao feminismo em várias denominações cristãs tradicionais. David W. JONES, "Egalitarianism and Homosexuality: Connected or Autonomous Ideologies", *Journal for Biblical Manhood and Womanhood* 8, no 2. Outono, 2003, p. 5-19.

⁵ P. ex., Southern Baptist Convention, Presbyterian Church in America e Lutheran Church-Mission Synod.

⁶ Para um estudo de Gênesis 1—3 e a homossexualidade, cf. GAGNON, *Bible and Homosexual Practice*, p. 56-62.

⁷ Cf. GAGNON, *Bible and Homosexual Practice*, p.169-176.

⁸ É interessante observar, porém, que apesar de casais do mesmo sexo não poderem participar do plano complementar de Deus para os papéis dos diferentes sexos no casamento, um dos parceiros quase sempre adota o papel de liderança (atribuído por Deus ao homem), enquanto o outro adota o papel de ajudadora, atribuído por Deus à esposa (esse fato talvez se reflita na existência de dois termos separados para homossexualidade no Novo Testamento, *arsenokoitēs* [1Tm 1.10] e *malakos* ["macio"; os dois termos são usados em 1Co 6.9-10]; cf. Johannes P. LOUW e Eugene A. NIDA, *Greek-English Lexicon of the New Testament Based on Semantic Domain*. 2a ed. Nova York: United Bible Societies, 1989, p. 1.772. Os dois autores sugerem que o primeiro termo talvez designe o parceiro ativo, enquanto o segundo se refere ao parceiro passivo do sexo masculino em uma relação homossexual). Essa manifestação distorcida dos papéis de cada sexo dentro do relacionamento homossexual dá testemunho do plano do Criador de complementaridade que é um componente integrado não apenas no modelo bíblico de casamento e família, mas em outros relacionamentos sociais, como entre pais e filho (Ef 6.1-4), empregador e empregado (Ef 6.5-9), governo e cidadão (Rm 13.1-7) e pastor e membros da igreja (Hb 13.17). Embora os casais homossexuais procurem imitar a complementaridade que faz parte do plano de Deus para o casamento e a família, são inerentemente incapazes de manifestar a verdadeira reciprocidade de papéis designados por Deus para os dois sexos dentro do contexto do relacionamento entre marido e mulher.

⁹ Cf. GAGNON, *Bible and Homosexual Practice*, p.164-169, que também cita a paixão desregrada e a heterossexualidade animal como argumentos secundários em favor do caráter inatural das relações entre indivíduos do mesmo sexo.

¹⁰ A procriação no contexto heterossexual é discernível também na descrição feita pelo Senhor da união conjugal como um relacionamento de "uma só carne" (Gn 2.24), que parece pressupor a relação sexual entre homem e mulher e talvez fique implícita no relato da criação dos seres vivos por Deus "segundo suas espécies" (Gn 1.21,24-25), ou seja, com sexos separados e a capacidade de procriarem.

¹¹ Há quem argumente que certas pessoas "nascem" homossexuais, assim como nascem brancas ou negras, do sexo masculino ou feminino. Cf. D. F. SWAAB e M. A. HOFFMAN, "An Enlarged Suprachiasmatic Nucleus in Homosexual Men", *Brain Research* 537, 1990, p. 141-148; Simon LEVAY, "A Difference in Hypothalamic Structure Between Heterosexual and Homosexual Men", *Science* 235. 30 de agosto, 1991, p. 1034-1037; J. Michael BAILEY e Richard C. PILLARD, "A Genetic Study of Male Sexual Orientation", *Archives of General Psychiatry* 38. Dezembro, 1991, p. 1089-1096; e J. Michael BAILEY e Deana S. BENISHAY, "Family Aggression of Female Sexual Orientation", *American Journal of Psychiatry* 150, no 2, 1993, p. 272-277. A homossexualidade deve, portanto, ser considerada um comportamento moralmente correto, pois é necessário dar espaço àqueles que herdam os "genes gays" para aceitar sua orientação sexual inata.

Ainda que fosse possível provar que a homossexualidade é genética, isso não a tornaria moralmente aceitável, pois uma predisposição genética para um ato ou comportamento não pode, jamais, ser a base correta para determinar a legitimidade moral. Para dar apenas um exemplo, um homem com um problema glandular genético que resulta na produção excessiva de testosterona e, portanto, em libido acima do normal, não poderia apelar para esse problema genético para validar a moralidade de estupro, incesto ou pedofilia. Para mais informações sobre os argumentos com base no determinismo genético apresentados pelos defensores da homossexualidade e a refutação bíblica, cf. Sherwood O. COLE, "Biology, Homosexuality, and the Biblical Doctrine of Sin", *Bibliotheca Sacra* 157, no 627. Julho-setembro, 2000, p. 348-361; cf. Jeffrey SATINOVER, "The Gay Gene?", publicado em http://www.cbmw.org.

De acordo com outro argumento usado ocasionalmente, a homossexualidade é relacionada a desequilíbrios hormonais. Se a homossexualidade fosse causada por um desequilíbrio hormonal, seria de se esperar que tratamentos hormonais fossem extremamente bem-sucedidos. Como Feinberg e Feinberg escrevem, "Há quem sugira que a homossexualidade pode ser atribuída a um desequilíbrio nos hormônios [...] A homossexualidade masculina, porém, já foi tratada com injeção de hormônios masculinos com sucesso bastante limitado. John S. FEINBERG e Paul D. FEINBERG, *Ethics for a Brave New World*. Wheaton: Crossway, 1993, p. 188, com referência a Garfield TOURNEY, "Hormones and Homosexuality", *Homosexual Behavior: A Modern Reappraisal*. ed. Judd Marmor. Nova York: Basic Books, 1980.

[12] Várias pesquisas relatam, por exemplo, que um homem homossexual tem, em média, entre cinquenta e quinhentos parceiros sexuais ao longo da vida e alguns, bem mais que mil. Cf. Robert T. MICHAEL, *Sex in America: A Definitive Study*. Boston: Little, Brown, 1994; Richard A. KASLOW et al., "The Multicenter AIDS Cohort Study: Rationale, Organization, and Selected Characteristics of Participants", *American Journal of Epidemiology* 126, no 2. Agosto, 1987, p. 310-318; Alan P. BELL e Martin S. WEINBERG, *Homosexualities: A Study of Diversity Among Men and Women*. Nova York: Simon and Schuster, 1978, p. 308-309; um estudo relatou que apenas sete dentre 156 casais homossexuais estudados eram monógamos. Cf. David P. MCWHIRTER e Andrew M. MATTISON, *The Male Couple: How Relationships Develop*. Englewoods Cliffs: Prentice Hall, 1984, p. 3. Observe, ainda, que embora as pesquisas indiquem que as lésbicas têm, em geral, várias parceiras sexuais, o número total de parceiras ao longo da vida é bem menor que o número indicado por homens homossexuais. Trata-se de algo bem diferente da monogamia e fidelidade prescritas pelo modelo bíblico / tradicional de casamento e família. Ademais, embora seja difícil definir números exatos em virtude do caráter recente do casamento homossexual, a promiscuidade que muitas vezes faz parte do estilo de vida homossexual leva à conclusão lógica de que os casamentos (ou uniões civis) homossexuais não serão duradouros. Cf. Russ SMITH, *Baltimore City Paper Online*: "It's likely that half of homosexual marriages will end in divorce" [É provável que metade dos casamentos homossexuais termine em divórcio]. "Right Field" em http://www.citypaper.com/2004-01-28/right.html.

[13] Aqueles que favorecem a homossexualidade concordam, por vezes, que a promiscuidade é um problema entre os homossexuais, mas insistem que o problema real é a promiscuidade em si, e não a homossexualidade. Argumentam, ainda, que os relacionamentos homossexuais monógamos são desestimulados por uma sociedade que marginaliza a homossexualidade e a considera um estilo de vida fora dos padrões. De acordo com a solução que propõem, se os casamentos gays forem legalizados, os homossexuais deixarão a promiscuidade. Esse argumento apresenta, contudo, pelo menos dois problemas: primeiro, pressupõe que a sociedade é culpada por não aceitar a homossexualidade; segundo, não leva em consideração que, não obstante a aceitação social da homossexualidade, quer promíscua ou monógama, ela continua a ser moralmente inaceitável segundo as Escrituras.

[14] Cf. Romanos 1.21-28,32, passagem da qual trataremos em mais detalhes na discussão abaixo. Convém observar que Romanos 1.26 é a única referência explícita ao lesbianismo no NT. Embora faça parte da mesma proibição geral da homossexualidade, ao que parece, o lesbianismo não era proeminente o suficiente para justificar uma referência separada.

[15] A apresentação a seguir não adota uma postura neutra em relação à homossexualidade nem é dirigida, primordialmente, aos defensores da homossexualidade. Antes, no texto a seguir, trataremos de algumas das tentativas mais relevantes de reinterpretar passagens das Escrituras sobre homossexualidade a fim de preparar os leitores para interagir com proponentes da homossexualidade. Para um

recurso útil que compara os dois posicionamentos principais em relação à homossexualidade, cf. Robert A. J. GAGNON e Dan. O. VIA, *Homosexuality and the Bible: Two Views*. Minneapolis: Fortress, 2003.

¹⁶ Gênesis 9.20-27; 19.4-11; Levítico 18.22; 20.13; Deuteronômio 23.17-18. Juízes 19.22-25; 1Reis 14.24; 15.12; 22.46; 2Reis 23.7; Jó 36.14; Ezequiel 16.50 (talvez tb. Ez 18.12; 33.26); Romanos 1.26-27; 1Coríntios 6.9-10; 1Timóteo 1.9-10; 2Pedro 2.6; Judas 7; Apocalipse 21.8; 22.15; Cf. GAGNON, *Bible and Homosexual Practice*, p. 432.

¹⁷ Além dessas passagens, alguns defensores da homossexualidade afirmam que relacionamentos próximos entre membros do mesmo sexo (como Jônatas e Davi ou Rute e Noemi) são exemplos de relacionamentos homossexuais nas Escrituras. Cf. p. ex., Tom HORNER, *Jonathan Loved David: Homosexuality in Biblical Times*. Filadélfia: Westminster, 1978, especialmente os capítulos 2—3; cf., porém, M. H. POPE, "Homosexuality", *The Interpreter's Dictionary of the Bible: Supplementary Volume*. Nashville: Abingdon, 1976, p. 416-417; M. BONNINGTON e B. FYALL, *Homosexuality and the Bible*. Cambridge: Grove, 1996, p. 9; e especialmente GAGNON, *Bible and Homosexual Practice*, p.146-154 (que cita como "refutação definitiva de uma leitura homossexual do texto" Markus ZEHNDER, "Exegetische Beobachtungen zu den David-Jonathan-Geschichten", *Biblica* 79, 1998: p. 153-179. Uma vez que é claramente enganoso e injustificado inferir homossexualidade em relacionamentos próximos entre indivíduos do mesmo sexo na Bíblia, não trataremos desse argumento na discussão abaixo.

¹⁸ Cf. Isaías 1.9-10; 3.9; 13.19; Jeremias 23.14; 49.18; 50.40; Lamentações 4.6; Ezequiel 16.46,48-49,53,55-56; Amós 4.11; Sofonias 2.9; Mateus 10.15; 11.23-24; Lucas 10.12; 17.29; Romanos 9.29 (citando Is 1.9); 2Pe 2.6; Judas 7; Apocalipse 11.8.

¹⁹ Para uma discussão e refutação das diversas interpretações pró-homossexuais da narrativa de Sodoma e Gomorra, cf. James R. WHITE e Jeffrey D. NIELL, *The Same Sex Controversy: Defending and Clarifying the Bible's Message About Homosexuality*. Minneapolis: Bethany, 2002, p. 27-52; e especialmente GAGNON, *Bible and Homosexual Practice*, p. 71-91, que também trata do ato de Cam e da maldição de Noé em Gênesis 9.20-27 (p. 63-71) e do estupro da concubina do levita em Juízes 19.22-25 (p. 91-97).

²⁰ Walter BARNETT, *Homosexuality and the Bible: An Interpretation*. Wallingford: Pendle Hill Publications, 1979, p. 8-9.

²¹ BARNETT, *Homosexuality and the Bible*, p. 8-9.

²² Letha SCANZONI e Virginia Ramey MOLLENKOTT, *Is the Homosexual My Neighbor? Another Christian View*. São Francisco: Harper & Row, 1978, p. 57-58.

²³ D. Sherwin BAILEY, *Homosexuality and the Western Christian Tradition*. Londres: Longmans, Green, 1955, p. 4.

²⁴ Harry A. WOGGON, "A Biblical and Historical Study of Homosexuality", *Journal of Religion and Health* 20, no 2. Verão, 1981, p. 158.

²⁵ John J. MCNEILL, "Homosexuality: Challenging the Church to Grow", *Christian Century* 104, no 8. 11 de março, 1987, p. 244. Cf. tb. John J. MCNEILL, *The Church and the Homosexual*. Kansas City: Sheed, Andrews, & McMeel, 1976, p. 42-50.

²⁶ John BOSWELL, *Christianity, Social Tolerance, and Homosexuality: Gay People in Western Europe from the Beginning of the Christian Era to the Fourteenth Century*. Chicago: University of Chicago Press, 1980, p. 93.

²⁷ James B. NELSON, "Homosexuality and the Church", *St. Luke's Journal of Theology* 22, no 3. Junho, 1979, p. 199. Cf. tb. BARNETT, *Homosexuality and the Bible*, p. 7-10. A referência ao fato de os habitantes de Sodoma serem "arrogantes" e praticarem "abominação" diante do Senhor em Ezequiel 16.50 é citada com frequência (porém não de forma convincente) para apoiar essa ideia.

²⁸ Cf. tb. Allan N. MOSELEY, *Thinking Against the Grain*. Grand Rapids: Kregel, 2003, p. 189-190.

²⁹ Embora não seja tecnicamente imprecisa, a tradução da RC, "conheçamos" e "conheceram" em Gênesis 19.5,8 não deixa esse fato claro no contexto contemporâneo de nossa língua, uma vez que o assunto em questão na passagem é mais que uma simples apresentação com o sentido de "conhecer pessoalmente" (significado comum de "conhecer" no português moderno). O que está em questão é ter relações sexuais com eles.

³⁰ Para uma discussão e refutação de diversas interpretações pró-homossexuais do código levítico de santidade, cf. WHITE e NIELL, *Same Sex Controversy*, p. 53-108; e especialmente GAGNON, *Bible and Homosexual Practice*, p. 111-146.

³¹ Alguns intérpretes questionam a aplicabilidade de Levítico 18.22 e 20.13 com base no fato de que nenhuma lei do Antigo Testamento se aplica aos cristãos de hoje. Cf. SCANZONI e MOLLENKOTT, *Is the Homosexual My Neighbor?*, p. 60-61, 111-115). Em sua forma extrema, porém, esse argumento é indefensável e a questão requer consideração mais nuançada. Cf. p. ex., William J. WEBB, *Slaves, Women, and Homosexuals: Exploring the Hermeneutics of Cultural Analysis*. Downers Grove: InterVarsity Press, 2001, p. 28-29, 81-82, 87-90, 102-104, 108-110, 131-133, 155-157, 161, 177-178, 181-183, 196-200, 204-206, 216-220, 231-234, 250-252. Depois de uma análise extensa, Webb conclui que "as proibições bíblicas acerca da homossexualidade [...] devem ser mantidas hoje" (p. 250; não apoiamos, contudo, a "hermenêutica progressiva" de Webb nem seus conceitos sobre o papel das mulheres na igreja). Com referência à relação entre Antigo e Novo Testamentos, cf. tb. John Feinberg, ed., *Continuity and Discontinuity: Perspectives on the Relationship Between Old and New Testaments*. Wheaton: Crossway, 1988; e Waybe G. Strickland, ed., *Five Views on Law and Gospel*. Grand Rapids: Zondervan, 1993.

³² BARNETT, *Homosexuality and the Bible*, p. 12.

³³ BOSWELL, *Christianity, Social Tolerance, and Homosexuality*, p. 101-102.

³⁴ SCANZONI e MOLLENKOTT, *In the Homosexual My Neighbor?*, p. 60.

³⁵ Cf. WEBB, *Slaves, Women, and Homosexuals*, que conclui: "Praticamente todos os critérios aplicáveis à questão sugerem em maior ou menor grau que as proibições bíblicas acerca da homossexualidade, mesmo em uma estrutura de aliança, devem ser mantidas hoje. Não há dissonância significativa nos dados bíblicos" (p. 250).

³⁶ O que não corresponde a negar a existência de prostituição cultual homossexual no antigo Israel, com referência à qual cf. GAGNON, *Bible and Homosexual Practice*, p. 100-110.

³⁷ Não há nenhum registro de que Jesus tenha comentado sobre o assunto, fato que sugere que não era uma questão controversa no judaísmo palestino do primeiro século. Cf., porém, capítulo 3, "The Witness of Jesus" [O testemunho de Jesus] em GAGNON, *Bible and Homosexual Practice*; entre outras coisas, Gagnon argumenta que a referência de Jesus a *porneia* em Marcos 7.21-23 condena implicitamente a homossexualidade (p. 191).

³⁸ A discussão sobre homossexualidade apresentada a seguir é adaptada do comentário (a ser publicado) de Andreas J. Köstenberger sobre as Epístolas Pastorais no *New Expositor's Bible Commentary*. Grand Rapids: Zondervan. Para um estudo proveitoso, cf. Thomas E. SCHMIDT, *Straight and Narrow? Compassion and Clarity in the Homosexuality Debate*. Leicester/Downers Grove: InterVarsity Press, 1995. Para uma interação e refutação das interpretações revisionistas de Romanos 1, cf. MOSELEY, *Thinking Against the Grain*, p. 193-194. Cf. tb. o estudo detalhado em GAGNON, *Bible and Homosexual Practice*, p. 229-303.

³⁹ Para uma discussão e refutação das diversas interpretações pró-homossexuais de Romanos 1.26-27, cf. WHITE e NIELL, *Same Sex Controversy*, p. 109-140.

⁴⁰ James E. MILLER, "The Practices of Romans 1.16: Homosexual ou Heterosexual?" *Novum Testamentum* 37, 1996, p. 1-11 afirma que Romanos 1.26 se refere a práticas inaturais heterosexuais, e não à homossexualidade, ideia improvável tendo em vista o paralelo próximo em Romanos 1.27. Cf., ainda, a análise crítica de Thomas R. SCHREINER, *Romans*, Baker Exegetical Commentary on the New Testament. Grand Rapids: Baker, 1998, p. 94, n. 5.

⁴¹ Cf. Everett FERGUSON, *Backgrounds of Early Christianity*, 2a ed. Grand Rapids: Eerdmans, 1993, p. 63-74, especialmente, p. 63: "O julgamento de Paulo sobre a moralidade gentílica em Romanos 1.18-32 recebe confirmação considerável de outras fontes da época". Ferguson discute as práticas e conceitos greco-romanos de homossexualidade e prostituição.

⁴² Para um possível uso pré-cristão do termo, cf. *Sibylline Oracles* [Sibilinas cristãs] 2:73 ("Não pratiqueis a homossexualidade"). James B. DE YOUNG, "The Source and NT Meaning of Ἀρσενοκοίται with Implications for Christian Ethics and Ministry". *The Master's Seminary Journal* 3, 1992, p. 211-215, argumenta que Paulo cunhou o termo *arsenokoitēs*.

⁴³ Para uma discussão sucinta e refutação de várias interpretações pró-homossexuais de 1Coríntios 6.9-10 e 1Timóteo 1.9-10, cf. WHITE e NIELL, *Same Sex Controversy*, p. 141-161.

⁴⁴ Observa-se, com frequência que "corintizar" (*korinthiazō*, termo criado pelo escritor grego Aristófanes [c; 405-385 a.C.] era uma forma resumida de se referir à imoralidade sexual e "garota coríntia" era sinônimo de prostituta; cf., porém, a discussão em David E. GARLAND, *1Corinthians*, Baker Exegetical Commentary on the New Testament. Grand Rapids: Baker, 2003, p. 240-241). GARLAND observa que esses epítetos foram criados com referência à Corinto grega, e não romana, mas reconhece a proeminência de Afrodite, deusa grega do amor erótico, na cidade. Cf. tb. Gordon D. FEE, *The First Epistle to the Corinthians*, New International Commentary on the New Testament. Grand Rapids: Eerdmans, 1987, p. 2-3. Fee observa: "a Corinto de Paulo era, ao mesmo tempo, a Nova York, Los Angeles e Las Vegas do mundo antigo", p. 3.

⁴⁵ GARLAND, *1Corinthians*, p. 214 refere-se a Hans LIETZMAN, *Die Briege des Apostels Paulus: An die Kointher I, II*, 5a ed., ed. Werner G. Kümmerl, Handbuch Zum Neuen Testament 9, Tübingen: Mohr, 1949, p. 47, e opta pelas traduções "homens que são sexualmente penetrados por homens" e "homens que penetram homens sexualmente"; C. K. BARRET, *The First Epistle to the Corinthians*, Harper's New Testament Commentaries. Nova York: Harper & Row, 1968, p. 140; Charles H. TALBERT, *Reading Corinthians: A Literary and Theological Commentary on 1 and 2 Corinthians.* Nova York: Crossroad, 1987, p. 23; e GAGNON, *Bible and Homosexual Practice*, p. 306-332. Cf. mais detalhes na discussão abaixo.

⁴⁶ Devemos parte da análise subsequente a FEE, *First Epistle to the Corinthians*, p. 242-245.

⁴⁷ A pederastia (grego: *padophthoria*), ou seja, relação sexual entre um homem e um menino, era uma forma comum de homossexualidade no mundo greco-romano (cf. abaixo). Como a discussão a seguir mostrará, porém, isso não significa que a condenação da homossexualidade por Paulo se limita à pederastia. Cf. BDAG 135, que glosa *arsenokoitai* em 1Coríntios 6.9 como "homem que se envolve em atividade sexual com uma pessoa de seu próprio sexo, *pederasta*, com referência a alguém que assume o papel dominante em atividade sexual com parceiro do mesmo sexo, antônimo de Ἀρσενοκοίται. O BDAG prossegue observando que "não há como explicar de forma satisfatória as críticas severas de Paulo às relações com alguém do mesmo sexo com base em suposta prostituição cultual [...] ou limitadas a contratos com meninos para prestar serviços homoeróticos". Também se refere a Evangelinus Apostolides SOPHOCLES, *Greek Lexicon of the Roman and Byzantine Periods (from B. C. 146 to A. D. 1100)*. Nova York: Scribner's, 1900, reimp. Elibron Classics, 2003, p. 1253, que glosa *arsenokoitēs* como *ho meta arsenos koimōmenos koitēm gynaikeian* = "aquele que tem relações sexuais com um homem, bem como com uma mulher". Cf. tb. GAGNON, *Bible and Homosexual Practice*, p. 306-312 que também conclui que *malakos* em 1Coríntios 6.9 se refere ao parceiro passivo na relação homossexual, p. 312.

⁴⁸ FEE, *First Epistle to the Corinthians*, p. 244. Cf. mais detalhes na discussão abaixo.

⁴⁹ Para um resumo e parecer competentes sobre a discussão recente, cf. GARLAND, *1Corinthians*, p. 212-215 (cf. tb. a nota adicional nas p. 217-218) à qual devemos parte da discussão abaixo. Cf. tb. GAGNON, *Bible and Homosexual Practice*, p. 312-332 (que segue D. WRIGHT, p. 315, cf. nota 50, abaixo).

⁵⁰ BOSWELL, *Christianity, Social Tolerance, and Homosexuality*, p. 106-107, 335-353, refutado de forma categórica por David F. WRIGHT, "Homosexuals or Prostitutes? The Meaning of Ἀρσενοκοίται (1Co 6:9; 1Tm 1:10)", *Vigiliae Christianae* 38, 1984, p. 125-153; cf. tb. WRIGHT,

"Translating 'Αρσενοκοίται (1Co 6:9; 1Tm 1:10)", *Vigiliae Christianae* 41, 1987, p. 392; WRIGHT, "Homosexuality: The Relevance of the Bible", *Evangelical Quarterly* 61, 1989, p. 291-300; J. Robert WRIGHT, "Boswell on Homosexuality: A Case Undemonstrated", *Anglical Theological Review Supplement* 66, 1984, p. 79-94; William L. PETERSEN, "Can 'Αρσενοκοίται Be Translated By 'Homosexuals'? (1Co 6.9; 1Tm 1.10)", *Vigiliae Christianae* 40, 1986, p. 187-191; Richard B. HAYS, "Relations Natural and Unnatural: A Response to John Boswell's Exegesis of Romans 1", *Journal of Religious Ethics* 14, no 1, 1986, p. 210-211; David E. MALICK, "The Condemnation of Homosexuality in 1Corinthians 6:9", *Bibliotheca Sacra* 150, p. 1993, p. 479-492; Bruce W. WINTER, "Homosexual Terminology in 1Corínthians 6:9: The Roman Context and the Greek Loan-Word", *Interpreting the Bible: Essays in Honour of David Wright*. Leicester: InterVarsity Press, 1997, p. 275-279; e MCNEILL, *Church and the Homosexual*, p. 53.

⁵¹ BOSWELL, *Christianity, Social Tolerance, and Homosexuality*, p. 140-141.

⁵² BOSWELL, *Christianity, Social Tolerance, and Homosexuality*, p. 108.

⁵³ Robin SCROGGS, *The New Testament and Homosexuality*. Philadelphia: Fortress, 1983, p. 106-108; cf. tb. Graydon F. SNYDER, *First Corinthians: A Faith Community Commentary*. Atlanta: Mercer University Press, 1992, p. 72-73; cf., porém, a análise crítica em HAYS, "Relations Natural and Unnatural", p. 210-211; e Jerome D. QUINN e William C. WACKER, *The First and Second Letters to Timothy*, Eerdmans Critical Commentary. Grand Rapids: Eerdmans, 2000, p. 88; cf. tb. o resumo e refutação proveitosos de Boswell, Scroggs e Petersen (cf. abaixo) por DE YOUNG, "Source and NT Meaning of 'Αρσενοκοίται, p. 191-215 (ao que parece, sem ter ciência de WRIGHT, "Translating 'Αρσενοκοίται"). Cf., ainda, DE YOUNG, *Homosexuality: Contemporary Claims Examined in the Light of the Bible and Other Ancient Literature and Law*. Grand Rapids: Kregel, 2000.

⁵⁴ Cf. BAILEY, *Homosexuality and the Western Christian Tradition*. Bailey argumenta que o termo se refere exclusivamente à relação sexual com alguém do mesmo sexo.

⁵⁵ SCANZONI e MOLLENKOTT, *Is the Homosexual My Neighbor:* p. 61-65; MCNEILL, *Church and the Homosexual*, p. 53-56.

⁵⁶ Dale B. MARTIN, "*Arsenokoitēs* and *Malakos*: Meaning and Consequences", *Biblical Ethics and Homosexuality*, p. 129-130. Cf., porém, a análise crítica do ponto de vista de Martin em SCHREINER, *Romans*, p. 95, n. 7.

⁵⁷ PETERSEN, "Can 'Αρσενοκοίται Be Translated by 'Homosexuals'?", p. 187-191 (citação da p. 189).

⁵⁸ Cf. o quadro em GARLAND, *1Corinthians*, p. 212-213. Cf. P. D. M. TURNER, "Biblical Texts Relevant to Homosexual Orientation and Practice: Notes on Philology and Interpretation", *Christian Scholar's Review* 26, 1997, p. 435-445; D. WRIGHT, "Homosexuals or Prostitutes?", p. 129; e QUINN e WACKER, *First and Second Letters to Timothy*, p. 88, 101.

⁵⁹ Fato destacado pela tradução da NVI: "nem homossexuais passivos ou ativos".

⁶⁰ Gordon J. WENHAM, "The Old Testament Attitude to Homosexuality", *Expository Times* 102, 1991, p. 362.

⁶¹ Cf. GARLAND, *1Corinthians*, p. 213.

⁶² Cf. DE YOUNG, "Source and NT Meaning of 'Αρσενοκοίται", p. 199-200, com referência a D. WRIGHT, "Homosexuals or Prostitutes?".

⁶³ Cf. a longa lista de referências em GARLAND, *1Corinthians*, p. 213, n. 31.

⁶⁴ Cf. DE YOUNG, "Source and NT Meaning of 'Αρσενοκοίται", p. 206. Cf. tb. a referência a 1Coríntios 6.11, acima.

⁶⁵ Cf. David F. WRIGHT, "Homosexuality", em Gerald F. Hawthorne, Ralph P. Martin e Daniel G. Reids, eds., *Dictionary of Paul and His Letters*. Leicester/Downers Grove: InterVarsity Press, 1993,

p. 413 [publicado em português sob o título *Dicionário de Paulo e suas cartas*. São Paulo: Loyola, 2008]. Wright observa que "contrário à natureza" não significa apenas "contrário às práticas aceitas", mas "que despreza as distinções sexuais fundamentais do plano de criação divino", p. 413.

[66] WENHAM, "Old Testament Attitude to Homosexuality", p. 363; Craig S. KEENER, "Adultery, Divorce", Craig A. Evans e Stanley E. Porter, eds., *Dictionary of New Testament Background*. Downers Grove: InterVarsity Press, 2000, p. 15. Wenham comenta que os judeus antigos "costumavam ver o comportamento homossexual como um pecado universal e exclusivamente gentio" e "consideravam o comportamento homossexual digno de morte". Observa, ainda, que "alguns judeus consideravam a relação homossexual inatural [...] em parte, provavelmente, porque não podia contribuir para a procriação". Semelhantemente, Wright chama a homossexualidade de "vício homoerótico que escritores judeus como Fílon, Josefo, Paulo e Pseudo-Focílides consideravam sinal típico da depravação pagã grega". "Homosexuals or Prostitutes?", p. 145. Cf. tb. D. WRIGHT, "Homosexuality: The Relevance of the Bible", p. 291-300; e HAYS, "Relations Natural and Unnatural", p. 184-215.

[67] GAGNON, *Bible and Homosexual Practice*, p. 182.

[68] Cf. a argumentação de Paulo com base na "natureza" na mesma epístola (1Coríntios 11, especialmente v. 14). Quanto aos conceitos greco-romanos de homossexualidade, cf. as referências bibliográficas citadas em GAGNON, *Bible and Homosexual Practice*, p. 159-160, n. 1.

[69] Wolfgang STEGEMANN, "Paul and the Sexual Mentality of His World", *Biblical Theology Bulletin* 23, 1993, p. 161-168. Devemos a GARLAND, *1Corinthians*, p. 124, a referência a Stegmann e a referência seguinte a Fílon.

[70] Cf. especialmente David M. HALPERIN, "Homosexuality", *Oxford Classical Dictionary*, 3a ed., ed. Simon Hornblower e Antony Spawforth. Oxford/Nova York: Oxford University Press, 1996, p. 720-723.

[71] STEGEMANN, "Paul and the Sexual Mentality of His World", p. 164, citado em GARLAND, *1Corinthians*, p. 218.

[72] A citação é de GARLAND, *1Corinthians*, p. 218.

[73] Cf. James DOBSON, *Marriage Under Fire: Why We Must Win This Battle*. Sister: Multnomah, 2004; Erwin W. LUTZER, *The Truth About Same-Sex Marriage: Six Things You Need to Know About What's Really at Stake*. Chicago: Moody, 2004; Mathew D. STAVER, *Same-Sex Marriage: Putting Every Household at Risk*. Nashville: Broadman & Holman, 2004; WHITE e NIELL, *Same-Sex Controversy*; e Glenn T. STANTON e Bill MAIER, *Marriage on Trial: The Case Against Same-Sex Marriage and Parenting*. Downers Grove: InterVarsity Press, 2004. Web sites com informações sobre casamento entre indivíduos do mesmo sexo: CitizenLink (http://www.family.org/cforum/fosi/marriage/ssuap), Family Research Council (http://www.frc.org), The Alliance for Marriage (http://www.allianceformarriage.org) e American Family Association (http://www.afa.net).

[74] GARLAND, *1Corinthians*, p. 218 (ênfase nossa).

[75] Cf. a refutação extensa de Petersen com base histórica e linguística apresentada por DE YOUNG, "Source and NT Meaning of Ἀρσενοκοῖται", p. 202-211; e a resposta de David WRIGHT, "Translating Ἀρσενοκοῖται (1Cor. 6:9; 1Tim. 1:10)", p. 396-398.

[76] FEE, *First Epistle to the Corinthians*, p. 245, n. 29, observa como, em várias ocasiões nessa carta, Paulo conclui uma discussão em tom positivo. Cita, para isso, 1Coríntios 3.22-23; 4.14-17; 5.7; 6.20; 10.13; 11.32.

[77] Para uma discussão sobre a lista de vícios em 1Timóteo 1.9-10, cf. GAGNON, *Bible and Homosexual Practice*, p. 332-336 que fornece ampla refutação de Scroggs (embora Gagnon mostre hesitação considerável quanto a autoria paulina da epístola).

[78] QUINN e WACKER, *First and Second Letters to Timothy*, p. 95, seguindo Neil J. MCELENEY, "The Vice List of the Pastoral Epistles", *Catholic Biblical Quarterly* 36, 1974, p. 204-210, veem aqui quatro pares ligados por "e", mais seis termos isolados que compõem um "Decálogo" profano.

⁷⁹ Não há necessidade de tratar novamente da questão do significa do termo *arsenokoitai* aqui. A questão já foi devidamente avaliada na discussão de 1Coríntios 6.9-10 que traz as expressões *malakoi* e *arsenokoitai*.

⁸⁰ Cf. o quadro em I. Howard MARSHALL, *The Pastoral Epistles*, International Critical Commentary. Edimburgo: T & T Clark, 1999, p. 378-379, segundo o qual a correspondência é mais clara do quinto ao nono mandamento. Marshall observa, ainda, a correlação geral entre esta lista e a desonra a Deus nos quatro primeiros mandamentos.

⁸¹ Para uma discussão detalhada e refutação das objeções contemporâneas comuns aos ensinamentos bíblicos sobre a homossexualidade, cf. GAGNON, *Bible and Homosexual Practice*, p. 347-486 que trata dos seguintes argumentos: (1) a Bíblia condena somente as formas exploradoras e pederásticas de homossexualidade (p. ex., SCROGGS, *New Testament and Homosexuality*); (2) a Bíblia condena a homossexualidade principalmente por ser uma ameaça ao domínio masculino (p. ex., Bernardette BROOTEN, *Love Between Women: Early Christian Response to Homoeroticism*. Chicago: University of Chicago Press, 1996); (3) a Bíblia não apresenta uma categoria à parte para "homossexuais" que se relacionam exclusivamente com indivíduos do mesmo sexo; acreditava-se que as paixões por pessoas do mesmo sexo se originavam em heterossexuais com libido excessiva (p. ex., Dale B. MARTIN, "Heterosexism and the Interpretation of Romans 1.18-32", *Biblical Interpretation* 3, 1995, p. 332-355; e Victor P. FURNISH, *The Moral Teaching of Paul: Selected Issues*, 2a ed. Nashville: Abingdon, 1985); (4) a homossexualidade possui um componente genético, do qual os escritores bíblicos não tinham conhecimento (cf. as referências bibliográficas na p. 396, n. 83); (5) apenas uns poucos textos bíblicos se referem diretamente à homossexualidade; (6) uma vez que não seguimos todas as injunções da Bíblia hoje em dia, por que os preceitos acerca da homossexualidade ainda são considerados vigentes? (inclui um excurso sobre escravidão e circuncisão); e (7) uma vez que todos nós somos pecadores de qualquer modo, por que dar maior destaque à relação homossexual?

⁸² GAGNON, *Bible and Homosexual Practice*, p. 25-30, relaciona vários riscos pessoais enfrentados pelos opositores da homossexualidade que se baseiam na Bíblia: ser taxados de homofóbicos, intolerantes, generalizadores, desprovidos de senso crítico e acusados de seguir uma moralidade obsoleta, conferir importância indevida à discussão ou promover violência contra homossexuais.

⁸³ Para organizações que ajudam na recuperação de homossexuais veja os seguintes websites: Exodus Global Alliance (http://www.exodusglobalalliance.org); Desert Stream Ministries (http://www.desertstream.org); innerACTS (http://www.inneracts.org); Living Hope Ministries (http://www.livehope.org); Cross Ministry (http://www.crossministry.org); and Love Won Out (http://www.lovewonout.org, que promove conferências de um dia organizadas pelo ministério Focus on the Family [http://www.family.org]; veja também http://www.pureintimacy.org/gr/homosexuality). Veja ainda a pesquisa divulgada em http://wwwww.narth.com/menus/interfaith.html (NARTH, the National Association for Research and Therapy of Homosexuality [Associação Nacional para Pesquisa e Terapia da Homossexualidade], que é uma associação profissional para conselheiros e terapeutas que acreditam ser possível mudar a orientação homossexual; veja também o website do Institute for Marriage and Public Policy [Instituto em Prol do Casamento e de Políticas Públicas], http://www.marriagedebate.com; e Larry Burtoff, "Setting the Record Straight" (publicado pelo ministério Focus on the Family).Cf. tb. Joe DALLAS, *Desires in Conflict: Hope for Men Who Struggle with Sexual Identity*. Eugene, Ore.: Harvest, 2003; e *A Strong Delusion: Confronting the "Gay Christian" Movement*. Eugene, Ore.: Harvest, 1996; Bob DAVIES e Lori RENTZEL, *Coming Out of Homosexuality: New Freedom for Men and Women*. Downers Grove, Ill.: InterVarsity Press, 1994 [Publicado em português sob o título *Deixando o homossexualismo*. São Paulo: Mundo Cristão, 1997] ; Anne PAULK, *Restoring Sexual Identity: Hope for Women Who Struggle with Same-Sex Attraction*. Eugene, Ore.: Harvest, 2003; e Anita WORTHEN e Bob DAVIES, *Someone I Love Is Gay: How Family and Friends Can Respond*. Downers Grove, Ill.: InterVarsity Press, 1996.

A separação daquilo que Deus uniu: divórcio e novo casamento

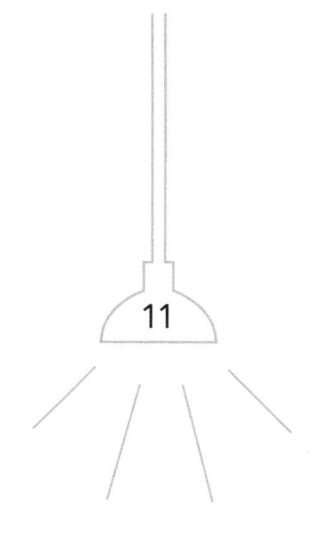

Embora a beleza do plano de Deus para o casamento seja exposta claramente nas Escrituras e muitos anseiem experimentar o tipo de intimidade e amor que apenas o casamento bíblico pode proporcionar, a realidade triste é que relacionamentos conjugais muitas vezes se rompem e ficam aquém do ideal bíblico. Esse fato é levado em consideração nas estipulações mosaicas acerca do divórcio no Antigo Testamento (Dt 24.1-4) e também é reconhecido no Novo Testamento. Embora tanto Jesus quanto Paulo tenham defendido energicamente o ideal bíblico de matrimônio monógamo e vitalício, ambos trataram da possibilidade de divórcio e novo casamento. Como veremos abaixo, porém, apesar de haver consenso de que o casamento monógamo e vitalício corresponde ao ideal, não há concordância geral entre os cristãos bíblicos quanto às Escrituras permitirem ou não o divórcio e novo casamento em determinadas circunstâncias.[1]

O contexto no Antigo Testamento

Antes de investigarmos os ensinamentos do Novo Testamento acerca de divórcio e novo casamento, convém tratarmos rapidamente do contexto veterotestamentário. Como veremos abaixo, a passagem mais importante, que ocupa lugar de destaque na discussão sobre o assunto entre Jesus e os fariseus sobre o assunto, é a cláusula mosaica acerca do divórcio em Deuteronômio 24.1-4.[2] Como Jesus deixou claro, a passagem não deve ser interpretada como anuência divina para essa prática. Antes, reflete a tentativa de regulamentar e mitigar as práticas existentes (Mt 19.8; Mc 10.5).[3] A expressão crítica das estipulações deuteronômicas que causou grande controvérsia entre os rabinos é *'erwat dābār* (interpretada pelo rabino Shammai, do primeiro século como sinônimo de *d'bar 'erwāh*, "uma questão de nudez" e, separadamente, por seu contemporâneo, Hillel, como *'erwat*, "nudez" e *dābār*, "algo"; LXX: *aschēmon pragma*, "coisa vergonhosa"), que costuma ser traduzida como "alguma coisa vergonhosa" ou "coisa indecente"(RA; Dt 24.1).

No tempo de Jesus, as escolas rabínicas se alinhavam com duas interpretações principais.[4] A escola de Shammai interpretava a expressão como uma referência a comportamento indecente ou imoralidade sexual (antes ou depois do casamento), enquanto a escola de Hillel (c. 60 a.C. a 20 d.C.) focalizava as palavras anteriores de Deuteronômio 24.1: "Ela não for agradável aos seus olhos" (RA) e afirmava que o divórcio era permitido nos casos em que a esposa fazia algo que desagradava o marido.[5] Ao que parece, essa interpretação mais permissiva era a mais influente entre os contemporâneos de Jesus (cf. Mt 19.3) e, possivelmente, até mesmo entre alguns dos discípulos de Jesus (cf. Mt 19.10; ver mais abaixo).

Em seu contexto original, a expressão não era necessária para tratar da questão de divórcio no caso de adultério uma vez que, de acordo com o Pentateuco, a pena por adultério era a morte, e não o divórcio (Lv 20.10; Dt 22.22).[6] Ao mesmo tempo, uma vez que o casamento era extremamente valorizado no antigo Israel, sem dúvida, a transgressão não era apenas considerada trivial, mas substancial. É possível que se trate de uma referência a várias questões que o marido poderia considerar como objeções: talvez esterilidade ou defeitos de nascença,[7] comportamento indecente e imoral, como lesbianismo ou conduta sexual inapropriada que não chegasse a se caracterizar como relação sexual consumada,[8] ou irregularidade menstrual.[9] Também nesse caso, as estipulações mosaicas não devem ser tidas como sinônimo de aprovação tácita desses divórcios, mas apenas como forma de regulamentá-los. A tônica de Deuteronômio 24.1-4 é, portanto, *descritiva*, e não *prescritiva*, fato que os contemporâneos de Jesus parecem ter interpretado equivocadamente.[10]

A passagem prossegue dizendo que se um homem decidir se divorciar de sua esposa e ela se casar novamente, ele não pode recebê-la de volta na hipótese de a mulher se divorciar outra vez ou ficar viúva (Dt 24.2-4). Isso seria "uma abominação diante do Senhor" (v. 4). A estipulação serve de advertência para o marido não se divorciar precipitadamente. Se ele optar pelo divórcio e a mulher não se casar outra vez, ele pode recebê-la de volta (cf. Os 3). Uma vez que a mulher se casa novamente, porém, essa opção deixa de existir. Além disso, é possível que a estipulação vise proteger o primeiro marido de participar do padrão de imoralidade da ex-esposa. Talvez envolva, ainda, questões relacionadas ao dote, mas não há como dizer ao certo.[11]

Os ensinamentos de Jesus sobre o divórcio

A restauração do plano original de Deus para o casamento

Embora a lei mosaica incluísse prescrições que regulamentavam o divórcio, o Antigo Testamento deixa claro que o divórcio fica aquém do ideal de Deus (Ml 2.16).[12] Jesus levou seus ouvintes de volta ao princípio e lembrou-os de que Deus havia criado os seres humanos homem e mulher (Gn 1.27) e estipulado que, ao se casar, o homem deixasse pai e mãe e se unisse à sua esposa (2.24) como uma só carne diante de Deus, uma união que não devia ser rompida: "Assim, não são mais dois, mas uma só carne. Portanto, o que Deus uniu o homem não separe" (Mt 19.4-6; Mc 10.6-9).[13]

Como a reação dos ouvintes de Jesus deixa claro, para eles, as estipulações mosaicas haviam suplantado os propósitos originais de Deus na criação. Que outro motivo haveria para o divórcio ser regulamentado no código legal deuteronômico (Dt 24.1-4)? Jesus afirma, porém, que os estatutos mosaicos foram introduzidos não para substituir o plano original do Criador, mas apenas para reconhecer a realidade da dureza do coração humano (Mt 19.7-8. Mc 10.5; cf. Mt 5.31-32). Na verdade, o casamento havia sido criado para ser *a união fiel e vitalícia de um homem com uma mulher*.[14]

Daí ser possível argumentar que, embora a linguagem pactual esteja inequivocamente presente em Gênesis 2 (cf. p. ex., "deixará" e "se unirá" em Gn 2.24), o casamento é *mais do que* uma aliança, pois é arraigado na criação e na vontade do próprio Criador. Conforme Carson argumenta, "se o casamento é fundamentado na criação, na forma como Deus nos criou, não pode ser reduzido a um simples relacionamento pactual que se rompe quando as promessas da aliança são quebradas".[15] Ao mesmo tempo, a instituição divina do casamento antes da queda é claramente afetada pelo pecado do primeiro casal em Gênesis 3. O restante do Antigo Testamento deixa claro que o adultério fere o cerne da união em uma só carne, entre a mulher e o homem, instituída por Deus (p. ex., Gn 39.9).

A reação dos discípulos

Os primeiros seguidores de Jesus entenderam o padrão elevado que ele definiu para o casamento e consideraram sua postura indevidamente restritiva: "Se é essa a condição [...] não convém casar" (Mt 19.10).[16] Jesus não fez caso das objeções deles[17] e respondeu que, embora alguns tenham, de fato, o dom do celibato (19.11-12), o ideal original de Deus para o casamento (não obstante a exceção única no caso de *porneia*) permanece. Na opinião de alguns, a reação dos discípulos comprova que o padrão de Jesus devia ser extremamente elevado, ou seja, proibia o divórcio e novo casamento uma vez que a união conjugal fosse consumada.[18] Se Jesus simplesmente se alinhou com o ramo mais conservador do judaísmo de sua época, por que seus seguidores se surpreenderam? Não, o padrão de Jesus devia ser ainda mais rígido do que a linha que permitia o divórcio somente em casos de adultério; a reação dos discípulos prova que Jesus defendia uma postura radical: "o divórcio é proibido uma vez que o casamento foi consumado".

E, no entanto, os argumentos acima são inconclusivos, especialmente tendo em vista a possibilidade de a reação dos discípulos não ser legítima. Como muitos de seus contemporâneos judeus,[19] os seguidores de Jesus talvez aceitassem uma norma mais tolerante. É possível que, com base no modo compassivo como Jesus tratou a mulher adúltera mencionada em João 7.53—8.11, tenham pressuposto que o padrão de

Jesus fosse ainda mais leniente e, portanto, reagido ao pronunciamento severo de Jesus *ainda que* abrisse exceção para o divórcio no caso de adultério.[20] Ademais, embora o judaísmo contemporâneo *exigisse* o divórcio no caso de imoralidade sexual (cf. *m. Sotá* 5:1), Jesus apenas o *permitiu* (e, portanto, deixou implícita a necessidade de perdão). O fato de o padrão de Jesus a respeito do divórcio ser ainda mais elevado que o da escola conservadora de Shammai justifica, adequadamente, a reação horrorizada dos discípulos aos ensinamentos de Jesus em Mateus 19.[21]

A "cláusula de exceção": "exceto por *porneia*"

Há grande controvérsia quanto à única exceção na qual, segundo Jesus, o divórcio é permissível (mas não obrigatório). De acordo com a exceção, mencionada em Mateus 5.32 e 19.9 (embora os termos gregos sejam ligeiramente diferentes: *parektos logou porneias* e *mē epi porneia*), o divórcio é ilegítimo, exceto no caso de "infidelidade".[22] Os paralelos sinópticos em Marcos 10.11-12 e Lucas 16.18 não mencionam a exceção, fato que levou alguns a argumentar que a exceção não foi pronunciada por Jesus, mas acrescentada por Mateus (ou alguma outra pessoa) posteriormente.[23] Mesmo que fosse o caso (o que é improvável), porém, a "cláusula de exceção" continuaria sendo parte das Escrituras inerrantes, inspiradas e, portanto, investidas de autoridade sobre os cristãos de hoje.[24]

Alguns daqueles que afirmam que Jesus pronunciou a exceção procuram conciliar a cláusula de exceção em Mateus com as declarações absolutas em Marcos e Lucas argumentando esses Evangelhos, e não Mateus, devem ser o parâmetro final.[25] Outros relutam em sujeitar de imediato a cláusula de exceção de Mateus à declaração absoluta em Marcos e Lucas e argumentam que os dois conjuntos de passagens devem ser estudados em separado para que se possa compreender os ensinamentos de Jesus sobre esse assunto. Parte considerável da questão gira em torno do significado de *porneia* à luz de seu contexto no Antigo Testamento e no judaísmo contemporâneo e sua relação com os termos *moicheia* e *moicheuō*.

A postura em favor do divórcio e novo casamento em consequência de adultério ou imoralidade sexual

Os quatro principais posicionamentos evangélicos em relação a divórcio e novo casamento reconhecem que Jesus permitiu o divórcio em determinadas circunstâncias (caso o rompimento do noivado também seja considerado "divórcio"),[26] apesar de não haver consenso quanto à natureza exata dessas circunstâncias.[27] Consideraremos, em primeiro lugar, a postura evangélica de aceitação mais ampla, "divórcio e novo casamento permitidos no caso de adultério ou imoralidade sexual" e, em seguida, trataremos de posicionamentos mais restritivos, em particular, a postura de "divórcio proibido uma vez que o casamento foi consumado" que interpreta a "cláusula de exceção" como uma referência à infidelidade sexual no período de noivado.[28]

O ponto de partida do incidente registrado em Mateus 19.3-12 é a pergunta dos fariseus: "É permitido ao homem divorciar-se de sua mulher *por qualquer motivo?*" (19.3; cf. 5.31).[29] Como em outras ocasiões, os adversários de Jesus desejavam fazê-lo cair em contradição ou lhe apresentar um suposto dilema no qual deveria escolher entre dois pontos de vista opostos.[30] A pergunta dos fariseus traz à baila as posturas adotadas pelas diferentes escolas rabínicas do tempo de Jesus. Apesar de ter sido compilada apenas por volta de 200 d.C., a Mishná fornece informações pertinentes aos respectivos posicionamentos acerca do divórcio no judaísmo do primeiro século:

> A Escola de Shammai diz: Um homem não pode se divorciar de sua esposa a menos que tenha encontrado nela alguma indecência, pois está escrito: "[...] por haver descoberto alguma coisa vergonhosa a seu respeito" (Dt 24.1). E a Escola de Hillel diz: [Ele pode se divorciar dela] até mesmo se ela tiver estragado um prato que preparou para ele, pois está escrito: "[...]por haver descoberto alguma coisa vergonhosa a seu respeito" (*m. Gitim* 9:10).[31]

A citação acima ajuda a situar o pronunciamento de Jesus em seu contexto. Embora houvesse uma ampla gama de posturas, desde as mais conservadoras (Shammai, divórcio apenas em caso de "indecência") até as mais liberais (Hillel, "por qualquer motivo"), nenhum judeu do primeiro século questionava que *porneia* (quer o termo fosse definido de modo mais limitado como "adultério" ou mais amplo como "imoralidade sexual") era uma causa válida para divórcio. Ademais, os proponentes desse ponto de vista observam que à luz da fórmula de divórcio judaica, o divórcio em razão de *porneia* implicava, automaticamente, o direito de se casar outra vez.[32] Uma violação radical dos laços conjugais como o adultério (crime capital, quer a pena fosse aplicada ou não), era, sem dúvida, considerada motivo para divórcio pelos contemporâneos de Jesus (p. ex., *m. Sotá* 1:1,5).[33]

Embora se alegue, por vezes, que *porneia* tem um âmbito de referência mais restrito, os proponentes do ponto de vista do "divórcio permitido somente por causa de adultério ou imoralidade sexual" destacam que, no Novo Testamento, em geral, o termo se refere de modo mais amplo à imoralidade sexual que pode incluir, mas não necessariamente se limitar, ao adultério, dependendo do contexto específico.[34] Uma vez que, no caso em questão, o tema da controvérsia parece ser o casamento e sua violação por um dos cônjuges (não se limitando ao rompimento de um noivado), não parece haver nenhum motivo válido para negar que o adultério esteja incluído no escopo de *porneia*.[35] Na verdade, o âmbito semântico de "indecência (i.e., *porneia*)" é abrangente demais para ser interpretado de modo tão limitado (p. ex., restrito ao rompimento de um noivado). É possível que *inclua* esses significados mais limitados, mas não pode ser *restrito* a eles".[36]

Um rápido levantamento dos textos do Antigo Testamento que talvez constituam os paralelos mais próximos do uso de *porneia* e *moicheuō* em Mateus 19.9, a saber, Jeremias 3.8-10 e Oseias 2.2-5a (LXX: 2.4-7a), pode ser instrutivo e proveitoso para chegarmos a uma conclusão mais definida sobre o escopo de referência de *porneia* em Mateus 19.9. Em ambas as passagens do Antigo Testamento, Israel é acusado de "prostituição" espiritual (ou seja, adoração a outros deuses, e não ao Criador e Deus da aliança), bem como de adultério (rompimento da aliança com Jeová). As passagens dizem:

> *Jeremias 3.8-10*: "Ela [Judá] viu que, por causa de tudo isso, porque a rebelde Israel cometeu adultério [*emoichato*], eu a mandei embora e lhe dei sua carta de divórcio [*biblion apostasiou*]. Porém sua irmã, a infiel Judá, não temeu e também se entregou à prostituição [*eporneusen*]. E pela leviandade da sua prostituição [*porneia*] contaminou a terra, porque adulterou [*emoicheusen*] com ídolos de pedra e de madeira. Contudo, apesar de tudo isso, Judá, sua irmã infiel, não voltou para mim de todo o coração, mas com fingimento, diz o SENHOR".

> *Oseias 2.2-5a (LXX: 2.4-7a)*: "Repreendei vossa mãe, repreendei; porque ela não é minha mulher *gynē* e eu não sou seu marido [*anēr*]; para que ela afaste a marca da sua infidelidade [*porneian*] do rosto e os seus adultérios [*moicheian*] de entre os seus seios; caso contrário eu a deixarei despida como no dia em que nasceu, farei dela um deserto; eu a tornarei como uma terra seca e a matarei de sede. Não terei compaixão de seus filhos, pois são filhos da infidelidade. Porque sua mãe se prostituiu [*exeporneusen*]! Aquela que os concebeu agiu de forma vergonhosa".

Nas duas passagens, *porneia* e o verbo relacionado *poerneuō* se referem ao rompimento da aliança de casamento de Israel com Jeová por causa da "imoralidade" espiritual, à qual os termos justapostos *porneia* e *moicheia* (ou verbos correspondentes) se referem reciprocamente. Além de não haver *nenhuma distinção nítida* entre as duas expressões, há, de fato, continuidade entre elas.[37] Em nenhum desses contextos o escopo de referência de *porneia* é limitado apenas ao rompimento de um noivado. Fica evidente que se refere a *uma aliança de casamento exclusiva e vitalícia*. Ademais, em Mateus 19.9, além de *porneia* e *moicheuō*, também é usado o termo *gameō* (que significa "casar-se", ou, no presente contexto, "casar-se novamente"). Por esses motivos, parece difícil negar que o tema em discussão nessas passagens seja *casamento e violação da aliança de casamento*, e não apenas rompimento de um noivado.[38]

Jesus versus Hillel e Shammai

Supondo que o próprio Jesus tenha proferido a "cláusula de exceção" (ou pelo menos que a inserção feita por Mateus expresse o sentido daquilo que Jesus disse de fato na ocasião),[39] como Jesus se alinha com as principais escolas rabínicas de sua época ou difere delas? Sem dúvida, a postura de Jesus é infinitamente mais rígida que a postura defendida pela escola de Hillel, segundo a qual o divórcio era permissível "por qualquer motivo" (cf. Mt 19.3). Pelo menos à primeira vista, o posicionamento de Jesus é muito mais próximo do ponto de vista da escola de Shammai que restringia o divórcio legítimo (com a possibilidade de novo casamento) à infidelidade conjugal,[40] embora, como mencionamos, em contraste com Shammai, Jesus tenha apenas *permitido* o divórcio em caso de *porneia*, enquanto o judaísmo do primeiro século o *exigia*.[41]

De forma extremamente importante, porém, a resposta de Jesus transcende as discussões legalistas entre as duas escolas rabínicas e atinge o cerne da questão. Valendo-se com habilidade do estilo rabínico, Jesus transfere, em essência, a fundamentação veterotestamentária de uma determinada passagem (Dt 24.1-4) para um conjunto anterior de passagens (Gn 1.27; 2.24) e, desse modo, relativiza (em termos cronológicos) a referência posterior, transformando-a em mera exceção e concessão que, de maneira nenhuma, atenua o princípio estabelecido pelos textos fundamentais.[42] Logo, ao focalizar o propósito original do casamento no plano de Deus, Jesus ensina a seus seguidores o verdadeiro significado da união conjugal.[43] Além de enfatizar o caráter permanente do casamento como instituição divina, e não apenas humana, ele argumenta que o divórcio contradiz, essencialmente, o propósito de Deus na criação.

Ademais, Jesus emprega uma abordagem revolucionária ao aplicar a norma a respeito de divórcio e novo casamento *tanto a homens quanto a mulheres* (cf. especialmente Mc 10.11). Apesar das prescrições da lei mosaica que estipulavam o tratamento igual de homens e mulheres com respeito ao divórcio (Lv 20.10-12), no tempo do Antigo Testamento costumava-se aplicar dois pesos e duas medidas. Ao mesmo tempo em que se esperava que as mulheres fossem fiéis ao marido (caso contrário, estariam sujeitas a punição), os homens eram tratados com bem mais leniência. Nos ensinamentos de Jesus, porém, os direitos conjugais são apresentados em pé de igualdade.[44] Na verdade, Jesus ensinou que o desejo por outras mulheres no coração do homem já constitui adultério (Mt 5.28), consequentemente, as relações extraconjugais são erradas tanto para homens quanto para mulheres.[45]

Por que a exceção?

Mesmo assim, Jesus *ainda* coloca *porneia* como exceção para o divórcio. Se a criação original é o ideal, por que Jesus manteve essa exceção (embora haja controvérsia quanto à natureza exata da exceção; cf. veremos mais adiante)? Não há como dizer ao certo. A resposta mais provável é que o adultério viola o princípio de "uma só carne" por trás do casamento,[46] motivo pelo qual talvez, pelo menos no tempo do Antigo Testamento, a infidelidade sexual no casamento era passível da pena de morte (Lv 20.10; Dt 22.22).[47] Afinal, seria um tanto complicado dar continuidade ao casamento se o cônjuge culpado de adultério havia sido morto por apedrejamento!

Diferenças de pontos de vista entre as escolas de Shammai e Hillel e o posicionamento de Jesus com referência ao divórcio

DIFERENÇAS DE PONTO DE VISTA	SHAMMAI	HILLEL	JESUS
Textos do AT sobre casamento	Dt 24.1-4	Dt 24.1-4	Gn 1.27; 2.24
Significado de *porneia*	Comportamento indecente ou imoralidade sexual	Qualquer caso em que a esposa desagradasse o marido	Comportamento imoral da parte da esposa, incluindo (mas não se restringindo) ao adultério (posicionamento majoritário)
Divórcio por causa de *porneia*	Exigido	Exigido	Permitido
Aplicação do padrão para divórcio e novo casamento	Somente para homens	Somente para homens	Para homens e mulheres

Em vários sentidos, portanto, as diferenças fundamentais entre os proponentes evangélicos da postura "divórcio e novo casamento permitidos por causa de adultério e imoralidade sexual" e os partidários da postura "divórcio proibido" giram em torno da *definição de casamento* que cada um adota ou, de modo ainda mais limitado, à forma como entendem o casamento como *aliança*. Quem considera que o casamento é uma aliança *indissolúvel em qualquer circunstância* (como os católicos e muitos partidários da postura "divórcio proibido"), pois as alianças, *por sua própria natureza*, não podem ser dissolvidas, dificilmente é persuadido por alguma argumentação exegética com base no estudo de Mateus 19 de que Jesus permitiu o divórcio e/ou novo casamento em certas situações.[48] Em contrapartida, quem considera possível alianças serem rompidas tem a tendência de ser mais aberto para a possibilidade de que Jesus (ou Paulo) tenha permitido o divórcio e novo casamento em circunstâncias excepcionais.[49] Isso não significa, obviamente, que não haja quem argumente, com bases exegéticas, em favor de uma postura "divórcio proibido uma vez que o casamento foi consumado". As observações acima não se aplicam àqueles que interpretam as cláusulas de exceção de Mateus como referências ao noivado, mas que aceitam o chamado "privilégio paulino" (cf. abaixo).

Argumentos apresentados contra o conceito de "divórcio e novo casamento em consequência de adultério ou imoralidade sexual"

Os seguintes argumentos são apresentados contra a postura "divórcio permitido por causa de adultério ou imoralidade sexual".[50]

(1) É possível questionar se esse posicionamento enfatiza de forma indevida a passagem que poderia ser considerada a mais "difícil" sobre o assunto, a saber, Mateus 19, em vez de interpretá-la à luz das declarações aparentemente mais diretas dos outros Evangelhos Sinópticos. A exegese que segue a linha reformada não sugere que as passagens mais difíceis sejam interpretadas à luz das mais claras?

(2) A cláusula de exceção se limita ao Evangelho de Mateus. Marcos, Lucas e Paulo não mencionam nenhuma exceção nos ensinamentos de Jesus acerca do divórcio. Esse fato levanta a possibilidade de que os autores fornecem a norma geral, enquanto Mateus trata de um caso específico de algum tipo.

(3) Parece haver tensão entre as referências de Jesus ao ideal de Deus para o casamento na criação em Mateus 19.4-6 e a permissão de uma exceção que Jesus abre para o divórcio em Mateus 19.9.

(4) Se a exceção que Jesus abre para o divórcio, em Mateus 19.9, diz respeito à imoralidade sexual/adultério, trata-se de algo diferente da base mosaica para o divórcio, estipulada em Deuteronômio 24.1-4, o que levanta dúvida quanto à continuidade entre os Testamentos e faz o ensinamento de Jesus parecer conflitante com a passagem do Antigo Testamento que serve de contexto para a discussão dele com os fariseus em Mateus 19.

(5) De acordo com esse posicionamento, em essência, Jesus responde na linha de Shammai à pergunta sobre divórcio colocada para ele na linha de Hillel. Seria de esperar que Jesus apresentasse uma norma ainda mais elevada que os padrões das duas escolas, em vez de simplesmente encaixar-se no ponto de vista mais conservador de sua época. Uma postura de "divórcio proibido uma vez que o casamento foi consumado" pareceria mais coerente.

(6) Há certa dificuldade em explicar a reação dos discípulos. A julgar por seu espanto, Jesus apresenta um padrão que lhes parece inatingível, mais elevado do que uma norma que abre exceção no caso de adultério ou imoralidade sexual.

(7) Ao abrir uma exceção, a postura de "divórcio permitido por causa de adultério ou imoralidade sexual" parece dar menos valor à aliança do casamento, algo difícil de justificar, tendo em vista as Escrituras valorizarem ao extremo a permanência das alianças, especialmente da aliança entre Cristo e a igreja que, supostamente, serve de modelo para o casamento.

Réplica

Em resposta às objeções acima, os proponentes dessa postura ressaltam os seguintes pontos:

(1) Em termos hermenêuticos, é suspeito colocar a passagem de Mateus de lado por ser "difícil" e, desse modo, anulá-la em favor das declarações absolutas dos outros Evangelhos Sinópticos, uma vez que a avaliação de quais passagens são "difíceis" e quais são "claras" é, em si mesma, bastante subjetiva. É mais apropriado interpretar devidamente cada passagem e depois harmonizá-la com passagens paralelas. Todas essas passagens, devem, então, ser aplicadas ao modo como se entende os ensinamentos bíblicos a respeito de determinada questão. Ademais a "cláusula de exceção" não aparece apenas em Mateus 19, mas também em Mateus 5 (no contexto do "Sermão do Monte"), de modo que, de acordo com Mateus, a "cláusula de exceção" era um aspecto repetido nos ensinamentos de Jesus sobre divórcio e, portanto, não deve ser precipitadamente desconsiderada. Em relação a esse argumento que se refere aos princípios da Reforma, convém observar que interpretar "exceto por *porneia*" como "exceto por imoralidade sexual parece, claramente, ser a tradução mais natural e objetiva da expressão à luz do perfil semântico da palavra no grego.[51]

(2) As intenções de Marcos, Lucas e Paulo eram diferentes das intenções de Mateus, fato que explica adequadamente a omissão da cláusula de exceção em seus escritos (ver abaixo as passagens relevantes sobre novo casamento). Embora apareça apenas em Mateus, a cláusula de exceção existe e é preciso tratar dela. Não temos liberdade de colocar de lado ensinamentos bíblicos só porque eles ocorrem *apenas uma vez* (ou duas; cf. o item anterior).

(3) Jesus afirmou tanto o ideal de Deus na criação quanto as estipulações mosaicas em Deuteronômio 24.1-4 devidamente interpretadas e, desse modo, defendeu a validade das Escrituras nos dois casos. Se existe tensão, ela se deve à presença do pecado no mundo, e não a uma transigência indevida da parte de Jesus. Abrir uma exceção não coloca em dúvida, de maneira nenhuma, o ideal, a norma, ou o princípio geral.

(4) Embora o pronunciamento de Jesus em Mateus 19.9 pareça ser conflitante com as estipulações mosaicas em Deuteronômio 24.1-4, há uma continuidade essencial no tocante ao princípio: assim como Moisés permitiu exceções devido à dureza do coração do povo (no caso da lei mosaica, "alguma coisa vergonhosa"), Jesus também abre uma exceção (nesse caso, para *porneia*, ou seja, imoralidade sexual / adultério). Não obstante, ocorre um aprofundamento e uma mudança do código mosaico para a prescrição de Jesus.[52] Enquanto no Antigo Testamento o adultério era punido com a morte (de modo que a questão de o adultério ser ou não base válida para o divórcio nem sequer chegava a ser levantada), poucos contestariam que, de acordo com os ensinamentos do Novo Testamento, a pena capital por adultério não se aplica mais. Por esse motivo, é natural perguntar o que deve ser feito em caso de adultério. A resposta de Jesus parece indicar que, nesse caso, o divórcio (e não mais a morte) é permissível (porém não obrigatório).

(5) Conforme comentamos acima, embora concorde com a interpretação de Shammai para Deuteronômio 24.1-4, o padrão de Jesus é, na verdade, mais rigoroso e apenas permite, em vez de exigir, o divórcio no caso de *porneia*. Também

transcende a discussão rabínica e se refere ao ideal de Deus na criação como verdadeira norma (porém não uma norma desprovida de exceção).[53]

(6) A reação dos discípulos talvez revele uma postura indevidamente tolerante da parte deles (pelo menos de alguns) em relação ao divórcio. Ademais, o padrão de Jesus, mesmo *com* a cláusula de exceção, ainda é mais elevado que as normas das diversas escolas rabínicas de sua época, inclusive que a postura mais restritiva de Shammai, pois apenas *permitia*, em vez de *exigir* o divórcio no caso de adultério.

(7) Como mostramos em detalhes nos capítulos 2 a 4, embora as alianças bíblicas sejam irrevogáveis e o casamento, devidamente entendido, seja uma aliança, há motivos para crer que algumas alianças bíblicas podem ser (e, de fato, são), encerradas, de modo que talvez não seja biblicamente justificável equiparar a natureza pactual do casamento com sua indissolubilidade absoluta.[54]

Posturas mais restritivas: divórcio somente no caso de rompimento de noivado, incesto, etc.

Como mencionamos, não existe, atualmente, um consenso evangélico quanto à natureza precisa da exceção estipulada em Mateus 5.32 e 19.9. Embora a maioria dos estudiosos evangélicos adote a postura de que *porneia*, nessas passagens, se refere à infidelidade sexual conjugal, daí permitir o divórcio em casos de adultério ou outra infidelidade sexual conjugal, há quem acredite que o texto diz respeito a uma ofensa mais restrita, como incesto (i.e., casamento entre pessoas com grau de parentesco proibido, Lv 18.6-18; 20.17; Dt 27.22) ou rompimento de um noivado (Dt 22.20-21).[55]

De acordo com a primeira interpretação, a Bíblia permite o divórcio entre pessoas que, sem saber, se casaram com algum parente próximo proibido pela lei mosaica, mas permitido pela lei pagã, um conceito importante para os leitores cristãos judeus de Mateus, preocupados com o ingresso de um grande número de gentios na igreja. Essa interpretação se torna pouco provável, contudo, diante do fato de que o casamento entre pessoas com grau de parentesco proibido não seria considerado válido e, portanto, não exigira o divórcio.[56] Ademais, é bem mais provável que o contexto da passagem em questão seja Deuteronômio 24, e não Levítico 18.[57]

O segundo posicionamento, que interpreta *porneia* como um termo que denota infidelidade sexual no noivado é considerado, no contexto de Mateus, um tentativa de mostrar a legitimidade da decisão de José de se divorciar de Maria ao ficar sabendo que ela havia engravidado durante o noivado deles.[58] Argumenta-se que, ao incluir a cláusula de exceção, Mateus mostra como a atitude intentada por José correspondia à postura de um homem justo.[59] Aqueles que defendem esse conceito ressaltam que, ao contrário dos costumes de nossos dias, na sociedade judaica os noivos já eram considerados "marido" e "mulher", de modo que o noivado, como o casamento, só podia ser rompido por meio de uma carta formal de divórcio.[60] Os proponentes desse conceito afirmam que somente um casamento ainda não consumado (ou seja, um noivado) pode ser rompido pelo "divórcio".[61] O casamento consumado pela união sexual ainda existe aos olhos de Deus, mesmo nos casos em que ocorre o divórcio.[62]

Em vez de considerar as declarações absolutas de Marcos 10.11-12 e Lucas 16.18 à luz de Mateus 19, os defensores da "aplicação ao noivado" optam por uma abordagem oposta. Argumentam que Marcos e Lucas representam a totalidade dos ensinamentos de Jesus sobre casamentos consumados, e que a passagem de Mateus, interpretada corretamente, ensina que o divórcio é proibido uma vez que o casamento foi consumado, pois romper um noivado não constitui um divórcio de fato (segundo os padrões modernos), no sentido de que não rompe uma união conjugal. Os proponentes desse ponto de vista observam, ainda, que em Mateus 15.19 *porneia* é usado em conjunto com o termo *moicheia* e, portanto, distinto dele e afirmam que também é necessário fazer distinção entre os dois termos em 19.9. Logo, *porneia* não pode significar (e nem mesmo incluir) adultério (i.e., infidelidade sexual conjugal) em Mateus 19.9, pois se essa fosse a intenção do evangelista, ele teria usado a palavra *moicheia*, e não *porneia*.

Como prova de que *porneia* se refere (supostamente) à infidelidade sexual durante o noivado, os representantes da "aplicação ao noivado" costumam citar João 8.41. Se, nesse caso, a expressão se refere a relações sexuais ilícitas, "fornicação" também pode ser um significado válido para o termo em Mateus 19.9. Quer *porneia* se refira ou não à infidelidade sexual no noivado, os proponentes desse conceito encontram uma ligação entre a passagem em questão e o relato do nascimento de Jesus em Mateus 1.18-25. Concluem que Mateus incluiu a cláusula de exceção em Mateus 19.9 para mostrar que a decisão de José de se divorciar de Maria (devido à suposta infidelidade sexual dela durante o noivado) era justa e foi sancionada pelo próprio Jesus.[63]

Caso a "aplicação ao noivado" esteja correta, portanto, a exceção de Jesus para o divórcio diz respeito somente à infidelidade sexual no noivado, e não à infidelidade sexual conjugal (da forma como entendemos "casamento" hoje em dia). Isso corresponde a entender os ensinamentos de Jesus sobre divórcio como uma proibição do divórcio em toda e qualquer circunstância, uma vez que ninguém hoje em dia questiona a liberdade de uma pessoa noiva romper o noivado caso descubra que a outra parte foi sexualmente infiel (ou por qualquer outro motivo). Como no posicionamento comentado acima que permite o divórcio por causa de adultério ou imoralidade sexual, pode ser proveitoso discutirmos os argumentos apresentados contra a "aplicação ao noivado".

Argumentos apresentados contra a "aplicação ao noivado"

Os seguintes argumentos foram apresentados contra esse posicionamento.[64]

(1) Na passagem cuja interpretação desencadeou a discussão em Mateus 19, isto é, Deuteronômio 24.1-4, é extremamente improvável que a discussão se *limite*

ao noivado. É quase certeza que a passagem *também* abranja casamento, divórcio e novo casamento.

(2) Não parece haver nada no *contexto de Mateus 19* que limite explícita ou implicitamente a expressão *porneia* ao noivado. Embora o rompimento do noivado possa estar *incluído* na expressão, dificilmente ela se *limita* a essa ideia.

(3) Quanto a uma questão relacionada, a menos que seja limitado pelo contexto, o termo *porneia* é mais amplo do que sexo no noivado. Não é, tecnicamente, um termo para "fornicação" (como a tradução de Mt 19.9 na RA pode sugerir), como parece ser exigido pela "aplicação ao noivado". O argumento de que, se Mateus 19.9 estivesse falando de adultério, o termo usado seria *moicheia*, e não *porneia*, com referência a Mateus 15.19, não é conclusivo, pois a expressão ampla *porneia* provavelmente *inclui moicheia*, mas não se limita a esse significado (cf. a discussão sobre Jr 3.8-10 e Os 2.2-5a, acima). A expressão abrangente "alguma coisa vergonhosa" em Deuteronômio 24.1 provavelmente levou o evangelista a usar um termo igualmente abrangente em Mateus 19.9.

(4) Pode-se observar que, quanto à ligação proposta entre Mateus 1.18-25 e Mateus 19.3-12, a primeira passagem (ou questão) não é mencionada na segunda, apresentada como um debate rabínico entre Jesus e os fariseus a respeito de um assunto bem mais amplo, a saber, em que circunstâncias (caso existam), o divórcio e novo casamento são permissíveis. O que está em discussão, portanto, não é o tipo de questão com a qual José, noivo de Maria, teve de lidar. A suposta ligação se torna ainda mais tênue quando consideramos que Mateus 19 é separado por dezoito capítulos de Mateus 1 e que o termo *porneia* não é usado em Mateus 1.18-25.

(5) Ao argumentarem que Marcos e Lucas nos fornecem a totalidade do ensinamento de Jesus acerca do divórcio, enquanto Mateus trata de uma exceção relacionada ao noivado, os proponentes da "aplicação ao noivado" reconhecem de forma inadequada a prática rabínica comum de abreviar um relato a fim de torná-lo mais memorável.[65] Em vez de concluir que Jesus não permitia divórcio em nenhuma circunstância em casamentos sexualmente consumados, é bem mais plausível pensar que ele não tratou em detalhes de pontos aceitos de modo geral em sua época. Conforme observa uma autoridade nesse assunto,

> Para a maioria dos estudiosos, o silêncio de Jesus a respeito de uma crença aceita por todos é sinal de anuência. Não há nenhum registro de que Jesus tenha se pronunciado a respeito da imoralidade de atos sexuais antes do casamento (para consternação de muitos líderes de grupos de jovens), mas ninguém pressupõe que ele aprovava essas práticas. Semelhantemente, todos partem do pressuposto de que Jesus cria no monoteísmo, embora seja difícil demonstrar esse fato com base nos relatos dos Evangelhos. Ademais, em nenhum momento Jesus permite ou proíbe o novo casamento no caso da morte do cônjuge, mas podemos pressupor que ele o permitiu, pois todos os judeus, inclusive Paulo, aceitavam o novo casamento nessas circunstâncias.[66]

Nas questões citadas acima, não temos dificuldade em pressupor que Jesus concordava com as posturas amplamente aceitas, pois também concordamos com elas. No caso do divórcio, porém, os proponentes da "aplicação ao noivado" parecem interpretar (ilegitimamente) o (suposto) silêncio de Jesus sobre o assunto como sinal de discordância das práticas correntes de sua época.

(6) O fato de Marcos, Lucas e Paulo não incluírem a cláusula de exceção em seus textos não desqualifica a permissão para se divorciar por causa de adultério ou imoralidade sexual, como afirmam os proponentes da tese da "aplicação ao noivado", uma vez que a omissão por parte desses autores pode ser justificada pelo propósito deles em seus respectivos contextos literários. Na verdade, é possível argumentar que, em vez de Marcos, Lucas ou mesmo Jesus não mencionarem uma exceção pelo fato de ela não existir, eles (ou Jesus) podem muito bem ter deixado de detalhar os aspectos dos ensinamentos de Jesus que estavam de acordo com as ideias aceitas pela maioria naquela época. Como mencionamos acima, nenhum judeu questionava que o divórcio em caso de adultério era permissível. Logo, pode ser um tanto duvidoso entender um "silêncio" de Jesus sobre exceções que permitiriam o divórcio em Marcos e Lucas como indicação de que Jesus não ensinou nenhuma exceção.

(7) Se, como é provável, um dos motivos pelos quais os fariseus levantaram essa questão para Jesus foi o fato de João Batista ter sido executado pouco antes por haver se oposto ao casamento de Herodes Antipas com Herodias (que havia se divorciado ilegitimamente de Filipe, irmão de Herodes; cf. especialmente o relato de Marcos), esse também é um argumento contrário à "aplicação ao noivado (apenas)", uma vez que obviamente não era o caso de Herodes e Herodias. O problema em questão era o divórcio ilegítimo em um relacionamento conjugal e, portanto, um novo casamento ilegítimo.

Réplica

Os proponentes da "aplicação ao noivado" respondem da seguinte forma:

(1) Várias respostas são apresentadas. Alguns defensores desse posicionamento argumentam que os ensinamentos de Jesus transcendem Deuteronômio 24.1-4. Outros afirmam que o significado de *porneia* em Mateus 19 é idêntico ao de *'erwat dābār* em Deuteronômio 24.1 e que, em ambos os casos, a expressão denota indecência sexual durante o período de noivado.

(2) As respostas também variam. De acordo com o argumento mais comum daqueles que defendem esse conceito, João 8.41 mostra que *porneia* pode se referir à infidelidade sexual no noivado e que, conforme a ligação com Mateus 1.18-25 sugere, esse é o significado provável do termo em Mateus 19. Outros enfatizam a continuidade entre Deuteronômio 24 e Mateus 19.

(3) Embora seja verdade que *porneia* pode ter um escopo de referência mais amplo, os proponentes da "aplicação ao noivado" afirmam que isso é pouco provável

em Mateus 19 devido a diversos fatores, como o significado de *'erwat dābār* em Deuteronômio 24.1, a ligação com Mateus 1.18-25, ou outras considerações.

(4) A ligação entre Mateus 1.18-25 e 19.3-12 pode ser remota em termos literários no Evangelho de Mateus, mas, para Jesus, defender seu pai terreno era uma preocupação bastante imediata e, embora distante de Mateus 1, a validação por Jesus em seus comentários em Mateus 19 do plano de José de se divorciar de Maria faz sentido em termos teológicos no Evangelho de Mateus.

(5) Não encontramos réplica para esse argumento na literatura disponível sobre o assunto. Os proponentes da "aplicação ao noivado" talvez respondam que uma coisa é encurtar uma declaração para facilitar a memorização e outra bem diferente é encurtá-la e *alterá-la*. É improvável que Marcos e Lucas registrariam uma proibição absoluta se Jesus abriu uma exceção.

(6) O fato de a cláusula de exceção aparecer somente em Mateus dá, de fato, a impressão de que é preferível explicar a exceção de Mateus de forma congruente com as declarações absolutas de Marcos, Lucas e Paulo, e não o contrário. Mateus 19 é, portanto, um ponto de partida questionável para estudar o ensinamento bíblico acerca do divórcio. Como alguns defensores da "aplicação ao noivado" também ressaltam, supondo que a "cláusula de exceção" em Mateus se refira apenas ao período de noivado, Marcos e Lucas, que escreveram principalmente para leitores gentios, não teriam necessidade de mencionar uma exceção irrelevante no contexto greco-romano.

(7) A maioria dos proponentes da "aplicação ao noivado" provavelmente minimizaria a influência da situação política envolvendo Herodes Antipas e Herodias na discussão em questão.

Resumo

Jesus mantém a ligação com Moisés em dois sentidos: tanto afirma que o ideal de Deus para o casamento é uma união vitalícia em "uma só carne" (cf. Gn 2.24-25) quanto afirma que, pela dureza do coração humano, o divórcio é permissível (mas não obrigatório) em determinadas circunstâncias. Dentro desse contexto de continuidade essencial, Jesus é, ao mesmo tempo, mais tolerante e mais rigoroso que Moisés. O castigo pelo adultério não é mais a morte (uma diferença inegável entre o Antigo e o Novo Testamento); em contrapartida, o adultério (não mais punido com a morte, fato que tornava outras legislações desnecessárias), ou seja, o pecado sexual cometido por um dos cônjuges, e somente o adultério (ou imoralidade sexual), é reconhecido como razão legítima para o divórcio.

Uma vez que o adultério não é considerado motivo para divórcio legítimo em Deuteronômio 24, isso significa que, em um rompimento importante com a legislação judaica, bem como com as escolas rabínicas contemporâneas, Jesus excluiu todas as infrações semelhantes às relacionadas em Deuteronômio 24 como razão legítima para divórcio (embora, obviamente, as escolas de Shammai e Hillel interpretassem essa passagem de maneira diferente), daí a consternação que seu pronunciamento causou entre seus ouvintes (inclusive seus próprios seguidores). Desse modo, Jesus preservou, de forma brilhante, o verdadeiro significado da lei mosaica (o ideal de Deus para o casamento, bem como uma exceção aberta devido à dureza do coração humano) e, ao mesmo tempo, aprofundou a compreensão das pessoas acerca da intenção da lei e da natureza da união conjugal.

Uma vez que as duas passagens de Gênesis citadas por Jesus em Mateus 19.4-6 (isto é, Gn 1.27 e Gn 2.24) se referem à sexualidade humana e, uma vez que a indissolubilidade do casamento defendida por Jesus é baseada na união sexual ("uma só carne") mencionada em Gênesis 2.24, a promiscuidade sexual constitui uma exceção *de facto*. Embora essa violação da aliança conjugal não exija o divórcio, "a permissão para o divórcio e novo casamento nessas circunstâncias não é, de maneira nenhuma, incoerente com o pensamento de Jesus; antes, está em perfeita harmonia com ele".[67] E, como mencionamos, "com a abolição efetiva da pena de morte por causa de *porneia* conjugal, 'o término do relacionamento pode ser efetuado apropriadamente pelo divórcio'".[68]

Ensinamentos de Paulo acerca do divórcio

Paulo trata da mesma questão em um contexto um pouco diferente, a saber, o abandono por um cônjuge incrédulo (1Co 7.12-16).[69] Uma vez que Jesus não se pronunciou sobre essa questão específica, cabe ao próprio Paulo adjudicá-la ("eu, não o Senhor"; 7.12), o que não reduz a autoridade do pronunciamento apostólico. De acordo com Paulo, o casamento misto (no qual um cônjuge é cristão e o outro não) é, nessas circunstâncias, preferível ao divórcio (cf. 1Pe 3.1-2), pois proporciona um ambiente cristão para os filhos (1Co 7.14).[70] Se, contudo, o cônjuge incrédulo insistir em deixar o lar, o cristão não deve detê-lo, pois Deus deseja que haja paz e não há garantia nenhuma de que o cônjuge incrédulo será salvo (7.15-16).[71]

O contexto de Corinto: divórcio permitido por causa da deserção do cônjuge incrédulo

A fim de avaliar com precisão a prescrição de Paulo sobre o divórcio na passagem em questão, é indispensável entender corretamente o contexto de Corinto.[72]

Ao que parece, algumas pessoas estavam ensinando a superioridade do solteirismo em relação ao casamento com base em um dualismo grego que menosprezava as relações sexuais, considerando-as inferiores à verdadeira espiritualidade de um estilo de vida ascético (1Co 7.1,5; cf. 1Tm 4.3). A fim de contrabalançar essa ideia inteiramente não cristã, Paulo escreveu que esposa não deve se divorciar (*chōrizō*) do marido; se o fizer, porém (em desobediência à prescrição do apóstolo), deve permanecer sozinha ou se reconciliar com o marido.[73] O mesmo princípio é aplicável em circunstâncias inversas *(aphiēmi*; 1Co 7.10-11). No caso da *conversão* de um dos cônjuges, esse cristão não deve tomar a iniciativa do divórcio. Se o cônjuge incrédulo deixar o lar, porém, o cônjuge que ficar não está "[sujeito] à servidão" (*dedoulōtai*). O divórcio é legítimo e muitos (mas não todos, conferir mais abaixo) deduzem que o cristão tem liberdade de se casar novamente.[74]

Nem é preciso dizer que a dessemelhança entre a situação em Corinto e o contexto atual nesse sentido fica evidente de imediato, uma vez que poucos hoje em dia desejam se divorciar a fim de buscar uma espiritualidade mais perfeita e assexuada. Na maioria dos casos, as pessoas se "desapaixonam" e simplesmente querem sair de um casamento que não é mais conveniente a fim de se casar com um parceiro mais desejável.[75] A injunção no versículo 11, "Se, porém, ela se separar, que não se case, ou que se reconcilie com o marido" é entendida, por vezes, como uma proibição absoluta de novos casamentos em qualquer circunstância. Essa proibição se aplica, contudo, apenas ao novo casamento depois de um divórcio ilegítimo (partindo do pressuposto de que alguns divórcios são legítimos; comparar o v. 10: "A mulher não se separe do marido" com o v. 11: "Se, porém, ela se separar").

No contexto de Corinto, portanto, a pessoa casada não deve se divorciar de seu cônjuge (supostamente, em decorrência de um desejo de ser mais "espiritual"). Também não é legítimo um indivíduo casado observar a continência, ou seja, abster-se permanentemente de relações sexuais com seu cônjuge (1Co 7.3-5). Paulo faz apenas uma concessão: os cristãos abandonados pelo cônjuge incrédulo podem se divorciar e (a maioria, mas não todos, concorda; cf. mais abaixo) se casar de novo. O mesmo princípio parece aplicar-se aos dias de hoje. Nesse caso, o divórcio de quem foi abandonado pelo cônjuge incrédulo deve ser considerado legítimo, com a implicação de que, nessas circunstâncias, o novo casamento também é legítimo.

OS ENSINAMENTOS DE JESUS E DE PAULO ACERCA DO NOVO CASAMENTO

Podem haver, portanto, dois motivos legítimos para o divórcio, estipulados, respectivamente, por Jesus e Paulo: (1) adultério ou infidelidade devido a imoralidade sexual (Mt 5.32; 19.9; supondo que se adote o posicionamento aceito pela maioria); e (2) abandono pelo cônjuge incrédulo (1Co 7.11-15). Além disso, (3) a morte do cônjuge também encerra o casamento (e, pelo menos nesse caso, o cônjuge que sobrevive tem permissão de se casar novamente, mas apenas "no Senhor"; 1Co 7.39; cf. Rm 7.3).[76] Mas o que o Novo Testamento ensina a respeito do novo casamento?

Levantamento de passagens relevantes

Como vimos nos comentários acima, Deuteronômio 24.1-4 constitui um pano de fundo importante, não apenas com referência ao divórcio, mas também ao novo casamento. De modo específico, o código mosaico determina que, quando um homem se divorcia de sua esposa e ela se casa com outro homem que também se divorcia dela, o

Diferenças entre o posicionamento "divórcio permitido por causa de adultério ou imoralidade sexual" e o posicionamento "divórcio e novo casamento proibidos"

		POSSÍVEIS PONTOS FRACOS	RÉPLICAS PARA OS PONTOS FRACOS
DIVÓRCIO PERMITIDO POR CAUSA DE ADULTÉRIO OU IMORALIDADE SEXUAL	(Interpretação geral; *porneia* como referência à infidelidade sexual conjugal)	Por que começar com "a passagem mais difícil"?	Considerar a passagem a "mais difícil" é algo muito subjetivo; a "cláusula de exceção" também aparece em Mateus 5.32; é a interpretação mais natural
		A cláusula de exceção aparece somente em Mateus	As intenções de Marcos, Lucas e Paulo eram diferentes das intenções de Mateus
		Há tensão entre as referências de Jesus ao ideal de Deus para o casamento na criação em Mateus 19.4-6 e o fato de ele abrir uma exceção para o divórcio em Mateus 19.9	Jesus afirmou o ideal de Deus na criação, bem como as estipulações mosaicas em Deuteronômio 24.1-4; a tensão se deve à presença do pecado no mundo
		Qual é a ligação entre Moisés em Deuteronômio 24 e Jesus em Mateus 19?	Continuidade de princípio entre o ideal de Deus e a exceção devido à dureza do coração humano
		Em essência, Jesus responde de acordo com a linha de Shammai à pergunta sobre divórcio (apresentada para ele de acordo com a linha de Hillel). Seria de se esperar que Jesus definisse um padrão mais elevado que o dessas escolas, a saber, "divórcio proibido em qualquer circunstância"	O padrão de Jesus é, na realidade, mais rigoroso, ao permitir, em vez de exigir o divórcio e ao fazer referência ao ideal de Deus na criação como verdadeira norma
		É difícil explicar a reação dos discípulos	A reação dos discípulos talvez revele um conceito indevidamente tolerante de divórcio da parte deles
		Esse posicionamento parece dar menos valor à aliança de casamento, algo difícil de justificar, tendo em vista as Escrituras valorizarem ao extremo a permanência das alianças	Há motivos para crer que alianças podem ser rompidas

	POSSÍVEIS PONTOS FRACOS	RÉPLICAS PARA OS PONTOS FRACOS
DIVÓRCIO E NOVO CASAMENTO PROIBIDOS (Interpretação restrita; *porneia* como referência a incesto ou infidelidade sexual durante o noivado)	Deuteronômio 24.1-14, a passagem por trás da discussão em Mateus 19, não se limita ao noivado, mas abrange também o casamento, divórcio e novo casamento	Os ensinamentos de Jesus transcendem Deuteronômio 24.1-4
	Nada no contexto de Mateus 19 restringe, inerentemente, a expressão *porneia* ao noivado	Como fica evidente em João 8.41, *porneia* pode, de fato, se referir à infidelidade sexual antes do casamento
	A menos que seja limitado pelo contexto, o termo *porneia* é mais amplo que sexo antes do casamento	Embora *porneia* tenha um escopo de referência mais abrangente, ele é improvável em Mateus 19 devido a considerações teológicas mais amplas
	A suposta ligação identificada entre Mateus 1.18-25 e Mateus 19.3-12 é improvável	A ligação entre Mateus 1.18-25 e Mateus 19.3-12 faz todo sentido no contexto original de Mateus, como forma de restaurar a reputação de José por meio dos ensinamentos de Jesus acerca do divórcio
	A prática rabínica de abreviar relatos é reconhecida de forma inadequada	Uma coisa é abreviar a declaração e outra bem diferente é mudar seu significado
	O fato de Marcos, Lucas e Paulo não incluírem a cláusula de exceção pode ser explicado pelos respectivos propósitos desses autores em seus respectivos contextos literários	É preferível explicar a exceção em Mateus de forma congruente com as declarações absolutas de Marcos, Lucas e Paulo, do que o contrário
	Qual é a relevância da questão da imoralidade sexual durante o noivado para a questão política do divórcio e novo casamento de Herodes Antipas e Herodias?	Defensores dessa interpretação têm a tendência de minimizar a relevância do contexto de Herodes/Herodias

primeiro marido não pode recebê-la de volta. Essa passagem está por trás dos textos seguintes do Novo Testamento que servem, ainda, para advertir os homens que se divorciarem de modo arbitrário da esposa a não se casarem com uma mulher divorciada de modo ilegítimo, prescrições estas que visam proteger, igualmente, as mulheres.

Em Mateus 5.31-32, no Sermão do Monte, Jesus contrasta a interpretação da lei rabínica, cuja ênfase é sobre o aspecto exterior, com a verdadeira intenção da lei. "Também foi dito: Quem se divorciar de sua mulher, dê-lhe documento de divórcio. Eu, porém, vos digo que todo aquele que se divorciar de sua mulher, a não ser por causa de infidelidade [ou por descobrir alguma indecência durante o noivado, de acordo com a 'aplicação ao noivado'], torna-a adúltera; e quem se casa com a divorciada comete adultério". Por que o divórcio ilegítimo leva tanto a esposa quanto o marido a cometer adultério? Porque aos olhos de Deus, a esposa continua casada com o primeiro marido. A prescrição mosaica em Deuteronômio 24.1, pressuposta aqui, tinha o objetivo de regulamentar o divórcio ao requerer a emissão de um certificado formal de divórcio, em vez de o marido simplesmente mandar a esposa embora. Jesus eleva consideravelmente a importância da questão ("Eu, porém, vos digo") ao limitar o divórcio permissível (porém não obrigatório) a apenas uma exceção. Seu pronunciamento em Mateus 5.31-32 parece ter a intenção central de proteger as esposas ao limitar os motivos legítimos para o divórcio a um único caso excepcional.

Mateus 19.3-12 trata da questão do divórcio como parte de um debate rabínico entre Jesus e os fariseus, um assunto importante principalmente para os leitores judeus de Mateus.[77] Em Mateus 19.9, Jesus declara: "Mas eu vos digo que aquele que se divorciar de sua mulher, a não ser por causa de infidelidade [ou por descobrir alguma indecência durante o noivado, de acordo com a 'aplicação ao noivado'], e se casar com outra, comete adultério". Mais uma vez, o motivo é o fato de Deus ainda considerar o homem casado com a primeira esposa. Pelo visto, segue-se logicamente que, se o divórcio se deve à infidelidade sexual conjugal da esposa e o marido se casa com outra mulher, ele *não* comete adultério (embora alguns contestem essa ideia, enquanto outros acreditam que o divórcio em questão aqui se restringe a casais de noivos). Na passagem em questão, o pronunciamento de Jesus parece ter como principal objetivo servir de advertência enérgica para os maridos não se divorciarem da esposa de forma ilegítima.

No relato paralelo em Marcos 10.11-12, o evangelista cita as palavras de Jesus: "Aquele que se divorcia de sua mulher e casa com outra comete adultério *contra ela*. *E se ela se divorciar do marido e casar com outro, comete adultério*". Em contraste com Mateus, Marcos inclui a expressão "contra ela" e enfatiza que a mulher é a parte lesada. Também acrescenta que o mesmo princípio é válido tanto para o marido quanto para a mulher. No contexto desse Evangelho, Marcos 10.11 parece ter a função de apresentar um comentário sobre a condenação, por João Batista, do casamento ilícito entre Herodes Antipas e Herodias, ex-esposa de seu irmão, Filipe, um pronunciamento relatado em 6.17-19. Nesse contexto, portanto, não faz sentido incluir a exceção que aparece em Mateus, pois não é relevante para a união de Herodes com Herodias.

A passagem paralela em Lucas 16.18 combina Marcos 10.11 e Mateus 5.32b. Aparece praticamente isolada, sem contexto, e diz: "Todo aquele que se divorcia de sua mulher e casa com outra comete adultério (=Mc 10.11); e quem casa com a divorciada também comete adultério (=Mt 5.32b)". Também aqui, observamos uma advertência para os homens não se divorciarem de maneira arbitrária e não se casarem com uma mulher divorciada de maneira ilegítima. Mais uma vez, o principal objetivo é proteger as mulheres que constituem um tema de destaque no Evangelho de Lucas.

A última passagem sobre o assunto encontra-se em 1Coríntios 7.10-16. Nos versículos 10-11, Paulo se vale dos ensinamentos de Jesus da seguinte forma: "No entanto, ordeno aos casados, não eu, mas o Senhor, que a mulher não se separe do marido. Se, porém, ela se separar, que não se case, ou que se reconcilie com o marido. E que o marido não se divorcie da mulher". Como Marcos e Lucas, Paulo faz sua declaração em termos absolutos, daí Mateus ser o único documento do Novo Testamento a trazer a cláusula de exceção referente ao divórcio por causa de *porneia*. Maridos e mulheres não devem se divorciar do cônjuge e, se o fizerem, não devem se casar novamente. Enquanto 1Coríntios 7.10-11 concorda com a postura que proíbe o divórcio e o novo casamento, 1Coríntios 7.15 parece apresentar uma complicação.

Nessa passagem, Paulo acrescenta o seguinte pronunciamento apostólico: "Mas eu, não o Senhor, digo aos outros: Se algum irmão tem mulher incrédula, e esta consente em viver com ele, não se divorcie dela" e vice-versa (1Co 7.12-13). Depois de apresentar uma explicação lógica, o apóstolo conclui: "Mas, se o incrédulo se separar, que se separe. Nesses casos, nem o irmão nem a irmã estão sujeitos à servidão" (7.15; o termo grego para "servidão" é *douloō*). Qual o significado de "não estar sujeito à servidão" nessa passagem? O texto paralelo em 7.39 ajuda a esclarecer a questão. Lá, Paulo escreve: "A mulher está ligada [grego, *deō*] ao marido enquanto ele vive. Mas se o marido morrer, ela ficará *livre para se casar* com quem quiser, contanto que seja no Senhor". Aquilo que parece estar apenas implícito em 7.39, a saber, "não estar sujeito à servidão", significa "estar livre para se casar novamente". A menos que outras considerações surjam da discussão a seguir, tudo indica que Paulo teria permitido não apenas o divórcio, mas também o novo casamento, no caso de abandono pelo cônjuge incrédulo.

A discussão atual

As estipulações mosaicas em Deuteronômio 24.1-4 permitem o novo casamento no caso de divórcio, mas não com a mesma pessoa. Com respeito a Mateus 5.32 e 19.9, há quem argumente que Jesus permite o divórcio, mas não o novo casamento no caso de infidelidade sexual no noivado. Esses estudiosos argumentam que Mateus não inclui "e casa com outra [mulher]" em Mateus 5.32 (cf. Mc 10.11 e Lc 16.18) e que a cláusula de exceção em Mateus 19.9 aparece logo depois da referência ao divórcio em caso de *porneia*, mas vem *antes* da referência ao novo casamento, fato que interpretam como forte indicação de que Jesus permitiu somente o divórcio, e não o novo casamento, no caso de *porneia* (e apenas no noivado).[78] Esse ponto de vista parece exigir, porém, que seus proponentes argumentem que até mesmo José estaria proibido de se "casar novamente" (supondo que sua noiva tivesse sido sexualmente infiel), uma consideração um tanto implausível. Ademais, mesmo que *porneia* se referisse somente à infidelidade sexual *conjugal*, se Jesus permitisse o divórcio por esse motivo, mas proibisse o novo casamento, não seria divórcio, mas apenas separação.[79]

Com respeito a 1Coríntios 7.15, a maioria dos estudiosos evangélicos interpreta que essa passagem, juntamente com 7.39, ensina que a parte inocente tem liberdade de se casar outra vez.[80] A expressão de Paulo "ficará livre para se casar" na segunda passagem, é semelhante à fórmula de divórcio judaica: "Estás livre para casar com qualquer homem" (*m. Gitin* 9:3). Os termos gregos *douloō* e *deō* são considerados correlatos e usados de forma intercambiável.[81] Uma minoria, porém, argumenta que não há nenhuma indicação explícita da possibilidade de um novo casamento e afirma que, pelos motivos a seguir, o novo casamento não é permitido mesmo no caso de abandono pelo cônjuge incrédulo: (1) o casamento é um decreto estabelecido na criação, uma aliança de vigência permanente não obstante circunstâncias como abandono pelo cônjuge incrédulo; (2) Paulo proíbe especificamente o novo casamento em 1Coríntios 7.10-11; (3) as palavras *douloō* e *deō* não são intercambiáveis; e (4) Paulo só se refere à possibilidade de novo casamento no contexto da morte de um dos cônjuges (Rm 7.2; 1Co 7.39).

Em resposta, a maioria (note que nem todos os proponentes da "aplicação ao noivado" concordam a respeito dessa questão) observa que (1) a natureza pactual do casamento nos leva a perguntar se certas alianças relevantes podem ou não ser dissolvidas em determinadas circunstâncias, assunto tratado nos capítulos 2 a 4; (2) o argumento de Paulo em 1Coríntios 7.15 vai além do que foi dito nos versículos 10-11; os versículos 10-11 tratam da intenção de divórcio de dois cristãos, o que é considerado ilegítimo; no versículo 12, o apóstolo fala "aos outros"; e no versículo 15 trata dos casos de abandono em que o incrédulo deixa o cônjuge cristão; (3) embora não sejam idênticos, os termos *douloō* e *deō* parecem fazer parte do mesmo âmbito semântico ("estar sujeito a servidão", "estar preso"), de modo que 1Coríntios 7.39 pode ser considerado um paralelo relevante de 1Coríntios 7.15; além do mais, é necessário observar que o tempo verbal de "sujeitos à servidão" (*ou dedoulōtai*, tempo perfeito) em 7.15 sugere que o incrédulo abandonou o casamento no passado e, como resultado, o cônjuge cristão que permaneceu no lar "*não está mais* sujeito à servidão" no presente (com o efeito de que o abandono persiste no presente); o ônus da prova de como o tempo verbal perfeito grego aqui é compatível com a postura segundo a qual o novo casamento é proibido parece caber àqueles que defendem esse ponto de vista; (4) é possível que Paulo esteja usando uma analogia, dizendo que quando o cônjuge incrédulo abandona o parceiro, é como se o cônjuge incrédulo tivesse morrido.[82]

Com base na discussão acima, em termos gerais, é bem mais provável e coerente com a crença judaica do primeiro século que, *no caso de divórcio legítimo, a pessoa legitimamente divorciada tenha liberdade de se casar novamente*,[83] uma postura adotada pela maioria dos intérpretes evangélicos de hoje.[84] Essa conclusão é corroborada, ainda, pela fórmula judaica padronizada para a carta de divórcio citada na Mishná: "Vede, estás livre para casar com qualquer homem" (*m. Gitin* 9:3).[85] Ao que parece, esse também é o pressuposto por trás da declaração de Jesus: "Todo aquele que se divorciar de sua mulher [...] torna-a adúltera [considerando o segundo casamento algo natural]; e quem se casa com a divorciada comete adultério" (Mt 5.32).[86]

O mesmo se aplica aos viúvos. Paulo incentiva as viúvas jovens a se casarem novamente (1Tm 5.14) e, em outra passagem, determina em termos mais amplos que a viúva "está *livre* [...] não será adúltera" (Rm 7.3; cf. *m. Qid.* 1:1).[87] Como mencionamos, Paulo escreve em 1Coríntios 7.39: "A mulher está *ligada* ao marido enquanto ele vive. Mas se o marido morrer, ela ficará *livre para se casar* com quem quiser, contanto que seja no Senhor" (1Co 7.39). Quer viúvos (caso em que Paulo incentiva de forma explícita o novo casamento) ou legitimamente divorciados, os indivíduos privados do cônjuge tem liberdade de se casar outra vez.

Independentemente de o novo casamento ser permitido ou não para as vítimas da imoralidade sexual do próprio cônjuge (com base no conceito de "divórcio permitido por causa de adultério ou imoralidade sexual") ou para as vítimas do abandono pelo cônjuge incrédulo, o que dizer da parte culpada? E quanto aos cônjuges que cometeram adultério ou abandonaram o parceiro convertido à fé cristã? Com respeito aos primeiros, pode-se supor que, tendo em vista o adultério já haver ocorrido, o novo casamento da parte culpada só aumenta sua culpa.[88] Com referência aos últimos, na prática, a questão é irrelevante, uma vez que o maior problema dos incrédulos é a incredulidade, motivo pelo qual não estão dispostos, de qualquer modo, a se sujeitarem aos padrões bíblicos.

Resumo

Depois de tratar dos vários pontos de vista acerca dos ensinamentos de Jesus sobre o divórcio e novo casamento, concluímos nossa discussão dos diferentes posicionamentos em relação a esses assuntos com uma rápida descrição e levantamento das diversas posturas adotadas pelos evangélicos da atualidade. A primeira postura aceita a legitimidade bíblica do *divórcio e novo casamento para a parte inocente cujo parceiro cometeu adultério / imoralidade sexual e para o cônjuge cristão abandonado por seu parceiro* ("divórcio e novo casamento permitidos"). Essa postura chamada, por vezes de "erasmiana", uma vez que o conhecido reformador Erasmo de Roterdã a adotou, também é descrita de outras formas.[89] Encontra-se na Confissão de Fé de

Os posicionamentos "novo casamento permitido" e "novo casamento proibido" em 1Coríntios 7

NOVO CASAMENTO PROIBIDO	NOVO CASAMENTO PERMITIDO
O casamento é um decreto estabelecido na criação que tem vigência permanente não obstante as circunstâncias	Em certas circunstâncias, é possível romper uma aliança
Paulo proíbe especificamente o novo casamento em 1Coríntios 7.10-11	1Coríntios 7.10-11 se refere a cristãos, 1Coríntios 7.15, a cristãos abandonados pelo cônjuge não cristão
As palavras *douloō* e *deō* não são intercambiáveis	Embora não sejam idênticos, os termos *douloō* e *deō* parecem fazer parte do mesmo âmbito semântico
Paulo só se refere à possibilidade de novo casamento no contexto da morte de um dos cônjuges (Rm 7.2; 1Co 7.39)	É possível que Paulo esteja usando uma analogia e dizendo que quando o cônjuge incrédulo abandona seu parceiro cristão, é como se o cônjuge incrédulo tivesse morrido

Westminster e representa o ponto de vista da maioria dos evangélicos de hoje. Craig Blomberg, Don Carson, John Feinberg e Paul Feinberg, Gordon Hugenberger, David Clyde Jones, John MacArthur, John Murray, Robert Stein, John Stott e, agora, também William Heth, são alguns de seus proponentes mais conhecidos.[90]

A segunda postura *aceita o divórcio por causa de adultério e abandono pelo cônjuge incrédulo, mas não o novo casamento* ("divórcio permitido, novo casamento proibido"). Era o ponto de vista predominante entre os pais da igreja. Mais recentemente, é adotado por Gordon Wenham e William Heth (que mudou de ideia, cf. acima), Robert Gundry, Andrew Cornes e o estudioso francês Jacques Dupont.[91]

A terceira postura *não aceita o divórcio nem o novo casamento no caso de adultério e aceita o divórcio, mas não o novo casamento no caso de abandono pelo cônjuge incrédulo* ("divórcio proibido, novo casamento proibido"). Essa é a postura de Abel Isaksson, James Montgomery Boice, Dwight Pentecost e John Piper, entre outros.[92] Como acontece com os outros pontos de vista, há variações nos parâmetros dessa postura. Alguns de seus proponentes acreditam firmemente na indissolubilidade do casamento (exceto por falecimento do cônjuge).

A quarta e última postura[93] *não aceita o divórcio nem o novo casamento no caso de adultério, mas aceita o divórcio e novo casamento no caso de abandono pelo cônjuge incrédulo* ("divórcio e novo casamento proibidos / divórcio e novo casamento permitidos"). Convém observar que alguns proponentes da "aplicação ao noivado" discutida acima adotam a terceira postura (que não aceita o chamado "privilégio paulino"), enquanto outros adotam a quarta postura (que aceita o "privilégio paulino"). Ao contrário de alguns proponentes da terceira postura, aqueles que defendem o quarto ponto de vista não adotam a ideia de indissolubilidade absoluta do casamento. Esse é o ponto de vista aceito por Daniel Heimbach.[94]

Quatro posicionamentos principais acerca de divórcio e novo casamento

	DIVÓRCIO E NOVO CASAMENTO PERMITIDOS NO CASO DE ADULTÉRIO E ABANDONO	DIVÓRCIO PERMITIDO, NOVO CASAMENTO PROIBIDO NO CASO DE ADULTÉRIO E ABANDONO	DIVÓRCIO E NOVO CASAMENTO PROIBIDOS NO CASO DE ADULTÉRIO; DIVÓRCIO PERMITIDO, MAS NOVO CASAMENTO PROIBIDO NO CASO DE ABANDONO	DIVÓRCIO E NOVO CASAMENTO PROIBIDOS NO CASO DE ADULTÉRIO; DIVÓRCIO E NOVO CASAMENTO PERMITIDOS NO CASO DE ABANDONO
DEFINIÇÃO	Divórcio e novo casamento para o cônjuge inocente cujo parceiro cometeu adultério / imoralidade sexual ou cujo parceiro incrédulo o abandonou	Divórcio é permitido no caso de adultério, mas novo casamento não é permitido nem no caso de adultério, nem de abandono pelo cônjuge incrédulo	Nem o divórcio nem o novo casamento são aceitos no caso de adultério. No caso de abandono pelo cônjuge incrédulo, se aceita o divórcio, mas não o novo casamento	Nem o divórcio nem o novo casamento são aceitos no caso de adultério, mas ambos são permitidos no caso de abandono pelo cônjuge incrédulo
PRINCIPAIS REPRESENTANTES	Erasmo Confissão de Fé de Westminster Craig Blomberg Don Carson John Feinberg e Paul Feinberg Gordon Hugenberger David Clyde Jones John MacArthur John Murray Robert Stein John Stott William Heth	Gordon Wenham William Heth (até 2001) Robert Gundry Andrew Cornes Jacques Dupont	Abel Isaksson James M. Boice Dwight Pentecost John Piper	Daniel Heimbach

Conclusão

Concluímos com algumas implicações pastorais e três princípios finais.

Implicações pastorais

Quais são as implicações pastorais dos posicionamentos apresentados acima em relação ao divórcio e novo casamento? Primeiro, a narrativa da criação apoia e Jesus e Paulo reafirmam o decreto divino de casamento como união vitalícia entre um homem e uma mulher. O ideal de Deus continua a ser válido mesmo no mundo decaído em que o pecado é uma realidade sempre presente e o divórcio ocorre.

Segundo, alguns acreditam que, de acordo com as Escrituras, o casamento é indissolúvel, quer no sentido sacramental ou pactual, exceto no caso da morte de um dos cônjuges. Logo, o divórcio nunca é legítimo e o novo casamento é sempre errado enquanto o cônjuge está vivo. Isso significa que, nos casos de adultério ou abandono pelo cônjuge incrédulo, o indivíduo cujo parceiro cometeu infidelidade sexual ou abandonou o lar é impedido de se casar em qualquer circunstância. Embora essa postura salvaguarde um padrão elevado de casamento, corre o risco de impor exigências rigorosas demais sobre o indivíduo cujo parceiro é culpado de infidelidade sexual ou abandono. Se Paulo, por exemplo, incentivou energicamente as viúvas jovens a se casarem, por que as vítimas de infidelidade sexual cujo parceiro se casou novamente são proibidas de começar outro relacionamento conjugal? É possível que haja certa validade na preocupação de que a postura "divórcio e novo casamento proibidos" talvez seja indevidamente severa para com a parte inocente.

Terceiro, existe, evidentemente, o perigo inverso de ser mais tolerante do que as Escrituras permitem. Se a Bíblia proíbe, de fato, o divórcio e novo casamento em qualquer circunstância a fim de preservar a indissolubilidade do casamento, quem permitir qualquer exceção (mesmo em caso de adultério ou abandono) é culpado de incentivar outros a pecar. É importante observar, porém, que, no presente, a maioria dos estudiosos evangélicos favorece o divórcio e novo casamento em casos de adultério ou abandono pelo cônjuge incrédulo. Na maioria dos casos (senão em todos), esses estudiosos têm o casamento em altíssima consideração (muitos deles o consideram uma aliança) e não podem ser acusados levianamente de permitir exceções por darem pouco valor à união conjugal.

A menos que se tenha plena certeza de que as Escrituras proíbem absolutamente o divórcio e o novo casamento em qualquer circunstância (sendo a única exceção o novo casamento depois da morte do cônjuge), parece prudente pecar por excesso de misericórdia e permitir o divórcio e novo casamento quando ocorre adultério ou abandono, para que as pessoas não sejam obrigadas a se conformar a um padrão mais elevado até que o padrão bíblico.

Quarto, o divórcio nunca é vontade decretiva de Deus e é sempre resultado de pecado. A reconciliação e restauração conjugal, bem como a preservação do casamento devem ser o objetivo e o motivo de oração das partes envolvidas. A vítima de infidelidade sexual ou abandono pelo cônjuge precisa sempre exercitar perdão. Não obstante, em última análise, não há como controlar a reação do cônjuge em pecado e/ou incrédulo. O novo casamento desse cônjuge indica que não há possibilidade de restauração da união original sem ocorrer o rompimento da segunda união formada pelo novo casamento (cf. Dt 24.1-4, esp. v. 4). Daí ser possível mudar legitimamente a estratégia pastoral nesse ponto e permitir que a parte vitimada tenha liberdade de se casar outra vez.

Princípios finais

Com base nessas observações, portanto, concluímos com três princípios finais. Primeiro, deve-se fazer de tudo para *manter o mais alto conceito de casamento* e *preservar o casamento* sempre que possível (exceto em casos extremos, como abuso pelo cônjuge, nos quais a separação pode ser necessária).

Segundo, partindo do pressuposto de que o divórcio em casos de adultério ou abandono é permissível (porém nunca obrigatório) e não restando nenhuma possibilidade de restaurar o casamento original, deve-se *determinar* se o divórcio em questão é *biblicamente permissível* (embora os proponentes do conceito de indissolubilidade neguem qualquer circunstância em que isso seja possível). Nesse caso, a pessoa pode se casar novamente e o pastor pode oficiar a cerimônia. Do contrário, ele deve se recusar a realizar a cerimônia.

Terceiro, em vez de adotar uma abordagem de "nenhuma culpa" no divórcio, deve-se fazer *distinção clara* entre a *parte culpada* e a *parte inocente*.[95] O cônjuge inocente deve ser tratado como solteiro ou não casado e a parte culpada, como divorciada.[96]

Por fim, os posicionamentos pessoais em relação ao divórcio e novo casamento apresentam implicações importantes não apenas nos casos em que membros da igreja são afetados, mas especialmente quando envolvem a liderança da igreja. Existe alguma circunstância na qual se pode confiar legítima e biblicamente o cargo de pastor, presbítero ou diácono a um indivíduo divorciado? Ou as Escrituras proíbem os divorciados de serem oficiais da igreja? Embora essa questão seja claramente relacionada à discussão acima sobre os ensinamentos bíblicos acerca do divórcio e novo casamento em geral, vários outros textos devem ser levados em consideração, de modo que trataremos do assunto separadamente no capítulo seguinte.

Notas

[1] A obra clássica é John MURRAY, *Divorce*. Grand Rapids: Baker, 1961. Para diferentes posicionamentos evangélicos, cf. H. Wayne House, ed., *Divorce and Remarriage: Four Christian Views*. Leicester/Downers Grove: InterVarsity Press, 1990, que apresenta quatro pontos de vista: "Divórcio e novo casamento proibidos" (J. Carl LANEY); "divórcio permitido, novo casamento proibido" (William

H. HETH; cf. tb. Gordon J. WENHAM e William E. HETH, *Jesus and Divorce*. Ed. atualizada, Carlisle: Paternoster, 1997; ed. original, 1984; ver agora, porém, HETH, "Jesus on Divorce: How My Minds Has Changed", *Southern Baptist Journal of Theology* 6, no 1. Primavera, 2004, p. 4-29); "divórcio e novo casamento permitidos em casos de adultério e abandono" (Thomas EDGAR); "divórcio e novo casamento permitidos em várias circunstâncias" (Larry RICHARDS). Cf. tb. David Clyde JONES, *Biblical Christian Ethics*. Grand Rapids: Baker, 1994, p. 177-204; John S. FEINBERG e Paul D. FEINBERG, *Ethics for a Brave New World*, Wheaton: Crossway, 1993, p. 299-343; e as pesquisas de Raymond F. COLLINS, *Divorce in the New Testament*. Collegeville: Liturgical Press, 1992; Pat E. HARRELL, *Divorce and Remarriage in the Early Church: A History of Divorce and Remarriage in the Ante-Nicene Church*. Austin: Sweet, 1967; e J. Glen TAYLOR, "The Bible and Homosexuality", *Themelios* 21, no, 1995, p. 4-9. Um quadro comparativo bastante útil das interpretações das passagens relevantes pelos proponentes dos cinco pontos de vista (patrístico, erasmiano, pretérito, noivado e consanguinidade) pode ser encontrado em Paul STEEL e Charles C. RYRIE, *Meant to Last*. Wheaton: Victor, 1983, p. 96-97. Cf. tb. David INSTONE-BREWER, *Divorce and Remarriage in the Bible: The Social and Literary Context*. Grand Rapids: Eerdmans, 2002. Instone-Brewer argumenta que (1) tanto Jesus quanto Paulo condenaram o divórcio ilegítimo e desestimularam o divórcio mesmo com motivos válidos; (2) tanto Jesus quanto Paulo afirmaram os motivos para o divórcio apresentados no Antigo Testamento, a saber, adultério e negligência ou abuso (cf., porém, a análise crítica do último ponto no capítulo 2); e (3) tanto Jesus quanto Paulo condenaram o novo casamento depois de um divórcio ilegítimo, mas não depois de um divórcio legítimo (ix; cf.; Espírito. p. 133-212). Cf. tb. as informações reunidas no site desse autor: http://www.Instone-Brewer.com.

[2] Cf. o estudo proveitoso dessa passagem em R. Stanton NORMAN, "Biblical, Theological, and Pastoral Reflections on Divorce, Remarriage, and the Seminary Professor", *Journal for Baptist Theology and Ministry* 1, no 1. Primavera, 2003, p. 80-82.

[3] Cf. Gordon J. WENHAM, "Gospel Definitions of Adultery and Women's Rights", *Expository Times* 95, no 11. Agosto de 1984, p. 330.

[4] Com referência à "aplicação ao noivado", cf. mais detalhes abaixo.

[5] Mas não vice-versa. Para uma comparação geral entre as escolas de Shammai e Hillel, cf. Günter STEMBERGER, *Introduction to the Talmud and Midrash*, 2a ed., trad. e ed., Markus Bockmuehl. Edimburgo: T & T Clark, 1996, p. 66 (com informações bibliográficas adicionais); e Emil SCHÜRER, *The History of the Jewish People in the Age of Jesus Christ*, vol 2, rev. e ed., Geza Vermes, Gergus Millar e Matthew Black. Edimburgo: T & T Clark, 1979, p. 363-367. Para uma comparação entre Jesus e Hillel, cf. James H. Charlesworth e Loren L. Johns, eds., *Hillel and Jesus: Comparisons of Two Major Religious Leaders*. Minneapolis: Fortress, 1997.

[6] Se a pena de morte era aplicada regularmente ou não é outra questão. Cf. Henry McKEATING, "Sanctions Against Adultery in Ancient Israelite Society", *Journal for the Study of the Old Testament* 11, 1979, p. 57-72.

[7] De acordo com FEINBERG e FEINBERG, *Ethics for a Brave New World*, p. 312. NORMAN, "Biblical, Theological, and Pastoral Reflections", p. 81, acredita que a expressão se refere a "qualquer tipo de comportamento sexual fora dos padrões que não chegue a caracterizar uma relação sexual".

[8] Cf. D. A. CARSON, *Matthew*, Expositor's Bible Commentary. Grand Rapids: Zondervan, 1984, p. 413.

[9] Daniel I. BLOCK, "Marriage and Family in Ancient Israel", Ken M. Campbell, ed., *Marriage and Family in the Biblical World*. Downers Grove: InterVarsity Press, 2003, p. 49-50, cita Levítico 15.14 e segue John WALTON, "The Place of the *hutqaṭṭēl* within D-Stem Group and It's Implications in Deuteronomy 24:4", *Hebrew Studies* 32, 1991, p. 14-15.

[10] Cf. FEINBERG e FEINBERG, *Ethics for a Brave New World*, p. 313.

[11] Cf. Joachim JEREMIAS, *Jerusalem in the Time of Jesus*. Filadélfia: Fortress, 1969, p. 370-371. [Publicado em português sob o título: *Jerusalém no tempo de Jesus*. São Paulo: Paulinas, 1983.]

¹² Observe que a tradução tradicional de Malaquias 2.16, na qual Deus afirma categoricamente que odeia o divórcio (p. ex., Almeida Século XXI, RA, RC, Corrigida, NVI, TNLH, BV) exige a emenda do texto hebraico. Duas traduções recentes para o inglês (English Standard Version e Holman Christian Standard Bible), porém, consideram que a frase não se refere a Deus odiar o divórcio, mas à pessoa que "odeia e se divorcia" e, portanto, comete injustiça. Para uma defesa da interpretação adotada pela ESV e HCSB, cf. capítulo 3 de "Malachi 2:16 and Divorce" em Gordon P. HUGGENBERGER, *Marriage as a Covenant: Biblical Law and Ethics as Developed from Malachi*. Grand Rapids: Baker, 1998, p. 49-83. Cf. tb. Thomas E. McComiskey, ed., *The Minor Prophets: An Exegetical and Expository Commentary*, vol. 3: *Zephaniah, Haggai, Zechariah, and Malachi*. Grand Rapids: Baker, 1992, p. 1339, que traduz: "Se alguém odeia e se divorcia (disse Javé, o Deus de Israel), cobre suas roupas com crime (disse Jeová dos Exércitos)". Cf., ainda, M. A. SHIELDS, "Syncretism and Divorce in Malachi 2,10-16", *Zeitschrift für die alttestamentliche Wissenschaft* 111, 1999, p. 81-85; e BLOCK, "Marriage and Family in Ancient Israel", p. 51 (com mais referências bibliográficas).

¹³ Observe que a referência de Jesus a Gênesis 1.27 em Mateus 19.4 / Marcos 10.6 indica que ele definiu o casamento como uma união *heterossexual*, e não homossexual (cf. capítulo 10). Quanto à resposta de Jesus à pergunta dos fariseus em Mateus 19.3 / Marcos 10.2, na qual ele cita duas passagens do Antigo testamento (Gn 1.27 e Gn 2.24) que faziam parte da comprovação do padrão de monogamia, cf. INSTONE-BREWER, *Divorce and Remarriage in the Bible*, p. 133-141. Associar duas passagens bíblicas para corroborar o argumento de um rabino era um recurso comum conhecido como *gezerah shawah*.

¹⁴ Cf. nota 13.

¹⁵ CARSON, *Matthew*, p. 412, em oposição a David ATKINSON, *To Have and to Hold: The Marriage Covenant and the Discipline of Divorce*. Grand Rapids: Eerdmans, 1979, especialmente p. 114 e seguintes.

¹⁶ O paralelo em Marcos também diz que "em casa, os discípulos perguntaram a Jesus de novo sobre isso" (Mc 10.10), indicando que os discípulos haviam feito a pergunta a Jesus uma vez e depois indagaram novamente. A NVI, em contrapartida, diz: "Quando estavam em casa novamente, os discípulos interrogaram Jesus sobre o mesmo assunto", indicando que os discípulos esperaram até voltar para casa para fazer a pergunta a Jesus.

¹⁷ CARSON, *Matthew*, p. 416, citando Quentin QUESNELL, "'Made Themselves Eunuchs for the Kingdom of Heaven' (Mt 19.12)", *Catholic Biblical Quarterly* 30, 1968, p. 335-358, se refere a um padrão segundo o qual "Jesus *não* concordava com a interpretação equivocada dos discípulos, mas voltou a enfatizar o argumento que havia acabado de apresentar".

¹⁸ P. ex., Paul RAMSEY, *Basic Christian Ethics*. Louisville: Westminster/John Knox, 1993 (1950), p. 71.

¹⁹ Cf. p. ex., W. D. DAVIES e Dale C. ALLISON, *The Gospel According to Saint Matthew*, vol. 3, International Critical Commentary. Edimburgo: T & T Clark, 1997, p. 9. Segundo os autores, a postura "mais liberal" da escola de Hillel era "supostamente predominante" no tempo de Jesus; e JEREMIAS, *Jerusalem in the Time of Jesus*, p. 370 (que cita Fílon, *Leis especiais* 3.30 e Josefo, *Antiguidades* 4.253 [VIII.23], como sendo conhecedores apenas do ponto de vista da escola de Hillel). De acordo com Jeremias "ao que parece, a postura [de Hillel] devia ser o ponto de vista predominante na primeira metade do primeiro século d.C.". [Publicado em português sob o título: *Jerusalém no tempo de Jesus*. São Paulo: Paulinas, 1983.]

²⁰ Comparar com INSTONE-BREWER, *Divorce and Remarriage in the Bible*, p. 168. Ele argumenta que a resposta dos discípulos indica, mais provavelmente, que adotavam o ponto de vista de Hillel quanto a "qualquer motivo".

²¹ Sugerido por HETH, "Jesus on Divorce", p. 16. Cf. tb. FEINBERG e FEINBERG, *Ethics for a Brave New World*, p. 335-336 e a discussão abaixo.

²² A Bíblia Viva traz: "Se não for por causa de infidelidade". A NVI: "Exceto por imoralidade sexual". A RA: "Exceto em caso de relações sexuais ilícitas". A RC: "A não ser por causa de prostituição" e a NTLH: "A não ser em caso de adultério".

²³ P. ex., Robert H. GUNDRY, *Matthew: A Commentary on His Handbook for a Mixed Church Under Persecution*, 2a ed. Grand Rapids: Eerdmans, 1994, p. 90, que afirma categoricamente: "A cláusula de exceção [...] é de Mateus, e não de Jesus. É uma inserção editorial para conformar as palavras de Jesus à Palavra de Deus no AT"; Donald HAGNER, *Matthew 14-28*, Word Biblical Commentary. Dallas: Word, 1995, p. 549; "O evangelista acrescenta a cláusula de exceção para não ferir as sensibilidades morais dos leitores cristãos judeus"; Robert H. STEIN, "Is It Lawful for a Man to Divorce His Wife?" *Journal of the Evangelical Theological Society* 22, 1979, p. 116-120; e, mais recentemente, "Divorce", Joel B. Green, Scot McKnight e I. Howard Marshall, eds. *Dictionary of Jesus and the Gospels*. Downers Grove: InterVarsity Press, 1992, p. 196, onde Stein argumenta que "é mais apropriado entender a cláusula de exceção como um acréscimo interpretativo de Mateus para ajudar a mostrar aos cristãos judeus que Jesus não estava procurando 'abolir a Lei' (Mt 5.17) em sua declaração sobre o divórcio"; Richard B. HAYS, *The Moral Vision of the New Testament: A Contemporary Introduction to New Testament Ethics*. São Fracisco: Harper, 1996, p. 363, de acordo com o qual esse ponto de vista talvez fosse uma tradição na "comunidade de Mateus".

²⁴ Para alguns, a ideia de que Mateus acrescentou a "cláusula de exceção" é incompatível com a inerrância (p. ex., NORMAN, "Biblical, Theological, and Pastoral Reflections", p. 82). FEINBERG e FEINBERG, *Ethics for a Brave New World*, p. 324, também expressam preocupação a esse respeito, embora acrescentem o esclarecimento importante de que "Mateus não precisava citar Jesus *literalmente* para manter a inerrância, mas Jesus deve ter articulado o sentido de exceção". Outros, como Charles H. H. SCOBIE, *The Ways of Our God: An Approach to Biblical Theology*, Grand Rapids/Cambridge: Eerdmans, 2003, consideram o ensinamento bíblico sobre divórcio "um exemplo notável da diversidade, senão da contradição, dentro das Escrituras" e contrastam Marcos 10.2-12 com Mateus 19.9. Scobie conclui que "é mais apropriado reconhecer a existência de duas tradições em tensão entre si". A declaração absoluta é "o princípio fundamental, considerado em termos de ética visionária", enquanto a outra tradição "reflete o lado paradigmático da ética neotestamentária". É questionável, porém, que o ponto de vista de Scobie esteja dentro dos limites do conceito de inerrância das Escrituras.

²⁵ Como os proponentes da "aplicação ao noivado"; cf. a discussão mais adiante.

²⁶ Os únicos pontos de vista que negam a existência de qualquer exceção são (1) a postura inclusivista (que, no lugar da palavra normalmente traduzida como "exceto", opta por "nem mesmo"), (2) a postura "sem comentários" (de acordo com o qual Jesus se recusou até a comentar sobre a questão) e (3) a postura "esclarecimento da ofensa" (segundo a qual Jesus argumenta que uma mulher divorciada por adultério não se *torna* adúltera pelo divórcio, pois *já* o é). Essas ideias são refutadas adequadamente por FEINBERG e FEINBERG, *Ethics for a Brave New World*, p. 325-327.

²⁷ Embora um desses pontos de vista argumente que Jesus permitiu apenas o divórcio (em circunstâncias excepcionais), mas não o novo casamento (cf. nota 1). Ademais, mesmo essa posição de "divórcio permitido, mas novo casamento proibido" critica a postura de "divórcio e novo casamento proibidos". Cf. p. ex., WENHAM e HETH, *Jesus and Divorce*, p. 184, segundo os quais tanto o "conceito de casamentos ilegítimos" quanto à "aplicação ao noivado" "restringem desnecessariamente o significa do termo amplo *porneia*".

²⁸ Com referência às tendências de estudiosos evangélicos recentes sobre essa questão, cf. HETH, "Jesus on Divorce", p. 4. Aqueles que defendem alternativas ao ponto de vista adotado pela maioria são citados em p. 23-24, n. 7.

²⁹ A expressão qualificadora "por qualquer motivo" não aparece no texto paralelo em Marcos 10.2.

³⁰ John W. SHEPARD, *The Christ of the Gospels*, Grand Rapids: Eerdmans, 1946 (1939), p. 452, e vários outros intérpretes (p. ex., CARSON, *Matthew*, p. 411; William L. LANE, *The Gospel According to Mark*, New International Commentary on the New Testament. Grand Rapids: Eerdmans, 1974, p. 354, que fala do significado da expressão "para colocá-lo à prova" em Mc 10.2) sugerem como possível motivo o desejo dos judeus de colocar Jesus em uma situação difícil em relação a Herodes Antipas, assim como João Batista sofrera por haver condenado a união ilícita de Herodes com Herodias, esposa de seu irmão,

Filipe. Em termos históricos é, de fato, uma conjuntura bastante plausível (cf. especialmente Mc 10.2-12; cf. Mc 6.14-29; cf. mais detalhes abaixo). Ao que parece, Marcos focaliza mais a dimensão política da discussão, enquanto Mateus enfatiza a questão legal rabínica (cf. GUNDRY, *Matthew*, p. 377). Observe a ocorrência do termo "permitido" (ou "lícito", RA; *exestin*) em Mateus 14.4 e 19.3.

[31] A passagem continua: "R. Akiba [c. 135 d.C.] diz: Mesmo que ele considere outra mulher mais formosa do que ela, pois está escrito, 'E se ela não for agradável aos seus olhos'". Cf. também Eclesiástico 25.36: "Se ela não obedece ao dedo e ao olho, separa-te dela" (lit., "corta-a da tua carne", ou seja, divorcia-te dela, Dt 24.1; até aqui, os dois haviam sido "uma só carne", Gn 2.24).

[32] Cf. mais detalhes adiante. Alguém poderia dizer que se trata de um argumento baseado na tradição cultural, e não nas Escrituras. Embora seja verdade, devemos reconhecer que a interação entre Jesus e os fariseus, registrada em Mateus 19.3-12, não ocorreu em um vácuo. Não devemos esperar que pressupostos judaicos do primeiro século conhecidos por Jesus, os fariseus e Mateus, bem como (a maioria dos) seus leitores fossem, necessariamente, apresentados de forma explícita. Parece legítimo, portanto, usarmos nosso conhecimento acerca das crenças e práticas judaicas comuns do primeiro século no tocante ao divórcio, para tentar entender a essência dos ensinamentos de Jesus na passagem em questão.

[33] Uma questão que pode ser levantada é: Se Jesus e seus contemporâneos judeus pressupunham, de fato, a legitimidade do divórcio por causa de adultério, por que Mateus incluiu a referência a *porneia* em seu texto? A explicação mais objetiva é que Jesus proferiu, de fato, a "cláusula de exceção" e Mateus registrou a declaração de Jesus da forma como foi dita. Não há como dizer ao certo por que Jesus se referiu explicitamente ao divórcio no caso de *porneia* (não apenas em Mt 19, mas já em Mt 5.32), mas é possível que Jesus simplesmente estivesse reafirmando aquilo que todos já sabiam para que seus oponentes não o acusassem de ignorar a prática comum. Cf. John R. W. STOTT, "Marriage and Divorce", *Involvement: Social and Sexual Relationships in the Modern World*, vol. 2. Old Tapa: Revell, 1984, p. 169-170. Stott defende a autenticidade da cláusula de exceção e sugere que talvez Mateus a tenha incluído para seus leitores judeus, enquanto Marcos e Lucas, que escreveram principalmente para gentios, não tiveram a mesma preocupação. Em oposição a STEIN, "Divorce", p. 197, que declara: "Sua autenticidade [isto é, da cláusula de exceção em Mateus] é duvidosa" e propõe: "Mateus acrescentou a cláusula de exceção ao ensinamento de Jesus". Com referência a adultério, cf. especialmente Craig S. KEENER, "Adultery, Divorce", Craig A. Evans e Stanley E. Porter, eds., *Dictionary of New Testament Background*. Downers Grove: InterVarsity Press, 2000, p. 7-10.

[34] NORMAN, "Biblical, Theological, and Pastoral Reflections", p. 83, cita, oportunamente, CARSON, *Matthew*, p. 414, segundo o qual o termo *porneia* "não deve ser restrito, a menos que o contexto o exiga". A verdade, porém, é que, com frequência, o contexto *exige* um significado restrito. Referências gerais costumam ocorrer em listas de vícios (p. ex., Mc 7.21; Gl 5.19; Ef 5.3; Cl 3.5; cf. tb. 1Ts 4.3; Ap 9.21). Casos em que *poerneia* é qualificado pelo contexto incluem referências à prostituição (Mt 21.31-32; Lc 15.30; 1Co 6.13-18), incesto (At 15.20,29; 21.25; 1Co 5.1), homossexualidade (cf. Lv 18.22: *arsenos* [...] *koitēn*), fornicação (Jo 8.41) e adultério (cf. Jr 3.9, LXX e Os 2.4, LXX, sobre o qual, cf. a discussão mais adiante; figurativamente, Ap 14.8; 17.2,4; 18.3,9). Cf. Joseph JENSEN, "Does *Porneia* Mean Fornication? A Critique of Bruce Malina", *Novum Testamentum* 20, 1980, p. 161-184, especialmente 180-183; Donald A. HAGNER, *Matthew 1—13*. Word Biblical Commentary. Dallas: Word, 1993, p. 125. Conforme Hagner destaca, *porneia* é um termo amplo que também pode ser usado para se referir a adultério (citando Eclesiástico 23.23; e G. Kittel e G. Friedrich, eds., G. W. Bromiley, trad., *Theological Dictionary of the New Testament*, 10 vols. Grand Rapids: Eerdmans, 1964-1976, 6:592; e BDAG 854: "Of the sexual unfaithfulness of a married woman [Acerca da infidelidade sexual de uma mulher casada]".

[35] Daí a tradução da Almeida Século XXI e BV: "Por causa da infidelidade", RA: "Por causa de relações sexuais ilícitas" e RC: "Por causa de prostituição". A falta de especificação mais detalhada é observada por STOTT, "Marriage and Divorce", p. 171, que conclui: "Parece, portanto, que ele [Jesus]

aboliu a pena de morte para a infidelidade sexual e tornou esta última a única base legítima para a dissolução do vínculo conjugal por divórcio, e não morte, e somente como permissão" (p. 173). Com respeito ao significado de *porneia* em Mateus 19, cf. tb. a discussão minuciosa das evidências filológicas em INSTONE-BREWER, *Divorce and Remarriage in the Bible*, p. 156-159, segundo o qual a expressão é usada aqui porque foi considerada a melhor tradução da expressão em Deuteronômio 24.1. Instone-Brewer resume os ensinamentos de Jesus sobre o divórcio da seguinte forma: (1) o casamento deve ser monógamo e vitalício; (2) o divórcio nunca é obrigatório e deve ser evitado, a menos que a parte culpada recuse obstinadamente se arrepender; (3) o casamento é opcional; e (4) o posicionamento que permite o divórcio "por qualquer motivo", adotado pela escola de Hillel, é inválido (p. 187).

[36] STEIN, "Divorce", p. 194 (ênfase nossa). Stein também destaca que, embora em outras passagens Mateus use o termo mais restrito *moicheia* (ou o verbo *moicheuō*) para adultério (5.27,28,32; 15.19; 19.18) e ainda que em outras passagens faça-se distinção entre *moicheia* e *porneia* (Mc 7.21-22 par. Mt 15.19; 1Co 6.9; Hb 13.4), *porneia* é um termo mais amplo que, não obstante, inclui *moicheia* (p. 195). Cf. tb. a discussão detalhada em CARSON, *Matthew*, p. 412-419 que trata de sete interpretações principais da "cláusula de exceção" em Mateus e observa que "não há motivo para adotar [a aplicação ao noivado], quando *porneia* é espremido dentro de um âmbito semântico excessivamente restrito" (p. 414). GUNDRY, *Matthew*, p. 91, argumenta que "*moicheia*, a palavra específica para adultério, não aparece na cláusula de exceção simplesmente porque uma expressão geral ocorre em Deuteronômio".

[37] Por esse motivo, é equivocada a asserção (citada com frequência para corroborar a postura dos defensores de "divórcio e novo casamento proibidos") de Abel ISAKSSON, *Marriage and Ministry in the New Temple: A Study with Special Reference to Mt. 19.13 [sic]-12 and 1.Cor. 11.3-16*, trad. Neil Tomkinson e Jean Gray, Acta Seminarii Notestamentici Upsaliensis 24. Lund: Gleerup, 1965, p. 134-135, de que a distinção entre *porneia* e *moicheia* "era mantida de forma extremamente rígida na literatura judaica pré-cristã no NT" e de que "também não encontramos nenhum exemplo inequívoco do uso desse termo [*porneia*] para denotar o adultério da esposa". Se as passagens citadas anteriormente, Jeremias 3.8-10 e Oseias 2.2-5a, forem classificadas como "literatura judaica pré-cristã" (como obviamente são), refutam a asserção de Isaksson de que a distinção entre *porneia* e *moicheia* "era mantida de forma extremamente rígida" nesses textos, uma vez que essas duas expressões são usadas em paralelismos típicos do estilo hebraico e, essencialmente, associadas uma à outra. Mesmo que não houvesse nenhuma ocorrência inequívoca do termo *porneia* sozinho com o sentido de adultério (não fica claro se Isaksson limita a abrangência ao adultério "da esposa"), o fato é que *porneia* não é usado sozinho em Mateus 19.9, mas ocorre junto com *moicheuō*("cometer adultério") e *gameō* ("casar-se [novamente]").

[38] Outra sugestão interessante quanto à razão de o termo *porneia* ser usado no lugar de *moicheia* em Mateus 19.9 é feita por Johannes P. LOUW e Eugene A. NIDA, *Greek-English Lexicon of the New Testament Based on Semantic Domains*, 2a ed. Nova York: United Bible Societies, 1989, p. 772. Uma vez que, no tempo do Novo Testamento, o adultério costumava ser definido em termos do estado civil casado da *mulher* envolvida nesse ato, a relação entre um *homem* casado e uma mulher solteira normalmente era considerada *porneia*, enquanto a relação entre um homem (casado ou não) e a esposa de outro homem era considerada adultério, tanto da parte do homem quanto da mulher. Caso essa ideia seja correta e se Jesus (e Mateus) desejavam incluir os dois tipos de imoralidade sexual em Mateus 19.9, isso explicaria o uso do termo *porneia*.

[39] Cf. a referência a FEINBERG e FEINBERG, *Ethics for a Brave New World*, p. 324, na discussão anterior.

[40] Como observa corretamente HAGNER, *Matthew 14—28*, p. 549 (não apoiamos, contudo, sua ideia de que a "cláusula de exceção" foi acrescentada por Mateus, nem concordamos com o contraste que ele faz entre os comentários de Mt 19.6-8,11-12 e a suposta inserção do evangelista da "cláusula de exceção" no v. 9). Cf. tb. INSTONE-BREWER, *Divorce and Remarriage in the Bible*, p. 173, segundo o qual, "A versão de Mateus reflete uma verdadeira discussão rabínica". Para uma dinâmica semelhante, cf. Mateus 22.15-22; Marcos 12.13-17; Lucas 20.20-26.

⁴¹ F. HETH, "Jesus on Divorce", p. 11, 16. Cf. tb. CARSON, *Matthew*, p. 411, que destaca: "Qualquer que seja a interpretação daquilo que Jesus diz [...] ele não concorda nem com Shammai nem com Hillel, pois, apesar de a escola de Shammai ser mais rígida que a de Hillel, permitia o novo casamento quando o divórcio não ocorria de acordo com suas próprias Halakah (regras de conduta) (M *Eduyoth* 4.7-10) e se Jesus restringe a base para o divórcio à imoralidade sexual [...], difere fundamentalmente de Shammai. Nestes versículos, Jesus assume uma posição singular [...] e o faz em uma época em que, em muitos círculos farisaicos, 'a frequência de divórcios era um escândalo de conhecimento geral'" (citando David HILL, *The Gospel of Matthew*, New Century Bible. Londres: Marshall, Morgan & Scott, 1972, p. 280).

⁴² Cf. HILL, *Gospel of Matthew*, p. 280: "Esse tipo de argumento era aceitável na exegese judaica: 'quanto mais original, mais peso tem'. Um apelo à intenção de Deus na criação sobrepuja (mas nem por isso anula) as prescrições mosaicas". Semelhantemente, CARSON, *Matthew*, 412.

⁴³ Cf. KEENER, "Adultery, Divorce", p. 6, de acordo com o qual Jesus "provavelmente aceita, mas radicaliza o posicionamento da escola de Shammai".

⁴⁴ Isso não significa, necessariamente, que Jesus ensinou a indissolubilidade do casamento, como afirmam a Igreja Católica e outros (p. ex., WENHAM, "Gospel Definitions of Adultery and Women's Rights", p. 330-332. Cf. a resposta de M. J. DOWN, "The Saying of Jesus About Marriage and Divorce", *Expository Times* 95, no 11. Agosto de 1984, p. 332-334).

⁴⁵ Como observa corretamente WENHAM, "Gospel Definitions of Adultery and Women's Rights", p. 331. Alguns defensores da "aplicação ao noivado" levantam objeções à ideia de "divórcio permitido por causa de adultério ou imoralidade sexual" com base na ideia de que, à luz das palavras de Jesus em Mateus 5.28, a exceção em Mateus 19.9 precisaria incluir não apenas atos, mas também pensamentos adúlteros, o que tornaria a exceção absurda. O judaísmo fazia, porém, distinção entre pensamentos pecaminosos e os atos pecaminosos resultantes. Ademais, Jesus não diz em Mateus 5.28 que o homem que cobiça outra mulher comete *adultério*; antes, especifica sua afirmação dizendo que ele comete adultério *em seu coração*.

⁴⁶ Segundo STOTT, "Marriage and Divorce", p. 170, citado em JONES, *Biblical Christian Ethics*. p. 202; e HILL, *Gospel of Matthew*, p. 281 que escreve: "O relacionamento adúltero violava a ordem da criação e seu ideal monógamo. Se, portanto, Jesus defendeu a indissolubilidade do casamento com base em Gênesis, deve ter permitido o divórcio única e exclusivamente por causa daquilo que viola a ordem da criação".

⁴⁷ Observe que Jesus estende a abrangência do adultério até o coração do homem (Mt 5.27-28; cf., porém, a nota acima que comenta sobre esses versículos). Ao mesmo tempo, se a tradição por trás de João 7.53—8.11 é autêntica, Jesus também reformula a questão do castigo apropriado no caso de adultério: "Quem dentre vós estiver sem pecado seja o primeiro a atirar uma pedra nela" (Jo 8.7). Cf. tb. a ocasião em que José considera a possibilidade de se divorciar quando suspeita de infidelidade sexual de sua noiva, Maria (Mt 1.19; cf. mais abaixo).

⁴⁸ Cf. EDGAR, "Divorce and Remarriage for Adultery and Desertion", House, ed., *Divorce and Remarriage: Four Christian View*, p. 151-152. Edgar argumenta que o ponto de vista apresentado por ele é o que segue mais naturalmente das Escrituras "se não pressupusermos uma visão sacramental do casamento ou seu equivalente (casamento como união indissolúvel)".

⁴⁹ Cf. capítulo 2. Ver também a discussão importante em HETH, "Jesus on Divorce", p. 16-20, que mudou de ideia e passou do posicionamento de "divórcio e novo casamento proibidos", para "divórcio e novo casamento permitidos no caso de adultério ou imoralidade sexual" depois de reconsiderar sua postura em relação à natureza da aliança em geral e, mais especificamente, da aliança de casamento. Um escritor particularmente influente no pensamento de Heth é HUGENBERGER, *Marriage as a Covenant*. Cf. tb. Craig L. BLOMBERG, *Matthew*, New American Commentary. Nashville: Broadmand & Holman, 1992, p. 290, n. 6 (citado em HETH, "Jesus on Divorce", p. 27, n. 70); e os

argumentos em favor da indissolubilidade e dissolubilidade discutidos em FEINBERG e FEINBERG, *Ethics for a Brave New World*, p. 303-305.

⁵⁰ Cf. a lista e discussão semelhante em FEINBERG e FEINBERG, *Ethics for a Brave New World*, p. 334-337.

⁵¹ Alguns talvez levantem a objeção de que Jesus falava aramaico, de modo que essa língua, e não o grego, deve ser o principal ponto de referência. Em resposta, devemos observar que o texto final do Novo Testamento está em grego, não aramaico, de modo que o grego deve ser o foco central da interpretação.

⁵² De qualquer modo, a declaração de Jesus em Mateus 5.17: "Não penseis que vim abolir a Lei ou os Profetas; não vim abolir, mas cumprir", não diz respeito, primeiramente, à forma pela qual Jesus pode anular ou intensificar determinados aspectos da Lei mosaica, mas sim, à apresentação de Jesus, em sua própria pessoa, como cumprimento da profecia do Antigo Testamento e, portanto, como único intérprete inquestionável do Antigo Testamento (cf. especialmente CARSON, *Matthew*, p. 141-145). A cadência repetida do restante de Mateus 5 ("Ouviste que foi dito [...] Eu porém vos digo [...]") é forte indicação de que, em Mateus 5.18 Jesus detalhou ensinamentos do Antigo Testamento.

⁵³ Cf. FEINBERG e FEINBERG, *Ethics for a Brave New World*, p. 334-335 que observam: "Alguns acreditam que as exceções anulam a regra, mas trata-se de uma compreensão equivocada acerca da lógica das exceções às regras universais. As exceções anulam a regra *somente em casos excepcionais, não em todos os casos*. Uma vez que se entenda como as exceções modificam as regras, as supostas contradições entre os versículos 6 e 9 desaparecem". Cf. o contraste citado acima entre Jesus e Shammai em CARSON, *Matthew*, p. 411.

⁵⁴ Cf. HETH, "Jesus on Divorce", p. 17-20, com referência a HUGENBERGER, *Marriage as a Covenant*, p. 3, n. 25, que escreve: "Quanto à forma hebraica de uso, as alianças podem ser violadas e dissolvidas" e cita Gênesis 17.14; Levítico 26.44; Deuteronômio 31.20; 1Reis 15.19; Isaías 24.5; 33.8; Jeremias 11.10; 14.21; 31.32; 33.20-21; Ezequiel 16.59; 17.15-18; 44.7 e Zacarias 11.10-11. Heth acrescenta que "a infidelidade sexual é uma violação particularmente séria da aliança de casamento, um pecado contra o parceiro na aliança e contra Deus e, se as alianças podem ser violadas e dissolvidas, esse pecado afeta a aliança conjugal de maneira singular" (p. 19, citando HUGENBERGER, *Marriage as a Covenant*, p. 281-294). Com respeito ao argumento de que o casamento segue o modelo da aliança entre Cristo e a igreja, devemos observar que esse conceito é anacrônico, uma vez que, em termos históricos, a instituição do casamento antecede a nova aliança em vários milênios. É mais provável que o casamento sirva de ilustração para a união íntima entre Cristo e a igreja. Cf. Andreas J. KÖSTENBERGER, "The Mystery of Christ and the Church: Head and Body, 'One Flesh'", *Trinity Journal* 12, 1991, p. 79-94; é importante observar, também, que a palavra "aliança" não é usada em Efésios 5.21-23.

⁵⁵ Cf. a discussão e análise crítica desses pontos de vista em FEINBERG e FEINBERG, *Ethics for a Brave New World*, p. 306-307 e 327-339 que também relaciona o "conceito de casamento misto" (cf. Ed 9—10; Dt 7.3). Incesto é a abordagem adotada especialmente por um grupo crescente de estudiosos católicos, como Joseph A. FITZMYER, "The Matthean Divorce Texts and Some Palestinian Evidence", *Theological Studies* 37, 1976, p. 197-226, esp. p. 208-211. Para uma lista de outros que adotam essa mesma abordagem, cf. HAGNER, *Matthew 1—13*, p. 124 que também cita Guelich e Witherington. A infidelidade sexual pré-nupcial é defendida por Mark GELDARD, "Jesus' Teaching on Divorce", *Churchman* 92, 1978: p. 134-143; ISAKSSON, *Marriage and Ministry in the New Temple*, especialmente p. 135 e John PIPER (cf. abaixo). Outras abordagens (de menor credibilidade) são a "inclusivista" (cf. a análise crítica de CARSON, *Matthew*, p. 414-415); a "pretérita ou sem comentários" (cf. Bruce VAWTER, "Divorce and the New Testament", *Catholic Biblical Quarterly* 39, 1977, p. 528-548) e a do "esclarecimento" (cf. a análise crítica de FEINBERG e FEINBERG, *Ethics for a Brave New World*, p. 327).

⁵⁶ Cf. p. ex., CARSON, *Matthew*, p. 414.

[57] Conforme observa corretamente HAGNER, *Matthew 1—13*, p. 124-125. Para um estudo e análise crítica do "conceito de casamento ilegítimo", cf. WENHAM e HETH, *Jesus and Divorce*, p. 153-168, 205-209. HETH, "Jesus on Divorce", p. 5, afirma que essa postura "deixou de ser uma opção interpretativa viável". Foi adotada por Charles RYRIE, "Biblical Teaching on Divorce and Remarriage", *Grace Theological Journal* 3, no. 2, 1982, p. 177-192, especialmente 188-189, que também cita F. F. Bruce, p. 188, n. 2.

[58] Cf. Mateus 1.18-20, onde José e Maria, então noivos, são chamados de "marido" e "mulher" e a dissolução de seu relacionamento exigiria uma "separação" ou ("anulação do casamento"; NVI). Com referência à prática judaica de noivado, cf., p. ex., George Good MOORE, *Judaism in the First Centuries of the Christian Era*. Cambridge: Harvard University Press, 1962, 2.121: "O noivado era um ato formal por meio do qual a mulher se tornava, legalmente, esposa do homem; a infidelidade da parte dela era adultério, passível da respectiva pena; se o relacionamento fosse dissolvido, era necessário emitir uma carta de divórcio"; e JEREMIAS, *Jerusalem in the Time of Jesus*, p. 367-368: "O noivado, que era antecedido de um período de namoro e da redação de um contrato de casamento, indicava a "aquisição" (*qinyān*) da mulher pelo homem e, portanto, o acordo válido de casamento. A noiva era chamada de 'esposa', podia ficar viúva, ser repudiada por divórcio e, no caso de adultério, estava sujeita à pena de morte [...] Mas era somente com o *casamento* em si, que normalmente ocorria depois de um ano de noivado (M. Ket. V.2) que a moça deixava de estar sob a autoridade do pai para ficar sob a autoridade do marido". [Publicado em português sob o título: *Jerusalém no tempo de Jesus*. São Paulo:Paulinas, 1983.]

[59] ISAKSSON, *Marriage and Ministry in the New Temple*; John PIPER, "Divorce and Remarriage: A Position Paper", publicado em http://www.desiringgod.org/library/topics/divorce_remarriage/div_rem_paper.html e "Divorce and Remarriage in the Event of Adultery", em http://www.desiringgod.org/library/topics/divorce_remarriage/dr_adultery.html. Cf. tb. Stephen D. GIESE, http://geocitities.com/sdgiese2001/DivorceTP.htm. Giese defende a posição de que "a única conclusão legítima a respeito do divórcio é que a aliança conjugal é válida até a morte de um dos cônjuges" e adota uma aplicação ao noivado com base na convicção de que a aliança de casamento é indissolúvel. Para uma lista de outros autores que adotam essa mesma abordagem, cf. WENHAM e HETH, *Jesus and Divorce*, p. 279, n. 7.

[60] Cf. Gênesis 29.21; Deuteronômio 22.23-24; 2Samuel 3.14; Mateus 1.18-25. Cf. CARSON, *Matthew*, p. 75 que cita Números 5.11-31; *m.Sotá* 1:1-15; David HILL, "A Note on Matthew 1.19", *Expository Times* 76, 1964-1965, p. 133-134. Angelo TOSATO, "Joseph, Being a Just Man (Mt 1:19)", *Catholic Biblical Quarterly* 41, 1979, p. 547-551. Craig S. KEENER, *A Commentary on the Gospel of Matthew*. Grand Rapids: Eerdmans, 1999, p. 91, cujo estudo todo de Mateus 1.19 nas p. 87-95 compensa o estudo minucioso. Keener cita *m. Gitin* 6:2; *Ketubot* 1:2; 4:2; *m. Yebanot* 2:6; *b. Gitin*, 26b.

[61] O termo "divórcio" é usado entre aspas aqui para indicar que, hoje em dia, não se aplica ao rompimento de um noivado.

[62] Cf. o resumo dessa abordagem em WENHAM e HETH, *Jesus and Divorce*, p. 169-171.

[63] Convém observar, porém, que Mateus não usa a palavra *porneia* para descrever a suposta ofensa de Maria em Mateus 1.18-25. Cf. WENHAM e HETH, *Jesus and Divorce*, p. 173. Piper também acredita que, em Lucas 16.18, Jesus exclui o novo casamento no caso de divórcio e interpreta Mateus 5.32 conformemente.

[64] Cf. também FEINBERG e FEINBERG, *Ethics for a Brave New World*, p. 328. Os autores apresentam três críticas básicas à "aplicação ao noivado": (1) a restrição ilegítima do significado de *porneia* a sexo no noivado; (2) o fato de Deuteronômio 24 não tratar do sexo durante o período de noivado, pois esse assunto já foi tratado em Deuteronômio 22; (3) a falta de referência ao noivado em Mateus 19.

[65] Cf. INSTONE-BREWER, *Divorce and Remarriage in the Bible*, p. 161-167.

[66] INSTONE-BREWER, *Divorce and Remarriage in the Bible*, p. 185.

[67] CARSON, *Matthew*. p. 417.

[68] CARSON, *Matthew*. p. 418, citando James B. HURLEY, *Man and Woman in Biblical Perspective*. Leicester: InterVarsitiy Press, 1981, p. 104; e MURRAY, *Divorce*, p. 51 e seguintes.

[69] Cf. o estudo detalhado de INSTONE-BREWER, *Divorce and Remarriage in the Bible*, p. 189-212.

[70] Para uma discussão detalhada de 1Coríntios 7.12-14, cf. Judith M. GUNDRY-VOLF, "The Least and the Greatest", Marcia J. Bunge, ed., *The Child in Christian Thought*. Grand Rapids: Eerdmans, 2001, p. 48-53.

[71] Com referência a toda a seção, cf. especialmente o estudo de Gordon D. FEE, *The First Epistle to the Corinthians*, New International Commentary on the New Testament. Grand Rapids: Eerdmans, 1987, p. 290-306. Sobre a oração "Deus nos chamou para vivermos em paz", cf. INSTONE-BREWER, *Divorce and Remarriage in the Bible*, p. 203, com referência à sua obra anterior, *Techniques and Assumptions on Jewish Exegesis Before 70 CE* (Texte uind Studien zum antiken Judentum 30; Tübingen: Mohr-Siebeck, 1992), p. 21, 37, 82, 144-145, onde o autor mostra que "em favor da paz" faz parte da terminologia rabínica para aquilo que pode ser chamado de "pragmatismo", em contraste com uma aplicação rígida da lei.

[72] Cf. especialmente Will DEMING, *Paul on Marriage and Celibacy: The Hellenistic Background of 1 Corinthians 7*, 2a ed., Grand Rapids: Eerdmans, 2004. Deming argumenta que a chave hermenêutica para entender esta passagem se encontra no debate entre estoicos e cínicos sobre os méritos e deméritos do casamento. Ele afirma que, entendido corretamente, o posicionamento de Paulo não é ascético; antes, o apóstolo destaca as vantagens do celibato à luz das circunstâncias presentes que tornavam essencial os cristãos pesarem os prós e contras de ingressar no matrimônio.

[73] Conforme NORMAN, "Biblical, Theological, and Pastoral Reflections", p. 87, observa corretamente, *chorizō*, neste caso, significa divórcio, e não apenas separação. Essa ideia é corroborada pelo uso contemporâneo do grego; o contraste entre o mesmo termo grego e "o que Deus uniu o homem não separe" em Mateus 19.6; e o uso paralelo de *chorizō* e *aphiēmi* (que também significa "divórcio") neste contexto.

[74] Conforme observa, corretamente, INSTONE-BREWER, *Divorce and Remarriage in the Bible*, p. 201-203.

[75] Cf. FEE, *First Epistle to the Corinthians*, p. 296.

[76] Alguns acrescentam outras circunstâncias extremas (como abuso persistente do cônjuge) quando estas são confrontadas por meio do processo descrito em Mateus 18.15-17, embora seja necessário usar de grande cautela a esse respeito a fim de não depreciar o alto valor atribuído ao casamento pelas Escrituras. Cf. HAWTHORNE, "Marriage and Divorce", Gerald F. Hawthorne, Ralph P. Martin, e Daniel G. Reid, eds., *Dictionary of Paul and His Letters*. Leicester/ Downers Grove: InterVarsity Press, 1993, p. 599, que pergunta: "É possível extrapolar a partir disso que outras distorções do casamento (p. ex., crueldade, abandono, abuso físico, abuso psicológico sistemático do cônjuge, etc.) também podem ser incluídas como exceções do ideal [...]?" e insta: "Nenhum plano de divórcio deve ser feito de forma separada da comunidade de fé ou sem o conselho e apoio da liderança eclesiástica local". [Publicado em português sob o título *Dicionário de Paulo e suas cartas*. São Paulo: Loyola, 2008.] Cf. tb. NORMAN, "Biblical, Theological, and Pastoral Reflections", p. 88-89. Outros, como INSTONE-BREWER, *Divorce and Remarriage in the Bible*, *passim*, postulam a permissibilidade do divórcio de modo mais amplo, nos casos de negligência material e emocional. Instone-Brewer afirma que o silêncio de Jesus a respeito dessa questão em Mateus 19 deve ser entendido como concordância tácita com a prática judaica universal a esse respeito com base em Êxodo 21.10-11 (p. 166, 181-182, 185) e argumenta que Paulo se refere à mesma passagem em 1Coríntios 7.3 (p. 193-194. cf. capítulos 2 e 3, acima). Ver, porém, a análise crítica no capítulo 2.

[77] Além disso, é possível que o relacionamento de Herodes Antipas com Herodias (condenado por João Batista) também esteja em questão (cf. acima e ver mais detalhes sobre Marcos, abaixo).

⁷⁸ Cf., p. ex., GUNDRY, *Matthew*, p. 90-91; WENHAM e HETH, *Jesus and Divorce*, p. 113-116; EDGAR, "No Divorce, No Remarriage", House, ed., *Divorve and Remarriage: Four Christian Views*, p. 37-38.

⁷⁹ Conforme observa corretamente HAGNER, *Matthew 1—13*, p. 125.

⁸⁰ Devemos as considerações a seguir a HETH, "Jesus on Divorce", p. 12. Dentre aqueles que interpretam 1Coríntios 7.15 como um chamado à paz para o cristão, mas não como permissão para se casar novamente, podemos citar Paige PATTERSON, *The Troubled Triumphant Church: An Exposition of First Corinthians*. Nashville: Thomas Nelson, 1983, p. 120-121.

⁸¹ STEIN, "Divorce", p. 194.

⁸² JONES, *Biblical Christian Ethics*, p. 201, n. 81, sugere que, em 1Coríntios 7.27-28, Paulo "talvez" esteja dizendo que os indivíduos que se divorciaram de modo legítimo e se casaram novamente "não pecaram". Trata-se, porém, de uma interpretação improvável do texto. Cf. NORMAN, "Biblical, Theological, and Pastoral Reflections", p. 88, com referência a Jefferson DAVIS, *Evangelical Ethics: Issues Facing the Church Today*, 2a ed. Phillipsburg: Presbyterian & Reformed, 1993, p. 101-102.

⁸³ Cf. especialmente Craig S. KEENER, ... *And Marries Another: Divorce and Remarriage in the Teaching of the New Testament*. Peabody: Hendrickson, 1991, p. 61-66. Em oposição a WENHAM e HETH, "Divorce and Remarriage: The Search for Evangelical Hermeneutic", *Trinity Journal* 16, 1995: p. 63-100. Observe a análise crítica de Wenham e Heth sobre o posicionamento de STOTT, "Marriage and Divorce", p. 171 que chama essa abordagem de "extrema" e "inconcludente" (embora "argumentada de forma plausível"; trata-se de uma referência à série de três artigos de Wenham, "The Biblical View of Marriage and Divorce", *Third Way*, vol. 1, nos. 20-22 [outubro e novembro, 1977]). Cf. tb. House, ed., *Divorce and Remarriage: Four Christian Views*.

⁸⁴ Cf., p. ex., STEIN, "Divorce", p. 192-193: "Em nossos textos, portanto, o divórcio deve ser entendido como incluindo a pressuposição do direito de se casar novamente"; JONES, *Biblical Christian Ethics*, p. 199: "Quando o divórcio é justificado, há liberdade para um novo casamento"; e Craig L. BLOMBERG, "Marriage, Divorce, Remarriage, and Celibacy", *Trinity Journal* 11, 1990, p. 196: "O divórcio nos tempos bíblicos quase sempre trazia consigo o direito de se casar novamente; nenhum texto do NT rescinde essa permissão".

⁸⁵ Conforme KEENER, "Adultery, Divorce", p. 6, observa: "O próprio termo para divórcio legal significa liberdade para se casar novamente".

⁸⁶ Divorciar-se e casar-se novamente aparecem juntos em Marcos 10.11-12 (cf. v. 9). Conforme STEIN, "Divorce", p. 195, observa, a ligação também é pressuposta em Deuteronômio 24.1-4.

⁸⁷ Este versículo que originalmente fazia parte de uma ilustração em um contexto diferente declara que uma mulher pode se casar novamente se o marido tiver falecido. Conforme Douglas M. MOO, *The Epistle to the Romans*, New International Commentary on the New Testament. Grand Rapids: Eerdmans, 1996, p. 413, n. 24, observa corretamente: "Esses versículos são, por vezes, citados para provar que o casamento com base em qualquer outra coisa além da morte do cônjuge é adúltero. Quer esse seja o ensinamento bíblico ou não, estes versículos provavelmente não são relevantes para a questão. Paulo não está ensinando sobre segundo casamento, mas citando um simples exemplo para provar sua argumentação".

⁸⁸ Conforme observa corretamente NORMAN, "Biblical, Theological, and Pastoral Reflections", p. 86.

⁸⁹ O rótulo é usado por WENHAM e HETH, *Jesus and Divorce* (observe, porém, a crítica de JONES, *Biblical Christian Ethics*, p. 181, que chama esse rótulo de "enganoso e pejorativo"; semelhantemente, NORMAN, "Biblical, Theological, and Pastoral Reflections", p. 79, n. 2).

⁹⁰ Com referência a Erasmo, cf. V. Norskov OLSON, *The New Testament Logia on Divorce: A Study of Their Interpretation from Erasmus to Milton*, Beiträge zur Geschichte biblischer Exegese 10. Tübingen: Mohr Siebeck, 1971. Cf. BLOMBERG, *Matthew* e "Marriage, Divorce, Remarriage, and Celibacy"; CARSON, *Matthew*; FEINBERG e FEINBERG, *Ethics for a Brave New World*; HUGENBERGER,

Marriage as a Covenant; JONES, *Biblical Christian Ethics*; John MACARTHUR, *The Fulfilled Family*. Chicago: Moody, 1987, e http://www.gracechurch.org/divorce.asp; MURRAY, *Divorce*; STEIN, "Divorce"; STOTT, "Marriage and Divorce"; e HETH, "Jesus on Divorce". Cf. tb. Thomas EDGAR, "Divorce and Remarriage for Adultery and Desertion", House, ed., *Divorce and Remarriage*.

[91] WENSHAM e HETH, *Jesus and Divorce*; HETH, "Divorce, but No Remarriage", House, ed., *Divorce and Remarriage*; GUNDRY, *Matthew*; HAGNER, *Matthew 14—28*; Andrew Cornes, *Divorce and Remarriage: Biblical Principles and Pastoral Practice*. Grand Rapids: Eerdmans, 1993; Jacques DUPONT, *Mariage et divorce dans l'évangile: Matthieu 19, 3—12 et paralleles*. Abbaye de Saint-André: Desclee de Brouwer, 1959.

[92] Piper publicou suas ideias em seu website (cf. referências acima); cf. tb. ISAKSSON, *Marriage and Ministry in the New Temple*; James Montgomery BOICE, *The Sermon on the Mount*. Grand Rapids: Zondervan, 1972, e "The Biblica View of Divorce", *Eternity*. Dezembro de 1970, p. 19-21; Dwight PENTECOST, *The Words and Works of Jesus Christ: A Study of the Life of Christ*. Grand Rapids: Zondervan, 1981. Proponentes da "aplicação ao incesto" também se encaixam nessa categoria; cf. J. Carl LANEY, *The Divorce Myth*. Minneapolis: Bethany, 1981, e "No Divorce, No Remarriage", House, ed., *Divorce and Remarriage: Four Views*; F. F. BRUCE, *New Testament History*. Garden City: Doubleday, 1980; e Charles RYRIE, "Biblical Teaching on Divorce and Remarriage", *Grace Theological Journal* 2, no. 2. Outono, 1982, p. 177-192.

[93] Os quatro posicionamentos discutidos aqui são as principais abordagens à questão. Além delas, intérpretes individuais defendem outras combinações. Um exemplo é SCOBIE, *Ways of Our God*, p. 840, que reconhece a exceção do adultério feita por Jesus em Mateus 19.9, mas acredita que, embora Paulo admita a separação como uma possibilidade em 1Coríntios 7, não há nenhuma possibilidade de novo casamento. Outros, como Robert J. GAGNON, *The Bible and Homosexual Practice: Texts and Hermeneutics*. Nashville: Abingdon, 2001, p. 201, n. 21 ("Não tenho certeza de qual é a solução") não sabem ao certo como conciliar as várias injunções bíblicas acerca do divórcio.

[94] Daniel R. HEIMBACH, *True Sexual Morality: Biblical Standards for a Culture in Crisis*. Wheaton: Crossway, 2004. Observe que essa abordagem não se encontra representada na obra editada por Wayne House.

[95] Temos consciência de que alguns negam a possibilidade de alguém ser completamente "inocente" quando ocorre o divórcio. A nosso ver, porém, há casos evidentes em que o adultério ou abandono não implica cumplicidade ou culpa do outro cônjuge. Por certo, o casamento entre dois cônjuges não anula o fato de que cada pessoa é responsável por seus atos, de modo que parece inteiramente apropriado chamarmos de "vítima" a pessoa cujo cônjuge cometeu infidelidade sexual e de "adúltero" o cônjuge que cometeu essa transgressão.

[96] Conforme observa corretamente KEENER, ... *And Marries Another*, p. 109. Cf. tb. NORMAN, "Biblical, Theological, and Pastoral Reflections", p. 88-92. Norman também trata de divórcio e novo casamento e o professor de seminário (p. 92-100).

Maridos fiéis: qualificações para a liderança da igreja

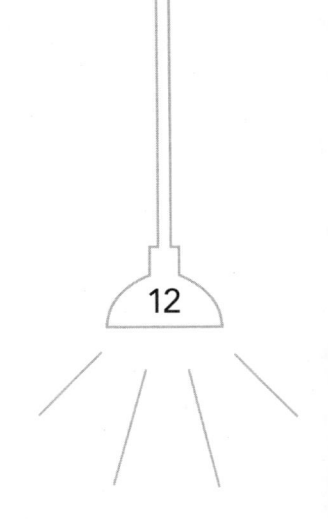

As qualificações para a liderança da igreja especificadas nas Epístolas Pastorais dedicam atenção considerável à vida conjugal e familiar do candidato.[1] Em 1Timóteo 3.1-13, a principal passagem sobre o assunto, exige-se que presbíteros e diáconos sejam "maridos de uma só mulher" (*mias gynaikas andra*, 3.2,12; cf. Tito 1.6; cf. mais abaixo); que os presbíteros mantenham os filhos sob controle com todo o respeito (1Tm 3.4; cf. Tt 1.6); e que governem bem a própria casa (1Tm 3.4), pois, de acordo com Paulo, "se alguém não sabe governar a própria casa, como cuidará da igreja de Deus?" (3.5).[2] Existe, portanto, uma relação próxima entre igreja e família, o que faz a maturidade cristã no cumprimento dos deveres de marido e pai se tornar um dos requisitos mais essenciais para aqueles que aspiram ao cargo de pastor ou presbítero.[3]

O REQUISITO DE FIDELIDADE CONJUGAL

O significado da expressão *mias gynaikas andra*

Observamos diferenças consideráveis entre as traduções da Bíblia e entre os comentaristas no que se refere ao significado de *mias gynaikas andra* em 1Timóteo 3.2,12.[4] (1) Paulo exige que os líderes da igreja sejam casados (excluindo, portanto, oficiais não casados)? (2) Seu objetivo é proibir candidatos divorciados? (3) Esse requisito exclui viúvos que se casaram novamente de exercerem cargos eclesiásticos? (4) O apóstolo se pronuncia contra a poligamia (como sugerem algumas versões)? (5) Ou exige que o oficial seja fiel à esposa se for (e supondo que normalmente é) casado, em contraste com o marido que se mostra infiel à esposa ao ter um ou vários relacionamentos extraconjugais enquanto está casado com ela? (Algo que acontecia com frequência no mundo antigo na forma de concubinato.) Praticamente todas essas interpretações são adotadas por pelo menos algumas traduções e / ou comentaristas.[5] Como resolver essa questão difícil de modo satisfatório e saber qual interpretação é mais provável à luz do significado da expressão e do contexto cultural antigo?

Primeiro, é improvável que Paulo — um homem que não foi casado durante boa parte de seu ministério apostólico (senão todo ele; cf. 1Co 7.8; cf. capítulo 9) e que, em outra passagem, exalta as vantagens do solteirismo para o serviço no reino (1Co 7.32-35) — impedisse homens não casados de serem oficiais da igreja. Ademais, se a intenção do apóstolo fosse limitar o exercício de cargos eclesiásticos aos casados, ele poderia ter sido bem mais claro (p. ex., colocado como requisito que os presbíteros fossem "casados", *gamos*). É bastante provável, portanto, que o requisito em questão simplesmente suponha que quase todos os candidatos que poderiam se qualificar seriam casados, daí tratar da conduta do homem em relação à esposa no casamento.

Segundo, se Paulo tivesse a intenção de excluir os divorciados, poderia ter usado termos mais diretos para expressar esse requisito (p. ex., "não seja divorciado"). À primeira vista, há margem para considerar que, na melhor das hipóteses, trata-se de uma possível inferência (com base nas palavras "marido de *uma só* mulher"), e não de uma declaração direta. Na verdade, o divórcio (e novo casamento) não é mencionado em nenhum momento nas Epístolas Pastorais.

Terceiro, também é pouco provável que Paulo desejasse proibir as viúvas que se casaram novamente (os quais, seguindo uma interpretação literal, se casaram duas vezes) de serem oficiais da igreja. Em outra passagem, Paulo incentiva pessoas viúvas a se casarem novamente e assume uma postura totalmente positiva em relação àqueles que perderam o cônjuge.[6] Seria complicado entender por que Paulo impediria de se tornarem oficiais da igreja os viúvos que tivessem seguido o conselho dele e se casado outra vez, especialmente tendo em vista que muitos desses indivíduos seriam homens mais velhos e maduros, respeitados e experientes quanto à vivência em geral e à espiritualidade e, portanto, aptos para exercer liderança competente e distinta na igreja (cf. Tt 2.2; 1Pe 5.5; cf. tb. 1Ts 5.12; Hb 13.17). No caso dos viúvos que se casaram novamente, o novo casamento não sugere nenhuma fraqueza de caráter nem falha moral. A presença de uma nova esposa também não constitui obstáculo para a qualificação desse candidato, uma vez que ele não é diferente, em nenhum sentido, de outros homens casados que almejam ou exercem cargos eclesiásticos. Não parece haver, portanto, nenhuma base bíblica, teológica ou racional para impedir viúvos casados novamente de serem oficiais da igreja.

Quarto, a teoria de que Paulo desejava excluir os polígamos dos cargos eclesiásticos[7] apresenta uma dificuldade, pois, naquela época, a poligamia não era uma prática comum no mundo greco-romano.[8] É bem mais provável que a expressão *mias gynaikas andra* visasse impedir que homens com uma ou várias concubinas, uma prática amplamente difundida naquele tempo, se candidatassem a cargos da igreja.[9] Ao que parece, gregos e romanos não consideravam o concubinato sinônimo de adultério ou poligamia. Para Paulo, porém, era essencialmente equivalente a poligamia, uma vez que a união sexual resulta em um relacionamento de "uma só carne" (cf. 1Co 6.16).

Por esse motivo, em quinto lugar, é provável que a tradução que capta melhor a essência da expressão *mias gynaikas andra* seja "marido fiel".[10] A relação entre essa expressão e a fidelidade conjugal é sugerida pelo texto paralelo em 1Timóteo 5.9, onde a viúva que se qualifica para receber sustento da igreja deve ter sido "fiel a seu marido" (NVI) e onde o apóstolo emprega a expressão equivalente "mulher de um só marido" (cf. 1Co 7.2-5). No segundo caso, não é possível a expressão indicar a proibição da poliandria (ser casada com mais de um marido ao mesmo tempo, uma prática quase inexistente no mundo antigo), uma vez que se aplica a uma mulher que perdeu o marido. Ademais, não faria sentido Paulo incentivar as viúvas mais jovens a se casarem outra vez e, mais tarde, desqualificá-las por terem sido (literalmente), esposas de mais de um marido.[11] Outro aspecto a ser considerado é o fato de esse requisito de fidelidade conjugal para os líderes da igreja (inclusive os diáconos, 1Tm 3.12) ser coerente com a proibição de adultério no Decálogo (Êx 20.14 = Dt 5.18).[12]

Se a discussão acima estiver correta, portanto, ao que parece, o problema com os quatro pontos de vista relacionados acima é que se baseiam em uma interpretação literalista, senão rígida, da expressão *mias gynaikas andro* como indicação *literal* de casamento com somente *uma* mulher ao longo de toda a vida: *uma* em contraste com *nenhuma* no caso de candidatos solteiros a cargos eclesiásticos, ou *uma* em contraste com *duas ou mais* esposas, quer simultaneamente (poligamia), quer consecutivamente (novo casamento de viúvos ou divorciados). É mais provável, porém, que devamos entender a expressão de forma *idiomática* ("marido do tipo que tem uma só esposa") , ou seja, como um termo para fidelidade conjugal, e não uma enumeração literal de determinado número de casamentos (uma, e não nenhuma ou duas ou mais) do candidato.[13]

Essa interpretação é corroborada por evidências históricas referentes ao conceito romano de *univira*, ou seja, "esposa do tipo que tem um só marido".[14] Essa expressão que indica fidelidade conjugal era aplicada, inicialmente, em vida, a mulheres com referência ao marido e, posteriormente, tornou-se um epíteto usado pelos maridos para a esposa falecida. Esse fato é atestado por diversas referências literárias que chegaram até nós e por inscrições tumulares. Daí o poeta Cátulo, do primeiro século a.C. escrever: "[V]iver com contentamento somente com o marido é o maior elogio que uma esposa pode receber".[15] Uma inscrição imperial romana diz: "Viveu cinquenta anos, satisfeita com um só marido".[16] O *Laudation Turiae* do final do primeiro século a.C. registra as palavras de um marido acerca da esposa: "Raros são os casamentos, tão duradouros, encerrados pela morte, não interrompidos pelo divórcio...".[17]

Por esses motivos, concluímos que é mais apropriado interpretar o requisito paulino *mias gynaikas andra* como uma estipulação de que os candidatos a cargos eclesiásticos (tanto de presbítero como de diácono) devem ser maridos fiéis (se forem casados ao se candidatarem). Supondo que essa interpretação esteja correta,

Interpretações da expressão *mias gynaikas andra* em 1Timóteo 3.2,12; Tito 1.6

	INTERPRETAÇÕES DA EXPRESSÃO *mias gynaikas andra*	PONTOS FRACOS	ABORDAGEM COM BASE NA QUAL A INTERPRETAÇÃO (CORRETA OU INCORRETA) SE BASEIA
INTERPRETAÇÕES IMPROVÁVEIS	A expressão exclui homens solteiros de cargos eclesiásticos	O próprio Paulo não era casado	**Literal:** *uma* mulher, em contraste com *nenhuma* (solteiro) ou *duas* ou *mais* esposas ao mesmo tempo (poligamia) ou consecutivamente (novo casamento de divorciados ou viúvos)
		Em 1Coríntios 7, Paulo exalta as vantagens do solteirismo para o serviço no reino	
		Paulo poderia ter expressado a esse respeito com mais clareza	
	A expressão exclui divorciados	Paulo poderia ter expressado a esse respeito com mais clareza	
		O divórcio não é mencionado em nenhum momento nas Epístolas Pastorais	
	A expressão proíbe viúvos que se casaram novamente de exercerem esses cargos	Em outras passagens Paulo incentiva os viúvos a se casarem novamente	
		Não há nenhum motivo bíblico, teológico ou racional para viúvos que se casaram novamente serem impedidos de fazer parte da liderança da igreja	
	Paulo exclui os polígamos	A poligamia não era uma prática comum no mundo greco-romano daquela época	
INTERPRETAÇÃO MAIS PROVÁVEL	A expressão focaliza homens que tinham uma ou mais concubinas ou que haviam sido infiéis à esposa de alguma outra maneira		**Idiomática:** "marido do tipo que tem só uma mulher" ou "marido fiel".

quais são as implicações desse requisito para a igreja nos dias de hoje? Na discussão a seguir consideraremos de forma sucinta as implicações dessa exigência no caso de candidatos à liderança da igreja que são solteiros, divorciados ou casados novamente.

Implicações

Como primeira implicação do requisito de que o marido seja fiel, candidatos mais jovens que ainda não provaram sua capacidade de administrar o próprio lar não devem, em geral, ser colocados nos cargos mais elevados de liderança na igreja. Mesmo que possuam educação formal apropriada e se mostrem ansiosos e qualificados quanto a outros aspectos de caráter e disposição, maturidade e vivência são parte tão importante do preparo necessário para o líder da igreja desempenhar seu papel que qualquer atenuação desse requisito pode se aproximar de forma perigosa da nomeação de um recém-convertido, algo que as Escrituras desestimulam energicamente (1Tm 3.6; cf. 5.22).

Segunda implicação, é totalmente absurdo alguém oferecer liderança qualificada e competente à igreja e, ao mesmo tempo, negligenciar os deveres para com a própria família, quer devido às muitas atividades do ministério, quer por prioridades incorretas. É essencial, portanto, que pastores e presbíteros avaliem a si mesmos regularmente a fim de determinar se são capazes ou não de superintender a igreja enquanto cumprem de modo adequado seus deveres naturais de marido e pai. De outro modo, pode-se dizer, em concordância com Paulo, que esses homens devem cuidar para que, depois de terem pregado, não venham, eles próprios, a ser reprovados (1Co 9.27).

Terceira implicação, em termos teológicos, ao criar um vínculo tão estreito entre família e igreja, o Novo Testamento apresenta a última como extensão escatológica da primeira. A instituição que remonta à criação divina do primeiro homem e mulher é estendida e esclarecida na "família de Deus", a igreja (cf. Ef 5.31-32). Por isso, as exigências para que os oficiais da igreja governem bem a própria casa, sejam fiéis no casamento e mantenham os filhos sob o devido controle são pré-requisitos indispensáveis que indicam sua adequação para o cargo eclesiástico. Antes de liderar a casa de Deus, o oficial deve mostrar que é capaz de cumprir apropriadamente as responsabilidades de líder no lar.

Oficiais da igreja e a questão do divórcio

Mas o que dizer dos homens divorciados que atuam como pastores, presbíteros ou diáconos? Tendo em vista as declarações enérgicas tanto de Jesus quanto de Paulo a respeito do divórcio e novo casamento (cf. o capítulo anterior), e o fato de que o serviço de pastor, presbítero ou diácono na igreja é uma vocação nobre que implica responsabilidade considerável, homens divorciados devem ser impedidos de exercer cargos de liderança na igreja, especialmente como pastores, presbíteros ou diáconos? Considerando-se o padrão elevado das qualificações morais exigidas daqueles que ocupam esses cargos, a conclusão pode parecer clara. De que outro modo os indivíduos encarregados da igreja poderiam servir de modelos da semelhança de Cristo para o restante da congregação?

Na verdade, aqueles que a adotam a postura de "divórcio proibido e novo casamento proibido", nem sequer levantam essa questão. O divórcio nunca é legítimo para o cristão, inclusive para aqueles que aspiram a cargos de liderança na igreja. O divorciado não pode, portanto, ser considerado "marido de uma só mulher" (ou "marido fiel") e "irrepreensível". Para aqueles que aceitam, pelo menos em princípio, a possibilidade de o divórcio ser biblicamente legítimo em determinadas circunstâncias (cf. Mt 19.9; 1Co 7.15), porém, a questão não é tão simples. A principal passagem sobre as qualificações para a liderança (1Tm 3; Tt 1) não trata de forma direta desse assunto; antes, focaliza o requisito da fidelidade do candidato dentro do casamento atual. A questão baseia-se, em medida considerável, portanto, no significado do requisito *mias gynaikas anēr*.[18]

Se, conforme argumentamos anteriormente, a expressão significa "marido fiel", é possível homens que se divorciaram (especialmente se o divórcio ocorreu antes de sua conversão), preencherem esse requisito caso sejam fiéis à esposa no casamento atual. Logo, homens divorciados (e casados outra vez) não seriam, necessariamente, impedidos de se candidatar para os cargos de pastor, presbítero ou diácono, especialmente se, em concordância com a postura majoritária descrita no capítulo anterior, o divórcio foi legítimo. Se o divórcio foi ilegítimo (isto é, fora da "cláusula de exceção" de Mateus ou do privilégio paulino), a possibilidade de servir como pastor, presbítero ou diácono parece ser excluída, pois, quer a pessoa tenha se arrependido desse pecado ou não, tem um divórcio ilegítimo em seu passado.[19]

Em termos gerais, não é apropriado aplicar normas mais rígidas às pessoas só por "segurança" ou "conservadorismo". Se (e nem todos concordam) tanto Jesus quanto Paulo se mostraram dispostos a abrir uma exceção, devemos seguir o exemplo deles sem medo de depreciar o alto valor do matrimônio. Não obstante, quando combinado com o requisito de que o líder seja "irrepreensível" (o que inclui sua reputação na comunidade), em muitos casos, pode ser melhor pesar com cautela se é apropriado ou não nomear divorciados para os cargos de pastor, presbítero ou diácono, especialmente quando há candidatos qualificados disponíveis que não passaram por um divórcio. Esse parece ser o caminho mais prudente a seguir, especialmente se, além dos cargos de oficiais da igreja, existem muitos outros campos de atuação disponíveis para pessoas nesse tipo de circunstância.

Embora exija *maturidade espiritual* e *retidão moral*, a norma não requer *perfeição*. Na verdade, a lista contém muitos atributos aos quais todo cristão deve aspirar. Sem dúvida, os pastores precisam dar exemplo da maturidade espiritual, mas não se deve imaginar que têm a responsabilidade de representar Cristo de maneira a literalmente personificar suas características, seja no estado de solteiro,[20] ou na ausência de divórcio ou novo casamento. É mais apropriado que os oficiais casados exemplifiquem a fidelidade de Cristo à sua noiva espiritual, a igreja, ao serem fiéis à esposa (cf. Ef 5.25-30). Trata-se de algo inteiramente compatível com o conceito apresentado acima de que Paulo exige fidelidade conjugal dos oficiais e, ao mesmo tempo, deixa em aberto a questão da elegibilidade daqueles que passaram por um divórcio biblicamente permissível (caso isso seja considerado possível), pelo menos em princípio.

Requisitos referentes aos filhos dos líderes da igreja

As cartas de Paulo a Timóteo e Tito trazem não apenas o requisito de fidelidade conjugal, mas também uma estipulação a respeito dos filhos do líder da igreja. Para Timóteo, Paulo escreve que o candidato a oficial da igreja "deve governar bem a própria casa, mantendo os filhos em sujeição" (1Tm 3.4). Em um argumento do menor para o maior, o apóstolo prossegue: "Pois, se alguém não sabe governar a própria casa, como cuidará da igreja de Deus?" (v. 5). O requisito mencionado na carta a Tito parece ainda mais rigoroso e determina que o líder da igreja deve ter "filhos *crentes* que não sejam acusados de libertinagem, nem desobedientes" (Tt 1.6; RC: "filhos fiéis"). Também nesse caso, Paulo apresenta uma razão: "Pois, como responsável pela obra de Deus, é necessário que o bispo seja irrepreensível" (v. 7).

O termo grego *pistos* pode ser traduzido como "crentes" (Almeida Século XXI, RA, NVI) ou "fiéis" (RC). Embora "crentes" seja o significado do termo na maior parte de suas ocorrências nas Epístolas Pastorais, neste caso, talvez seja mais provável que a expressão signifique "fiel", com o sentido de "obedientes e submissos às ordens do pai" (cf. 1Tm 3.11; 2Tm 2.2,13).[21] O significado "crentes" é menos provável neste caso devido ao contexto e ao paralelo em 1Timóteo 3.4, sem falar nas dificuldades teológicas de conciliar a doutrina da eleição com a abrangência desse requisito.

O fato de outras duas ocorrências de "libertinagem" (ou "libertino", *asōtias*) serem relacionadas a bebedeiras (Ef 5.18; 1Pe 4.4; cf. Pv 28.7, LXX) e de as outras duas ocorrências de "desobedientes" (lit. "insubordinados", *anypotakta*; cf. Hb 2.8) serem associadas a rebelião categórica (1Tm 1.9; Tt 1.10), sugere que não se tem em vista apenas desobediência ocasional, mas rebelião inveterada contra a autoridade paterna. Quem deseja ser presbítero da igreja, um cargo que implica o exercício de autoridade sobre a congregação, deve exercer autoridade apropriadamente no lar e ter filhos obedientes e submissos (quer sejam espiritualmente regenerados ou não). Trata-se de algo necessário para que os "encarregados dos ministérios de Deus" (*oikonomos theou*; cf. 1Co 4.1-2; 1Pe 4.10) sejam irrepreensíveis (cf. 1Tm 3.5,15).[22]

O SOLTEIRISMO E A LIDERANÇA DA IGREJA

Concluímos nosso estudo sobre a relação entre casamento, família e liderança eclesiástica com alguns comentários sucintos sobre o solteirismo e a liderança da igreja. Como na discussão acima sobre candidatos divorciados, observamos que a expressão "marido de uma só mulher" (ou "marido fiel") não se aplica diretamente àqueles que não são casados e aspiram a cargos eclesiásticos. Por certo, o requisito para os líderes da igreja serem "maridos fiéis" não significa que os bispos precisavam ser casados; apenas louva o casamento como algo que não é incompatível com o ofício episcopal".[23] Tendo em vista o modo positivo como Jesus e Paulo se referiram ao celibato em outras passagens (cf. capítulo 9, acima) sem falar no ministério deles próprios, ambos homens não casados, parece seguro concluir que o fato de um homem não ser casado não o desqualifica para o serviço como pastor ou presbítero.[24]

Evidentemente, é possível que existam outras questões que requerem cautela no tocante à nomeação de homens solteiros relativamente jovens para o cargo de pastor ou presbítero, como sua inexperiência, ausência de um histórico positivo comprovado, falta de maturidade espiritual. O ponto que desejamos ressaltar aqui, porém, é que o solteirismo em si não desqualifica o indivíduo, de maneira nenhuma, para a liderança da igreja. Na verdade, como Paulo observa em sua principal discussão sobre casamento e solteirismo em 1Coríntios 7, o solteirismo acarreta diversas vantagens importantes para o serviço do reino.[25] Homens solteiros inteiramente dedicados ao Senhor e sua obra são isentos das responsabilidades de cuidar de esposa e filhos e podem exercer o ministério cristão de modo mais intensivo que os casados (1Co 7.32-35). Em contrapartida, porém, a capacidade de uma pessoa solteira se identificar com os desafios que os casais e famílias da igreja enfrentam pode ser, por vezes, limitada.

Em última análise, o melhor a fazer é sujeitar os candidatos solteiros a cargos eclesiásticos ao mesmo processo de seleção e requisitos que os homens casados de modo a decidir, caso a caso, se são qualificados para servirem como oficiais da igreja. Adaptando as palavras de Paulo com referência aos diáconos, "devem ser primeiramente experimentados; depois, se não houver nada contra eles, que atuem como diáconos" (1Tm 3.10; NVI).

CONCLUSÃO

Este capítulo aplica à questão das qualificações para a liderança da igreja várias considerações feitas anteriormente neste livro a respeito dos ensinamentos bíblicos sobre casamento e família. Em suas cartas a Timóteo e Tito, o apóstolo Paulo determina que os candidatos a presbítero e diácono devem ser *mias gynaikas andra* (1Tm 3.2; Tt 1.6). Essa expressão é interpretada de várias formas: os líderes devem ser casados (ou seja, não devem ser solteiros); não devem ser divorciados; não devem ser casados outra vez (no caso de viúvos); não devem ser polígamos (isto é, casados com mais de uma esposa ao mesmo tempo); ou devem ser fiéis no casamento (e não infiéis, como no concubinato). Depois de extensa discussão, concluímos que a última opção, a saber, que os candidatos sejam "maridos fiéis", é a interpretação mais provável desse requisito.

Depois de extrair várias implicações dessa interpretação, tratamos da questão do divórcio em relação aos candidatos a cargos de liderança na igreja. Concluímos que, tecnicamente, a exigência para que sejam "maridos fiéis" não se refere de forma direta à questão de os candidatos divorciados se qualificarem ou não para serem considerados e servirem como presbíteros e / ou diáconos. Por esse motivo, recomendamos que a igreja esteja aberta para essa possibilidade em princípio e, ao mesmo tempo, registramos várias advertências.

Também tratamos dos requisitos que dizem respeito aos filhos dos líderes da igreja, focalizando, mais uma vez, as estipulações de Paulo nas Epístolas Pastorais (1Tm 3—5; Tt 1.6). Na primeira passagem, o apóstolo exige que o bispo "[governe] bem a própria casa, mantendo os filhos em sujeição". Na segunda passagem, Paulo afirma que os filhos dos líderes da igreja devem ser "crentes" ou "fiéis" e não ser "acusados de libertinagem, nem desobedientes". Depois de algumas considerações, concluímos com base no paralelo em 1Timóteo 3.4 e em aspectos contextuais e léxicos que a tradução "fiéis" parece ser mais provável que "crentes".

Nosso último tópico de discussão foi a questão do solteirismo e a liderança da igreja. Observamos que homens solteiros devem, sem dúvida, ser considerados para o serviço como oficiais da igreja no mínimo pelos seguintes motivos. Primeiro, o requisito "marido de uma só mulher" não visa estipular que os líderes da igreja devem ser casados, mas apenas determinar que, se forem casados, que sejam fiéis à esposa. Segundo, tanto Jesus quanto Paulo elogiaram, em sua própria prática e ensino, o estado solteiro. Ao mesmo tempo, observamos que alguns solteiros não devem se candidatar a cargos de liderança por serem jovens demais, inexperientes ou desprovidos de maturidade espiritual. Também observamos que os solteiros podem ter certas limitações no tocante à identificação com os desafios que os membros casados de sua congregação enfrentam. Como quaisquer outros candidatos a oficiais da igreja, os solteiros devem, primeiro, ser testados e, depois, nomeados somente se preencherem as qualificações para a liderança.

Notas

[1] A discussão a seguir se limitará estritamente às qualificações para a liderança eclesiástica que dizem respeito ao casamento e à família. Outras qualificações estão fora do escopo de nosso estudo e não serão consideradas aqui. Para uma investigação dessas qualificações, cf. Andreas KÖSTENBERGER, *Pastoral Epistles*, New Expositor's Bible Commentary. Grand Rapids: Zondervan, a ser publicado.

[2] Cf. Vern S. POYTHRESS, "The Church as Family: Why Male Leadership in the Family Requires Male Leadership in the Church", John Piper e Wayne Grudem, eds., *Recovering Biblical Manhood and Womanhood: A Response to Evangelical Feminism*. Wheaton: Crossway, 1991, p. 233-247. Cf. tb.

Malcolm B. YARNELL III, "*Oikos theou:* A Theologically Neglected but Important Ecclesiological Metaphor", *Midwestern Journal of Theology* 2, no. 1. Outono, 2003, p. 53-65; e o estudo sucinto de Judith M. GUNDRY-VOLF, "The Least and the Greatest", in Marcia J. BUNGE, ed., *The Child in Chirstian Thought.* Grand Rapids: Eerdmans, 2001, p. 58-59.

[3] Os termos "pastor", "bispo" e "presbítero" são usados com frequência de forma intercambiável no Novo Testamento (cf. p. ex., At 20.17,28; Tt 1.5-7; 1Pe 5.1-3). Com referência ao governo da igreja, cf. Andreas J. KÖSTENBERGER, "Hermeneutical and Exegetical Challenges in Interpreting the Pastoral Epistles", *Southern Baptist Journal of Theology* 7, no. 3. Outono, 2003, p. 10-13. Cf. tb. Benjamin L. MERKLE, "Hierarchy in the Church? Instruction from the Pastoral Epistles Concerning Elders and Overseeers", *Southern Baptist Journal of Theology* 7, no. 3. Outono, 2003, p. 32-43.

[4] O seguinte estudo baseou-se em KÖSTENBERGER, *Pastoral Epistles*, a ser publicado. Com referência à história da interpretação, cf. Peter Gorday, ed., *Ancient Christian Commentary on Scripture: New Testament*, vol. 9, *Colossians, 1-2 Thessalonians, 1-2 Timothy, Titus, Philemon.* Downers Grove: InterVarsity Press, 2000, p. 170-171, 286-287. Cf. tb. o estudo em Ed GLASSCOCK, "'The Husband of One Wife' Requirement in 1 Timothy 3:2", *Bibliotheca Sacra* 140, 1983, p. 244-249, 253-256.

[5] Cf. GLASSCOCK, "'The Husband of One Wife' Requirement", 244-258. Ele observa que o terceiro e quarto posicionamentos (exclusão dos viúvos que se casaram novamente e oposição à poligamia) costumavam ser adotados entre os pais da igreja. Hoje em dia, os posicionamentos mais comuns são o terceiro e o quinto (exclusão de divorciados, exigência de fidelidade no casamento). O primeiro (exclusão de candidatos não casados) é adotado por poucos.

[6] A maioria das referências bíblicas diz respeito a viúvas, e não a viúvos, uma vez que era bem mais comum as mulheres perderem o marido do que vice-versa (cf. p. ex., Rm 7.2-3; 1Co 7.39; 1Tm 5.14), mas não há nenhum motivo plausível para não aplicar também aos viúvos o incentivo de Paulo para as viúvas (especialmente as mais jovens) se casarem novamente.

[7] Cf. tb. John CALVIN (João Calvino), *1 and 2 Timothy and Titus.* Wheaton/Nottingham: Crossway, 1998; ed. original, 1549, p. 54.

[8] Cf. p. ex., William D. MOUNCE, *The Pastoral Epistles*, Word Biblical Commentary. Nashville: Thomas Nelson, 2000, p. 171.

[9] Cf. Steven M. BAUGH, "1—2 Timothy, Titus", Clinton E. Arnold, ed., *Zondervan Illustrated Bible Backgrounds Commentary*, vol. 3. Grand Rapids: Zondervan, 2002, p. 501-502.

[10] Cf. especialmente Sidney PAGE, "Marital Expectations of Church Leaders in the Pastoral Epistles", *Journal for the Study of the New Testament* 50, 1993, p. 105-120, especialmente p. 108-109 e 114, n. 27. Para uma discussão sobre os ensinamentos bíblicos sobre casamento (inclusive sobre o papel do marido), cf. capítulos 2 e 3.

[11] Cf. PAGE, "Marital Expectations", p. 112; em oposição a Gordon D. FEE, "Reflections on Church Order in the Pastoral Epistles, with Further Reflection on the Hermeneutics of *Ad Hoc* Documents", *Journal of the Evangelical Theological Society* 28, 1985, p. 150. Page argumenta que a passagem em questão "provavelmente proíbe o novo casamento de viúvas/viúvos".

[12] Esse requisito contrasta com os extremos gnósticos de ascetismo e licenciosidade sexual. A fidelidade conjugal também era tida em alta consideração no mundo greco-romano, de modo que essa qualidade devia recomendar os oficiais eclesiásticos cristãos a seus vizinhos pagãos. Cf. PAGE, "Marital Expectations", p. 117-118.

[13] David INSTONE-BREWER, *Divorce and Remarriage in the Bible: The Social and Literary Context.* Grand Rapids: Eerdmans, 2002, p. 227-228, concorda e observa que a expressão é equivalente à nossa "só ter olhos para uma mulher" (cf. também p. 313). Observe que em todas as suas ocorrências, a expressão "de uma só mulher" ou "de um só marido" é colocada no início da frase original para maior ênfase (cf. 1Tm 3.2,12; 5.9).

¹⁴ Cf. Marjorie LIGHTMAN e William ZEISEL, "*Univira*: An Example of Continuity and Change in Roman Society", *Church History* 46, 1977, p. 19-32. "Uni" é o termo latim para "um", "vir" significa "marido" e o sufixo feminino "a" se refere a uma mulher ou esposa, daí o significado "mulher ou esposa do tipo que tem um só marido".

¹⁵ CATULLUS [CÁTULO], *The Poems of Catullus*, p. 111, trad. F. W. Cornish, *Cattulus, Tibullus, Pervigilium Veneris*, Loeb Classical Library, 2a ed. rev. G. P. Goold. Cambridge: Harvard University Press, 1995, p. 179.

¹⁶ *Corpus Inscriptionum Latinarum* 6.5162.

¹⁷ Citado em LIGHTMAN e ZEISEL, "*Univira*: An Example of Continuity and Change in Roman Society", p. 25.

¹⁸ Cf. a discussão acima.

¹⁹ Cf. o estudo de Mateus 19.9 (infidelidade conjugal), 1Coríntios 7.15 (abandono pelo cônjuge incrédulo) e Romanos 7.2-3 (morte do cônjuge), feitos anteriormente. Com respeito à questão de os homens que passaram por divórcio biblicamente legítimo poderem ser considerados para cargos de liderança na igreja, se o divórcio ocorreu no passado distante (especialmente se a pessoa não era cristã na época) e se o presente modo de viver (e histórico comprovado) é caracterizado pela fidelidade conjugal, cf. PAGE, "Marital Expectations", p. 103-113.

²⁰ Não há corroboração bíblica sólida para o modelo de sacramento defendido pela Igreja Católica que fundamenta o requisito de celibato para o ofício sacerdotal no solteirismo de Jesus Cristo, durante seu ministério encarnado. Cf. "Solteirismo e ministério" no capítulo 8.

²¹ Cf. George W. KNIGHT, *Commentary on the Pastoral Epistles*, New International Greek Testament Commentary. Carlisle: Paternoster/Grand Rapids: Eerdmans, 1992, p. 290; seguido por Peter BALLA, *The Child-Parent Relationship in the New Testament and Its Environment*, Wissenschaftliche Untersuchungen zum Neuen Testament 115. Tübingen: Mohr Siebeck, 2003, p. 181.

²² Para uma discussão sobre os ensinamentos bíblicos acerca dos filhos e do papel dos pais de educá-los, cf. capítulos 4 e 5.

²³ CALVIN (Calvino), *1 and 2 Timothy and Titus*, p. 54.

²⁴ Cf. a discussão anterior. Cf. tb. CHRYSOSTOM (Crisóstomo), *Homilies on 1 Timothy 10*.

²⁵ Cf. capítulo 8.

Deus, casamento, família e a igreja: aprendendo a ser família de Deus

13

Nos capítulos anteriores, em nossa reflexão sobre casamento e família procuramos colocar Deus em primeiro lugar e reconstruir o alicerce bíblico dessas duas instituições. Resta, contudo, um passo final importante: aplicar à igreja aquilo que aprendemos a respeito do plano de Deus para o casamento e a família. Como vimos, o propósito de Deus é "fazer convergir em Cristo todas as coisas, tanto as que estão no céu como as que estão na terra" (Ef 1.10b), inclusive os relacionamentos conjugais e familiares (Ef 5.21—6.4), para que, conforme a oração de Paulo, "a ele seja a glória *na igreja* e em Cristo Jesus, por todas as gerações, para todo o sempre. Amém" (Ef 3.21).

De que maneira Deus pretende relacionar casamento e família à igreja? Essa é uma questão teológica (doutrina de Deus) e eclesiológica (doutrina da igreja). Uma pergunta diferente, porém relacionada, é: De que maneira as igrejas de hoje podem fortalecer as famílias? Essa é uma questão de método e aplicação. A fim de respondermos a ambas as perguntas, lançaremos mão das conclusões dos capítulos anteriores a respeito da teologia bíblica do casamento e da família e aplicaremos essas conclusões ao ensino bíblico acerca da natureza da igreja. Outro aspecto importante de que também trataremos serão as questões práticas relacionadas a uma filosofia bíblica de ministério e programas da igreja desenvolvidos para fortalecer casamentos e famílias.

Ensinamentos do Antigo e do Novo Testamento a respeito de casamento e família

Como vimos, no Antigo Testamento encontramos um paradigma mais propriamente caracterizado como "patricentrismo", ou seja, um tipo de família no qual o pai é o núcleo da vida familiar e seu centro diretivo. Embora o pai seja investido de legítima autoridade, seu papel na família não se restringe, de modo algum, ao exercício da autoridade que Deus lhe dá. Antes, entre várias outras funções, seu papel também inclui a proteção e a provisão para a família.[1] Ao mesmo tempo, algumas funções do pai no Antigo Testamento — como, por exemplo, conceder um dote à filha, arranjar o casamento dos filhos ou exercer a liderança em todo círculo familiar mais amplo, que incluía não apenas parentes consanguíneos, mas também os servos da casa — possuem um componente cultural que talvez não possa ser transferido diretamente para as famílias cristãs de hoje. Assim, a aplicação dessas passagens requer sabedoria e discernimento.

Em relação aos ensinamentos de Jesus, vimos que ele reafirmou o plano original do Deus Criador para o casamento com citações de Gênesis 1.27 e 2.24 (Mt 19.4-6 e textos paralelos). Com isso, Jesus confirmou de forma enérgica e enfática que o plano original de Deus para o casamento (no qual o marido é o cabeça e a esposa é a companheira submissa e ajudadora) continua a valer para os cristãos, e não foi substituído por um plano diferente (como, por exemplo, algo que fosse baseado em uma concepção igualitária). Também é interessante o fato de Jesus ter indicado que ele não veio para trazer a paz, mas sim a espada, e que a fé nele (ou ausência dela) *dividiria* famílias (Mt 10.34-36 e textos paralelos). Logo, a lealdade a Cristo e a seu reino deve ter precedência sobre os laços familiares de sangue. Como veremos, esse fato injeta uma dose crucial de realismo em quaisquer propostas de estruturar a igreja que tomem como ponto de partida a unidade familiar intacta e ideal, na qual o pai é o cabeça da casa. Em várias famílias nucleares, o pai não é cristão ou está completamente ausente.

Jesus também observou que não haverá casamentos no céu (Mt 22.30) e explicou que alguns, mesmo nesta era, escolheriam permanecer solteiros "por causa do reino do céu" (Mt 19.12). Essa consideração, em conjunto com a discussão de Paulo a respeito do solteirismo em 1Coríntios 7, traz um esclarecimento escatológico importante para a questão do casamento e da família na igreja. Mostra que o casamento, embora divinamente instituído no início e em vigor até a consumação final, faz parte da "forma deste mundo" que "*passa*" (1Co 7.31). O reino de Deus, em contrapartida, dura para sempre (Ap 11.15; 22.5).

Em Efésios 5.21—6.4, Paulo, de modo semelhante, dirigiu suas ordens a maridos, mulheres e filhos cristãos, com instruções para que as mulheres sejam submissas aos maridos, para que os maridos amem as mulheres de modo sacrificial e promovam seu desenvolvimento espiritual, para que os filhos honrem e obedeçam aos pais e para que os pais eduquem e instruam os filhos no Senhor, em vez de os irritarem e os tratarem com aspereza. Visto que relações de trabalho também se encontravam inseridas no contexto de uma unidade familiar mais ampla, foram dadas, ainda, instruções para servos e senhores (Ef 6.5-9). Logo, na época do Novo Testamento, a família continuava a ser a unidade central e havia estipulações específicas para famílias em que um dos membros (cônjuges) talvez não fosse cristão (p. ex., 1Co 7.12-16; 1Pe 3.1-2). Além disso, a mesma estrutura de autoridade e o mesmo chamado para o marido e pai proteger e prover que eram encontrados no Antigo Testamento também aparecem no Novo Testamento. Entretanto, embora os ensinamentos de Paulo definam princípios bíblicos importantes para os papéis conjugais e familiares, seus escritos não estipulam explicitamente como se dá a relação entre esses papéis e a aplicação desses princípios à estruturação da igreja.

Com esse breve levantamento do ensino bíblico acerca do casamento e da família em mente, estamos prontos para discutir as seguintes perguntas importantes: Qual é o papel da igreja em relação ao casamento e à família? De que maneira a igreja pode fortalecer esses relacionamentos para o bem das famílias, da igreja e para a glória de Deus?

CASAMENTO, FAMÍLIA E A IGREJA

Embora alguns argumentem que as origens da igreja remontam ao Antigo Testamento, talvez até a Abraão, é mais apropriado considerar que a igreja teve início no dia de Pentecostes, depois da ascensão de Jesus. Conforme a profecia do Antigo Testamento, o Espírito Santo foi derramado sobre o primeiro núcleo de crentes, algo que veio acompanhado de sinais e maravilhas comprobatórios (At 2).[2] Essa ideia é corroborada, entre outras coisas, pelo fato de o termo "igreja" (*ekklēsia*) ser usado apenas duas vezes por Jesus em todos os Evangelhos (Mt 16.18; 18.17), com o sentido não técnico de "comunidade messiânica" e, pelo menos no primeiro caso, no tempo futuro ("edificarei a minha igreja").[3] Outra comprovação dessa ideia é o fato de Lucas não empregar em momento algum o termo *ekklēsia* em seu Evangelho, mas usá-lo 24 vezes em Atos, o que parece sugerir que ele só passou a considerar a presença da igreja no período abrangido por Atos.[4]

Logo, conforme essa concepção correta, é somente em Atos e nas Cartas do Novo Testamento, especialmente nas Cartas paulinas, que encontramos a maior parte dos ensinamentos neotestamentários acerca da igreja. Vê-se que a existência da igreja é alicerçada na morte substitutiva e salvadora e na ressurreição de Jesus, em conformidade com o evangelho cristão (p. ex., 1Co 15.3-4). O Novo Testamento não deixa dúvidas de que, para se tornar parte da igreja, a pessoa deve ser nascida de novo, isto é, regenerada com base no arrependimento e na fé no Senhor Jesus Cristo.[5] Esse indivíduo recebe o perdão dos pecados (Ef 1.7), é justificado (Rm 5.1), separado para servir a Deus (1Co 1.2) e recebe o Espírito Santo, bem como dons espirituais a serem usados para a edificação da igreja (Ef 1.13-14). A verdadeira afiliação à igreja é fundamentada, portanto, em dois elementos pessoais e individuais: o arrependimento e a fé no Senhor Jesus Cristo; ambos levam à regeneração e à habitação do Espírito Santo no cristão, bem como ao recebimento de dons do Espírito (1Co 12.4-13; Tt 3.4-7; cf. Rm 8.9). Quando uma pessoa crê em Jesus, seu estado civil não importa, seja ela casada, solteira, divorciada ou viúva.

O que, então, é a igreja? No Novo Testamento, especialmente nos ensinamentos de Paulo, encontramos várias caracterizações da igreja, de sua natureza e de suas funções. Talvez o conceito mais proeminente e difundido seja o ensinamento paulino da igreja como "corpo de Cristo" (p. ex., Rm 12.4-8; 1Co 12—14; Ef 4.11-17; 5.30).[6] Nessa descrição, a ênfase está no relacionamento entre Cristo como o "cabeça" e a igreja como seu "corpo", indicando a autoridade e o senhorio de Jesus sobre a igreja e sua provisão em favor dela. Um elemento central dessa provisão é a concessão, pelo Espírito, de dons específicos para todos os membros com a finalidade de edificar o corpo até a maturidade (Ef 4.13). Entre esses dons, encontram-se aqueles que servem a igreja como pastores/mestres (Ef 4.11), cujo papel é "o aperfeiçoamento dos santos para a obra do ministério" (Ef 4.12). Logo, essa metáfora enfatiza a união da igreja com Cristo, sua submissão a ele como o cabeça, bem como o exercício de vários dons espirituais por seus membros. É importante observar que, de acordo com o texto, a obra de capacitar os crentes para o ministério é colocada nas mãos dos oficiais da igreja, que receberam dons do Espírito e foram devidamente nomeados para esses cargos. Embora os pais de família tenham, sem dúvida, a responsabilidade dada por Deus de servir como líderes espirituais em seus lares, o âmbito familiar é distinto do âmbito eclesiástico, no qual a autoridade é concedida a homens espiritualmente maduros, que preenchem os requisitos estipulados em passagens como 1Timóteo 3.1-7 para exercer a liderança da igreja.

O Novo Testamento também retrata a igreja como "casa" ou "família de Deus" (1Tm 3.4-5,12,14-15; 5.1-2; Tt 2.1-5). Em 1Timóteo 3.15, Paulo se refere aos cristãos como "família de Deus, que é a Igreja do Deus vivo, a qual é a coluna e o alicerce da verdade" (NTLH). Ele também define uma correlação importante entre o governo que o homem exerce sobre sua família de sangue e sua qualificação para administrar as questões da igreja no papel de presbítero (1Tm 3.4-5).[7] Paulo, em conformidade com essa imagem de "família", diz aos crentes para se relacionarem com os membros mais velhos da congregação como a "pai[s]" e "mães" em Cristo e com os membros da mesma idade ou mais jovens como a "irmãos" e "irmãs" (1Tm 5.1-2). Essa instrução remete ao ensinamento de Jesus, segundo o qual todos que fazem a vontade do Pai são seus "irmãos" e "irmãs" (p. ex., Mc 3.31-35; Lc 11.27-28).

Paulo incentiva as mulheres mais velhas a instruírem as mais jovens como mães ensinariam suas filhas na família de sangue, encorajando-as a amar o marido e os filhos, a trabalhar no lar e a ser submissas ao marido (Tt 2.3-5). O mesmo se aplica a homens mais velhos da igreja em relação aos mais jovens, que precisam estar fundamentados na Palavra de Deus e aprender a vencer o Maligno (p. ex., 1Jo 2.12-14). Esse retrato acentua ainda mais o fato de que a igreja é *edificada sobre* o modelo da família, como um equivalente espiritual desta última. Veremos adiante que esse fato tem implicações importantes para como Deus deseja que a igreja funcione.

À luz das passagens bíblicas mencionadas até aqui, convém observar que a aplicação neotestamentária da metáfora da "família" à igreja não significa que o

Novo Testamento considere a igreja uma família de famílias, na qual as unidades familiares individuais constituam a espinha dorsal da igreja, mas sim como base mais ampla da família de Deus, na qual os cristãos mais velhos e maduros instruem os mais jovens e promovem seu crescimento.[8] Embora fosse desejável que famílias inteiras fossem constituídas de crentes remidos a partir do momento em que os filhos já tivessem idade suficiente para entender a importância da obra de Cristo na cruz, arrepender-se de seus pecados e crer, como mencionamos anteriormente, o princípio constituinte para a afiliação à igreja é a *fé pessoal em Jesus Cristo*, e não o fato de pertencer a uma família da aliança (conceito chamado, por vezes, de "princípio orgânico"). Logo, é mais apropriado entender a metáfora da "família" aplicada à igreja como uma imagem que transmite a ideia de que, de modo análogo à família, os crentes, em virtude de sua fé comum em Jesus Cristo, são adotados na família de Deus, a igreja e, desse modo, tornam-se "irmãos" e "irmãs" espirituais em Cristo. O princípio importante a ser lembrado é que isso ocorre com base na fé pessoal, *sem* qualquer relação com o fato de pertencer a uma família. Essa realidade, entretanto, não reduz, de maneira alguma, a importância da família, especialmente em seu papel de educar os filhos para que venham a conhecer o Salvador. No entanto, os âmbitos da família e da igreja devem permanecer distintos e não devem ser desconstruídos a ponto de se tornarem indistinguíveis, como veremos em mais detalhes adiante.

Além disso, o Novo Testamento usa várias outras metáforas para a igreja, inclusive de "casa espiritual" (1Pe 2.4-5,7), "santuário de Deus" ou "morada de Deus" (1Co 3.16-17; Ef 2.21-22), "noiva de Cristo" (2Co 11.2) e a própria união conjugal (Ef 5.32).[9] Pedro, ao explicar a imagem da igreja como "casa espiritual", deixa claro que a igreja é constituída daqueles que se chegam a Cristo (v. 4) e creem nele (v. 7). Logo, a igreja é formada de indivíduos que creem; a passagem não menciona famílias. A metáfora da "noiva de Cristo" retrata a relação entre Cristo e a igreja em termos de noivado e consumação do casamento no fim dos tempos. Não se deve tentar extrair das Escrituras uma teologia de que os casais são a unidade estrutural básica da igreja.

O PAPEL DA IGREJA E DA FAMÍLIA

À luz do levantamento do ensino bíblico acerca de casamento e família realizado neste livro e do breve levantamento acerca da natureza da igreja apresentado acima, voltamos à pergunta de suma importância: Quais são os respectivos papéis da igreja e da família, e de que maneira os dois se relacionam entre si? Voltamos a atenção primeiramente para a igreja. Diz-se no Novo Testamento que a igreja tem vários papéis.[10] Primeiro, é chamada "coluna e alicerce da verdade" (1Tm 3.15). Em uma cultura ímpia, é testemunha da revelação divina da verdade e da redenção concedida por Deus em Cristo. Ao contrário da igreja, constituída apenas dos remidos, o casamento, embora instituído por Deus no princípio, é um estado no qual ingressam tanto remidos quanto não remidos. Por esse motivo, o casamento e a família não são, por si só, meios suficientes para transmitir a verdade de Deus. Portanto, cabe principalmente à igreja, e não à família, pregar o evangelho ao mundo perdido e cumprir a Grande Comissão.

Segundo, a igreja é chamada a adorar a Deus e a evangelizar e discipular as nações (Mt 28.16-20). Os onze receberam essa comissão como representantes da igreja depois que deixaram de lado (temporariamente) os vínculos com a família de sangue, uma indicação de que Jesus tinha prioridade absoluta, até mesmo sobre relações de parentesco. Receberam a Grande Comissão primeiro, e acima de tudo, como representantes da igreja incipiente, e não como chefes de família. De modo semelhante, o livro de Atos mostra que Paulo, Pedro, Barnabé e Silas, bem como outros protagonistas da missão da igreja primitiva, dedicaram-se à pregação do evangelho como ministros do evangelho, ou seja, desempenharam um papel à parte do que tinham em suas respectivas famílias. Aliás, é bem possível que vários deles, inclusive Paulo e Timóteo, não fossem casados. Mesmo quando aqueles que se dedicavam à pregação evangelística eram casados, os compromissos com o casamento e a família não eram, em certos aspectos, considerados o meio ou contexto preferível, mas sim um peso ou encargo necessário da vida presente (cf. especialmente 1Co 7.32-35), e os papéis de pregador/plantador de igrejas e pai/chefe da família eram distintos. Logo, quando Pedro e Paulo se dirigiram a famílias inteiras em Atos (os exemplos mais conhecidos são Cornélio, Lídia, o carcereiro filipense e Crispo; cf. At 10.24; 16.15,31-34; 18.8), é bem provável que não tenha sido porque adotassem uma eclesiologia que visse a igreja como "a família das famílias", mas porque se dirigiam principalmente aos chefes das famílias daquele contexto cultural por causa da influência que tinham sobre os outros membros de sua casa.[11]

Essa estratégia continua a ser bastante viável hoje em dia em vários contextos, embora deva ser considerada acima de tudo como método evangelístico, e não como uma abordagem teologicamente normativa, nem como a única forma bíblica de organização ou evangelismo. Também no tocante ao discipulado, é papel da *igreja* discipular as nações (Mt 29.18). Os pais cristãos desempenham uma função importante, mas isso não muda o fato de que a *igreja* foi incumbida de discipular indivíduos e ensinar-lhes a obedecer a tudo o que o Senhor Jesus Cristo lhes ordenou (Mt 28.20).

Terceiro, a igreja é chamada a ministrar as ordenanças do batismo e da ceia do Senhor (p. ex., Mt 28.19; Lc 22.19; At 2.42). Essa autoridade, de modo semelhante, é conferida à igreja. Não há indicação alguma nas Escrituras de que os pais, em seu papel de chefes da casa, sejam chamados a ministrar o batismo e a ceia do Senhor às suas respectivas famílias. Essa é uma função da igreja e de seus líderes, não de unidades familiares individuais ou coletivas.[12]

Agora que identificamos o papel da igreja, tratemos de modo sucinto da segunda questão: Qual é o papel da família? A família e a igreja não são idênticas, nem a família deve servir de estrutura fundamental da igreja. Então, qual é o papel da família no plano mais amplo de Deus? Resumidamente, o papel principal da família é *cuidar do bem-estar físico, social e espiritual de seus membros*. Isso inclui todo tipo de provisão, proteção e cuidado dos quais o cabeça da família era incumbido no período do Antigo Testamento e que ainda é característico das famílias do Novo Testamento (cf. Ef 5.25-30; 1Tm 5.18).[13]

A família também é *o ambiente para a geração e para a criação de filhos*. Evidentemente, essa é uma de suas características centrais, que contribui para cumprir a ordem dada por Deus à humanidade na criação: "Frutificai e multiplicai-vos; enchei a terra e sujeitai-a..." (Gn 1.28). Esse entendimento é corroborado também pelo fato de a maldição depois da queda ter afetado tanto o aspecto masculino da provisão quanto o aspecto feminino da procriação (Gn 3.16-19). Embora alguns, tanto na antiguidade quanto hoje, tenham procurado depreciar as funções naturais de procriação e chamar as mulheres que desejavam ser verdadeiramente espirituais a abandonar sua vocação natural para serem esposas e mães (cf. p. ex., 1Co 7.1,12; 1Tm 2.15; 4.1,3-4), a Palavra de Deus tem a mais alta consideração pelos papéis de mãe e pai. Cabe à igreja, portanto, defender a nobre perspectiva que Deus tem de casamento e família em contraste nítido com boa parte do mundo ao redor que, por sua vez, atribui grande importância à busca por realização própria, riqueza material e outros substitutos para a verdadeira vocação dada por Deus.[14]

Por fim, em qualquer família, o indivíduo espiritualmente convertido deve *usar a influência que tem em sua família de sangue para dar testemunho de Cristo e conduzir outros familiares a ele* (1Co 7.14; 1Pe 3.1-6). Logo, "as famílias encontram um lugar na realidade cristã à medida que os remidos exercem sua influência no âmbito familiar".[15]

A família é, de fato, de suma importância para a sobrevivência e a prosperidade da sociedade humana, e famílias que seguem o padrão da vontade de Deus revelada em sua Palavra são absolutamente essenciais para a manutenção de uma igreja vigorosa e de uma sociedade moralmente íntegra. Ao mesmo tempo, não deve haver confusão quanto ao que uma família é ou não: a família não é a igreja, e as duas não devem ser "unidas" no sentido comum da palavra, ou seja, no sentido de que os dois elementos — a família e a igreja — se tornem um só.[16] *A família de Deus não é uma família constituída de famílias nucleares, mas sim, uma reunião ou corpo de crentes verdadeiramente remidos, organizado em determinado lugar como congregação local, debaixo de uma liderança devidamente constituída, independentemente da condição familiar de seus membros.* A família e a igreja possuem papéis distintos e cumprem propósitos diferentes no plano de Deus. Cada uma tem um âmbito específico de ação, bem como poderes e autoridades específicos. Portanto, embora haja certo grau de sobreposição, essas duas entidades não devem ser confundidas nem indevidamente unidas em uma só.

A igreja e o ministério com famílias

Agora que definimos os respectivos papéis e a relação apropriada entre igreja e família, convém tratar de um conjunto de perguntas decorrentes dessas definições: De que maneira, então, a igreja pode apoiar a família? E de que maneira a família pode fortalecer a igreja? É evidente que, devido à importância crucial que casamento e família têm no plano de Deus desde o princípio, a igreja deve fazer todo o possível para fortalecer os laços matrimoniais e familiares. Deve ensinar aos casais jovens o que a Bíblia diz sobre os devidos papéis do marido e da esposa e o plano de Deus para que formem uma família, bem como encorajar casais e famílias já formados a darem testemunho à cultura ao seu redor acerca da bondade, da sabedoria e da fidelidade de Deus em Cristo. A igreja deve seguir o modelo fornecido pelo plano de Deus para a família de sangue, na qual, como mencionamos, a geração mais velha e madura instrui e discipula os membros mais novos. Também deve reconhecer que alguns de seus membros talvez sejam chamados a permanecer solteiros para o reino de Deus e deve integrá-los plenamente na vida da igreja.

É evidente que, no mundo ocidental, a igreja não tem, em diversos casos, se saído muito bem em sua função de promover o desenvolvimento das uniões conjugais e das unidades familiares. Com frequência, ela tem deixado de afirmar a liderança do marido como cabeça do lar e o papel central do pai na família. Com isso, o mundo incrédulo —que tem testemunhado a desintegração da ordem estabelecida por Deus no lar e o fim da liderança masculina na família — e a igreja —que não tem afirmado, nem promovido, nem incentivado os modelos bíblicos para o casamento e a família — infelizmente uniram forças para enfraquecer ainda mais os alicerces do casamento e da família em nossa cultura. Sem obscurecer as distinções entre igreja e família, a igreja deve realizar todo esforço possível para tornar o fortalecimento dos casamentos e das famílias uma parte crucial de sua missão. Deve, de modo específico, respeitar as necessidades dos membros das famílias de passarem tempo adequado juntos, para que os pais possam promover o desenvolvimento espiritual de seus filhos. Um calendário de igreja cheio de eventos e programações que deixa pouco tempo para a família e faz os membros correrem até a exaustão não contribui para fortalecer o vínculo essencial da família.

Parece indiscutível, portanto, o fato de que o mundo está enfraquecendo o casamento e a família de várias maneiras, e que nem mesmo a igreja, com frequência, consegue neutralizar essas forças desintegradoras, pois não vê sua missão em termos que fortaleçam casamentos e famílias. (Ao mesmo tempo, convém observar que algumas igrejas têm plena consciência dessa necessidade e se esforçam sinceramente para encorajar as famílias.) O que fica menos claro, porém, é *como* a igreja pode reverter essa tendência. Nesse sentido, é importante fazer distinção entre teologia e método. Com respeito à *teologia*, é importante estar fundamentado no ensino bíblico acerca da natureza e da função da igreja. Com respeito ao *método*, deve haver certa flexibilidade e abertura para toda uma gama de abordagens. Também é importante não confundir teologia com método e acusar aqueles que diferem de nós quanto ao método de não serem bíblicos, pelo simples fato de não concordarem quanto a soluções específicas.

A igreja precisa de um modelo que fortaleça e apoie casamentos e famílias e que o faça com base numa visão bíblica e sadia da natureza da igreja. A liderança do homem no casamento e no lar, a necessidade de a mulher ser submissa ao marido e de os filhos obedecerem aos pais faz parte desse conceito. A importância de um ministério que atenda a diferentes gerações, promova sua inter-relação e não segmente a igreja desnecessariamente em unidades disjuntivas e isoladas, mas que desenvolva grupos por afinidade natural, inclusive de laços de sangue, é igualmente crucial. Ao mesmo tempo, a liderança da igreja local tem direito e autoridade para criar maneiras de discipular seus membros, inclusive os jovens, e tais maneiras podem legitimamente envolver reuni-los e instruí-los no contexto de grupos por afinidade. O uso de uma estrutura composta de grupos por afinidade não significa, necessariamente, a subversão da estrutura familiar natural; antes, pode ser proveitosa para complementar e suplementar essa estrutura.

A ABORDAGEM DE INTEGRAÇÃO DA FAMÍLIA NA IGREJA

Depois de realizarmos um levantamento do ensino bíblico fundamental acerca de casamento e família, discutirmos o ensino neotestamentário a respeito da igreja e sua relação com a família (bem como seus respectivos papéis) e sugerirmos algumas maneiras pelas quais a igreja pode fortalecer casamentos e famílias, faremos agora uma avaliação de abordagens que, nos últimos anos, procuraram defender a causa da família na igreja. Empreendemos essa tarefa com cautela, pois, como ficará evidente, compartilhamos de várias preocupações subjacentes a essas abordagens, especialmente a preocupação com o bem-estar e o fortalecimento da família. Em última análise, a eclesiologia é a questão mais pungente. Tendo em vista a grande diversidade dessas abordagens e o fato de ainda estarem em desenvolvimento sob vários aspectos, como se verá na discussão abaixo, há algumas questões doutrinárias fundamentais que ainda precisam ser esclarecidas.

Sem dúvida, muitas pessoas frequentam igrejas que possuem essa filosofia de ministério porque se preocupam seriamente com a família e têm críticas justificadas ao modo tradicional de "ser igreja". Em muitos casos, tratam-se de famílias que proveem educação formal para os filhos em casa[17] e que desejam reproduzir na igreja o ambiente de estreita ligação familiar existente em seus lares, nesse contexto de educação em casa. Algumas dessas igrejas voltadas para a família adotam, de modo bastante apropriado, princípios gerais para integrar a família — como um ministério que procura atender a diferentes gerações, o evangelismo voltado para toda a família, o incentivo aos homens para que, como pais, sejam os líderes espirituais do lar, e assim por diante — sem, contudo, comprometer-se filosófica e teologicamente com princípios centrais mais reacionários e, por vezes, até radicais da integração familiar. A análise crítica dessas abordagens, apresentada a seguir, aplica-se a esses grupos apenas na medida em que adotam os princípios do movimento de integração da família em um nível teológico e eclesiológico mais fundamental.

Embora compartilhemos de uma convicção profunda sobre a importância da *família*, nosso compromisso é com a *fundamentação bíblica* para o casamento e a família, o que inclui uma compreensão clara do ensino neotestamentário a respeito da *igreja*. *Nossa avaliação preliminar é que a abordagem de integração da família, tal como é definida a seguir, alçou a família a uma posição indevidamente elevada e injustificada à luz dos ensinamentos bíblicos sobre esse assunto. Também propomos que a sua visão da igreja como "família de famílias" não tem sustentação bíblica suficiente.*[18] Instamos a igreja a tornar as famílias parte integrante de seu ministério, a apoiá-las e fortalecê-las, mas não de maneiras que comprometam o ensino neotestamentário a respeito da igreja ou que coloquem a família numa posição indevidamente elevada, acima da própria igreja.[19]

As crenças e as práticas da abordagem de integração da família na igreja não são uniformes.[20] Algumas igrejas se mostram mais puristas em suas convicções e na aplicação da integração da família, enquanto outras se mostram mais dispostas a combinar esse modelo com outras abordagens.[21] A viga-mestra da abordagem de integração da família é, em geral, o argumento de que os membros das famílias devem prestar culto juntos na igreja e permanecer juntos durante o estudo das Escrituras, o tempo de comunhão e outras atividades relacionadas ao culto.[22] Os chefes de família (os homens, em seu papel de pais) recebem a incumbência de ser os líderes espirituais do lar *e* da igreja, fato que tem implicações importantes para o modo como a igreja exerce o ministério. Em vez de contratar um pastor de jovens, por exemplo, a igreja talvez desenvolva um ministério para jovens voltado para a família, no qual os próprios pais dos jovens ministram a seus filhos, possivelmente sob a coordenação de um ou vários desses homens; ou, talvez, a igreja simplesmente não tenha um ministério específico para essa faixa etária.

A fim de entender a motivação por trás da abordagem de integração da família na igreja, é essencial compreender que ela se apresenta em oposição ao modo convencional de "ser igreja" hoje em dia. De acordo com os defensores da proposta de integração da família, a abordagem convencional separa indevidamente os membros da igreja por faixas etárias e outros grupos por afinidade, como solteiros, jovens casais, adolescentes e jovens, idosos, e assim por diante. Aqueles que favorecem a abordagem de integração da família argumentam que essa "segregação" (um termo muito aquém do ideal, porém usado com frequência; cf. abaixo) divide as famílias em vez de fortalecê-las e aproximar seus membros. A igreja deve *integrar*, e não *segregar*, os membros das famílias e voltar seu ministério para a unidade familiar, na qual o pai é o cabeça. Argumenta-se, nesse sentido, que a abordagem de integração da família representa de forma mais adequada a prática da igreja primitiva e segue de modo mais próximo a eclesiologia puritana.[23]

A percepção de que a igreja deve fortalecer, e não enfraquecer, as unidades familiares, frequentemente vem à tona por meio de maridos que se dão conta de que não têm dado prioridade suficiente à própria família. Voddie Baucham Jr., por exemplo, em seu livro *Family Driven Faith* [Fé movida pela família], dedica grande parte do texto a compartilhar seu testemunho a esse respeito e faz um apelo os homens, como pais e maridos, para que priorizem esses papéis, reservando um ou dois capítulos finais para discutir as implicações dessa abordagem para a igreja.[24] Em outras duas contribuições dignas de nota, Mark Fox relata sua jornada pessoal rumo a uma igreja voltada para a integração da família, e Eric Wallace pede a "união" de igreja e lar.[25] Todas essas propostas giram em torno da restauração do pai a seu devido lugar como líder espiritual do lar e à edificação da igreja sobre o alicerce dessas famílias de fé. Nesse sentido, oferecem um estímulo positivo à igreja no sentido de conduzi-la de volta ao plano de Deus para a família.

Como mencionamos acima, porém, a ausência geral de uma base bíblica aprofundada para essa abordagem de integração da família a torna um tanto difícil de avaliar. Por vezes, a argumentação em sua defesa é feita mais ao longo de linhas históricas ou de práticas gerais. Em outras ocasiões, a argumentação decorre daquilo que a abordagem de "integração da família" *não* faz — isto é, ela *não* segrega os membros da igreja por faixa etária, circunstância de vida etc. — ou seja, os argumentos de defesa são estruturados à luz das supostas falhas da igreja convencional. Nos casos em que as Escrituras são citadas, faz-se referência mais frequente ao Antigo Testamento, ou as passagens mencionadas são de escopo extremamente geral e não corroboram, necessariamente, a abordagem propriamente dita de integração da família.

Contribuições e possíveis limitações da abordagem de integração da família na igreja

Uma abordagem de integração da família tem o potencial de realizar várias contribuições importantes para igrejas que, sob diversos aspectos, são um reflexo da cultura ao redor, com seus relacionamentos fragmentados e que, com frequência, não conseguem revitalizar as famílias para que sejam células nas quais a fé de seus membros é nutrida. Podemos observar aqui três contribuições em particular. Primeiro, essa abordagem promete oferecer *um modo mais holístico de realizar o ministério*, um modo que alcance famílias inteiras, como faziam Paulo e os cristãos primitivos, em vez de considerar as pessoas apenas sob uma ótica individualista. Segundo, também é salutar sua *ênfase sobre o papel e a responsabilidade espiritual do pai*. É verdade que muitos pastores em igrejas tradicionais não encorajam nem ajudam o pai a se desenvolver nesse papel de líder espiritual do lar. Quantas igrejas, por exemplo, oferecem instrução específica e apoio para os pais no tocante ao modo de realizarem o culto doméstico? De fato, essa parece ser uma área que não recebe atenção suficiente em muitas congregações, e a abordagem de integração da família pode ser um corretivo importante. Terceiro, *famílias fortes são a espinha dorsal da igreja saudável*, quer essa igreja seja tradicional quer siga a abordagem de integração da família, de modo que até mesmo igrejas que relutam em adotar na íntegra essa abordagem como filosofia norteadora podem ser beneficiadas ao incorporar algumas de suas características mais proveitosas.

Também é necessário registrar várias advertências. Primeiro, à luz da conotação racial do termo "segregação", é melhor evitar esse tipo de linguagem ao falar das práticas da igreja tradicional. Assumir um posicionamento antagonista tende a diminuir, na igreja tradicional, a receptividade a certos aspectos válidos apontados por aqueles que defendem a abordagem de integração da família. Nesse sentido, é recomendável evitar a mentalidade de "nós contra eles" e atitudes reacionárias nesse tipo de discussão. O verdadeiro inimigo não é a igreja tradicional, é Satanás, e a mensagem central da igreja não é a integração da família, mas sim o evangelho da salvação pela graça e por meio da fé no Senhor Jesus Cristo. Ademais, é importante evitar possíveis atitudes sectárias e se empenhar para que todas as partes envolvidas sejam humildes e abertas, e não fechadas e resistentes a críticas válidas oferecidas em espírito de amor.

Como observamos anteriormente, é essencial não elevar o casamento e a família acima da própria igreja. De um ponto de vista escatológico, o casamento e a família aqui na terra são apenas uma espécie de "ensaio" com o objetivo de nos preparar para o relacionamento eterno (ou casamento) com Cristo. Afinal, não haverá casamento humano na "nova terra", e a família como instituição já haverá cumprido seu propósito. À luz da eternidade, portanto, o casamento e a família exercem uma função preparatória importante, mas não devem ser absolutizados nem colocados acima dos propósitos do reino eterno de Deus. Nessa mesma linha, não há base bíblica para considerar a autoridade do pai, o cabeça do lar, como superior ou mesmo igual à autoridade da liderança da igreja local.[26]

Outra preocupação diz respeito à própria ideia de integração. Uma igreja neotestamentária deve ser integrada *em todos os sentidos concebíveis*, não só com respeito à família, mas também com respeito a gênero, idade, raça, cor, condição socioeconômica e assim por diante. A fim de refletir a identidade de seu Criador, que formou todas as suas criaturas, e de seu Redentor, que salvou pessoas de todos os tipos, a igreja dever ser absolutamente inclusiva e abrangente. Por esse motivo, qualquer abordagem ou grupo que dê destaque *a um* tipo de integração sem enfatizar igualmente *todas as outras* dimensões de integração concebíveis fica aquém do ideal bíblico para o reino de Deus. Na verdade, a abordagem de integração da família pode ter a tendência de promover *falta* de integração geral, visto que, muitas vezes, igrejas que seguem essa linha deixam de incluir aqueles que vêm de famílias desfeitas. Aliás, por ironia, algumas dessas igrejas acabam promovendo justamente a segregação que procuram corrigir, ainda que seja a segregação entre famílias que permanecem intactas e aqueles que vêm de contextos familiares não ideais.[27]

Quanto a manter as famílias juntas *na igreja*, não parece haver motivo para que as famílias não realizem o culto familiar *em casa*, mas, ao mesmo tempo, também participem do culto na igreja com outros cristãos, inclusive em grupos da mesma faixa etária ou por afinidade. Em parte alguma as Escrituras ensinam que as famílias devem permanecer juntas o tempo todo quando a igreja se reúne. Assim como o pai pode liderar a família no culto e na leitura bíblica em casa, o pastor da igreja local pode liderar a congregação inteira, constituída de pessoas de vários contextos familiares e sociais, na adoração conjunta. Pode-se dizer o mesmo a respeito de diversos outros grupos — como a escola dominical, o culto das crianças ou o grupo de jovens — que a igreja possa resolver instituir a fim de cumprir a ordem bíblica de instruir e edificar os crentes.

Também resta identificar se a abordagem de integração da família é, em sua maior parte, fundamentada em premissas bíblicas e teológicas, ou se é uma proposta baseada em métodos e preferências. Se for fundamentada em premissas bíblicas e teológicas, isso significa que qualquer outra abordagem está aquém daquilo que as Escrituras ordenam. Se for uma proposta baseada em métodos e preferências, exige abertura para vários outros métodos, sendo que nenhum deles pode alegar ser a única abordagem bíblica. Essa abertura também permite a fusão de elementos, como a incorporação de uma ênfase mais claramente voltada para a família nas igrejas mais tradicionais e de uma postura mais equilibrada nas igrejas onde a integração da família é levada ao extremo.[28] Convém identificar, ainda, até que ponto a abordagem de integração da família se baseia numa teologia que enfatiza a continuidade entre o Israel do Antigo Testamento e a igreja do Novo Testamento e até que ponto deixa de reconhecer adequadamente a forte ênfase do Novo Testamento sobre a fé individual.

Por fim, a ênfase sobre a liderança masculina pode, por vezes, criar a tendência de diminuir a importância e o papel das mulheres. Na tentativa de fortalecer os homens como líderes, pode acontecer de as mulheres não serem devidamente valorizadas quanto à grande variedade de contribuições que possam vir a ter no lar, na igreja e na sociedade. Em alguns casos, uma espécie de patriarcado pode assumir uma forma excessivamente autoritária.

Conclusão

Um estudo dos ensinamentos de Jesus sobre esse assunto indica que ele enfatizou a realidade frequente de o pai ou algum outro membro de uma família não se tornar cristão e daqueles que se tornarem cristãos passarem a constituir uma nova família espiritual, na qual se relacionarão uns com os outros como irmãos e irmãs em Cristo. Logo, não teria cabimento a família depender de um incrédulo como líder espiritual. Antes, o corpo de Cristo se torna a família daqueles que se encontram nessa situação. Paulo também fala da igreja como uma entidade independente, sem referir-se à família como parte de sua estrutura. Oficiais como presbíteros, diáconos e pastores/mestres superintendem a igreja como "pastores" do "rebanho" (At 20.17-35; 1Tm 3.1-15; Tt 1.6-9; cf. tb. 1Pe 5.1-3). Embora o Israel do Antigo Testamento fosse uma teocracia e se baseasse em vínculos familiares e tribais, Jesus disse que todo aquele que fizesse a vontade de seu Pai seria seu irmão ou sua irmã. Logo, existem certas limitações para a metáfora da igreja como família, o que coloca em dúvida uma transposição direta do modelo patriarcal do Antigo Testamento para a igreja do Novo Testamento.

Quando voltamos a atenção para as Cartas, fica evidente que a filiação à igreja não é uma questão de pertencer a uma família da aliança em que ambos os pais sejam crentes. Antes, como mencionamos anteriormente, o critério do Novo Testamento para a filiação à igreja é o arrependimento pessoal e a fé no Senhor Jesus Cristo. A base principal e o princípio constituinte da eclesiologia do Novo Testamento *não* é, portanto, a filiação étnica ou familiar, mas a fé individual em Jesus Cristo. Segue-se que a igreja é constituída de todos os remidos nascidos de novo que creem em Cristo e que agora constituem a família espiritual e a casa de Deus.[29] Mesmo nos casos em que isso inclui famílias inteiras, ainda é verdade que os indivíduos com vínculos de sangue são, *em primeiro lugar*, irmãos e irmãs em Cristo e, *em segundo lugar*, aparentados por vínculos de sangue.[30]

Logo, os cristãos são chamados a amar e cuidar uns dos outros como irmãos de sangue fariam. Diante disso, agem para com aqueles que não são seus parentes de sangue como se fossem, pois seu parentesco é *espiritual*; são unidos por sua fé comum em Jesus Cristo. Além disso, mesmo em famílias nas quais todos os membros creem em Cristo, o que une seus membros não é, em primeiro lugar, seu parentesco natural, mas sim sua fé. Em razão dessa fé que compartilham, adoram a Deus juntos, ministram juntos, oram juntos e estudam as Escrituras juntos. Nessa nova família, de modo miraculoso, amam pessoas completamente desconhecidas como se fossem seus pais, mães, irmãs e irmãos, pois, em Cristo, de fato são. Consequentemente, têm mais em comum com estes últimos do que com seus parentes de sangue que não compartilham da mesma fé.

Portanto, aqueles que nunca se casaram, os viúvos e os divorciados, os jovens e os idosos, os ricos e os pobres, todos pertencem à igreja e nela se integram. As unidades familiares não são as únicas que se revestem de um novo poder. O conceito neotestamentário de igreja como família de Deus transcende os vínculos de sangue. Ao mesmo tempo, é recomendável convocar as famílias saudáveis e piedosas na igreja a se reunir para dar o exemplo de como a família cristã deve ser e para acolher aqueles vindos de contextos fragmentados, de modo a integrá-los na família da igreja.

Este é um elemento crucial: a igreja verdadeiramente integrada não discrimina as pessoas que, no momento, sejam oriundas de famílias desfeitas nem as pessoas que têm o dom espiritual do celibato; antes, mostra-se aberta para acolhê-las em seu meio. Os que são chamados a permanecer solteiros, por exemplo, devem ser vistos como "unidades do reino" de mesmo nível que as famílias, em vez de considerar que estas últimas assumem um patamar superior. A igreja verdadeiramente integrada deve refletir toda a diversidade do corpo de Cristo que caracterizará o reino do céu em seu estado eterno (veja em Apocalipse) e deve procurar alcançar, de modo genuíno, todos os membros da comunidade, em vez de se mostrar exclusiva e privilegiar, em detrimento de outros, os lares que se mantiveram intactos com a presença de pai, mãe e filhos.

O exemplo de Jesus é particularmente instrutivo nesse aspecto, visto que o Senhor viveu um fino equilíbrio entre duas ideias. Por um lado, valorizou a família de sangue (Mt 19.4-6 e textos paralelos). Em contrapartida, pregou a vinda do reino de Deus, cujo parentesco espiritual de fé transcende os vínculos de sangue. Logo, o perfil demográfico da igreja não deve refletir apenas famílias de sangue lideradas pelo pai. No fim das contas, qualquer indivíduo que faz a vontade de Deus é membro legítimo do reino de Deus. Paulo sugere essa mesma postura ao escrever "... Assim, os que têm mulher, vivam como se não tivessem [...] porque a forma deste mundo passa" (1Co 7.29,31), mas, ao mesmo tempo, ao valorizar o casamento e a família como regra nesta vida (Ef 5.21—6.4).

Por esses e outros motivos, a igreja deve ser *voltada para a família* e deve *acolher a família*. Os líderes da igreja devem, eles próprios, dar o exemplo de relacionamentos familiares saudáveis (1Tm 3.4-5) e procurar fornecer às famílias da igreja os recursos necessários para serem comunidades de adoradores, que encarnam em menor escala aquilo que a igreja deve refletir em maior escala como "casa de Deus" (1Tm 3.15). Para isso, a igreja precisa ser mais deliberada em sua abordagem de *mentorear e discipular* seus membros. Precisa concentrar esforços de modo mais claro em oferecer aos homens os recursos necessários para que pratiquem a fé cristã em seus lares, como líderes espirituais do culto doméstico, da leitura bíblica, etc., em vez de mentorear e discipular de forma principal ou exclusiva somente indivíduos.

Ademais, é importante que esses conceitos sejam aplicados *a toda a igreja*, e não apenas sob a forma de programas especiais e opcionais, como cursos sobre casamento ou discipulado sobre casamento e família. *Todos* os aspectos da igreja devem ser voltados para as pessoas em seu contexto familiar, o que inclui pessoas provenientes de famílias desfeitas ou que se encontrem em situações anômalas. Tendo famílias piedosas como espinha dorsal da congregação, aqueles que no momento (ou em caráter permanente) não forem casados, poderão ser acolhidos num ambiente familiar que promova cura aos que se recuperam de relacionamentos rompidos e dê esperança aos que anseiam por relacionamentos familiares de afeto e cuidado no futuro, quer sejam eles jovens que não são casados, quer sejam pessoas que já foram casadas.

Qual é, então, a forma apropriada de entender a relação entre família e igreja? Deve-se colocar uma contra a outra, como se a igreja precisasse ser mantida afastada para que as famílias possam disciplinar seus filhos sem a interferência eclesiástica indevida? Ou a igreja deve ser elevada a uma posição que inunde as famílias com programações e as prejudique com esse ativismo? Nenhum desses extremos é desejável. Antes, a igreja e a família devem reconhecer os papéis que Deus deu a cada uma e *trabalhar em parceria* para glorificar a Deus e para respeitar e afirmar suas respectivas esferas de ação. De quem é o papel, por exemplo, de fortalecer o casamento e discipular os filhos? Em certo sentido, os próprios cônjuges devem trabalhar pelo casamento e os pais devem acatar a ordem divina para educar os filhos na disciplina e na instrução do Senhor (Ef 6.4). Ao mesmo tempo, sem dúvida, *também* é papel e responsabilidade *da igreja* fortalecer casamentos e famílias, bem como evangelizar e discipular. Isto é, é papel e responsabilidade da igreja liderada por homens (presbíteros) maduros, biblicamente qualificados e devidamente nomeados e formada de crentes remidos, nascidos de novo, nos quais o Espírito habita e os quais ele capacita no Senhor Jesus Cristo. Se a igreja não abusar da autoridade sobre seus membros, sejam eles solteiros ou casados, e se a família aceitar humildemente suas limitações dentro do plano de Deus, é possível desenvolver uma parceria harmoniosa e espiritualmente benéfica, que glorifica a Deus e na qual todos os membros se submetem aos líderes da igreja e, em última análise, se submetem a Cristo como cabeça da igreja (Ef 1.10; 4.15-16; 5.23-24; 1Pe 5.5-6).

Desse modo, torna-se cada vez mais real a visão de Paulo, segundo a qual Deus "designou uns como apóstolos, outros como profetas, outros como evangelistas, e ainda outros como pastores e mestres, tendo em vista o aperfeiçoamento dos santos para a obra do ministério e para a edificação do corpo de Cristo; até que todos cheguemos à unidade da fé e do pleno conhecimento do Filho de Deus, ao estado de homem feito, à medida da estatura da plenitude de Cristo; para que não sejamos mais inconstantes como crianças, levados ao redor por todo vento de doutrina [...] pelo contrário, seguindo a verdade em amor, cresçamos em tudo naquele que é a cabeça, Cristo. Nele o corpo inteiro, bem ajustado e ligado pelo auxílio de todas as juntas, segundo a correta atuação de cada parte, efetua o seu crescimento para a edificação de si mesmo no amor" (Ef 4.11-16). É importante lembrar que essas partes individuais e essas juntas são crentes individuais, e não necessariamente unidades familiares, como Jesus deixou claro quando anteviu que a verdade do evangelho dividiria famílias (Mt 10.36; cf. Mq 7.6), de modo que a nova família espiritual de Deus, a igreja, não corresponde a grupos de famílias individuais.

Concluímos com algumas perguntas que todas as igrejas, sejam elas adeptas da abordagem de integração da família ou não, devem fazer: (1) Reconhecemos o celibato como um dom espiritual válido e os solteiros como membros da igreja e cidadãos do reino no mesmo nível que as famílias, ou privilegiamos as famílias e tratamos os solteiros como se fossem deficientes em algum sentido ou cidadãos de segunda classe? (2) Procuramos alcançar todos, não obstante seu estágio de vida, sua raça e classe social, ou apenas algumas pessoas, de acordo com a constituição demográfica da maioria dos membros da igreja, sejam eles de determinado perfil socioeconômico, de famílias que educam seus filhos em casa ou de qualquer outro grupo? Em outras palavras, nossa igreja é *verdadeiramente inclusiva*, segundo a proclamação de Jesus sobre o reino de Deus? (3) Compreendemos e praticamos os ensinamentos de Jesus a respeito do reino e os ensinamentos do Novo Testamento a respeito da igreja? Ou nosso modelo é predominante ou exclusivamente baseado em modelos do Antigo Testamento?

Por certo, a polêmica atual sobre como a família e a igreja devem se relacionar ainda está em andamento. À medida que a discussão avançar, sem dúvida a terminologia mudará, novos modelos serão apresentados e, esperamos, o debate se tornará menos reacionário. No fim das contas, é importante lembrar que a solução não se encontra nesta ou naquela abordagem ou neste ou naquele conjunto de rótulos. Algumas perguntas não mudam e continuam a girar em torno da importância da família, do que a Bíblia ensina acerca da natureza da igreja, e do modo como a igreja pode melhor executar as instruções de Deus, inclusive fortalecendo e apoiando as famílias, a fim de cumprir a Grande Comissão de discipular as nações.

Quando Paulo foi confrontado com o sistema de escravidão, uma instituição de sua época que precisava ser transformada, escolheu não propor um modelo alternativo de relação socioeconômica, embora, sem dúvida, estivesse ciente das deficiências do sistema em vigor. Em vez disso, sua abordagem foi de natureza mais fundamental e se concentrou no valor dos seres humanos, na importância da sujeição às autoridades, na necessidade de ordem social e assim por diante. O apóstolo também trabalhou ativamente para promover a transformação interior das relações socioeconômicas na cultura e na sociedade de seu tempo. Embora certamente essa analogia não se aplique em todos os sentidos, Paulo parece apresentar aqui uma metodologia de como os cristãos podem realizar mudanças verdadeiras e duradouras na igreja. Nesse espírito, nosso objetivo no presente capítulo não foi resolver a questão de uma vez por todas ao escolher uma das abordagens existentes nem propor nosso próprio modelo, mas explorar e avaliar, em nível mais fundamental e teológico, alguns dos pontos de maior destaque que a discussão atual tem levantado. Sem dúvida, a discussão terá continuidade.

Feito isso, voltaremos a atenção para uma síntese final do ensino bíblico acerca do casamento e da família.

Notas

¹ Cf. o capítulo 5.

² Cf. o estudo proveitoso da definição bíblica e filológica de igreja em Millard J. Erickson, Christian Theology. 2a ed.; Grand Rapids: Baker, 1998, p. 1041-44 (publicado em português sob o título Teologia sistemática. São Paulo: Vida Nova, 2015).

³ Cf. Erickson, Christian Theology, p. 1058-59; em oposição, Wayne Grudem, Systematic Theology. Grand Rapids: Zondervan, 1994, p. 853-855 (publicado em português sob o título Teologia sistemática. São Paulo: Vida Nova, 2003). Para um estudo útil das questões relevantes, cf. C. Marvin Pate, "Church, the", em Walter Elwell, ed., Baker Dictionary of Biblical Theology. Grand Rapids: Baker, 1996, p. 95-98, especialmente p. 95-96. Para uma discussão bíblico-teológica, cf. D. J. Tidball, "Church", em New Dictionary of Biblical Theology, ed. T. Desmond Alexander e Brian S. Rosner. Downers Grove: InterVarsity, 2000, p. 406-411, com referências bibliográficas adicionais.

⁴ ERICKSON, Christian Theology, p. 1058. Como Erickson observa, enquanto Atos 7.38 usa ekklēsia em referência ao povo de Israel no deserto, é mais provável que essa seja uma referência não técnica. O fato de que a igreja, devidamente concebida, começou no Pentecostes não prejudica a unidade essencial do povo de Deus em ambos os Testamentos (cf. p. ex., Hb 11). Cf., p. 1045-1046, 1058-1059. Cf. tb. Mark Dever, "The Church", em A Theology for the Church, ed. Daniel L. Akin. Nashville: B&H, 2007, p. 768-773.

⁵ Cf., p. ex., Mark Dever, Nine Marks of a Healthy Church. Wheaton: Crossway, 2000, "Mark Four: A Biblical Understanding of Conversion" e "Mark Six: A Biblical Understanding of Church Membership" (publicado em português sob o título Nove marcas de uma igreja saudável. Fiel: São José dos Campos, 2009).

⁶ Cf. a discussão em Erickson, Christian Theology, p. 1047-49; Grudem, Systematic Theology, p. 858-859 e Dever, "The Church", p. 774-775.

⁷ Cf. capítulo 12.

⁸ Para uma análise crítica ampla e bastante convincente sobre essa ideia, cf. Jason Webb, "My Introduction to the Family-Integrated Church Movement", "What is the Family-Integrated Church Movement? (Parte 1)", e "The Family-Integrated Church Movement (Partes 2-5)", disponível em http://reformedbaptistfellowship.wordpress.com e http://reformedbaptistfellowship.org/2011/01/07/the-church-integrated-family/. O único elemento questionável da crítica de Webb é o modo como ele sugere que a antiga e a nova aliança diferem na maneira como as pessoas faziam parte do povo de Deus. No entanto, conforme os ensinamentos do Novo Testamento, o princípio da fé pessoal como base para a justificação é o mesmo nos dois períodos de alianças (cf. especialmente Gn 15.6 e a argumentação de Paulo em Gálatas 3 e Romanos 4).

⁹ Com respeito à metáfora de "templo do Espírito Santo", cf. Erickson, Christian Theology, p. 1049-1051. Paul S. Minear, Images of the Church in the New Testament. Filadélfia: Westminster, 1960, identifica 96 (!) imagens usadas para a igreja no Novo Testamento. Cf. tb. Avery Dulles, Models of the Church, 2a ed., Nova York: Image, 1987. Dever, "The Church", p. 773-775, fala da igreja como povo de Deus, nova criação, comunhão, corpo de Cristo e reino de Deus. Grudem, Systematic Theology, p. 858-859, fala da igreja como família e como noiva de Cristo e há várias outras metáforas, como os ramos e a videira, a oliveira, um campo plantado, um edifício, um novo templo, uma colheita e a igreja como corpo de Cristo.

¹⁰ A discussão a seguir é, por necessidade, sugestiva, e não abrangente. Para estudos mais detalhados, cf. Erickson, Christian Theology, p. 1060-1069, que trata de evangelismo, edificação, adoração e questões sociais; Grudem, Systematic Theology, p. 867-869, que identifica adoração, fortalecimento, evangelismo e compaixão; e Dever, "The Church", p. 809-815, cuja discussão segue linhas semelhantes às de Erickson e Grudem.

[11] A referência de Paulo à reunião de crentes em casas (cf. entre outros, os exemplos em Romanos 16), também não indica, necessariamente, que o apóstolo tinha uma eclesiologia que visse a igreja como "família de famílias", mas apenas sugere que muitas das igrejas primitivas se reuniam em lares. O fato de Paulo e Pedro se dirigirem a esposas e maridos cristãos em Efésios 5, Colossenses 3 e 1Pedro 3 deve ser considerado, mais apropriadamente, como prova de que esses escritores se preocupavam em ajudar as pessoas a viverem de acordo com suas convicções cristãs enquanto desempenhavam seus respectivos papéis nos relacionamentos familiares e de trabalho.

[12] Não negamos que as Escrituras deixam margem considerável quanto a quem pode administrar as ordenanças da igreja. Aliás, há poucas instruções específicas a esse respeito. Não obstante, parece razoável sugerir que o batismo deve ser observado "sempre que possível, dentro da comunhão da igreja" (Grudem, Systematic Theology, p. 984; ênfase dele) e que "um ou mais representantes da igreja oficialmente designados devem ser selecionados para ministrá-lo" (ibid.; cf. discussão nas p. 984 e 999, respectivamente).

[13] Cf. capítulos 5 e 6.

[14] Para uma análise crítica das abordagens feministas, cf. Margaret Elizabeth Köstenberger, Jesus and Feminists: Who Do They Say That He Is? Wheaton: Crossway, 2008.

[15] Webb, "Family-Integrated Church Movement" (Parte 3).

[16] Por isso pode ser enganoso o título do livro de Eric Wallace, Uniting Church and Home: A Blueprint for Rebuilding Church Community [Unindo a Igreja e o Lar: Um Plano para Reconstruir a Comunidade da Igreja]. Round Hill: Hazard Communications, 1999.

[17] N. da T.: Nos Estados Unidos e no Canadá, pais que tenham ensino superior completo podem lecionar aos filhos, em casa, as matérias do Ensino Fundamental I e II e do Ensino Médio, sob a orientação e supervisão de órgãos governamentais da educação.

[18] Conferir especialmente as análises críticas de R. Albert Mohler, publicadas online em www.albertmohler.com; e Webb, "Family-Integrated Church Movement".

[19] A limitação de espaço não nos permite uma crítica completa; cf., porém, Webb, "Family--Integrated Church Movement".

[20] Webb, "What is the Family-Integrated Church Movement? (Parte 1)", observa que, com base no modelo de "família de famílias", o movimento de integração da família na igreja costuma adotar estes três princípios: (1) as famílias participam do culto juntas; (2) o evangelismo e o discipulado são realizados por meio dos lares; e (3) enfatiza-se o ensino (educação formal dos filhos fornecida pelos pais em casa) como elemento-chave do discipulado.

[21] Cf. especialmente Timothy Paul Jones, ed., Perspectives on Family Ministry (Nashville: B&H Academic, 2009), que apresenta três modelos principais de ministério para famílias: modelo de integração da família na igreja, modelo fundamentado na família e modelo de capacitação familiar (cf. os resumos nas p. 42-45 e o quadro comparativo na p. 52). Desses três, porém, apenas o modelo de "integração da família" foi mais usado quando da elaboração desta obra, motivo pelo qual usamos essa terminologia no restante do capítulo, sobretudo pelo fato de os três modelos possuírem vários elementos em comum (como o papel fundamental dos pais no desenvolvimento espiritual de seus filhos e a importância do ministério voltado para diversas gerações; cf. ibid. p. 46-48) e pelo fato de diferirem, principalmente, no grau em que se mostram dispostos a trabalhar com as estruturas eclesiásticas já existentes: o modelo de integração da família elimina todos os eventos separados por idades; o modelo fundamentado na família deixa a maior parte da estrutura essencial da igreja intacta e procura transformá-la de dentro para fora e voltá-la mais para a família; e o modelo de capacitação da família exige uma reestruturação total da igreja, ao mesmo tempo em que mantém família e igreja como entidades distintas, que trabalham em parceria para promover os papéis familiares bíblicos./

[22] Por vezes, os proponentes do "movimento de integração da família na igreja" lançam mão do "princípio regulador" (a crença de que a igreja deve fazer apenas o que é explicitamente ordenado nas

Escrituras) como justificativa para não formar grupos de jovens ou berçários, e costumam citar Mark Dever, The Deliberate Church: Building Your Ministry on the Gospel. Wheaton: Crossway, 2005, caps. 6-7. Cf., porém, a análise crítica em Jones, Perspectives, p. 134–135, na qual Brandon Shields lamenta uma "dicotomia excessivamente simplificada entre 'bíblico' e 'não bíblico'" por parte daqueles "que adotam pontos de vista radicais quanto ao princípio regulador", citando Edmund P. Clowney, The Church: Contours of Christian Theology. Downers Grove: InterVarsity, 1995, p. 126.

[23] A limitação de espaço não nos permite tratar da questão em detalhes. Para uma refutação convincente dessa asserção, cf. Webb, "What Is the Family-Integrated Church Movement? (Parte 4)", que discute especialmente Richard Baxter (que era solteiro) e John Owen.

[24] Voddie Baucham Jr., Family Driven Faith: Doing What It Takes to Raise Sons and Daughters Who Walk with God. Wheaton: Crossway, 2007.

[25] J. Mark Fox, Family-Integrated Church: Healthy Families, Healthy Church. Longwood: Xulon, 2006; Wallace, Uniting Church and Home.

[26] De fato, é extremamente arriscado colocar a igreja local e sua liderança sob a égide de um conjunto de famílias lideradas por seus respectivos pais, a ponto de ambas se tornarem praticamente indistinguíveis.

[27] Argumentação desenvolvida por Brandon Shields em Jones, Perspectives, p. 138–139, que pede "realismo com bom senso": "ver o mundo como ele é", o que, em sua opinião, significa considerar "pessoas e culturas como são antes da tentativa de lhes impor visões idealistas". Cf. também a refutação de Paul Renfro em ibid., p. 171–172, sob o título Incrementalism versus Family Integration.

[28] Cf. os três modelos mencionados acima e apresentados em Jones, Perspectives on Family Ministry.

[29] Webb, "What Is the Family-Integrated Church Movement? (Parte 2)", especialmente o item 2: The New Covenant People are Regenerate e o item 7: The Members Are in the Covenant as Individuals.

[30] Em uma conversa pessoal em 19 de novembro de 2009, R. Albert Mohler destacou para mim (Andreas Köstenberger) que a falta de uma delimitação clara entre membros da família remidos e não remidos é problemática, pois permite que filhos não remidos de pais cristãos participem da Ceia. Cf. também Webb, "What Is the Family-Integrated Church Movement? (Parte 5)", que levanta várias questões teológicas importantes que precisam ser esclarecidas, inclusive as seguintes: (1) O que os proponentes do "movimento de integração da família na igreja" querem dizer quando afirmam que as famílias são os elementos estruturais da igreja? Eles reconhecem que a pessoa se torna parte da igreja por meio da fé individual e da regeneração? (2) Os indivíduos permanecem na nova aliança ao guardarem a aliança? Os filhos precisam aprender a obedecer a fim de permanecerem em aliança com Deus? Ou guardamos a nova aliança pela graça de Deus que, na conversão, nos concedeu um novo coração que nos permite ser fiéis? O que dizer da necessidade de arrependimento e do novo nascimento espiritual?

Unir todas as coisas em si: síntese final

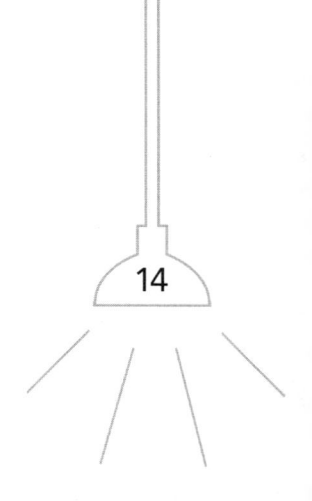

14

RESUMO DAS CONSTATAÇÕES

Agora que chegamos ao final da discussão, é hora de resumirmos sucintamente as constatações de nosso estudo sobre os ensinamentos bíblicos acerca de casamento, família e assuntos relacionados. Logo no início, observamos que, pela primeira vez na história, a civilização ocidental deparou com a necessidade de definir o significado dos termos "casamento" e "família". Constatamos que a atual crise cultural intensa a respeito da definição desses termos é sintomática de uma crise espiritual subjacente que está corroendo os alicerces de valores outrora compartilhados por toda a sociedade. Nesse conflito espiritual cósmico, Satanás e seus subalternos se opõem ativamente ao plano do Criador para o casamento e a família e procuram distorcer a imagem de Deus refletida em casamentos e famílias que honram ao Senhor. Tendo em vista a confusão atual sobre casamento e família e a falta de literatura cristã adequada sobre o assunto, existe uma necessidade do tipo de estudo bíblico e integrativo que esta obra procura oferecer.

Vimos que a sexualidade e os relacionamentos humanos são arraigados na vontade eterna do Criador, expressada na maneira como ele formou homens e mulheres. O homem e a mulher são criados à imagem de Deus (Gn 1.27) e chamados a exercer governo representativo (v. 28) que inclui a procriação, por meio da qual o homem, criado primeiro, tem responsabilidade final diante de Deus, e é acompanhado da mulher, colocada ao seu lado como "ajudadora adequada" (2.18.20), no contexto do casamento monógamo. A queda teve consequências sérias que afetaram o homem e a mulher individualmente em suas respectivas áreas de atuação, bem como o relacionamento conjugal. O trabalho do homem e o âmbito relacional da mulher foram afetados de forma significativa e transformados em uma luta por controle. Não obstante, a imagem de Deus no ser humano não foi eliminada, e o casamento e a família constituem a principal forma de organização divinamente instituída para a raça humana. Na verdade, a queda não alterou os planos e padrões do Criador para o casamento e a família. Ele ainda espera que essas instituições sejam caracterizadas pela monogamia, fidelidade, heterossexualidade, fertilidade, complementaridade e durabilidade.

Em consonância com os papéis definidos inicialmente pelo Criador, o Novo Testamento define as funções conjugais em termos de respeito e amor, e também de submissão e autoridade. Embora marido e esposa sejam co-herdeiros da graça de Deus (1Pe 3.7) e, no que se refere à salvação em Cristo, não haja "homem nem mulher" (Gl 3.28), permanece o padrão no qual a esposa deve imitar a submissão da igreja a Cristo e o marido deve imitar o amor de Cristo pela igreja (Ef 5.21-33). Logo, a visão complementarista dos papéis dos sexos é corroborada não apenas por algumas passagens problemáticas isoladas, mas pela teologia bíblica como um todo. Além da mordomia conjunta, o casal tem a função importante de dar testemunho para a cultura ao seu redor e deve se enxergar dentro da estrutura mais ampla dos propósitos escatológicos de Cristo (cf. Ef 1.10).

Em um capítulo separado, investigamos os três principais modelos de casamento que veem a união conjugal como sacramento, contrato ou aliança. Concluímos que o conceito bíblico de casamento é descrito de modo mais apropriado como uma aliança (ou instituição estabelecida na criação com características de aliança) e definimos o casamento como *compromisso sagrado entre um homem e uma mulher, instituído por Deus e firmado publicamente diante dele (quer esse fato seja reconhecido ou não pelo casal), consumado, normalmente, pela relação sexual*. O casamento não é apenas um contrato feito por um período limitado, condicionado pelo desempenho contínuo das obrigações contratuais da outra parte, no qual se ingressa principal ou exclusivamente para o próprio benefício, mas sim, um compromisso sagrado caracterizado pela permanência, sacralidade, intimidade, mutualidade e exclusividade.

Como a definição de casamento mencionada acima indica, as Escrituras revelam claramente que a geração e educação de filhos faz parte do plano de Deus para o casamento. No Antigo Testamento, os filhos são apresentados como bênção do Senhor, enquanto a infertilidade é considerada sinal de desfavor divino (embora, por vezes, não seja o caso) e as responsabilidades de pais, mães e filhos são descritas de modo relativamente detalhado. O Novo Testamento insta os pais a educarem os filhos na disciplina e instrução do Senhor (Ef 6.4), e as mulheres devem priorizar, em particular, seu chamado divino para serem mães e donas de casa (1Tm 2.15; Tt 2.4-5). Semelhantemente, os dois Testamentos lembram os homens de seu dever sagrado como pais de prover para os filhos e discipliná-los (Pv 13.24; 2Co 12.14; Hb 12.6).

No tocante à reprodução, tratamos de várias questões críticas. Primeiro, as Escrituras deixam claro que a vida começa na concepção e que o aborto é moralmente inaceitável. Segundo, embora a contracepção em geral seja uma opção cristã legítima, isso não significa que todas as formas de controle de natalidade são moralmente aceitáveis para os cristãos. Somente os dispositivos de natureza contraceptiva, e não abortiva, são opções cristãs legítimas. Terceiro, as várias formas de reprodução medicamente assistidas também levantam diversas questões éticas complexas e exigem avaliação cautelosa para determinar se são eticamente permissíveis para os cristãos ou não. Por fim, a Bíblia apresenta a adoção como uma opção honrada para glorificar a Deus e construir uma família cristã, principalmente para casais que têm dificuldade de conceber os próprios filhos.

No tocante à educação dos filhos segundo os padrões cristãos, pesamos os prós e contras de determinados métodos de educação e destacamos os perigos de abordagens que focalizam o método em detrimento do cultivo de um relacionamento com a criança e dependência da orientação das Escrituras para educar os filhos. Em nosso estudo sobre pais sozinhos, citamos exemplos do ensinamento bíblico sobre a preocupação de Deus com os órfãos e discutimos algumas maneiras pelas quais a igreja pode ajudar os pais sozinhos. Também tratamos da polêmica sobre disciplina física e, embora os ensinamentos bíblicos não nos permitam descartá-la, registramos advertências importantes a seu respeito.

Identificamos o cultivo da masculinidade e feminilidade como uma tarefa de suma importância em nossa cultura que, cada vez mais, colhe os frutos do feminismo radical e de uma tendenciosidade antimasculina. Identificamos, ainda, vários ensinamentos bíblicos sobre a disciplina a ser aplicada pelos pais que podem ser úteis na incumbência de responsabilizar os filhos por suas ações. Também tratamos da questão relevante da guerra espiritual no casamento e na família. Uma vez que o casamento é um elemento fundamental da economia divina, o diabo procura sempre atacar esse relacionamento humano instituído por Deus. Os cristãos devem, portanto, estar preparados para combater o bom combate e defender o próprio casamento, bem como a instituição mais ampla do matrimônio.

Falamos, ainda, do solteirismo, que pode ser relativo a vários estágios da vida, para aqueles que não são casados, ficaram viúvos ou são permanentemente solteiros (por opção ou circunstâncias). Embora o casal deva se abster de relações sexuais antes do casamento e os viúvos recebam permissão e, em certos casos, incentivo para se casarem novamente, o solteirismo permanente (ou seja, celibato) é considerado tanto por Jesus quanto por Paulo um dom de Deus, mas não um requisito necessário para os oficiais da igreja (cf. 1Tm 3.2,12; Tt 1.6). Ao promover a devoção total ao Senhor, sem distrações, o solteirismo pode ser uma oportunidade inigualável para o serviço do reino (1Co 7.32-35).

Com base na criação, também fica evidente que a heterossexualidade, e não a homossexualidade, é a norma de Deus para homens e mulheres. Os sexos foram criados com distinções que não devem ser obscurecidas nem eliminadas e os seres humanos existem como homens e mulheres para fins de complementaridade e procriação, dois objetivos inalcançáveis em um relacionamento homossexual. Ademais, a imagem divina foi estampada no ser humano *como homem e mulher*, de modo que as uniões homossexuais não cumprem o propósito de refletir a semelhança de Deus como unidade na diversidade. Não obstante o grande número de tentativas, até mesmo por alguns que se dizem seguidores de Cristo, de reinterpretar o registro bíblico, fica evidente que as Escrituras como um todo consideram a homossexualidade uma forma de rebelião contra Deus e de desconsideração por sua ordem criada (Gn 18.17—19.29; Lv 18.22; 20.13; Rm 1.24-27; 1Co 6.9-10; 1Tm 1.9-10; 2Pe 2.4-10; Jd 6-7). De fato, a homossexualidade viola quase todos os aspectos do plano integrado do Criador para o casamento e a família, possível motivo pelo qual é tratada com tanta severidade nas Escrituras.

Uma vez que o casamento é uma instituição pactual ordenada por Deus, e não apenas um acordo contratual humano, de acordo com o posicionamento da maioria, o divórcio só é permissível em certos casos excepcionais definidos com grande cautela. De acordo com esse ponto de vista, a infidelidade sexual conjugal (adultério), bem como o abandono pelo cônjuge incrédulo são motivos aceitáveis para o divórcio. Mesmo nesses casos, porém, o alvo deve ser a reconciliação e o divórcio é apenas permitido, e não ordenado. Na verdade, em todos os casos, o divórcio *é sempre a alternativa menos preferível*, pois fica aquém do plano de Deus para o casamento e a família. Quando o divórcio é biblicamente "legítimo", porém, a maioria (inclusive os autores desta obra) concorda que o novo casamento também o é. O novo casamento também é apropriado no caso da morte do cônjuge, mas somente "no Senhor" (1Co 7.39).

Fidelidade no casamento, filhos obedientes e bom governo do lar também são considerados requisitos extremamente importantes para os líderes da igreja nas Epístolas Pastorais (cf. esp. 1Tm 3.2-5; Tt 1.6). Há uma relação próxima entre a família e a igreja, que é a "casa de Deus" (1Tm 3.15), de modo que somente bons maridos e pais que dedicam a devida atenção ao governo do próprio lar são qualificados para prover liderança à igreja. Embora esse fato não impeça automaticamente os homens divorciados, solteiros ou casados sem filhos de ingressarem no pastorado, destaca a necessidade de o indivíduo que ocupa o cargo elevado de pastor no Corpo visível de Cristo ser, verdadeiramente, "marido de uma só mulher" ou "homem do tipo que se dedica a uma só esposa".

O último capítulo tratou de um importante tópico de caráter teológico e prático, a saber, a questão de como aqueles que estão na liderança da igreja podem dar apoio e fortalecer casamentos e famílias. Dedicamos especial atenção ao "movimento de integração da família na igreja", abordagem que se baseia na crítica à convencional segmentação dos membros da igreja em grupos separados por faixa etária ou afinidade. Embora muitas das preocupações levantadas por esse movimento sejam consideradas legítimas, também se faz necessário registrar certa dose de cautela. A controvérsia gerada por esse movimento e a polarização da questão ressaltaram ainda mais a necessidade de um trabalho bíblico e teológico cuidadoso acerca do que a Bíblia ensina sobre casamento e família.

Tanto o Antigo quanto o Novo Testamento apresentam um conjunto coerente de ensinamentos acerca do casamento e da família. Desde o jardim do Éden, passando por Israel, até Jesus, a igreja primitiva e Paulo, todos mantêm um padrão elevado no tocante a essa área crucial da vida. Embora inúmeras vezes indivíduos tenham ficado aquém do ideal de Deus, as Escrituras deixam claro que o padrão do Criador para o casamento e a família permanece intacto; foi instituído na criação e é esperado da humanidade nos dias de hoje. Nessa, bem como em outras áreas, no primeiro século e em nossa a época, o cristianismo se eleva acima das culturas pagãs e demonstra o caráter de um Deus santo na vida e relacionamentos de seu povo.

Conclusão

Fizemos progresso considerável em nossa compreensão dos ensinamentos bíblicos sobre casamento e família. Não há melhor maneira de concluir este livro do que aplicar a nossas famílias a oração de Paulo pelos cristãos efésios que também receberam instruções excelentes do apóstolo com respeito a casamento, educação dos filhos e guerra espiritual:

> Por essa razão, dobro meus joelhos perante o Pai, de quem toda família nos céus e na terra recebe o nome, para que, segundo as riquezas da sua glória, vos conceda que sejais interiormente* fortalecidos com poder pelo seu Espírito.
> E que Cristo habite pela fé em vosso coração, a fim de que, arraigados e fundamentados em amor, vos seja possível compreender, juntamente com todos os santos, a largura, o comprimento, a altura e a profundidade desse amor, e assim conhecer esse amor de Cristo, que excede todo o entendimento, para que sejais preenchidos até a plenitude de Deus.
> Àquele que é poderoso para fazer bem todas as coisas, além do que pedimos ou pensamos, pelo poder que age em nós, a ele seja a glória na igreja e em Cristo Jesus, por todas as gerações, para todo o sempre. Amém. (Ef 3.14-21)

Com respeito às questões difíceis e controversas das quais tratamos neste livro, outras palavras de Paulo são apropriadas: "Agora vemos como por um espelho, de modo obscuro, mas depois veremos face a face. Agora conheço em parte, mas depois conhecerei plenamente, assim como também sou plenamente conhecido. Portanto, agora permanecem estes três: a fé, a esperança e o amor. Mas o maior deles é o amor" (1Co 13.12-13). De fato, "o conhecimento dá ocasião à arrogância, mas o amor edifica" (1Co 8.1). Que Deus use tudo neste livro que poderá contribuir para sua maior glória e perdoe tudo que ficou aquém de sua sabedoria perfeita. E que ele receba glória ainda maior por meio de nossos casamentos e famílias.

Guia de estudo pessoal e em grupo

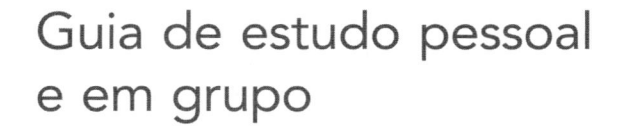

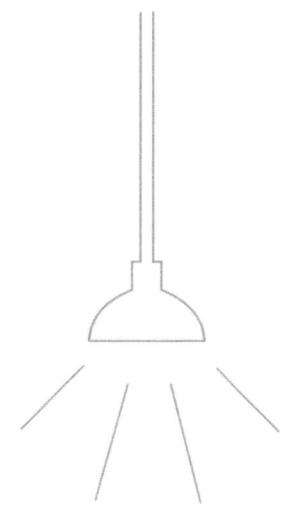

Esperamos que o estudo de questões relacionadas a casamento e família de um ponto de vista integrado e bíblico seja proveitoso para os mais diversos leitores: desde seminaristas até pastores, grupos de estudo bíblico e indivíduos. O guia de estudo a seguir visa ajudá-lo a assimilar as informações apresentadas neste livro.

Antes de começar seu estudo individual ou em grupo de *Deus, casamento e família*, considere as seguintes sugestões práticas:

- Ao trabalhar com este guia de estudo, pode ser interessante se concentrar em um capítulo do livro por semana. Embora você talvez tenha conhecimento de algumas das informações, a assimilação requer tempo e concentração. Impor um ritmo acelerado demais pode privá-lo de alguns benefícios da leitura. Outra opção é ler o livro todo e depois voltar ao começo e estudá-lo com mais calma usando este guia.
- Separe um tempo específico para ler o capítulo e responder às perguntas. Trata-se de um passo importante, pois com todas as distrações e obrigações do dia a dia, é sempre difícil completarmos um projeto que começamos. Se você estiver coordenando um grupo de estudo, marque reuniões em intervalos regulares para que todos os participantes se encontrem e tratem de cada capítulo.
- Anote suas observações ao ler o capítulo, bem como as respostas às perguntas propostas pelo guia de estudo. Fazer anotações ajuda a reter melhor as informações. Sugerimos que você separe um caderno só para registrar todas as suas observações e respostas.
- No caso de estudos em grupo, cada membro deve ter seu próprio livro para poder estudar o texto quando for mais conveniente. Uma vez que cada um tem hábitos diferentes de leitura, é importante que cada um tenha seu próprio material. Algumas pessoas gostam de sublinhar parágrafos, outras fazem anotações nas margens, outras ainda preferem deixar o livro "intacto".

Cada seção do Guia de Estudo traz os seguintes itens:

- *Tema do capítulo*: Um breve resumo do conteúdo do capítulo.
- *Perguntas introdutórias*: Um conjunto de perguntas que visam gerar discussões sobre o tema principal do capítulo e envolver os participantes no estudo ao incentivá-los a compartilhar suas experiências e convicções.
- *Perguntas para discussão*: Uma lista de perguntas que visam identificar os pontos principais de cada capítulo, estruturar a informação para otimizar a retenção e estimular descobertas individuais ou participação do grupo. As respostas encontram-se em uma seção à parte, no final do Guia de Estudo.
- *Perguntas para aplicação pessoal*: Uma série de perguntas que visa ajudar cada participante a aplicar o conhecimento adquirido por meio do estudo de determinado capítulo.
- *Temas de oração*: Sugestões sobre como orar com base nas verdades aprendidas durante as sessões de estudo.
- *Tarefas*: Atividades a serem completadas antes da próxima sessão de estudo, com o objetivo de aprofundar a integração entre as verdades bíblicas aprendidas e a própria experiência.

Capítulo 1: A presente crise cultural reconstruindo a base

Tema do capítulo

A presente crise cultural com relação ao casamento e à família é sintomática de uma crise espiritual mais profunda. Este livro oferece um estudo bíblico integrado do casamento e da família a fim de ajudar a atenuar a confusão atual e a falta de literatura cristã adequada sobre casamento e família.

Perguntas introdutórias

1. Sem citar nomes, você conhece alguma família (até mesmo de cristãos professos) que passou por um divórcio? É capaz de relacionar as causas desse divórcio e o impacto que exerceu sobre cada membro da família? A seu ver, a igreja poderia ter sido mais ativa na prevenção do divórcio e até mesmo na restauração desse casamento? Relacione várias maneiras pelas quais a igreja poderia ter se envolvido mais eficazmente nesse casamento.
2. Você participou de algum congresso ou grupo de estudo sobre casamento e família? Quais foram os temas centrais? Em sua opinião, a Bíblia recebeu a devida ênfase?

Perguntas para discussão

1. Cite dois motivos pelos quais é necessário um estudo bíblico e integrado dos temas casamento e família.

2. Descreva a mudança de paradigmas que vemos hoje com respeito ao casamento e à família.
3. Quais são os efeitos negativos dessa mudança de paradigmas?

Perguntas para aplicação pessoal

Ao observar uma transição de um conceito bíblico de casamento e família para uma interpretação mais liberal, sua tendência é conformar-se às práticas da cultura ao redor e adotar os conceitos dessa cultura? Ou fundamentar-se na Bíblia como autoridade final para todas as questões? Você considera a Bíblia suficiente para tratar desse assunto?

Temas de oração

Peça para Deus sensibilizá-lo para os ensinamentos de sua Palavra acerca das questões relacionadas a casamento e família, abrir sua mente para as informações apresentadas neste livro e ajudá-lo a identificar formas específicas de integrar essas informações com seu modo de pensar, sua vida diária em família e sua interação com outras pessoas (e famílias). Ore para Deus lhe conceder o discernimento do Espírito Santo de modo a enxergar com clareza os princípios bíblicos a respeito dessas questões e identificar maneiras de aplicá-los.

Tarefa

Faça uma lista das várias formas como a sociedade distorce o modelo bíblico de casamento e família. Preste bastante atenção em comerciais, na mídia e em interações pessoais com outras famílias, pois são boas fontes para identificar posturas em relação a casamento e família aceitas de modo geral e promovidas pela sociedade, mas contrárias às Escrituras.

Capítulo 2: Deixar e unir-se: o casamento no Antigo Testamento

Tema do capítulo

O Antigo Testamento ensina que o casamento é o compromisso sagrado entre um homem e uma mulher, instituído por Deus e assumido diante dele. A humanidade foi criada à imagem de Deus a fim de governar o mundo para ele. O homem foi incumbido da responsabilidade final e a mulher foi colocada ao seu lado como "ajudadora adequada". A queda trouxe consigo várias consequências negativas para a união conjugal, mas, no entanto, o ideal divino para o casamento é preservado em textos da literatura bíblica sapiencial como Provérbios 31 ou Cântico dos Cânticos de Salomão.

Perguntas introdutórias

1. Em sua opinião, a sociedade moderna se afastou da visão bíblica de casamento descrita em Gênesis 2.24? Em caso afirmativo, cite exemplos dessa mudança nos dias de hoje.
2. Você acredita que o governo deve promover leis para incentivar uma visão bíblica de casamento e família? O Estado deve ter poder legislativo para impor às famílias os propósitos de Deus para casamento e família, definidos na criação? Até que ponto o Estado deve se envolver com essas questões?

Perguntas para discussão

1. Quais são os três princípios para casamento e família estabelecidos no início da história humana?
2. Existem três pontos de vista básicos a respeito da imagem de Deus no ser humano. Quais são eles e qual interpretação é a mais provável?
3. Qual é a diferença entre subordinação essencial ou ontológica e subordinação funcional?
4. Em qual expressão aplicada à mulher em Gênesis 2 podemos observar igualdade e singularidade, complementaridade e submissão/autoridade?
5. Descreva os papéis conjugais definidos no Antigo Testamento para o marido em relação à mulher e vice-versa.
6. De que maneiras a história de Israel mostra que o ideal de Deus para o casamento estabelecido na criação foi comprometido?

Perguntas para aplicação pessoal

Em seu lar, você contribui para edificar um casamento e uma família norteados pela Bíblia, ou eles refletem a cultura ao seu redor? Se você é esposa, demonstra as características da "mulher virtuosa" de Provérbios 31? Quais são algumas áreas de sua vida que precisam ser melhoradas? Se você é marido, proporciona à sua esposa um ambiente que incentiva um caráter piedoso? Ao ler Cântico dos Cânticos, de que maneiras você acredita que pode provar seu amor por sua esposa?

Temas de oração

Como cônjuge, peça para Deus lhe conceder a graça de se livrar de aspectos de sua vida que atrapalham o desenvolvimento de uma relação conjugal segundo os planos de Deus. Muitas famílias são facilmente influenciadas pelos padrões impostos pela cultura. Peça para Deus ajudá-lo a pensar de forma bíblica a respeito do casamento e da família e lhe dar forças para sempre escolher seguir os princípios dele, e não os da sociedade.

Tarefa

Depois de ler Provérbios 31 e Cântico dos Cânticos, faça uma lista de características que, a seu ver, estão ausentes de sua vida ou precisam ser mais desenvolvidas a fim de que você se torne a esposa ou marido que Deus deseja. Faça uma lista, também, das características que você considera louváveis em seu cônjuge.

Capítulo 3: Não são mais dois, mas uma só carne: o casamento no Novo Testamento

Tema do capítulo

O Novo Testamento reafirma o ideal veterotestamentário de casamento como compromisso entre um homem e uma mulher diante de Deus. Jesus ensina que os seres humanos não devem separar aquilo que Deus uniu. Paulo apresenta o casamento como uma analogia para o relacionamento entre Cristo e a igreja. O marido é o cabeça da esposa, o que implica exercício de autoridade e amor sacrifical. A esposa, por sua vez, se submete ao marido como a igreja se submete a Cristo.

Perguntas introdutórias

1. Como você descreveria o casamento ideal? O que marido e mulher devem fazer para promover uma relação desse tipo? Quais características devem estar presentes em ambos os cônjuges para que esse ideal seja alcançável?
2. O pecado provocou distorções nos papéis de homens e mulheres. Se você é mulher, relate uma ocasião em que usurpou a autoridade do marido. Se você é homem, relate uma ocasião em que foi abusivo, e não amoroso, no exercício da liderança. Quais as consequências dessas distorções?

Perguntas para discussão

1. Qual era a visão de Jesus acerca da natureza do casamento?
2. Relacione passagens-chaves nas quais Paulo trata do casamento e faça um resumo sucinto de seu conteúdo.
3. Relacione alguns princípios fundamentais para o casamento extraídos da Epístola aos Efésios.
4. Cite três aplicações de Efésios 5 para os relacionamentos conjugais.

Perguntas para aplicação pessoal

A seu ver, o que você deve fazer para que seu casamento reflita o ideal bíblico com mais precisão? Se você é esposa, está sendo submissa à liderança do marido? Se você é marido, está liderando com amor ou à força?

Temas de oração

Peça para Deus lhe dar forças para cumprir seu papel bíblico na família, conforme ele requer. Se você é esposa, ore para Deus ajudá-la a aceitar a liderança de seu marido e entender a seriedade do papel dele. Se você é marido, peça para Deus torná-lo mais sensível às necessidades de sua esposa, entender que ela é a "parte mais frágil" e criar um ambiente amoroso no qual ela se submete com alegria, e não por coerção.

Tarefa

Meditem juntos, como casal, sobre Efésios 5.21-33. Identifiquem uma área na qual cada um está em falta. Durante uma semana, orem todos os dias um pelo outro, para que cada um seja fortalecido para viver de forma a glorificar a Cristo.

CAPÍTULO 4: A NATUREZA DO CASAMENTO: SACRAMENTO, CONTRATO OU ALIANÇA?

Tema do capítulo

Este capítulo apresenta uma discussão e análise crítica das três principais abordagens à natureza do casamento: os modelos sacramental, contratual e pactual.

Perguntas introdutórias

1. Definir a natureza do matrimônio é um passo importante para a discussão sobre casamento e família? Justifique sua resposta.
2. Você já refletiu pessoalmente sobre a natureza do casamento e da família? A religião na qual você foi criado enfatizava um modelo específico de casamento? Em caso afirmativo, de que maneira ele influenciou você e seu casamento?

Perguntas para discussão

1. Quais são as três principais abordagens à natureza do casamento? Defina e dê os fundamentos de cada modelo.
2. Relacione três pontos fracos do modelo sacramental de casamento.
3. Relacione três pontos fracos do modelo contratual.
4. Quais são os fundamentos bíblicos para o modelo pactual de casamento?
5. Quais são os cinco aspectos essenciais da aliança de casamento?
6. Quais são os questionamentos levantados a respeito do modelo pactual?

Perguntas para aplicação pessoal

Deus criou o casamento para ser (1) permanente; (2) um compromisso sagrado entre um homem e uma mulher; (3) o mais íntimo de todos os relacionamentos humanos; (4) mútuo e (5) exclusivo. Como vocês, cônjuges, têm se saído em cada uma dessas cinco áreas? Reserve tempo para refletir a esse respeito diante do Senhor, derrame seu coração para ele, expressando lutas que talvez esteja experimentando em relação a seu marido ou esposa. Em seguida, procure maneiras apropriadas de compartilhar essas dificuldades com seu cônjuge.

Temas de oração

Peça para Deus ajudá-lo a ser um cônjuge fiel e entender que seu casamento é um compromisso sagrado diante de Deus. Ore para que o Senhor aumente a intimidade em seu casamento, não apenas na área sexual, mas também no compartilhamento da vida e no entendimento, apoio e amor mútuo.

Tarefa

Separe um tempo sem interrupções com seu cônjuge e converse sobre os cinco aspectos essenciais da aliança de casamento. Para cada aspecto, discuta maneiras de fortalecer seu relacionamento conjugal ao assumir ou renovar um compromisso com o plano de Deus para o matrimônio nessas áreas. Anote providências específicas a serem tomadas para tornar cada um desses cinco aspectos uma parte mais permanente de seu casamento.

Capítulo 5: Os laços que unem: a família no Antigo Testamento

Tema do capítulo

O mandamento divino para homem e mulher serem férteis e se multiplicarem indica que a procriação faz parte do plano de Deus para o casamento. O Antigo Testamento define uma série de papéis e responsabilidades para pais, mães e filhos. Também fornece exemplos positivos e negativos da educação dos filhos e destaca a importância de ensinar os filhos a respeito de Deus.

Perguntas introdutórias

1. Em sua opinião, deixar de disciplinar é a solução? Explique. Como você lidou com um filho rebelde no passado?
2. Se você é pai, como cumpre com sua responsabilidade de cabeça da família? Se é mãe, como aplica os ensinamentos bíblicos acerca das responsabilidades das mães? Dê um exemplo de como cumpre com sua responsabilidade.

Perguntas para discussão

1. Relacione três responsabilidades dos pais, de acordo com o Antigo Testamento.
2. Relacione três responsabilidades das mães, de acordo com o Antigo Testamento.
3. Relacione três responsabilidades dos filhos de acordo com o Antigo Testamento.

Perguntas para aplicação pessoal

A seu ver, você cumpre suas responsabilidades como pai ou mãe de acordo com Antigo Testamento? Compare o modo como você educa seus filhos com alguns dos exemplos das Escrituras. A qual desses exemplos sua abordagem à educação dos filhos se assemelha mais?

Temas de oração

Peça para Deus ajudá-lo a ser o pai (ou a mãe) que você deve ser para seus filhos. Ore para o Senhor lhe dar sabedoria a fim de encontrar maneiras de instilar em seus filhos os atributos positivos descritos na Bíblia (especialmente em Provérbios).

Tarefa

Reflita sobre seu papel como pai ou mãe. Converse com seu cônjuge a esse respeito. Faça uma lista desse papel, compare-a com as características bíblicas descritas neste capítulo e, ao longo da próxima semana, ore sobre o assunto, pedindo a Deus que o ajude a seguir as instruções das Escrituras para a educação dos filhos.

Capítulo 6: A família cristã: a família no Novo Testamento

Tema do capítulo

Durante seu ministério aqui na terra, Jesus demonstrou repetidamente seu amor pelas crianças e usou-as como exemplos de discipulado. Paulo fornece instruções para a conduta de pais, mães e filhos na família de Deus.

Perguntas introdutórias

1. Relacione diferentes maneiras pelas quais o comportamento do pai ou da mãe pode provocar (ainda que de forma não intencional) os filhos à ira, o que, por sua vez, pode gerar rebeldia. Como evitar esse tipo de crise?
2. Descreva uma situação na qual você foi injusto com seu filho, se deu conta disso e pediu perdão a ele. De que modo isso afetou o relacionamento com seu filho?

Perguntas para discussão

1. Quais foram duas maneiras pelas quais as crianças ocuparam posição de destaque no ministério e ensinamentos de Jesus?
2. Como as crianças vieram a tipificar atitudes desejáveis nos cristãos na igreja primitiva?

3. Quais são os pressupostos por trás do uso que os autores do Novo Testamento fazem dos "códigos domésticos"?
4. Relacione as responsabilidades e papéis de cada indivíduo no lar. Forneça pelo menos uma referência bíblica para cada item.
5. Relacione as quatro características que as mulheres mais velhas devem exemplificar de acordo com Tito 2.
6. Quais são as instruções de Paulo para as mulheres mais jovens?
7. Faça uma lista de oito observações que podemos extrair dos ensinamentos de Paulo sobre o relacionamento da mulher com o marido e os filhos.

Perguntas para aplicação pessoal

Você tem sido excessivamente tolerante ou rigoroso na educação dos filhos? Instrui seus filhos nos caminhos do Senhor? Ora por eles?

Temas de oração

Peça para o Senhor ajudá-lo a ver seus filhos como Jesus via as crianças durante seu ministério terreno. Ore para o Senhor lhe mostrar como ele deseja que você desenvolva o potencial de seus filhos para servi-lo quando forem adultos e peça para Deus ajudá-lo a servir de exemplo que inspire seus filhos a seguirem a Cristo.

Tarefa

Ao longo da próxima semana, quando surgirem situações de tensão entre você e seus filhos, anote a causa da tensão, a forma como você procurou resolvê-la e o resultado. Escreva o que, em sua opinião, poderia ter sido feito de modo mais eficaz nessa situação e observe o progresso que vir em comparação com situações anteriores.

Capítulo 7: Ter ou não ter filhos: questões excepcionais relacionadas à família (Parte 1)

Tema do capítulo

Infertilidade e questões médicas associadas a esse assunto, aborto, contracepção, reprodução medicamente assistida e adoção são alguns dos itens relacionados a casamento e família dos quais este capítulo trata.

Perguntas introdutórias

1. Você conhece alguém que abortou intencionalmente? Quais foram algumas das consequências com as quais essa pessoa teve de lidar? A seu ver, a igreja fez o suficiente para ajudar essa pessoa?

2. Você ou algum conhecido teve dificuldade de gerar filhos? De que maneira você ou essa pessoa lidou com a questão da infertilidade?

Perguntas para discussão

1. O que a Bíblia ensina acerca de crianças, do infanticídio e do envolvimento de Deus na procriação? Quais eram as posturas greco-romanas, judaicas e cristãs primitivas em relação ao aborto?
2. Quais são algumas formas de contracepção possivelmente aceitáveis?
3. Quais são algumas formas de contracepção moralmente inaceitáveis?
4. Quais são as formas de contracepção que requerem consideração especial e cautela adicional?
5. Quais são alguns princípios para avaliar os métodos modernos de reprodução medicamente assistida?
6. Cite alguns exemplos de adoção nas Escrituras.

Perguntas para aplicação pessoal

Você atribui à vida o mesmo valor que Deus atribui a ela? Como o seu compromisso se reflete na forma como você ajuda a outros que lidam com questões relacionadas a aborto e infertilidade?

Temas de oração

Ore por pessoas que você conhece que estão lidando com a impossibilidade de ter filhos. Peça para Deus lhe dar sabedoria ao aconselhar aqueles que estão considerando fazer ou que fizeram aborto. Reflita em oração se o Senhor deseja que você se envolva ativamente com um ministério de apoio a gestantes ou com uma agência de adoção.

Tarefa

Durante a próxima semana, obtenha informações de um ministério de apoio a gestantes ou de uma agência de adoção. Converse com seu cônjuge sobre maneiras pelas quais vocês podem ser usados pelo Senhor na vida daqueles que estão lidando com questões relacionadas a aborto ou infertilidade.

Capítulo 8: Necessidade da sabedoria de Salomão: questões excepcionais relacionadas à família (Parte 2)

Tema do capítulo

Este capítulo trata de questões específicas relacionadas à educação dos filhos segundo os padrões bíblicos no mundo de hoje: escolha de um método de educação, pais sozinhos, disciplina física e outras formas de disciplina, o desenvolvimento da masculinidade e feminilidade em meninos e meninas e princípios da disciplina. Também fala da questão crítica da batalha espiritual no tocante ao casamento e à família.

Perguntas introdutórias

1. Que método você usa para educar seus filhos? Foi influenciado de forma significativa por algum livro ou material a esse respeito? Outras pessoas em sua vida foram exemplos marcantes para você no que se refere à educação dos filhos?
2. Qual abordagem à disciplina física você adota? Qual é a postura da sociedade em geral em relação à disciplina física? A seu ver, o que a Bíblia ensina a esse respeito?

Perguntas para discussão

1. Relacione vantagens e desvantagens da abordagem "metodológica" à educação dos filhos.
2. Cite três críticas mais comuns à disciplina física na criação dos filhos.
3. Relacione sete princípios bíblicos para a disciplina dos filhos.
4. Quais são três meios pelos quais o diabo procura destruir casamentos e transtornar a vida em família? Apresente pelo menos uma referência bíblica para cada um.
5. Relacione três lições importantes a serem aprendidas ao lutar na batalha espiritual no âmbito familiar.

Perguntas para aplicação pessoal

Você tem consciência da batalha espiritual em torno de seu casamento e família? Em caso afirmativo, como tem confrontado o inimigo interior (sua natureza pecaminosa) e os inimigos exteriores (o diabo e o mundo)? Em termos gerais, você tem sido bem-sucedido? Como pretende aplicar os princípios bíblicos para a batalha espiritual dos quais tratamos neste capítulo?

Temas de oração

Ore para que o Espírito Santo o torne mais sensível às questões relacionadas à batalha espiritual, especialmente no âmbito conjugal e familiar. Peça para que o Senhor lhe mostre como evitar dar ao diabo oportunidades de transtornar sua vida conjugal ou familiar. Ore, também, para que Deus o ajude a encontrar maneiras de fortalecer seu casamento e ser o pai ou mãe que ele deseja. Cultive o hábito de entregar seu cônjuge e filhos ao Senhor diariamente, pedindo que ele conceda proteção e ânimo.

Tarefa

Faça um quadro com uma coluna para seu cônjuge e uma para cada filho. Ore diariamente pela vida de cada um deles por uma semana, concentrando-se na área da batalha espiritual. Identifique questões específicas na vida de seus queridos em que é preciso romper o poder do diabo e/ou do pecado e ore para Deus dar vitória nesse sentido. Peça para seu cônjuge fazer o mesmo por você.

Capítulo 9: Em plena consagração ao Senhor: a dádiva divina do solteirismo

Tema do capítulo

O solteirismo era raro nos tempos do Antigo Testamento e, em sua maior parte, se limitava a viúvos, eunucos, aqueles que não podiam se casar por motivo de doença, problemas econômicos ou chamado divino, bem como a divorciados e rapazes e moças ainda não casados. No Novo Testamento, tanto Jesus quanto Paulo destacam as vantagens do solteirismo para o ministério cristão. As Escrituras fornecem conselhos úteis para os solteiros (sejam eles jovens ainda não casados, viúvos ou viúvas, pais sozinhos ou divorciados) e para as várias questões que enfrentam.

Perguntas introdutórias

1. Descreva a atitude de sua igreja em relação aos solteiros, especialmente aqueles que nunca foram casados. A igreja procura integrá-los na vida social e ministério ou eles são marginalizados? A questão do solteirismo é tratada de púlpito? Relacione várias maneiras como sua igreja (e mesmo sua família) poderia ser uma bênção para os solteiros. Se você tem filhos adultos, mas não casados, como lida com o fato de ainda serem solteiros enquanto a maioria dos amigos e colegas da mesma idade deles já tem famílias?
2. Descreva como sua igreja trata aqueles que estão sozinhos como resultado de divórcio ou falecimento do cônjuge. Como a igreja pode lhes oferecer assistência (social, espiritual, financeira, etc.)?

Perguntas para discussão

1. Quais são as seis categorias de solteirismo no Antigo Testamento?
2. Qual é a postura do Novo Testamento em relação ao celibato?
3. De que maneira os rapazes não casados podem permanecer puros na área vulnerável da sexualidade?
4. Quais são as qualificações bíblicas para a viúva "realmente necessitada" (1Tm 5.5)?
5. Faça três observações a respeito do solteirismo e do casamento.

Perguntas para aplicação pessoal

Como você se relaciona com os solteiros em sua igreja? Você considera o solteirismo um estado anormal, indesejável ou contrário à natureza? Procura diagnosticar o problema daqueles que permanecem solteiros aos vinte ou trinta e tantos anos? Ou procura considerar o solteirismo uma dádiva de Deus com certas vantagens para o ministério?

Temas de oração

Peça para Deus ajudá-lo a encontrar maneiras de ser uma fonte de bênção e ânimo para os solteiros em sua igreja e a ver o solteirismo como a Bíblia o vê. Se você tem um filho adulto ainda solteiro, ore para que ele seja receptivo à vontade de Deus para a vida dele e não se deixe afetar pelas posturas antibíblicas da sociedade.

Tarefa

Ao longo da próxima semana, convide uma pessoa solteira para ir à sua casa e planeje alguma atividade com ela. Procure descobrir a opinião dos solteiros a respeito daquilo que a igreja tem feito em relação a eles e o que precisa ser melhorado, a fim de que se sintam mais integrados na vida da congregação.

Capítulo 10: Abandono das relações naturais: o veredicto bíblico sobre a homossexualidade

Tema do capítulo

A homossexualidade é condenada, sem exceções, como pecado ao longo de todas as Escrituras e, de modo mais proeminente, na narrativa sobre Sodoma e Gomorra em Gênesis, no Código Levítico de Santidade, na Epístola de Paulo aos Romanos e em suas Primeiras Epístolas aos Coríntios e a Timóteo. Este capítulo mostra como os intérpretes que defendem a homossexualidade procuraram relativizar os ensinamentos bíblicos acerca da homossexualidade de várias maneiras e conclui que as Escrituras condenam a homossexualidade em geral, e não apenas certas formas de comportamento homossexual.

Perguntas introdutórias

1. Descreva uma situação (caso tenha ocorrido) na qual você teve contato com um homossexual praticante. Em sua opinião, você interagiu com essa pessoa de forma normal ou sentiu-se pouco à vontade? Em seu coração, você a condenou ou olhou para ela como alguém necessitado de salvação? Imagine uma situação

na qual um homossexual visita sua casa. Descreva de que maneira você, como cristão, se comportaria.
2. Relacione diversas verdades bíblicas (e versículos) que, a seu ver, devem fazer parte da apresentação do evangelho para um homossexual. Em sua opinião, ela deve ser diferente da apresentação do evangelho para um heterossexual? Explique. Quais são algumas verdades-chaves que devem fazer parte do evangelismo nesse contexto?

Perguntas para discussão

1. Relacione vários elementos do modelo bíblico/tradicional de casamento e família violados pela homossexualidade.
2. Descreva as duas principais interpretações pró-homossexuais do relato bíblico de Sodoma e Gomorra (Gn 18.17—19.29). Como você responderia a essas interpretações?
3. Explique a interpretação pró-homossexual de Levítico 18.22 e 20.13. Como você responderia a essa ideia?
4. Quais são as diferentes interpretações de *arsenokoitēs* ("aquele que se deita ou dorme com homens") em 1Coríntios 6.9-10 e 1Timóteo 1.9-10? Como você responderia a essas interpretações?

Perguntas para aplicação pessoal

Sua atitude em relação àqueles que praticam a homossexualidade é condenatória e julgadora? Em sua opinião, eles ainda podem receber graça? Você acredita que Deus pode mudar o comportamento pecaminoso desses indivíduos ou não há mais esperança para eles? Se algum conhecido seu adota essa prática pecaminosa, você é capaz de amá-lo como a Bíblia exige? Você se sentiria à vontade para compartilhar o evangelho com essa pessoa caso tivesse oportunidade de fazê-lo?

Temas de oração

Peça para Deus lhe dar compaixão e amor por aqueles que abandonaram o plano de Deus para a expressão sexual. Ore para Deus lhe dar forças e coragem para testemunhar a essas pessoas, sem deixar de apresentar toda a verdade do evangelho que inclui o abandono dos comportamentos pecaminosos.

Tarefa

Durante a próxima semana, com base na mídia, em contatos pessoais e em campanhas publicitárias, observe e anote como o mundo vê o comportamento homossexual. Em uma coluna paralela, anote como os ensinamentos da Bíblia contrastam com o ponto de vista do mundo.

Capítulo 11: A separação daquilo que Deus uniu: divórcio e novo casamento

Tema do capítulo

Embora os evangélicos concordem que as Escrituras atribuem alto valor ao casamento e consideram o rompimento do vínculo conjugal sob uma óptica negativa, não há consenso quanto à postura do Novo Testamento sobre esse assunto, ou seja, se ele abre exceções nas quais o divórcio é legítimo. Este capítulo faz um levantamento dos ensinamentos de Jesus e Paulo a esse respeito e trata dos pontos fortes e fracos das principais posturas evangélicas em relação ao divórcio e ao novo casamento.

Perguntas introdutórias

1. Imagine que um casal procura você para receber aconselhamento em relação a questões conjugais. Como você aconselharia esse casal a tratar dos problemas (escolha um problema específico) deles? Em sua opinião, o que o processo de cura acarretaria? Em sua opinião, existem casos nos quais o divórcio é uma opção? Justifique sua resposta.
2. Sem citar nomes, pense em um casal que se divorciou e descreva as consequência do divórcio para os filhos do casal, para os próprios cônjuges como indivíduos, para a fé de cada um, etc.

Perguntas para discussão

1. Qual é o texto mais importante sobre divórcio e novo casamento no Antigo Testamento? Explique a expressão crítica no texto de acordo com as escolas de Hillel e Shammai. Qual é a interpretação mais provável?
2. Como a resposta de Jesus à pergunta sobre a questão do divórcio (Mt 19.3-12 e paralelos) difere das duas escolas rabínicas?
3. Qual é a diferença fundamental entre os proponentes evangélicos do posicionamento "divórcio e novo casamento permitidos no caso de adultério ou imoralidade sexual" e os defensores da postura "divórcio e novo casamento proibidos"? Explique. Como esses dois grupos diferem entre si com referência ao termo *porneia* na cláusula de exceção?
4. Relacione argumentos apresentados contra a postura "divórcio permitido em caso de adultério e imoralidade" e as réplicas a esses argumentos.
5. Relacione argumentos apresentados contra "aplicação ao noivado" e as réplicas a esses argumentos.
6. De acordo com o posicionamento da maioria, quais são os dois motivos legítimos para o divórcio definidos, respectivamente, por Jesus e Paulo? Quais são outros possíveis motivos para divórcio e novo casamento?
7. Relacione os argumentos apresentados contra e a favor do novo casamento com base em 1Coríntios 7.15,39.

8. Quais são as implicações pastorais das posturas em relação ao divórcio e novo casamento?
9. Relacione as principais implicações a serem extraídas da discussão sobre divórcio e novo casamento.

Perguntas para aplicação pessoal

Você considera o divórcio uma opção em seu casamento? Está fazendo tudo ao seu alcance para edificar seu casamento, e não destruí-lo? Tem consciência das tentações do diabo em relação ao sexo oposto e se afasta de todo contato com o sexo oposto que poderia levar, gradativamente, à infidelidade ao seu cônjuge? Exaspera-se com facilidade com os erros de seu cônjuge ou tem paciência e espírito de perdão? Focaliza aquilo que admira em seu cônjuge ou tem a tendência de por defeito nele? É egoísta em seu relacionamento conjugal ou desfruta a presença de seu cônjuge? Você pede perdão quando erra?

Temas de oração

Peça para Deus ajudá-lo a ser o tipo de cônjuge que ele deseja e para torná-lo amoroso, paciente, edificante e perdoador. Peça para Deus ajudá-lo a cumprir o papel do qual ele o incumbiu no casamento. Ore para Deus abençoar seu casamento de maneira a torná-lo um exemplo positivo para outros casais. Ore por sabedoria para aconselhar casais com problemas conjugais.

Tarefa

Faça uma lista dos pontos fortes e fracos na forma como você se relaciona com seu cônjuge. Faça uma lista separada dos pontos fortes e fracos de seu cônjuge. Troque as duas listas com seu cônjuge, conversem sobre suas opiniões e sobre maneiras específicas de cada um ajudar o outro a melhorar a qualidade do relacionamento. Orem um pelo outro durante a semana focalizando especificamente os itens anotados nas listas.

Capítulo 12: Maridos fiéis: qualificações para a liderança da igreja

Tema do capítulo

O capítulo trata dos requisitos para os líderes da igreja no tocante à sua conduta como maridos e pais. Focaliza, em especial, a estipulação de Paulo de que o presbítero ou bispo seja "marido do tipo que tem uma só esposa" ou "homem do tipo que tem uma só mulher".

Guia de estudo pessoal e em grupo

Perguntas introdutórias

1. Qual é sua opinião sobre a atuação de solteiros na liderança da igreja como diáconos, presbíteros ou pastores? A seu ver, qual é a idade mínima para ocupar cargos de liderança na igreja? Você se sentiria à vontade em ver homens divorciados desempenharem funções de liderança na igreja? E quanto a mulheres em cargos de liderança na igreja? Como você reagiria se fosse a uma igreja na qual encontrasse uma mulher lecionando na escola dominical ou mesmo pregando de púlpito?
2. Como é seu relacionamento com a liderança de sua igreja? Você alguma vez se desentendeu com algum dos líderes de sua igreja? Em caso afirmativo, de que maneira a situação influenciou suas ideias a respeito da igreja?

Perguntas para discussão

1. Relacione quatro interpretações improváveis para a expressão *mias gynaikas andra* em 1Timóteo 3.2,12 e Tito 1.6 e seus respectivos pontos fracos. Qual é a interpretação mais provável e a tradução que capta com mais precisão a essência da expressão?
2. Qual é a diferença entre as quatro primeiras interpretações e aquela que adotamos neste livro?
3. Relacione três implicações do requisito "marido de uma só mulher" (ou "marido fiel").

Perguntas para aplicação pessoal

Se você ocupa um cargo de liderança na igreja e tem família, é um exemplo para outras famílias em sua congregação? Proporciona liderança piedosa à sua família? O que tem ensinado àqueles que observam sua vida familiar? O que o levou a almejar um cargo de liderança? Honra, dinheiro ou poder? Ou desejo de servir? Compare suas motivações com aquelas descritas em 1Pedro 5.2-4.

Temas de oração

Peça para Deus abençoar os líderes de sua igreja com sabedoria, visão, integridade e o poder do Espírito Santo. Ore, também, para Deus ajudá-lo a se sujeitar àqueles que "estão cuidando de vós" (Hb 13.17). Caso você almeje servir como oficial da igreja, peça para Deus lhe dar entendimento claro acerca de onde ele quer usá-lo e das qualificações espirituais que você precisa desenvolver com a ajuda do Espírito Santo.

Tarefa

Talvez você se sinta chamado por Deus para servi-lo de algum modo em sua igreja ou para ministrar em outra igreja. Avalie sua vida à luz das qualificações descritas no Novo Testamento. Em uma escala de 1 a 10, que nota você daria a si mesmo no tocante ao preparo espiritual para servir em um cargo de liderança? Converse com os líderes de sua igreja a respeito de seu desejo. É possível que eles confirmem seu chamado ou levantem dúvidas a respeito de seu preparo para exercer essa função.

Capítulo 13: Deus, casamento, família e a igreja: aprendendo a ser família de Deus

Tema do capítulo

O propósito deste capítulo é estabelecer as diferenças entre casamento, família e igreja. Com isso em mente, o capítulo busca deixar claro a cada uma dessas instituições que essas diferenças são necessárias e obrigatórias para ter clareza das orientações de Deus para cada uma delas; ensinar a igreja a ser família de Deus e, por fim, a partir de uma perspectiva bíblica, mostrar como a igreja pode fortalecer as famílias.

Perguntas introdutórias

1. No contexto atual, não é exagero afirmar que há uma crise de identidade tanto por parte da igreja quanto da família. Qual sua opinião sobre o porquê dessa triste realidade? De que forma a igreja pode resgatar sua verdadeira missão? De que maneira ela pode ajudar às famílias?

2. Tanto a igreja como a família são instituições criadas por Deus, mas com papéis diferentes a cumprir. Você sabe diferenciar e explicar esses papéis de acordo com o ensino do Novo Testamento?

Perguntas para discussão

1. Descreva algumas características essenciais da igreja que a distinguem da família.
2. Descreva algumas características do casamento e da família que os distinguem da igreja.
3. Como a igreja e a família podem se ajudar mutuamente a cumprir suas respectivas missões, estabelecidas por Deus nas Escrituras, sem misturar os papéis definidos com clareza neste capítulo?
4. Qual é a diferença entre a "teologia" que explica o relacionamento entre casamento, família e igreja e o "método" que a igreja pode usar hoje para fortalecer os casamentos e as famílias?
5. Cite alguns argumentos dos defensores da "abordagem de integração da família na igreja".
6. Cite algumas contribuições à igreja da "abordagem de integração da família na igreja".
7. Destaque alguns cuidados que a igreja deve tomar com relação à "abordagem de integração da família na igreja".

Perguntas para aplicação pessoal

Você tem plena consciência de que a igreja de Cristo não é uma extensão da família de sangue? Você está ciente de que, para fazer parte da família de Deus, a igreja, é necessário arrepender-se de seus pecados e crer somente em Cristo? Você consegue explicar com suas palavras como a igreja pode fortalecer as famílias?

Temas de oração

Ore para que sua igreja procure ter nas Escrituras a mais plena clareza sobre a função dela aqui na terra. Peça a Deus que as famílias de sua igreja possam dar um bom testemunho para os não cristãos. Peça a Deus que elas sejam bons exemplos para tornar sua igreja mais forte e saudável.

Tarefa

Faça reuniões em família para refletir e discutir sobre o tema casamento e família em sua relação com a igreja. Procure aprender as diferenças entre cada um deles para ensiná-las aos membros de sua família. Mostre, conforme aprendeu neste capítulo, a importância de distingui-los.

Capítulo 14: Unir todas as coisas em si: síntese final

Tema do capítulo

O capítulo final resume os principais conteúdos de cada capítulo anterior do livro.

Perguntas introdutórias

1. Cite uma ocasião na qual este estudo o ajudou em seu relacionamento com os filhos ou o cônjuge.
2. Qual foi o impacto deste estudo sobre sua forma de pensar acerca da natureza do casamento e da família e sobre seu papel como pai ou mãe? Dê três exemplos específicos.

Perguntas para discussão

1. Discuta a crise contemporânea atual em torno do casamento e da família e faça um esboço da solução espiritual necessária para tratar dessa crise.
2. Relacione os três princípios centrais sobre o relacionamento entre marido e mulher que podemos extrair de Gênesis 1—3 e seis maneiras como o ideal de Deus para o casamento foi comprometido na história de Israel. Cite passagens bíblicas específicas que corroboram os princípios.

3. Quais são os papéis de marido e mulher de acordo com os ensinamentos de Paulo em Efésios 5.21-33? Discuta as implicações da analogia entre Cristo e a igreja e marido e mulher.
4. Discuta várias das passagens-chaves do Antigo Testamento que falam sobre a responsabilidade dos pais de ensinar os filhos sobre Deus e apresente uma relação geral das principais responsabilidades de pais, mães e filhos de acordo com os ensinamentos do Antigo Testamento.
5. Discuta os papéis e responsabilidades de pais, mães e filhos de acordo com os ensinamentos de Paulo no Novo Testamento. Apresente passagens bíblicas que corroborem suas respostas.
6. Escolha uma das três questões básicas relacionadas à educação de filhos, aborto, infertilidade ou adoção. Apresente um levantamento dos ensinamentos bíblicos referentes ao tópico selecionado. Em seguida, discuta as principais questões éticas contemporâneas relativas a esse tópico e apresente aquela que, a seu ver, é a abordagem cristã apropriada para essas questões.
7. Descreva a controvérsia contemporânea em torno da disciplina física de crianças. Quais são as principais objeções à disciplina física? Como você responderia a elas à luz das Escrituras?
8. Relacione as diferentes formas de solteirismo no Antigo e Novo Testamentos. Você percebe um desenvolvimento nos ensinamentos bíblicos acerca do solteirismo? Quando possível, forneça fundamentação bíblica para sua resposta.
9. Discuta e analise a interpretação pró-homossexual de uma passagem do Antigo Testamento a respeito da homossexualidade (Sodoma e Gomorra ou o Código Levítico de Santidade) e discuta e analise pelo menos três maneiras como os defensores da homossexualidade procuraram limitar a abrangência das referências bíblicas à homossexualidade. Ao tratar de textos do Novo Testamento, inclua uma discussão do significado de *arsenokoitai* em 1Coríntios 6 e 1Timóteo 1 e da expressão "contrário à natureza" em Romanos 1.
10. Apresente um comentário detalhado, versículo por versículo, da discussão de Jesus sobre o divórcio em Mateus 19.3-12, com ênfase específica sobre o significado da expressão "exceto por *porneia*". Discuta os pontos de vistas das duas principais escolas de interpretação sobre essa passagem e, em seguida, relacione pelo menos três argumentos fundamentais apresentados contra cada postura e as respectivas réplicas. Conclua seu texto com uma articulação de suas próprias crenças a respeito dessa questão, incluindo uma argumentação lógica sucinta para corroborá-las.
11. Relacione as cinco interpretações para a expressão *mias gynaikas anēr* em 1Timóteo 3.2,12 e Tito 1.6. Avalie os pontos fortes e fracos de cada abordagem e indique sua preferência pessoal, acompanhada de uma argumentação lógica para corroborá-la.

Perguntas para aplicação pessoal

Este estudo o ajudou a obter uma compreensão mais clara e bíblica das questões relacionadas a casamento e família? Você se sente motivado a aplicar os princípios adquiridos de modo a aprimorar suas responsabilidades familiares e conjugais?

Temas de oração

Peça para Deus abençoar seu casamento e família e torná-los uma bênção para outros. Ore para o Senhor lhe dar forças e sabedoria a fim de aplicar aquilo que você aprendeu de modo que seu casamento e família glorifiquem a Deus.

Respostas das perguntas para discussão

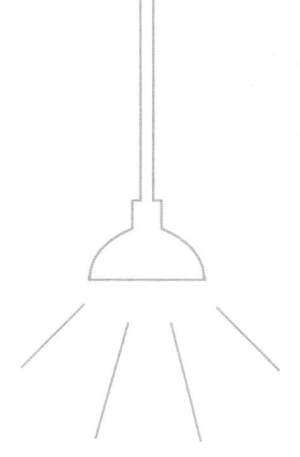

O *Guia de estudo pessoal e em grupo* das páginas anteriores traz uma lista de perguntas para discussão referentes a cada capítulo que visa ajudar a identificar os pontos principais de cada capítulo, estruturar as informações para melhor retenção e estimular as descobertas individuais e a participação do grupo. É altamente recomendável que o leitor procure responder às perguntas por sua própria conta antes de verificar as respostas abaixo.

Capítulo 1: A presente crise cultural: reconstruindo a base

1. Cite dois motivos pelos quais é necessário um estudo bíblico e integrado dos temas casamento e família.
- a confusão cultural a respeito de casamento e família;
- a falta de literatura cristã adequada sobre casamento e família.

2. Descreva a mudança de paradigmas que vemos hoje com respeito ao casamento e à família.
- mudança do modelo bíblico/tradicional de casamento e família para uma ideologia libertária que exalta a liberdade humana de autodeterminação.

3. Quais são os efeitos negativos dessa mudança de paradigmas?
- alto índice de divórcios;
- sexo fora do casamento;
- homossexualidade;
- confusão de papéis dos sexos.

Capítulo 2: Deixar e unir-se: o casamento no Antigo Testamento

1. Quais são os três princípios para casamento e família estabelecidos no início da história humana?

- homem e mulher foram criados à imagem de Deus para governar a terra para Deus;
- o fato de o homem ter sido criado primeiro determina sua responsabilidade final pela união conjugal diante de Deus; o papel da mulher em relação ao homem é de "ajudadora adequada";
- a queda teve consequências permanentes.

2. Existem três pontos de vista básicos a respeito da imagem de Deus no ser humano. Quais são eles e qual interpretação é a mais provável?
- substantivo = reflexo da essência de Deus;
- relacional = reflexo da natureza relacional de Deus;
- funcional = governo representativo (mais provável, possivelmente combinado com a imagem substantiva).

3. Qual é a diferença entre subordinação essencial ou ontológica e subordinação funcional?
- subordinação ontológica = naturezas distintas;
- subordinação funcional = papéis distintos.

4. Em qual expressão aplicada à mulher em Gênesis 2 podemos observar igualdade e singularidade, complementaridade e submissão/autoridade?
- "ajudadora adequada".

5. Descreva os papéis conjugais definidos no Antigo Testamento para o marido em relação à mulher e vice-versa.
Marido:
- não há uma "descrição de cargo" explícita;
- responsabilidade principal pelo casamento, autoridade final sobre a família (Gn 2);
- provisão de alimento, roupas e direitos conjugais (Êx 21.10).

Mulher:
- dar à luz filhos para o marido (Gn 1.28; 30.1,23);
- cuidar dos assuntos da casa (Gn 1.28; cf. 2.5);
- ser companheira do marido (Gn 2.18,20; cf. Ml 2.11).

6. De que maneiras a história de Israel mostra que o ideal de Deus para o casamento estabelecido na criação foi comprometido?
- poligamia (em vez de monogamia);
- divórcio (em vez de durabilidade);
- adultério (em vez de fidelidade);
- homossexualidade (em vez de heterossexualidade);

- esterilidade (em vez de fertilidade);
- diluição da distinção de papéis dos sexos (em vez de complementaridade).

CAPÍTULO 3: NÃO SÃO MAIS DOIS, MAS UMA SÓ CARNE: O CASAMENTO NO NOVO TESTAMENTO

1. Qual era a visão de Jesus acerca da natureza do casamento?
- o casamento é um compromisso sagrado entre um homem e uma mulher instituído por Deus e firmado diante dele (Mt 19.6; cf. Gn 1.27; 2.24);
- o casamento deve ser permanente;
- o casamento é limitado a esta vida; não existe casamento no céu (Mt 22.30 e par.).

2. Relacione passagens-chaves nas quais Paulo trata do casamento e faça um resumo sucinto de seu conteúdo.
- 1Coríntios 7.2-5 (cumprir obrigações matrimoniais em relação ao cônjuge);
- 1Timóteo 2.15 (mulher é "salva" dando à luz filhos); 4.1-4 (não proíbe o casamento);
- Efésios 5.21-33 (esposas devem se submeter ao marido; maridos devem amar a esposa; analogia entre o relacionamento de Cristo com a igreja e relacionamento do marido com a mulher).

3. Relacione alguns princípios fundamentais para o casamento extraídos da Epístola aos Efésios.
- o relacionamento conjugal deve ser considerado dentro do âmbito mais amplo dos propósitos histórico-salvíficos e escatológicos de Deus (Ef 1.10);
- as prescrições de Paulo são dirigidas a cristãos cheios do Espírito (Ef 5.18);
- Paulo não pede "submissão mútua" em termos de papéis idênticos, mas sujeição "uns aos outros", ou seja, das mulheres aos maridos (Ef 5.21);
- o papel de cabeça não implica apenas provisão e proteção, mas também cargo e exercício de autoridade (Ef 5.22-24);
- a submissão feminina não é apenas resultado da queda (Gn 2.18,20);
- o padrão restaurado de casamento em Cristo não transcende o padrão de submissão/autoridade (Ef 5.22; Cl 3.18).

4. Cite três aplicações de Efésios 5 para os relacionamentos conjugais.
- esposas são chamadas a seguir a liderança exercida com amor pelo marido sobre o casamento e a família;
- há diferença entre casamento bíblico e casamento tradicional;
- devemos rejeitar caricaturas inapropriadas do ensinamento bíblico da submissão da mulher à liderança exercida com amor pelo marido (p. ex., subserviência e ideias hierárquicas).

Capítulo 4: A natureza do casamento: sacramento, contrato ou aliança?

1. Quais são as três principais abordagens à natureza do casamento? Defina e dê os fundamentos de cada modelo.
   - sacramental: casamento como meio de obter graça; fundamentado na lei canônica;
   - contratual: casamento como contrato bilateral firmado voluntariamente e dissolvido por dois indivíduos; fundamentado na lei civil;
   - pactual: casamento como compromisso sagrado entre um homem e uma mulher instituído por Deus e firmado diante dele; fundamentado nos padrões da lei divina.

2. Relacione três pontos fracos do modelo sacramental do casamento.
   - não há nada na instituição do casamento em si que conceda graça divina "misticamente";
   - não é coerente com a essência do ensino bíblico sobre casamento como um todo; o Criador planejou o casamento para ser fonte de nova vida física (por meio da procriação), e não um mecanismo para obter vida espiritual;
   - subordina o relacionamento entre marido e mulher ao controle da igreja.

3. Relacione três pontos fracos do modelo contratual.
   - reducionista; não aparece nas Escrituras como descrição do casamento em sua totalidade;
   - proporciona uma base extremamente frágil para a permanência da união, a saber, a capacidade das pessoas de não pecar;
   - abre a porta para vários tipos de arranjos matrimoniais proibidos pelas Escrituras.

4. Quais são os fundamentos bíblicos para o modelo pactual de casamento?
   - linguagem pactual em Gênesis 2;
   - referência ao casamento como "aliança" (Pv 2.16-17; Ml 2.14);
   - analogias e passagens bíblicas nas quais o casamento é considerado em termos pactuais.

5. Quais são os cinco aspectos essenciais da aliança de casamento?
   - a permanência do casamento (Mt 19.6; par. Mc 10.9);
   - a sacralidade do casamento (Gn 2.22);
   - a intimidade do casamento (Gn 2.23-25);
   - a mutualidade do casamento (Ef 5.25-30);
   - a exclusividade do casamento (Gn 2.22-25; 1Co 7.2-5).

6. Quais são os questionamentos levantados a respeito do modelo pactual?
- o casamento não é chamado explicitamente de aliança no Novo Testamento;
- o casamento transcende o conceito de aliança; faz parte da ordem criada de Deus;
- na terminologia para a união conjugal do Antigo Testamento não existe nenhum distinção clara e demonstrável entre casamento como contrato e como aliança.

Capítulo 5: Os laços que unem: a família no Antigo Testamento

1. Relacione três responsabilidades dos pais, de acordo com o Antigo Testamento.
- ser exemplos de fidelidade pessoal rigorosa a Jeová;
- instruir a família nas tradições do êxodo e das Escrituras;
- prover as necessidades básicas da família de alimento, abrigo, roupas e descanso.

2. Relacione três responsabilidades das mães, de acordo com o Antigo Testamento.
- instruir os filhos;
- administrar os assuntos da casa e cuidar do marido e dos filhos;
- prover conselho sábio ao marido.

3. Relacione três responsabilidades dos filhos de acordo com o Antigo Testamento.
- respeitar os pais;
- ajudar nos trabalhos domésticos e em volta da casa;
- prover para os pais na velhice deles.

Capítulo 6: A família cristã: a família no Novo Testamento

1. Quais foram duas maneiras pelas quais as crianças ocuparam posição de destaque no ministério e ensinamentos de Jesus?
- em várias ocasiões, Jesus restaurou crianças aos pais por meio de curas miraculosas;
- Jesus usou crianças para ensinar a natureza do discipulado.

2. Como as crianças vieram a tipificar atitudes desejáveis para os cristãos na igreja primitiva?
- como imagem representativa dos necessitados, os membros "pequeninos" da igreja (Mc 9.42; Mt 18.6-14; cf. At 20.35);
- como metáfora para o aprendizado ao traçar um paralelo entre o relacionamento aprendiz-mestre e o relacionamento filho-pai (Mc 10.24b; 2Co 12.14; 1Tm 1.2; 1Jo 2.1);

- como símbolo de esperança e recomeço (Is 9.6; cf. Lc 2.12-14; 1Tm 1.2; 1Jo 2.1) associado às imagens de gerar uma nova criação, seja na elaboração do relacionamento aprendiz-mestre (Gl 4.4) ou com referência às dores de parto da era messiânica (Jo 16.21; Rm 8.22; 1Ts 5.3; Ap 12.2; cf. Is 26.16-19; 66.7-14).

3. Quais são os pressupostos por trás do uso que os autores do Novo Testamento fazem dos "códigos domésticos"?
- a ordem no lar promoveria ordem em escala social mais ampla;
- a conformidade dos cristãos aos padrões éticos desse tipo de código tornaria o cristianismo respeitável na cultura ao seu redor (1Tm 3.7, 6.1; Tt 2.5,8,10; 3.8; 1Pe 2.12);
- esses códigos contribuiriam para a missão evangelística da igreja (1Ts 4.12).

4. Relacione as responsabilidades e papéis de cada indivíduo no lar. Forneça pelo menos uma referência bíblica para cada item.
Pais:
- prover para os filhos (2Co 12.14);
- garantir a devida educação e disciplina (Pv 13.24; Hb 12.6).

Mães:
- criar os filhos; maternidade (1Tm 2.15);
- cuidar dos assuntos do lar (1Tm 5.14).

Filhos:
- obedecer aos pais (Ef 6.1-3);
- cuidar deles na velhice (1Tm 5.8).

5. Relacione as quatro características que as mulheres mais velhas devem exemplificar de acordo com Tito 2.
- devem ser reverentes no modo de viver;
- não devem ser caluniadoras;
- não devem ser dadas a muito vinho;
- devem ser "mestras do bem".

6. Quais são as instruções de Paulo para as mulheres mais jovens?
- devem ser mães e esposas de determinado tipo;
- devem cultivar o caráter cristão;
- devem se envolver em atividades com a atitude certa;
- devem se sujeitar ao próprio marido.

7. Faça uma lista de oito observações que podemos extrair dos ensinamentos de Paulo sobre o relacionamento da mulher com o marido e os filhos.

- embora os casamentos devam ser fortes, as mulheres jovens precisam de outros relacionamentos relevantes;
- o amor pelo marido vem antes do amor pelos filhos;
- as esposas são chamadas a amar e se sujeitar ao marido;
- as mulheres precisam exercitar autocontrole no relacionamento com o marido e os filhos;
- o coração das mulheres deve ser puro e sua atitude para com os outros no lar deve ser bondosa, e não antagônica ou hostil;
- as mulheres devem se dedicar primeiramente ao lar;
- Deus tem bênçãos reservadas para as mulheres que desafiam os estereótipos seculares e se concentram no chamado que receberam de Deus com respeito à família e ao lar;
- o resultado desejado da devida submissão da esposa e de seu trabalho diligente no lar é que ninguém fale mal da palavra de Deus.

CAPÍTULO 7: TER OU NÃO TER FILHOS: QUESTÕES EXCEPCIONAIS RELACIONADAS À FAMÍLIA (PARTE 1)

1. O que a Bíblia ensina acerca de crianças, do infanticídio e do envolvimento de Deus na procriação? Quais eram as posturas greco-romanas, judaicas e cristãs primitivas em relação ao aborto?
- a Bíblia ensina que os filhos são bênção de Deus e considera o infanticídio hediondo; Deus é retratado como participante ativo da criação dos seres humanos desde o momento da concepção;
- o abandono de recém-nascidos era uma prática comum no mundo antigo; a lei judaica proibia o aborto e o abandono de crianças com base em Êxodo 21.22-25; os cristãos primitivos também condenavam ambas as práticas.

2. Quais são algumas formas de contracepção possivelmente aceitáveis?
- *princípio geral*: as formas de natureza contraceptiva, ou seja, que impedem somente a concepção;
- abstinência;
- "método rítmico" ou "tabelinha";
- "métodos de barreira" (diafragma, capuz cervical, camisinha e espermicida).

3. Quais são algumas formas de contracepção moralmente inaceitáveis?
- *princípio geral*: todas as formas que induzem o aborto;
- DIU (dispositivo intrauterino);
- RU-486 ("pílula do dia seguinte").

4. Quais são as formas de contracepção que requerem consideração especial e cautela adicional?

- esterilização (vasectomia e laqueadura);
- "a pílula" e suas várias aplicações (contraceptivos combinados e exclusivamente de progesterona).

5. Quais são alguns princípios para avaliar os métodos modernos de reprodução medicamente assistida?
- respeito pela santidade da vida humana;
- respeito por todos os seres humanos como portadores da imagem de Deus;
- respeito pela fidelidade aos laços matrimoniais;
- o cerne do desejo de usar esses métodos.

6. Cite alguns exemplos de adoção nas Escrituras.
- a adoção de Naftali, Efraim e Manassés por Jacó (Gn 30.3-8; 48.5);
- a adoção de Moisés pela filha do faraó (Êx 2.10);
- a adoção de Ester por Mordecai (Et 2.7);
- a adoção de Jesus por José (Mt 1.25; 2.13-15; Lc 2.22-24);
- o uso metafórico da adoção para os cristãos no Novo Testamento (Rm 8.15,23; 9.4; Gl 4.5; Ef 1.5).

Capítulo 8: Necessidade da sabedoria de Salomão: questões excepcionais relacionadas à família (Parte 2)

1. Relacione vantagens e desvantagens da abordagem "metodológica" à educação dos filhos.

Vantagens:
- proporciona aos pais maior certeza de terem um plano e propósito na educação dos filhos;
- proporciona previsibilidade e coerência;
- aproxima os pais de outros pais que usam o mesmo método.

Desvantagens:
- a certeza dos pais pode ser, na verdade, uma sensação falsa de segurança de que tudo está indo bem quando, pelo menos a longo prazo, talvez não seja o caso;
- enfatiza um conjunto abstrato de princípios, em vez de focalizar as pessoas;
- tem a tendência de não levar devidamente em consideração a individualidade e singularidade de cada criança;
- tem a tendência de perder de vista os diferentes estágios de desenvolvimento da criança e adolescente que exigem flexibilidade e ajustes constantes.

2. Cite três críticas mais comuns à disciplina física na criação dos filhos.
- corresponde a abuso físico;
- é uma prática arcaica e psicologicamente nociva;

- há uma descontinuidade entre a postura do Antigo e do Novo Testamento com respeito às crianças e à disciplina.

3. Relacione sete princípios bíblicos para a disciplina dos filhos.
- a disciplina deve ser coerente;
- a disciplina deve ser apropriada para a idade;
- deve aderir as princípios bíblicos universais de equidade e justiça (o castigo deve ser adequado à ofensa);
- a disciplina deve ser específica para a criança;
- deve ser aplicada com amor, e não com raiva;
- deve ser voltada para o futuro e olhar adiante;
- deve fazer parte de um relacionamento entre pai e filho mais amplo e mais permanente que qualquer forma temporária de disciplina.

4. Quais são três meios pelos quais o diabo procura destruir casamentos e transtornar a vida em família? Apresente pelo menos uma referência bíblica para cada um.
- tentação sexual (1Co 7.5);
- raiva não resolvida (Ef 4.26-27; 6.4);
- insensibilidade do marido para com a esposa (1Pe 3.7; Cl 3.19).

5. Relacione três lições importantes a serem aprendidas ao lutar na batalha espiritual no âmbito familiar.
- consciência do fato de que há uma batalha em andamento;
- conhecimento acerca do inimigo espiritual;
- uso de armas espirituais apropriadas.

Capítulo 9: Em plena consagração ao Senhor: a dádiva divina do solteirismo

1. Quais são as seis categorias de solteiros no Antigo Testamento?
- viúvos;
- eunucos;
- aqueles que não podiam se casar por problemas de saúde ou dificuldades econômicas;
- aqueles que haviam recebido um chamado divino;
- divorciados;
- rapazes e moças que ainda não haviam se casado.

2. Qual é a postura do Novo Testamento em relação ao celibato?
- é um dom de Deus (1Co 7.7);
- é um estado voluntário (Mt 19.11-12).

3. De que maneira os rapazes não casados podem permanecer puros na área vulnerável da sexualidade?
- devem orar e confiar que Deus os livrará da tentação;
- devem se fortalecer no Senhor e no conhecimento de sua palavra;
- devem se esforçar ao máximo para cultivar as virtudes do domínio próprio e pureza de coração;
- devem procurar a companhia de outros homens que pensam da mesma forma e prestar contas a eles;
- devem entender que tentação não é sinônimo de pecado;
- devem entender que, quando pecamos, Deus está pronto a perdoar;
- não devem afastar-se de mulheres mais jovens, mas amá-las como irmãs no Senhor;
- não devem superestimar a capacidade de resistir à tentação nem subestimar o poder da tentação e do tentador.

4. Quais são as qualificações bíblicas para a viúva "realmente necessitada" (1Tm 5.5)?
- não tem parentes para cuidar dela;
- espera em Deus e não se entrega a um estilo de vida que busca apenas os próprios prazeres;
- deve ter pelo menos sessenta anos;
- deve ter sido fiel ao marido enquanto ele estava vivo;
- deve ser conhecida por suas boas obras:
  - criar os filhos;
  - exercer hospitalidade;
  - "lavar os pés dos santos";
  - socorrer os atribulados;
  - praticar todo tipo de boa obra.

5. Faça três observações a respeito do solteirismo e do casamento.
- ser casado não é o destino final de ninguém (Mt 2.30; cf. Rm 7.3; 1Co 7.39);
- os solteiros devem aprender contentamento (1Tm 6.6; cf. Fp 4.13);
- todos que abrem mão de casamento e família neste mundo por amor a Deus serão recompensados com uma nova família no corpo de Cristo e uma família eterna no reino dos céus (Lc 18.28-29).

Capítulo 10: Abandono das relações naturais: o veredicto bíblico sobre a homossexualidade

1. Relacione vários elementos do modelo bíblico/tradicional de casamento e família violados pela homossexualidade.
- heterossexualidade;
- complementaridade;
- fertilidade;
- monogamia, fidelidade, durabilidade.

2. Descreva as duas principais interpretações pró-homossexuais do relato bíblico de Sodoma e Gomorra (Gn 18.17—19.29). Como você responderia a essas interpretações?
Estupro coletivo, e não homossexualidade:
- a transgressão não se limitou a estupro coletivo;
- não se trata apenas de imoralidade sexual, mas de "desejos contrários à natureza"; cf. Judas 6-7; cf. 2Pe 2.4-10;
- o estupro pretendido não se concretizou, mas, ainda assim, Sodoma e Gomorra foram destruídas.

Inospitalidade, e não homossexualidade:
- tendo em vista o paralelo em Gênesis 19.8, o termo *yāda'* ("conhecer") deve significar "relações sexuais (e não "conhecer pessoalmente") em Gênesis 19.5;
- os cidadãos, e não Ló, foram mortos, embora Ló supostamente tenha sido responsável por transgredir o código local de hospitalidade.

3. Explique a interpretação pró-homossexual de Levítico 18.22 e 20.13. Como você responderia a essa ideia?
A palavra traduzida como "abominação" se refere, possivelmente, a atos homossexuais praticados pelos prostitutos cultuais cananeus como parte da adoração a falsos deuses:
- várias ocorrências de "abominação" não têm essa conotação; antes, referem-se a atividades moralmente ofensivas a Deus;
- atividades como incesto em Levítico 18.6-18, adultério em Levítico 18.20, bestialidade em Levítico 18.23 são chamadas igualmente de "abominação";
- o sacrifício de crianças também fazia parte da adoração a ídolos e, no entanto, era sempre errado.

4. Quais são as diferentes interpretações de *arsenokoitēs* ("aquele que se deita ou dorme com homens") em 1Coríntios 6.9-10 e 1Timóteo 1.9-10? Como você responderia a essas interpretações?
O significado se restringe a (1) prostituição masculina; (2) pederastia; (3) atos homossexuais; (4) padrão negativo e desumanizador de homossexualidade predominante na cultura helenística do primeiro século; ou (5) os conceitos antigos e modernos de homossexualidade são diferentes demais para se usar o mesmo termo para ambos:
- a homossexualidade em geral é condenada, sem exceções, no Antigo Testamento; é improvável que o Novo Testamento aprovaria tacitamente essa prática;
- tudo indica que o termo é adaptado do Código Levítico de Santidade, onde inclui todo tipo de relação sexual entre homens;
- a referência à pederastia é improvável, pois há um termo grego diferente para essa prática. Romanos 1.27 fala de desejo mútuo, o que não se encaixa no padrão de pederastia. O sexo lésbico, mencionado em Romanos 1.26, não envolvia pederastia e, mesmo que a pederastia fosse a prática em questão na

passagem de Romanos, como judeu que seguia as Escrituras, Paulo não teria aprovado a homossexualidade em si;
- Paulo não teria permitido relacionamentos homossexuais "celibatários", pois, de acordo com Romanos 1.26-27, considerava a homossexualidade algo "contrário à natureza";
- o conceito paulino de homossexualidade como algo "contrário à natureza" também concorda com a postura predominante na cultura greco-romana, segundo a qual um dos parceiros do mesmo sexo tinha de comprometer sua identidade sexual natural;
- os comentários de Paulo em Romanos 1.18-32 não corroboram a dicotomia sugerida entre atos homossexuais e orientação homossexual; nessa passagem, Paulo menciona tanto os atos quanto os pensamentos e paixões envolvidas na atividade homossexual.

Capítulo 11: A separação daquilo que Deus uniu: divórcio e novo casamento

1. Qual é o texto mais importante sobre divórcio e novo casamento no Antigo Testamento? Explique a expressão crítica no texto de acordo com as escolas de Hillel e Shammai. Qual é a interpretação mais provável?
- Deuteronômio 24.1-4;
- *'erwat dābār* ("coisa vergonhosa" ou "coisa indecente");
- de acordo com a escola conservadora de Shammai, a expressão se refere a comportamento indecente ou imoralidade sexual;
- de acordo com a escola liberal de Hillel, a expressão se refira a qualquer caso em que a esposa faz algo que desagrada ao marido;
- a interpretação mais provável é que a expressão se refere a diversas formas de comportamento imoral por parte da esposa.

2. Como a resposta de Jesus à pergunta sobre a questão do divórcio (Mt 19.3-12 e paralelos) difere das duas escolas rabínicas?
- Jesus apenas *permitiu* o divórcio em caso de *porneia*, enquanto até a escola conservadora de Shammai o *exigia*;
- a resposta de Jesus transcende as discussões legalistas entre essas duas escolas rabínicas e atinge o cerne da questão; focaliza o plano original do casamento como uma instituição divina, e não apenas humana (Gn 1.27; 2.24); logo, o divórcio é contrário ao propósito de Deus na criação;
- Jesus aplica a norma de divórcio e novo casamento tanto a homens quanto a mulheres.

3. Qual é a diferença fundamental entre os proponentes evangélicos do posicionamento "divórcio e novo casamento permitidos no caso de adultério ou imoralidade sexual" e os defensores da postura "divórcio e novo casamento proi-

bidos"? Explique. Como esses dois grupos diferem entre si com referência ao termo *porneia* na cláusula de exceção?
- a diferença gira em torno da definição do casamento em si, ou, de modo ainda mais restrito, à forma como entendem o casamento como aliança; tudo depende da possibilidade ou impossibilidade de quebrar uma aliança;
- para o primeiro posicionamento, *porneia* é um termo geral que se refere à infidelidade conjugal, enquanto para o segundo posicionamento, *porneia* é definido de modo mais restrito como incesto ou infidelidade durante o noivado.

4. Relacione argumentos apresentados contra a postura "divórcio permitido em caso de adultério e imoralidade" e as réplicas a esses argumentos.

Argumentos contrários:
- por que começar com a passagem "mais difícil"?
- a cláusula de exceção aparece somente no Evangelho de Mateus;
- há tensão entre as referências de Jesus ao ideal de Deus para o casamento na criação em Mateus 19.4-6 e sua permissão de uma exceção para o divórcio em Mateus 19.9;
- qual é a ligação entre Moisés em Deuteronômio 24 e Jesus em Mateus 19?
- em essência, Jesus responde na linha da escola de Shammai à pergunta sobre divórcio apresentada a ele na linha da escola de Hillel; seria de esperar que Jesus postulasse um padrão mais elevado que o das duas escolas, a saber "divórcio proibido em qualquer circunstância";
- é difícil explicar a reação dos discípulos;
- essa postura parece dar menos valor à aliança de casamento, algo difícil de justificar, tendo em vista as Escrituras valorizarem ao extremo a permanência das alianças.

Réplicas:
- "mais difícil" é uma definição subjetiva demais; a cláusula também é mencionada em Mateus 5.32; essa interpretação é o modo mais objetivo e natural de entender o texto;
- as intenções de Marcos, Lucas e Paulo eram diferentes das intenções de Mateus;
- Jesus afirmou o ideal da criação divina bem como as estipulações mosaicas em Deuteronômio 24.1-4; a tensão se deve à presença do pecado no mundo;
- ligação quanto ao princípio: o ideal de Deus é mantido; a exceção se deve à dureza do coração das pessoas; mudança do castigo por adultério de morte para divórcio permissível;
- o padrão de Jesus é, de fato, mais rigoroso, pois, ao se referir ao ideal de Deus na criação como verdadeira norma, apenas permite o divórcio em vez de exigi-lo;
- a reação dos discípulos talvez revele um conceito indevidamente tolerante de divórcio da parte deles;
- algumas alianças podem ser quebradas.

5. Relacione argumentos apresentados contra a "aplicação ao noivado" e as réplicas a esses argumentos.

Argumentos contrários:
- Deuteronômio 24.1-4, o texto por trás da discussão em Mateus 19, não se limita ao noivado, mas abrange também o casamento, divórcio e novo casamento;
- não há nada no contexto de Mateus 19 que restrinja o termo *porneia* ao noivado;
- a menos que seja limitado pelo contexto, o termo *porneia* é mais amplo do que sexo antes do casamento;
- a suposta ligação entre Mateus 1.18-25 e Mateus 19.3-12 é improvável;
- o conceito de "noivado" não leva devidamente em consideração a prática rabínica de abreviar um relato;
- o fato de Marcos, Lucas e Paulo não incluírem a cláusula de exceção pode ser explicado pelos propósitos desses autores em seus respectivos contextos literários;
- a imoralidade sexual durante o noivado era irrelevante para a questão do casamento ilícito de Herodes Antipas e Herodias.

Réplicas:
- o ensinamento de Jesus transcende Deuteronômio 24.1-4;
- como João 8.41 mostra, *porneia* pode, de fato, se referir à infidelidade sexual antes do casamento;
- embora *porneia* possa ter um âmbito de referência mais abrangente, trata-se de algo improvável em Mateus 19, devido a considerações teológicas mais amplas;
- a ligação entre Mateus 1.18-25 e Mateus 19.3-12 faz todo sentido no contexto original de Mateus como forma de restaurar a reputação de José por meio dos ensinamentos de Jesus sobre divórcio;
- abreviar, talvez, mas mudar?
- é preferível explicar a exceção de Mateus de maneira congruente com as declarações absolutas em Marcos, Lucas e Paulo, e não o contrário;
- Herodes Antipas / Herodias são minimizados como contexto relevante para Mateus 19 e paralelos.

6. De acordo com o posicionamento da maioria, quais são os dois motivos legítimos para o divórcio definidos, respectivamente, por Jesus e Paulo? Quais são outros possíveis motivos para divórcio e novo casamento?
- imoralidade sexual ou adultério;
- abandono pelo cônjuge incrédulo;
- morte do cônjuge;
- outras circunstâncias extremas, quando confrontadas por meio do processo descrito em Mateus 18.15-17.

7. Relacione os argumentos apresentados contra e a favor do novo casamento com base em 1Coríntios 7.15,39.

Contra o novo casamento:
- o casamento é um decreto estabelecido na criação, uma aliança que tem vigência permanente não obstante as circunstâncias;
- Paulo proíbe o novo casamento de forma específica em 1Coríntios 7.10-11;
- os termos *douloō* e *deō* não são intercambiáveis;
- Paulo só se refere à possibilidade de novo casamento no contexto da morte de um dos cônjuges.

A favor do novo casamento:
- é possível romper uma aliança em determinadas circunstâncias;
- 1Coríntios 7.10-11 se refere a cristãos, 1 Coríntios 7.15 trata do cristão que foi abandonado pelo cônjuge incrédulo;
- embora não sejam idênticos, os termos *douloō* e *deō* parecem fazer parte do mesmo âmbito semântico;
- é possível que Paulo esteja usando uma analogia e dizendo que quando o cônjuge incrédulo abandona seu parceiro, é como se o cônjuge incrédulo tivesse morrido.

8. Quais são as implicações pastorais das posturas em relação ao divórcio e novo casamento?
- a narrativa da criação apoia e Jesus e Paulo reafirmam o decreto divino de casamento como união vitalícia entre um homem e uma mulher;
- existe o perigo de impor normas severas demais sobre o indivíduo cujo parceiro é culpado de infidelidade sexual ou abandono;
- existe o perigo contrário de ser mais tolerante do que as Escrituras permitem;
- o divórcio nunca é vontade decretiva de Deus e é sempre resultado de pecado.

9. Relacione as principais implicações a serem extraídas da discussão sobre divórcio e novo casamento.
- deve-se fazer todo o possível para preservar os casamentos;
- deve-se determinar se um divórcio é ou foi legítimo;
- deve-se fazer distinção clara entre a parte culpada e a parte inocente.

Capítulo 12: Maridos fiéis: qualificações para a liderança da igreja

1. Relacione quatro interpretações improváveis para a expressão *mias gynaikas andra* em 1Timóteo 3.2,12 e Tito 1.6 e seus respectivos pontos fracos. Qual é a interpretação mais provável e a tradução que capta com mais precisão a essência da expressão?

A expressão exclui os solteiros dos cargos de liderança da igreja:

- o próprio Paulo não era casado;
- em 1Coríntios, Paulo exalta as vantagens do solteirismo para o ministério;
- Paulo teria dito isso claramente.

A expressão exclui os divorciados:
- Paulo teria disso isso de modo mais direto;
- o divórcio não é mencionado em nenhuma parte das Epístolas Pastorais.

A expressão exclui os viúvos que se casaram novamente:
- em outras passagens, Paulo incentiva os viúvos a se casarem outra vez;
- não há nenhuma base bíblica, teológica ou racional para impedir viúvos de serem líderes da igreja.

Paulo exclui os polígamos:
- a poligamia não era uma prática comum no mundo greco-romano daquela época;
- o requisito é voltado para homens com uma ou várias concubinas ou que eram infiéis à esposa de outras maneiras;
- tradução: "marido fiel".

2. Qual é a diferença entre as quatro primeiras interpretações e aquela que adotamos neste livro?
- interpretação literal: *uma* mulher em contraste com *nenhuma* (solteiro) ou *duas* ou *mais* esposas ao mesmo tempo (polígamo) ou consecutivamente (casado outra vez);
- interpretação idiomática: "marido do tipo que tem uma só esposa".

3. Relacione três implicações do requisito "marido de uma só mulher" (ou "marido fiel").
- candidatos mais jovens que ainda não provaram sua capacidade de administrar a própria casa não devem, em geral, ser colocados em cargos elevados de liderança na igreja;
- é um disparate alguém oferecer liderança qualificada e competente à igreja e, ao mesmo tempo, negligenciar os deveres para com a própria família;
- ao associar a família de maneira tão próxima à igreja, o Novo Testamento apresenta a última como extensão escatológica da primeira.

Capítulo 13: Deus, casamento, família e a igreja: aprendendo a ser família de Deus

1. Descreva algumas características essenciais da igreja que a distinguem da família.
- A afiliação verdadeira à igreja requer arrependimento e fé no Senhor Jesus Cristo, elementos essenciais à regeneração e à habitação do Espírito Santo.
- A igreja é chamada para adorar a Deus, evangelizar e discipular as nações.

- Cabe à igreja, e somente a ela, ministrar as ordenanças do batismo e da ceia do Senhor.

2. Descreva algumas características do casamento e da família que os distinguem da igreja.
- Diferentemente da igreja, casamento e família, apesar de terem sido instituídos por Deus, nem sempre são constituídos de pessoas remidas.
- Conforme o AT e o NT, é papel da família cuidar do bem-estar físico, social e espiritual de seus membros, responsabilidade atribuída ao cabeça da família, o homem.
- Também é papel da família gerar e criar os filhos.
- A família encontra lugar na realidade cristã à medida que os remidos dão bom testemunho e influenciam outros membros, a fim de conduzi-los a Cristo.
- A família é fundamental para a sobrevivência e a prosperidade da sociedade humana e para uma sociedade mais íntegra.

3. Como a igreja e a família podem se ajudar mutuamente a cumprir suas respectivas missões estabelecidas por Deus nas Escrituras sem misturar os papéis definidos com clareza neste capítulo?

A igreja ajuda às famílias quando:
- Ensina aos casais jovens qual deve ser o papel tanto do marido como da esposa, de acordo com a orientação bíblica.
- Encoraja os casais já formados e maduros a testemunhar à cultura ao redor sobre a bondade, a sabedoria e a fidelidade de Deus em Cristo.
- Ensina, segundo o modelo dado por Deus à família de sangue, que os mais velhos e maduros devem instruir os mais novos e que os filhos devem ser obedientes aos pais.
- Explica às famílias que talvez alguns de seus membros sejam chamados a permanecer solteiros "por causa do reino do céu" (Mt 19.12), integrando-os plenamente na vida da igreja.
- Não cria um calendário cheio de atividades na igreja que impeça os membros das famílias de passar mais tempo juntos.

A família ajuda à igreja quando:
- Segue as orientações de Deus com respeito a casamento e família.
- Entende que seu testemunho de integridade é fundamental numa sociedade pervertida.
- Entende que a comparação com a igreja, família de Deus, é apenas uma metáfora e, portanto, compreende que a família de Deus está acima da família de sangue.

4. Qual é a diferença entre a "teologia" que explica o relacionamento entre casamento, família e igreja e o "método" que a igreja pode usar hoje para fortalecer os casamentos e as famílias?

- É a teologia que fornece a *fundamentação bíblica* para o casamento, a família e a igreja. Ela forma a convicção da natureza e da função da igreja aqui na terra, sendo, portanto, de valor inegociável.
- O método é por definição flexível e não se baseia apenas em orientações bíblicas, mas também leva em conta o contexto de cada igreja, o que é fundamental para que ele funcione e alcance os objetivos.

5. Cite alguns argumentos dos defensores da "abordagem de integração da família na igreja".
- Criticam a abordagem convencional por separar indevidamente os membros da igreja por faixas etárias e outros grupos por afinidade, como solteiros, casais, adolescentes e jovens, idosos, e assim por diante.
- Argumentam que a igreja deve *integrar*, e não *segregar*, os membros das famílias e voltar seu ministério para a unidade familiar, na qual o pai é o cabeça.
- Defendem a ideia de que os membros da família devem ficar juntos na igreja durante o estudo das Escrituras e outras atividades relacionadas ao culto.
- Acreditam que os chefes de família (os homens) devem ser os líderes espirituais tanto do lar como da igreja.
- Acreditam que a abordagem de integração da família na igreja representa de forma mais adequada a prática da igreja primitiva e segue de modo mais próximo a eclesiologia puritana.

6. Cite algumas contribuições à igreja da "abordagem de integração da família na igreja".
- Oferece um modo mais holístico de realizar o ministério, em vez de considerar as pessoas apenas sob a ótica individualista.
- Enfatiza a responsabilidade espiritual do pai.
- Promove uma igreja mais saudável com famílias mais fortes.

7. Destaque alguns cuidados que a igreja deve tomar com relação à "abordagem de integração da família na igreja".
- Atentar para que o casamento e a família não sejam colocados acima da igreja.
- Destacar a diferença entre o cabeça do lar e a liderança da igreja local: o fato de alguém ser o líder de seu lar não o habilita automaticamente a exercer a liderança na igreja.
- Promover na igreja a integração em todos os sentidos, não apenas com relação à família.
- Enfatizar a liderança masculina na igreja, conforme o NT, mas tomando o cuidado de não diminuir importância e o papel da mulher.

Capítulo 14: Unir todas as coisas em si: síntese final

Para respostas às perguntas do capítulo 14, reveja as respostas às perguntas para discussão nos treze capítulos anteriores.

Índice geral

abandono de crianças, 124, 129
aborto, 1, 18, 22, 127, 128, 129, 130, 132, 136, 137, 140, 144, 145, 146, 147, 148, 304
Abraão e Sara, 47, 78
abstinência sexual, 132, 137, 179, 182
Acabe e Jezabel, 50
Adão e Eva, 38, 41, 45, 47, 50, 53, 67, 179
Adoção, 18, 22, 127, 128, 142, 143, 144, 145, 149, 150, 151, 305
Adultério, 3, 22, 33, 36, 39, 40, 43, 45, 50, 51, 55, 75, 141, 183, 199, 210, 221, 222, 234, 235, 236, 237, 238, 239, 240, 241, 242, 243, 244, 245, 246, 247, 249, 250, 252, 253, 255, 256, 257, 258, 260, 261, 262, 263, 264, 265, 267, 270, 272, 273, 306
Agostinho, 79, 85, 88, 179, 180, 198
"ajudadora adequada", 28, 30, 33, 34, 47, 67, 94, 157, 204, 303
Ananias e Safira, 72
Áquila e Priscila, 72
Aristófanes, 229
armadura de Deus, 68, 69, 163, 165
arsenokoitēs, 212, 214, 216, 219, 223, 225, 229

ascetismo, 62, 180, 280
Atenágoras, 130
avós, 97, 104, 105, 152, 190

cabeça, marido como, 29, 64, 66, 67, 68, 69, 71, 74
Calvino, João, 280, 281
casamento entre diferentes raças, 613, 75, 83
casamento tradicional, 70
Catulo, 273, 281
celibato, 173, 176, 177, 179, 180, 195, 196, 198, 235, 268, 278, 297, 299, 305
"cláusula de exceção", 236, 237, 238, 241, 242, 243, 244, 246, 247, 250, 251, 253, 254, 262, 263, 264, 276
Clemente de Alexandria, 197
coabitação e sexo antes do casamento, 181, 182, 193
Código Da Vinci, 196
Código Levítico de Santidade, 97, 209, 214, 215, 216, 228
"códigos domésticos" 65, 111, 121
complementaridade, 30, 32, 36, 37, 42, 43, 55, 71, 204, 217, 225, 303, 305
conceito contratual de casamento, 88
conceito de casamento como aliança, 86, 90, 102
conceito sacramental de casamento, 83, 88
conflito conjugal, 162

contracepção, 18, 20, 22, 127, 128, 130, 132, 133, 134, 136, 140, 144, 145, 147, 304
controle de natalidade, cf. tb. contracepção, 137, 145, 146, 147, 148, 304
criação à imagem de Deus, 28, 29, 30, 31, 33, 34, 52, 96, 141, 142, 157, 283
crianças, cf. tb. educação dos filhos, 18, 96, 99, 100, 103, 107, 108, 110, 111, 114, 120, 121, 122, 123, 124, 126, 128, 130, 140, 141, 145, 146, 151, 152, 155, 156, 157, 166, 168, 169, 170, 210, 216, 222
crise cultural, 21, 23, 25, 27, 303

Davi, 27, 37, 38, 39, 41, 42, 43, 46, 49, 50, 51, 55, 57, 83, 101, 102, 110, 171, 184, 185, 227
disciplina dos filhos, 18, 74, 93, 99, 100, 102, 103, 106, 112, 114, 115, 118, 120, 125, 126, 127, 151, 152, 154, 157, 158, 166, 169, 304
disciplina física de crianças, 18, 20, 100, 115, 120, 126, 151, 154, 155, 156, 157, 158, 166, 167, 169, 170, 305
discipulado, 18, 20, 59, 60, 65, 71, 73, 75, 87, 108, 109, 110, 111, 113, 119, 121, 122, 123, 152, 164, 166

distinções entre os sexos,
  diluição das, 33, 43, 124,
  231, 305
divorciados, 38, 153, 175,
  178, 180, 184, 192, 193,
  194, 195, 197, 198, 202,
  246, 252, 253, 255, 259,
  262, 271, 272, 273, 274,
  275, 276, 278, 279, 280, 306
divórcio, 19, 22, 23, 25, 33,
  36, 38, 39, 43, 51, 53, 54,
  59, 60, 73, 75, 81, 86, 90,
  94, 104, 153, 163, 167, 173,
  175, 181, 183, 192, 199,
  201, 202, 226, 233-270,
  272, 273, 274, 275, 276,
  277, 279, 281, 306

educação dos filhos, 18, 22,
  25, 99, 101, 102, 105, 106,
  107, 115, 117, 120, 121,
  125, 126, 151, 152, 153,
  155, 156, 157, 159, 160,
  163, 166, 167, 168, 169,
  171, 275, 304, 305, 307
enchimento pelo Espírito, 64,
  65, 69, 74, 125, 152
Erasmo de Roterdã, 255, 257,
  269
escolas rabínicas e divórcio,
  233, 234, 237, 238, 239,
  243, 247
Ester e Assuero, 50
esterilidade, 33, 36, 37, 41,
  42, 43, 48, 51, 55, 95, 96,
  104, 133, 134, 137, 138,
  145, 147, 148, 149,196, 234
esterilização, 133, 134, 137,
  145, 148
eunucos, 174, 175, 176, 178,
  180, 193, 196, 197, 198, 199
Eusébio, 198
exclusividade do casamento,
  86, 87, 141, 304

feminilidade, 22, 127, 151,
  156, 166, 167, 305
fertilização in vitro (FIV),
  128, 138, 139, 140,
  142, 149

fidelidade no casamento, 36,
  39, 40, 45, 59, 79, 117, 131,
  132, 141, 142, 181, 182,
  199, 204, 226, 271, 273,
  276, 277, 280,
  281, 303
Fílon, 123, 125, 129, 196,
  218, 231, 261,

guerra espiritual, 18, 68, 69,
  78, 151, 159, 160, 161, 162,
  163, 164, 165, 166, 167,
  170, 305, 307

Herodes Antipas e Herodias,
  247, 251, 252
Hilário de Alexandria, 129
Hillel, 233, 234, 237, 238,
  239, 240, 241, 247, 250,
  260, 261, 264, 265
homossexualidade, 17, 19, 22,
  23, 25, 33, 36, 40, 41, 43,
  51, 55, 75, 167, 170, 183,
  203-232, 261, 263, 305, 306

imagem, criação à... de Deus,
  cf. criação à imagem de
  Deus
imoralidade sexual, 65, 87,
  177, 188, 199, 200, 206,
  208, 210, 213, 214, 219,
  222, 229, 234, 236, 237,
  238, 240, 241, 242, 244,
  245, 246, 247, 249, 250,
  251, 250, 255, 257, 261,
  264, 265
infertilidade, cf. tb.
  reprodução medicamente
  assistida, esterilidade
inseminação artificial, 128,
  138, 139, 140, 141, 142
intimidade do casamento, 36,
  56, 75, 86, 87, 94, 233, 284
ira, 49, 113, 114, 162, 162,
  176, 212
Isaque e Rebeca, 48, 51

Jacó e Raquel, 48, 51
Jerônimo, 79, 106

Josefo, 105, 123, 125, 129,
  196, 231, 261
Justino, 129, 130
Juvenal, 146

lista de vícios, 211, 214, 219,
  221, 231
Lutero, Martinho, 52

mãe de aluguel, 139, 142
mães, 41, 49, 56, 91, 94, 95,
  98, 102, 104, 105, 107, 108,
  111, 112, 115, 117, 118,
  119, 125, 127, 154, 175,
  187, 304
malakos, 212, 214, 225, 229,
  230
mias gynaikas andra, 271, 272,
  273, 274, 276, 278
maridos, 19, 33, 34, 35, 42,
  54, 57, 59, 60, 61, 64, 65,
  66, 67, 68, 69, 70, 73, 75,
  77, 86, 94, 95, 104, 162,
  183, 252, 253, 271, 273,
  278, 279, 306
masculinidade, 22, 127, 151,
  156, 166, 167, 170, 305
masturbação, 186, 201
Minúcio Felix, 130
mystērion, 68, 76, 79
moças, 96, 174, 175, 178,
  180, 184, 185, 187, 188,
  193, 194, 201
modelos de casamento, 18,
  52, 56, 60, 79-90, 102, 123,
  200, 235, 238, 240, 241,
  243, 248, 250, 254, 256,
  258, 265, 266, 267, 281, 304
monogamia, 36, 37, 38, 39,
  49, 54, 57, 204, 226,
  261, 303
mulheres mais velhas, 116-
  122, 187, 200,
mulheres/esposas, 23, 30, 31,
  34, 35, 36, 37, 38, 39, 41,
  42, 44, 45, 46, 47, 48, 49,
  50, 53, 54, 55, 56, 57, 60,
  61, 63, 64, 69, 70, 71, 74,
  75, 77, 84, 93, 94, 95, 101,
  104, 112, 117, 118, 122,

129, 131, 141, 143, 149,
177, 178, 184, 187, 188,
196, 197, 201, 204, 225,
234, 237, 240, 248, 249,
252, 262, 264, 267, 271,
272, 273, 274, 276, 277,
278, 279, 281, 305, 306,
307
mutualidade do casamento,
86, 87, 304

namoro, 19, 94, 157, 173,
183, 193, 200, 267
noivado, 182, 183, 193, 199,
200, 236, 237, 238, 240,
243, 244, 245, 246, 247,
251, 252, 253, 254, 256,
260, 262, 264, 265, 267
novo casamento, 19, 23, 25,
39, 190, 201, 233-270, 272,
273, 274, 275, 276, 277,
280, 306

Onã, 42, 131
Orígenes, 179, 197, 198
pais, 18, 20, 24, 65, 74, 83, 91,
92, 93, 95, 96, 97, 98, 99,
100, 101, 102, 103, 104, 105,
106, 107, 109, 110, 111, 112,
113, 114, 115, 117, 118, 119,
120, 121, 122, 124, 125, 126,
127, 128, 140, 141, 143, 151,
152, 153, 154, 155, 156, 158,
159, 162, 166, 167, 168, 169,
175, 179, 183, 184, 190, 192,
193, 200, 201, 225, 256, 280,
281, 304, 305, 306

patriarcado, 35, 52, 92
patricentrismo, 35, 92
pederastia, 214, 215, 216,
218, 223, 229
permanência do casamento,
36, 81, 85, 86
"pílula", 133, 134, 135, 136,
137, 145, 148

Plínio, 196
poliandria, 37, 273
poligamia, 33, 36, 37, 38, 43,
51, 55, 57, 59, 82, 94, 104,
271, 272, 273, 274, 280
poliginia, 36, 37, 55
porneia, cf. "cláusula de exceção"
primogênito, 96
procriação, 29, 31, 41, 42, 56,
80, 86, 95, 104, 128, 130,
131, 133, 134, 141, 179,
202, 204, 225, 231,
303, 305
Provérbios 31, mulher descrita
em, 27, 36, 44-46, 56, 94,
95, 126, 189,
Pseudo-Focílides, 129, 231

qualificações para a liderança
da igreja, 19, 271-281
queda, a, 27, 28, 32, 33, 34,
35, 37, 39, 40, 42, 43, 45,
47, 50, 51, 53, 56, 59, 63,
66, 67, 69, 76, 78, 97, 116,
160, 162, 204, 235, 303
Quintiliano, 146

rapazes, 96, 99, 106, 146, 171,
174, 175, 178, 180, 184,
185, 186, 187, 188, 193,
194, 200, 201
recato, 182, 185, 188,
189, 200
reprodução medicamente
assistida (RMA), 18, 20,
127, 138, 140, 141, 142,
145, 149
requisito de que o marido seja
fiel, cf. qualificações para a
liderança da igreja
Rute e Boaz, 49, 51

sacralidade do casamento, 86
Sansão e Dalila, 48
santidade da vida, 137, 138,
140, 142
São João Crisóstomo, 167, 281

sexo, 17, 22, 32, 35, 40, 41,
42, 43, 45, 53, 56, 78, 82,
86, 88, 93, 96, 97, 102, 103,
122, 129, 143, 149, 156,
157, 170, 175, 179, 180,
183, 184, 189, 192, 200,
201, 202, 203, 204, 215,
216, 217, 218, 224, 225,
227, 229, 230, 231, 232,
245, 267
sexo antes do casamento, 19,
87, 181, 182, 183, 193, 199,
251
Shammai, 233, 234, 236,
237, 238, 239, 240, 241,
242, 247, 250, 260, 265,
266
Sodoma e Gomorra, 19, 40,
203, 205, 206, 207, 208,
209, 222, 227
Solteirismo, 18, 19, 25, 53,
62, 73, 167, 173, 174, 176,
177, 178, 179, 180, 183,
184, 187, 189, 191, 192,
193, 194, 197, 199, 201,
202, 248, 272, 274, 278,
279, 281, 305

Tácito, 129
tecnologias de reprodução, cf.
reprodução medicamente
assistida (RMA)
tentação sexual, 56, 162, 165,
171, 185, 186, 187, 188
Tomás de Aquino, 179, 180
tradições familiares, 166
transferência intrafalopiana de
gametas (GIFT), 139, 142

virgindade, 62, 94, 179, 180
viúvos, 180, 184, 189, 192,
193, 194, 195, 255, 271,
272, 273, 274, 278, 280,
305

Esta obra foi composta por
Kelly Christine Maynarte, usando as
fontes Acaslon regular e Avenir,
capa em cartão 250 g/m²,
miolo em off-set 70 g/m²,
impressa pela Imprensa da Fé
em setembro de 2021.